VERBORGENES
BERLIN

Tom Wolf, Manuel Roy und Roberto Sassi

JONGLEZ VERLAG

Reiseführer

Tom Wolf entschied sich nach seiner Promotion in Philosophie, eine Karriere als freier Schriftsteller einzuschlagen. Er hat 22 Kriminalromane und 3 Reiseführer mit alternativen Entdeckungstipps für Städte geschrieben, außerdem einen Weinführer über das Weinland Brandenburg. Nach 12 Jahren in Berlin-Mitte und Kreuzberg lebt er heute im Norden der „Metropol-Region Berlin-Brandenburg", wo er seinen Weingarten und seine Hausbrauerei betreut. Aber das sind andere Geschichten ...

Als der germanophile **Manuel Roy** im Jahr 2000 zum ersten Mal nach Berlin kam, wurde sein Bild von Deutschland komplett auf den Kopf gestellt. Bis dahin war es von den Gedichten Schillers und den Gemälden Caspar David Friedrichs geprägt, jetzt traf er in postapokalyptischen Gegenden auf Punks, die gewissenhaft ihren Müll trennten. Nach 20 Jahren Recherchearbeit und einer Promotion in Philosophie glaubt Manuel – seit 2002 Wahlberliner und seit 2013 Fremdenführer –, Berlin besser zu verstehen. Trotzdem überwältigt und überrascht ihn diese Stadt immer wieder aufs Neue. Und ganz offensichtlich gefällt ihm das.

Der Stadtsoziologe **Roberto Sassi** ist 1986 geboren. Gemeinsam mit Teresa Ciuffoletti hat er den alternativen Reiseführer *Guida alla Berlino ribelle* (Voland Edizioni, 2017; nicht auf Deutsch erschienen) über das rebellische Berlin verfasst. Neben Schreibworkshops zum Thema Reisen arbeitet er mit verschiedenen Magazinen und Websites zusammen, unter anderem mit der Zeitschrift *Goethe-Institut Italia*. Roberto Sassi lebt im Stadtteil Prenzlauer Berg.

Die Arbeit an dem Reiseführer *Verborgenes Berlin* hat uns große Freude bereitet. Wir hoffen, dass wir Ihnen damit ungewöhnliche, verborgene oder eher unbekannte Winkel der Stadt näherbringen können. Manche Einträge sind mit historischen Anmerkungen oder Anekdoten versehen, die dabei helfen, die Stadt in ihrer Vielschichtigkeit zu verstehen.

Verborgenes Berlin lenkt die Aufmerksamkeit der Reisenden auf die vielen kleinen Details, an denen wir Tag für Tag achtlos vorbeigehen. Wir laden Sie ein, sich mit offenen Augen durch die urbane Landschaft zu bewegen und dieser Stadt, wenn Sie hier leben, mit ebensoviel Neugier und Interesse zu begegnen, wie Sie das auf Reisen in fremden Städten tun ...

Über Anmerkungen zu diesem Reiseführer und seinem Inhalt sowie Informationen zu Orten, die darin nicht aufgeführt sind, freuen wir uns sehr. Wir bemühen uns, diese in künftigen Auflagen zu integrieren.

Kontaktieren Sie uns:
E-Mail: info@jonglezverlag.com
Jonglez Verlag
Paul-Lincke-Ufer 39
10999 Berlin

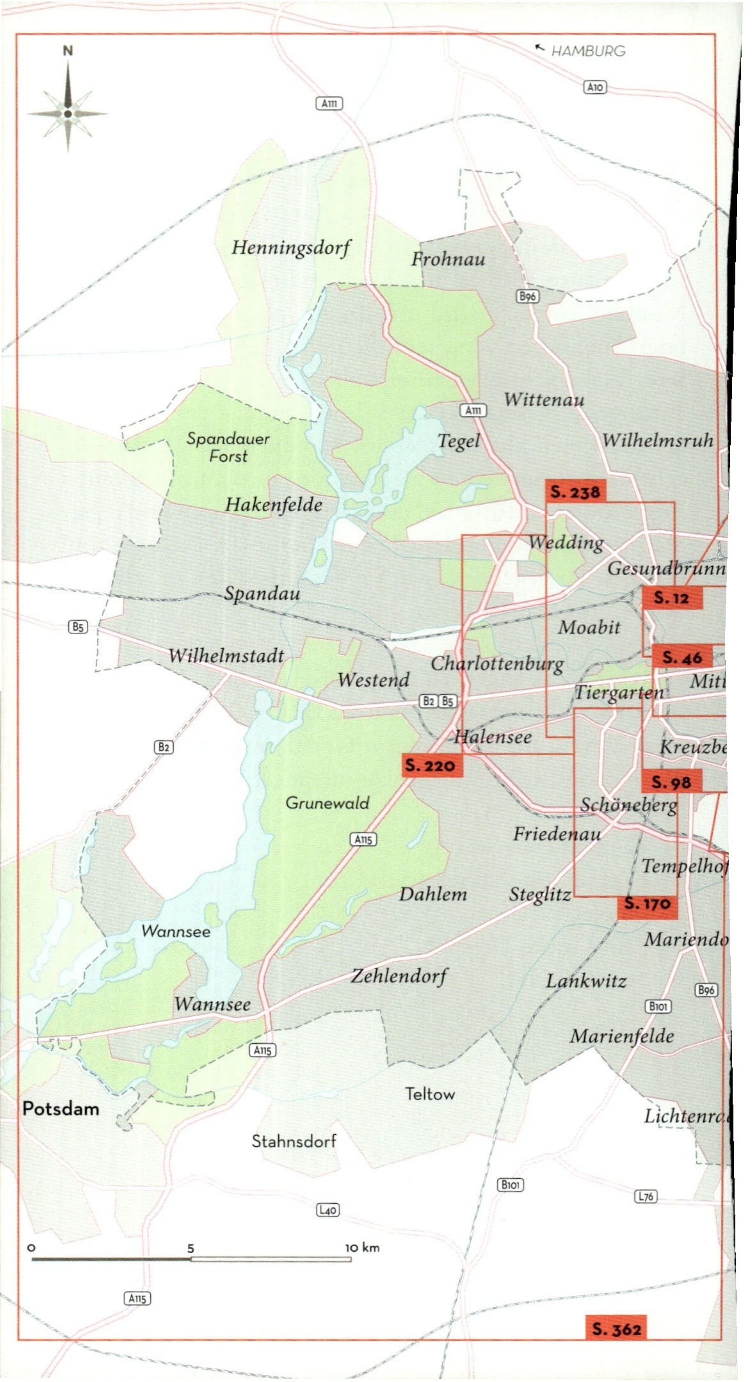

N
HAMBURG
A10
A111
Henningsdorf
Frohnau
B96
Wittenau
A111
Spandauer
Forst
Tegel
Wilhelmsruh
S. 238
Hakenfelde
Wedding
Gesundbrunn
Spandau
S. 12
Moabit
B5
Wilhelmstadt
S. 46
Charlottenburg
Westend
Mit
B2
B5
Tiergarten
B2
Halensee
Kreuzbe
S. 220
S. 98
Grunewald
Schöneberg
A115
Friedenau
Tempelho
Dahlem
Steglitz
S. 170
Wannsee
Mariendo
Zehlendorf
Lankwitz
B96
B101
Wannsee
Marienfelde
A115
Teltow
Potsdam
Lichtenra
Stahnsdorf
B101
L76
L40
0
5
10 km
A115
S. 362

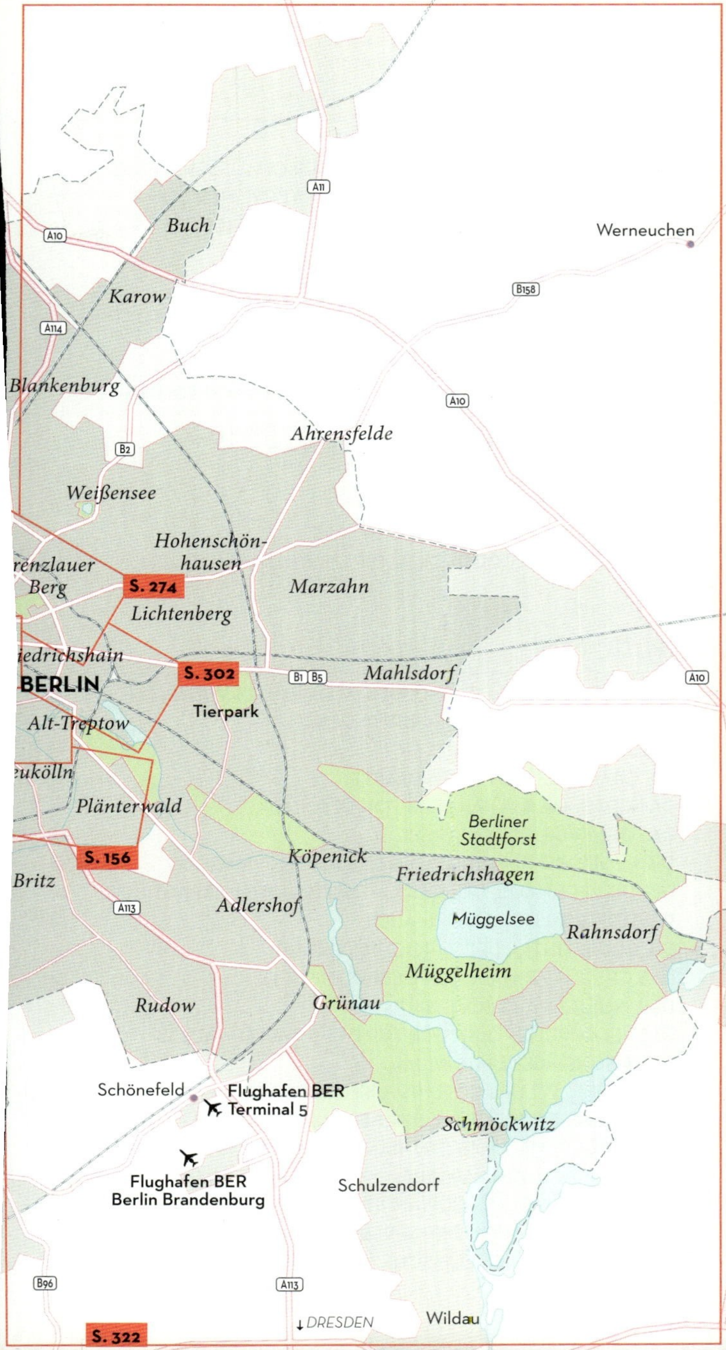

A11
Buch
A10
Werneuchen
B158
Karow
A114
Blankenburg
A10
Ahrensfelde
B2
Weißensee
Hohenschön-
hausen
renzlauer
Berg
S. 274
Marzahn
Lichtenberg
iedrichshain
S. 302
B1
B5
Mahlsdorf
A10
BERLIN
Tierpark
Alt-Treptow
euköllln
Pläntertwald
Berliner
Stadtforst
S. 156
Köpenick
Friedrichshagen
Britz
A113
Adlershof
Müggelsee
Rahnsdorf
Müggelheim
Rudow
Grünau
Schönefeld
Flughafen BER
Terminal 5
Schmöckwitz
Flughafen BER
Berlin Brandenburg
Schulzendorf
B96
A113
DRESDEN
Wildau
S. 322

INHALT

Mitte Nord

DIE GEDENKSTÄTTE GÜNTER LITFIN 14
DIE KANINCHEN-SILHOUETTEN AUF DER CHAUSSEESTRAßE 16
DAS MONUMENTALE KUPPELKREUZ DES BERLINER DOMS 18
RESTE DER BERLINER MAUER AUF DEM DOMFRIEDHOF I 19
DIE FENSTER DES INVALIDENHAUSES 20
DIE LICHTINSTALLATION VON JAMES TURRELL 22
DAS TIERANATOMISCHE THEATER 24
DAS MUSEUM DER STILLE 30
DER GEHWEG IN DER AUGUSTSTRAßE 69 32
DAS HISTORISCHE DEKOR DER TADSHIKISCHEN TEESTUBE 33
DER STEIN IM MONBIJOUPARK 34
DER HANDSCHLAG ÜBER TORBÖGEN 36
DAS STEINERNE SÜHNEKREUZ 38
HONIS AUSGUCK? 40
DIE LITFAßSÄULE IN DER MÜNZSTRAßE 42
WIDERSTAND IM DDR-REGIME: DIE UMWELTBIBLIOTHEK 44

Mitte Süd

DIE FASSADE DES ALTEN HOFBEAMTENHAUSES WILHELM II. 48
DIE DELFINRELIEFS AN DER UFERMAUER 50
DIE DELFINSKULPTUR 52
DIE GRANITSCHALE IM LUSTGARTEN 54
DAS GRABMAL ALEXANDERS VON DER MARK 55
DAS DENKMAL ROSENSTRAßE 56
DIE FUNDAMENTMARKIERUNG DER ALTEN SYNAGOGE 58
DIE TREPPENHALLE DES GERICHTSGEBÄUDES LITTENSTRAßE 60
RESTE DER ERSTEN STADTMAUER 64
DIE GRUFT UNTER DER PAROCHIALKIRCHE 66
DAS GESCHÄFTSHAUS DER GEBRÜDER TIETZ 68
DER WUSTERHAUSISCHE BÄR 70
DAS FLACHRELIEF ÜBER DER TÜR DES ERMELERHAUSES 72
DAS FISCHERKIETZ-MAHNMAL 74
DIE ÜBERRESTE DES CÖLLNISCHEN RATHAUSES 76
DAS BUCHSTABENPORTAL DER BERLINER STADTBIBLIOTHEK 77
DIE VERZIERUNG AM RESTAURANT *MUTTER HOPPE* 78
DIE PALASTKARTENAUSGABE 80
DER ARM DER ATLASFIGUR AM STAATSRATSGEBÄUDE 82
DIE PERSONIFIKATION DER SPREE 84
DER HISTORISCHE PREUßISCHE MEILENSTEIN 86

DAS MICHAELSEN-PALAIS 90
DIE RENAISSANCE-FASSADE 92
DAS FLACHRELIEF AM ALFANDARY-HAUS 94
DER SOCKEL FÜR KARL LIEBKNECHT 96
DIE MARMORPLATTEN IM U-BAHNHOF MOHRENSTRAẞE 97

Kreuzberg

DER WANDFRIES *FRIEDE SEI MIT DIR* 100
DER GARTEN DER DIASPORA 102
DIE WENDELTREPPE IM HAUS DES DEUTSCHEN METALLARBEITERVERBANDS 104
DIE SCHIENENRESTE AN DER STRESEMANNSTRAẞE 106
EIN RELIKT DER BERLINER AKZISEMAUER 108
DAS „U-BAHN-HAUS" 110
DIE SANIERUNG DER YORCKBRÜCKEN 112
DAS LAPIDARIUM AUF DEM KREUZBERG 116
DIE GEDENKTAFEL FÜR EINEN ANDROIDEN MIT EMOTIONALER INTELLIGENZ 117
VIER WILHELM-WIEGMANN-GEMÄLDE IN DER EINGANGSHALLE EINES WOHNHAUSES 118
EINE EHEMALIGE TANKSTELLE 119
DAS GRAB LEOPOLD FERDINANDS AUS DEM HAUSE HABSBURG-LOTHRINGEN 120
DIE GRABSTÄTTE DER FAMILIE MÜHLENHAUPT 122
DIE AUSSTELLUNG ÜBER DIE FAMILIE MENDELSSOHN 123
DAS MAUSOLEUM DER FAMILIE VON OPPENFELD 124
DAS GRAB VON ERWIN REIBEDANZ 126
DIE GRABSTÄTTE BIEDERMANN 128
DAS MAHNMAL FÜR DAS KZ COLUMBIA-HAUS 130
DAS WANDGEMÄLDE IN DER FICHTESTRAẞE 2 132
DER FROSCHKÖNIG IM U-BAHNHOF PRINZENSTRAẞE 134
DIE SKULPTUR *STEHFISCH* 135
DER RITTERHOF 136
DIE FASSADE DES ENGELBECKEN-HOFS 138
ASPHALTFLECKEN IM KOPFSTEINPFLASTER 140
DIE RELIEFS AN DER FASSADE DER ADALBERTSTRAẞE 79 142
DIE FASSADE DES KÜNSTLERHAUSES BETHANIEN 144
DIE HISTORISCHE THEODOR-FONTANE-APOTHEKE 146
DIE ÜBERRESTE DER BROMMYBRÜCKE 148
DIE VERLASSENE TANKSTELLE AUF DER LOHMÜHLENINSEL 150
DIE KUNSTINSTALLATIONEN IN DER REICHENBERGER STRAẞE 152

Neukölln

DAS „KIRCHLICHE FRIEDHOFSLAGER“ *158*
DIE FAUST AM GRABDENKMAL DER GRENADIERE *160*
DIE VERGESSENEN SYMBOLE DER IDEAL-PASSAGE *162*
DIE STEINE AM ALFRED-SCHOLZ-PLATZ *164*
DAS ERDEMUSEUM *165*
DER GEMÜSEGARTEN DES *CAFÉ BOTANICO* *166*
DER SILENT-RIXDORF-GARTEN *167*
DER SRI MAYURAPATHY MURUGAN TEMPEL *168*

Schöneberg

DIE FENSTER DER ZWÖLF-APOSTEL-KIRCHE *172*
DIE SYMBOLE DER FREIMAURER AM KACHELHAUS *174*
DAS BERLINER KAMMERGERICHT *176*
DAS MOSAIK EINER KUH *178*
DIE FASSADEN EINES PARKHAUSES *180*
DAS WANDGEMÄLDE DES LANGENSCHEIDT-MAUSOLEUMS *182*
DAS SCHÖNEBERGER AMTSGERICHT *184*
DAS FLÄCHENDENKMAL *ORTE DES ERINNERNS* *186*
DIE HAUSTÜR DER EISENACHER STRAßE 68 *188*
DAS MUSEUM DER UNERHÖRTEN DINGE *189*
DER SCHWERBELASTUNGSKÖRPER *190*
DIE POLIZEIHISTORISCHE SAMMLUNG *198*
DAS SA-GEFÄNGNIS PAPESTRAßE *200*
EIN BESUCH DER MALZFABRIK *204*
DIE BLANKE HELLE *206*
DIE MARTIN-LUTHER-GEDÄCHTNISKIRCHE *208*
DER NATUR-PARK SÜDGELÄNDE *210*
DAS „DRACHENHAUS“ IN FRIEDENAU *212*
DIE HAUSEINGÄNGE DER CECILIENGÄRTEN *214*
DER EISACKTUNNEL *216*
DAS GRAB VON HEINRICH SACHS *218*

Charlottenburg

DER *PLÖTZENSEER TOTENTANZ* VON ALFRED HRDLICKA *222*
DIE DREI WELTKUGELN AN DER HEERSTRAßE *224*
DIE SKULPTURENGRUPPE *MOTORRADFAHRER* *226*
DIE GALERIE FÜR SANITÄRE ARCHÄOLOGIE *228*

DAS GEBÄUDE IN DER KAISER-FRIEDRICH-STRAẞE 17 229
DAS DURCHSCHUSSLOCH IM BRÜCKENPFEILER 230
DIE SKURRILE BINNINGER-UHR 232
DIE FASSADE DES GEBÄUDES IN DER PARISER STRAẞE 61 234
DIE GOLDENE MAGNOLIE IN DER PARISER STRAẞE 4 235
DIE GLASFENSTER DER KIRCHE AM HOHENZOLLERNPLATZ 236

Wedding – Moabit – Tiergarten

DIE DÜNE WEDDING 240
DAS FLACHRELIEF EINES BRUNNENHAUSES 242
DER LUFTSCHUTZKELLER UNTER DEM ANTI-KRIEGS-MUSEUM 244
DAS MAHNMAL FÜR DIE DEPORTIERTEN JUDEN 246
DAS DECKENGEMÄLDE VON ALVAR AALTO 248
DAS BUCHSTABENMUSEUM 250
DIE FASSADE IN DER THOMASIUSSTRAẞE 5 252
DIE EINGANGSHALLE DES MOABITER GERICHTSGEBÄUDES 254
DER GESCHICHTSPARK ZELLENGEFÄNGNIS MOABIT 258
DIE GRÜNFLÄCHE AM HAMBURGER BAHNHOF 260
DIE FREITREPPE DES ULAP-GELÄNDES 262
DIE „FLUGBLÄTTER" IN DER SCHWEIZERISCHEN BOTSCHAFT 264
DIE BORDSTEINE GERMANIAS 266
DER RING AN DER POTSDAMER BRÜCKE 268
VILLA PAREY: „DAS LETZTE HAUS MUSS BLEIBEN!" 269
DIE GASLATERNEN-FREILICHTMUSEUM 270
EIN BESUCH IM UT2 272

Prenzlauer Berg

DIE SPIEGELVERKEHRTE INSCHRIFT AM SENEFELDER-DENKMAL 276
DAS DDR-SPIELZEUGMUSEUM 278
DIE ALTE ZISTERNE AUF DEM JÜDISCHEN FRIEDHOF 280
DIE WASSERRESERVOIRS AM PRENZLAUER BERG 284
DIE GRABSTÄTTE DER FAMILIE RIEDEL 290
DIE GRABSTÄTTE DER FAMILIE PINTSCH 291
DIE ÜBERDACHUNG DES DDR-GRENZÜBERGANGS BORNHOLMER STRAẞE 292
DER FISCHER AUS DER WINSSTRAẞE 294
DIE WAPPEN ÜBER DEM EINGANGSTOR ZUR GRÜNEN STADT 296
DIE GRABSTÄTTE DER FAMILIEN LEWINSOHN UND NETTER 300

Friedrichshain – Rummelsburg

DER RUNDE GARTEN AUF DEM GEORGEN-PAROCHIAL-FRIEDHOF II 304
GÖRINGS SÄULEN 306
DIE SKULPTUR *HANDWERKER MIT SOHN* 308
DER FRÜHERE VERWALTUNGSSITZ DER PINTSCH AG 310
DER SCHIEFE TURM DER STRALAUER DORFKIRCHE 314
DER SCHROTKUGELTURM 316
DIE HARTUNGSCHEN SÄULEN 318
DAS WANDBILD *NICARAGUANISCHES DORF – MONIMBÓ 1978* 320

Pankow – Lichtenberg – Marzahn – Hellersdorf – Treptow/Köpenick

DIE ÜBERRESTE DES AUFNAHMELAGERS BLANKENFELDE 324
DIE GEOLOGISCHE WAND 326
DER LUNA-BUNKER 328
DER ÄLTESTE ÜBERREST DER BERLINER MAUER 329
DIE PANKOWER PUTTEN 330
DIE KUNSTINSTALLATIONEN AM OBERSTEINER WEG 332
DAS HOLLÄNDER-QUARTIER VON WEIßENSEE 334
DER MALER AM MOTORWERK 336
DAS HAUS LEMKE 338
DAS DAIMON-MUSEUM 340
DAS MUSEUM KESSELHAUS HERZBERGE 342
DAS REVOLUTIONSDENKMAL 344
DIE VIER BRONZELÖWEN IM TIERPARK 346
DIE MARZAHNER BOCKWINDMÜHLE 348
DAS FRICKSCHE HAUS 350
DIE MUSEUMSWOHNUNG WBS 70 352
DIE GRÜNDERZEITMUSEUM 354
DER TRUDELTURM 356
DIE SCHMETTERLINGSSAMMLUNG IM *SCHMETTERLINGSHORST* 360

Reinickendorf – Spandau – Grunewald – Wilmerdorf – Steglitz/Zehlendorf

DAS KORINTHISCHE KAPITELL IM BRIX-GENZMER-PARK 364
DER WASSERTURM AM FRIEDHOF HERMSDORF 366

DER RUSSISCHE FRIEDHOF TEGEL 368
DIE BOEING 707-400 D-ABOC „BERLIN“ 370
DIE GEDENKTAFEL AN JOHN RABES LETZTEM WOHNSITZ 372
BERLINS BIBERHOCHBURG 374
DIE REICHSFORSCHUNGSSIEDLUNG HASELHORST 376
BRIEFTAUBENDENKMAL 378
DER *BULLENGRABEN-BULLE* 380
DER TOWER DES FLUGPLATZES STAAKEN 382
DIE RIESELFELDER KAROLINENHÖHE 384
DER BERINGERTURM 386
DAS SCHILDHORNDENKMAL 388
DER FRIEDHOF GRUNEWALD FORST 390
DAS MAHNMAL DER „ERSCHIEßUNGSSTÄTTE V“
DER WEHRMACHT 392
DAS OLYMPIA-STELLWERK 394
DIE ABMESSUNGEN IM CORBUSIERHAUS 396
DIE CHRISTI-AUFERSTEHUNGS-KATHEDRALE 398
DAS „AUTOBAHNHAUS“ 400
DIE MOSCHEE DER LAHORE-AHMADIYYA-BEWEGUNG 402
DER ROTE BRIEFKASTEN 404
DIE KREUZKIRCHE 406
DAS BLINDENMUSEUM 410
DER MÄUSEBUNKER 412
ENERGIE-MUSEUM 414
HOMMAGE AN DIE GROß-LICHTERFELDER STRAßENBAHN 416
DIE LANKWITZER RATSWAAGE 418
DER FLIEGEBERG 420
DER PLATZ DES 4. JULI 422
„THE BRAIN“, BERLIN 424
DIE FRÜHERE EXKLAVE WÜSTE MARK 426
DER ALTE KONTROLLPUNKT DREILINDEN 432
DIE INSCHRIFT UNTER DER BRÜCKE
AN DER MACHNOWER STRAßE 434
DER HUBSCHRAUBERLANDEPLATZ IN STEINSTÜCKEN 436
DIE LOGGIA ALEXANDRA 438
EINE KÜNSTLICHE SCHWEIZ 440
DIE ATLANTEN IM GLIENICKER PARK 442
DIE TUILERIEN-SÄULE AUF DER INSEL SCHWANENWERDER 444

REGISTER 446

Mitte Nord

---

① GEDENKSTÄTTE GÜNTER LITFIN — *14*
② KANINCHEN-SILHOUETTEN AUF DER CHAUSSEESTRAßE — *16*
③ DAS MONUMENTALE KUPPELKREUZ DES BERLINER DOMS — *18*
④ RESTE DER BERLINER MAUER AUF DEM DOMFRIEDHOF I — *19*
⑤ DIE FENSTER DES INVALIDENHAUSES — *20*
⑥ DIE LICHTINSTALLATION VON JAMES TURRELL — *22*
⑦ TIERANATOMISCHES THEATER — *24*
⑧ MUSEUM DER STILLE — *30*

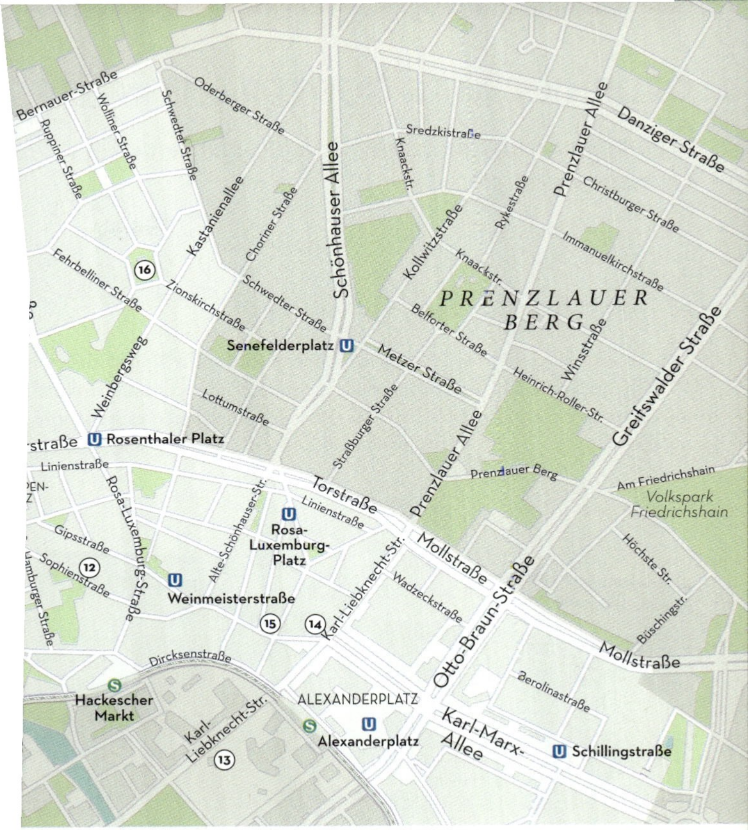

⑨ DER GEHWEG IN DER AUGUSTSTRAẞE 69 — 32
⑩ DAS HISTORISCHE DEKOR DER TADSHIKISCHEN TEESTUBE — 33
⑪ STEIN IM MONBIJOUPARK — 34
⑫ HANDSCHLAG ÜBER TORBÖGEN — 36
⑬ STEINERNES SÜHNEKREUZ — 38
⑭ HONIS AUSGUCK? — 40
⑮ DIE LITFAẞSÄULE IN DER MÜNZSTRAẞE — 42
⑯ WIDERSTAND IM DDR-REGIME: DIE UMWELTBIBLIOTHEK — 44

GEDENKSTÄTTE GÜNTER LITFIN ①

Wenn der Bruder des ersten Maueropfers einen Grenzturm rettet …

Kieler Straße 2, 10115 Berlin
Mai–Sept: Sa/So 10–16 Uhr
Eintritt frei
U6 (Schwartzkopffstraße) / S3, 5, 7, 9 (Hauptbahnhof)

Am Kieler Eck steht – versteckt zwischen Nachwende-Wohnblöcken, die in Berlin Mitte fast immer auf einen ehemaligen Mauerstreifen hindeuten – ein waschechter DDR-Grenzturm, von denen es sonst nur noch wenige gibt (etwa in der Erna-Berger-Straße und im Schlesischen

Busch). Oben kann man einen Blick aus der Perspektive der DDR-Grenzer in einer Führungsstelle (FüST) nach draußen in Richtung Kanalgrenze werfen. Damals war von hier aus auch der Kanal auf Höhe des heutigen Hauptbahnhofs zu überblicken.

Das Besondere an dieser Gedenkstätte ist die Art, wie sie ins Leben gerufen wurde. Der 1937 geborene Günter Litfin wurde am 24. August 1961 beim Versuch, durch den Humboldthafen unweit des heutigen Hauptbahnhofs in den Westen zu schwimmen, von Ostberliner Transport-Wasserschutzpolizisten kaltblütig erschossen – das erste Todesopfers an der Berliner Mauerlinie. Sein Bruder Jürgen, der sich in der Folgezeit bemühte, den Staatsorganen nicht unangenehm aufzufallen, kam 1980 nach einem abgelehnten Ausreiseantrag in Stasi-Untersuchungshaft und wurde der Fluchthilfe beschuldigt. Der Westen kaufte ihn glücklicherweise frei.

Die Ermordung seines Bruders durch die Organe der SED-Staatsführung ließ ihn nicht in Ruhe. Als er nach der Maueröffnung die ehemalige Führungsstelle am Kieler Ufer entdeckte, von der die Befehle an jenem verhängnisvollen Tag ausgegangen waren, setzte er alle Hebel in Bewegung, um den Wachturm zu erhalten. Dies gelang ihm, obwohl es den Immobilienspekulanten nicht gut in den Kram passte, ihren Mietern den Anblick eines solchen mahnenden Relikts anpreisen zu müssen. Am 24. August 2003 – exakt 42 Jahre nach den tödlichen Schüssen – eröffnete Jürgen Litfin in ebendiesem DDR-Wachturm eine Maueropfergedenkstätte. Er wollte damit nicht nur an das Schicksal seines Bruders, sondern an das aller Berliner Maueropfer erinnern.

Jürgen Litfin gründete einen Verein, der den Wachturm und die darin angelegte Gedenkstätte auch nach seinem Tod weiterbetreiben sollte. Dieser Verein vertraute den Turm 2017 der Stiftung Berliner Mauer an, für deren Programm er eine unschätzbare Bereicherung darstellt. Jürgen Litfin, der 2018 verstarb, hat bewiesen, dass durch persönliches Engagement das Verwischen von Spuren staatlicher Willkürherrschaft und lebensvernichtenden Terrors des DDR-Regimes verhindert werden kann.

2015 wurde auf Jürgen Litfins Betreiben hin ein Gedenkstein für seinen Bruder versetzt: vom Westberliner Ufer an der Sandkrugbrücke, wo er 1962 aufgestellt worden war, an die Stelle beim Hauptbahnhof, wo Günter Litfin durch den Schießbefehl aus der FüST am Kieler Eck starb.

KANINCHEN-SILHOUETTEN AUF DER CHAUSSEESTRAßE

②

Grenzgänger im Pelz

Chausseestraße 61, 10115 Berlin
kaninchenfeld.de
U6 (Schwartzkopffstraße)

Trotz aller Sicherungseinrichtungen war die deutsch-deutsche Grenze innerhalb Berlins nicht unüberwindlich – ja, es gab sogar Hunderte, wenn nicht gar Tausende Grenzübertritte täglich, die ungeahndet blieben. Allerdings waren es keine Menschen, die so frei die Seiten wechselten – sondern Kaninchen. Heute ist der gesamte Grenzverlauf zwischen den Staaten des ehemaligen Ostblocks und denen des Westens ein grünes Band mit hohem ökologischem Nutzwert und reicher Artenvielfalt. Im Kalten Krieg hatten sich zumindest Kaninchen in den gefährlichen Grenzstreifen bereits wohnlich eingerichtet.

Mit dem Ende der DDR wurde ihr Leben schwieriger, denn die Grenzanlagen und bald auch die breiten Todesstreifen verschwanden rascher, als ihnen lieb sein konnte. Ein Kaninchen braucht außer Gras vor allem einen sandigen, lockeren, leicht zu durchbuddelnden Boden, in dem es seinen geräumigen Tunnelbau für die reiche Nachkommenschaft anlegen kann. Im Grenzstreifen war es auch sonst paradiesisch: keine Jäger, Kleingärtner, Mietshausbewohner oder Hauseigentümer. Lange Zeit galt für die Grenztruppen ein Karnickel-Anti-Schießbefehl. Die Kaninchentunnel in den Westen wurden geduldet. Erst gegen Ende der DDR-Zeit, als die Kaninchenpopulation so groß geworden war, dass der Anblick des ungehinderten Grenzübertritts menschlichen Beobachtern, die Gleiches vorhatten, Ermunterung sein konnte, galt der Schießbefehl auch für Kaninchen.

Will man heute Kaninchen in Berlin Mitte sehen, so trifft man sie vor allem in den größeren Volksparks an, etwa im Humboldthain oder im Tiergarten. Es gibt jedoch noch ein weiteres „Kaninchenfeld“ mitten in der Stadt: am ehemaligen Grenzübergang vom westlichen Wedding zur östlichen Mitte Berlins.

Auf Höhe der Chausseestraße 61 setzte die Künstlerin Karla Sachse 1999 den langjährigen tierischen Grenzgängern durch ursprünglich 120 in Gehweg und Straße eingelassene Messingsilhouetten ein schönes Denkmal. Leider wird Kunst im öffentlichen Raum stets von der rasanten Stadtentwicklung bedroht. So teilen die Messingkaninchen das Schicksal ihrer tierischen Verwandten im brutalen Großstadtleben – sie wurden, etwa aufgrund von Bauarbeiten und Unkenntnis, empfindlich dezimiert. Inzwischen jedoch hat sich ein regelrechter Freundeskreis der Kunst-Kaninchen angenommen und tut alles, um den heutigen Bestand vor weiterer Verkleinerung oder gar dem Verschwinden zu schützen.

DAS MONUMENTALE KUPPELKREUZ DES BERLINER DOMS

③

Warum steht das alte Kuppelkreuz des Berliner Doms auf einem Friedhof?

Domfriedhof I der Oberpfarr- und Domkirche
Liesenstraße 6, 13355 Berlin
Sommer: 8–18 Uhr, Winter: 9–17 Uhr
U6 (Schwartzkopffstraße)

Im Eingangsbereich des Domfriedhofs I des Oberpfarr- und Domkirche zu Berlin begrüßt den Besucher ein frei auf einer großen Wiese stehendes, 15 Meter hohes Kreuz. Mit seinem Gewicht von 12,5 Tonnen thronte dieses vergoldete Kupferkreuz von 1981 bis 2006 auf der Kuppel des Berliner Doms.

Von dort musste es abgenommen werden, da es aufgrund von Rostschäden, welche seine Stabilität beeinträchtigten, bei Sturm oder starkem Wind herabzufallen drohte. Die so frühzeitigen irreparablen Schäden führte man zurück auf die Verbindung aus Kupfer und Stahl, insbesondere auf die Verwendung eines wenig hochwertigen Stahls.

Für die Aufstellung des alten Kreuzes auf dem Friedhof in der Liesenstraße setzte sich vor allem Stefan Felmy (1970–2009) ein, der seinerzeit als Architekt mit der Sanierung des Doms betraut war. In der Tat bot sich der Domfriedhof aufgrund seiner Geschichte besonders für

diesen Zweck an, da er zur Domgemeinde gehörte und im Rahmen des Baus der Berliner Mauer (siehe unten) größtenteils zerstört worden war.

Heute erinnert eine Gedenktafel am Fuß des Kreuzes an die bewegte Vergangenheit der hier gelegenen Friedhöfe. Ferner wird auf die neue Symbolik des Kreuzes verwiesen, das dem Gedenken an die Opfer der Berliner Mauer sowie an jene Verstorbene gewidmet ist, deren Grabstätten bei der Auflassung des Friedhofs vernichtet wurden.

IN DER UMGEBUNG

Reste der Berliner Mauer auf dem Domfriedhof I ④

Ein Teil des Domfriedhofs I sowie der beiden angrenzenden Friedhöfe – des Alten Domfriedhofs St. Hedwig und des Friedhofs II der Französisch-Reformierten Gemeinde – wurde 28 Jahre lang von der Vorderlandmauer (Richtung Osten) sowie der Hinterlandmauer (Richtung Westen) und damit auch dem sogenannten Todesstreifen umschlossen. Einige Reste der Berliner Mauer sind hier noch heute sichtbar. An der Ecke Liesenstraße/Gartenstraße, westlich der Liesenbrücken, steht ein Stück der Vorderlandmauer, das auf einem Stück alter Ziegelmauer des St.-Hedwig-Friedhofs aufsitzt.

Eine rund 200 Meter lange denkmalgeschützte Plattenwand, bestehend aus zwischen Stahlträgern aufgehängten Betonplatten, begrenzt denselben Friedhof entlang der Bahntrasse im Osten.

Im westlichen Teil des Friedhofs steht ein ebenfalls denkmalgeschützter kurzer Abschnitt der Hinterlandmauer.

DIE FENSTER DES INVALIDENHAUSES

⑤

Aussicht für Kriegsversehrte

Scharnhorststraße 34-35, 10115 Berlin
U6 (Naturkundemuseum)

Friedrich der Große (1712–1786) gilt als aufgeklärter Herrscher. Im Gegensatz zu vielen anderen seiner Zunft war es das auch. Dies hinderte ihn aber nicht daran, Kriege zu führen. Aus drei Schlesischen Kriegen und dem Bayerischen Erbfolgekrieg gingen viele seiner Soldaten, wenn sie nicht tot auf dem Feld liegen blieben oder ihn qualvoll sterbend mit ihrem Wehklagen zu seinem berühmt-berüchtigten Spruch „Stirb er anständig!“ hinrissen, invalid hervor. Sie hatten vielleicht nur noch einen Arm, ein Bein oder gar keine Arme oder Beine mehr. Dennoch waren sie am Leben und mussten dieses irgendwie fristen. Sozialämter oder gar Jobcenter gab es im 18. Jahrhundert noch nicht. Daher ließ der große Friedrich all jenen Soldaten, die in seiner Armee Arme oder Beine verloren hatten bzw. sonstwie lädiert waren, ein eigenes Haus errichten, in dem sie versorgt wurden. Als Gegenleistung mussten sie arbeiten, wie immer es ihnen möglich war.

Das Neue Palais in Potsdam, als ein Beweis der nach wie vor vorhandenen wirtschaftlichen Stärke Preußens nach dem dritten Schlesischen Krieg gedacht, wurde zu großen Teilen von Invaliden gebaut. Wer sich durch die Marmorgalerie im Neuen Palais führen lässt, wird auf zahlreiche baulichen Mängel, etwa unübersehbare Risse in der Wandtäfelung, hingewiesen, die aufs Konto der Invaliden gehen.

Eröffnet wurde das königliche Invalidenhaus am 15. November 1748, und als der König an diesem Tag den Kriegsveteranen seine Aufwartung machte, dankten ihm 631 Insassen – Soldaten aus den beiden ersten Schlesischen Kriegen samt Familienangehörigen – für seine Herzlichkeit. Neben der Unterkunft bekamen sie Verpflegung, Kleidung und ärztliche Betreuung gestellt. Zudem konnten sie in einer evangelischen und einer katholischen Kapelle zu Gott beten und in den verschiedenen Wirtschaftsgebäuden für Viehzucht, Bierbrauerei und Branntweinbrennerei durchaus interessanten Gewerben nachgehen. Ihr Einsatz auf Baustellen kam erst später.

Damit auch jene, die nicht mehr laufen konnten, sondern in Prototypen der heutigen Rollstühle saßen, nach draußen sehen konnten, waren die Fenster zur Straße und zum Innenhof hin weiter unten angesetzt als üblich. Diese Besonderheit ist heute noch erkennbar. Durch den Blick auf die damals noch freie Landschaft vor den Stadttoren Berlins sollten die Versehrten, so der König, „Leib und Seele regenerieren“. Zum Invalidenfriedhof übrigens hatten sie es später auch nicht weit ...

DIE LICHTINSTALLATION VON JAMES TURRELL ⑥

Zeitgenössische Kunst von Weltrang auf einem Friedhof

Kapelle des Dorotheenstädtischen Friedhofs I
Chausseestraße 126, 10115 Berlin
Besichtigung ausschließlich im Rahmen von Führungen
Vollständige Öffnungszeiten auf evfbs.de
U6 (Naturkundemuseum oder Oranienburger Tor)

Im Herzen des historischen Dorotheenstädtischen Friedhofs in der Chausseestraße 126 befindet sich eine außergewöhnliche Kunstinstallation. Die Kapelle neben dem Seiteneingang, unweit der Grabstätten illustrer Persönlichkeiten wie Bertolt Brecht, Georg Wilhelm Friedrich Hegel und Christa Wolf, beherbergt seit 2015 ein Werk des amerikanischen Künstlers James Turrell, eines der bedeutendsten Vertreter der Kunstbewegung *Light and Space*.

In Zusammenarbeit mit den Architekten und Technikern des Ingenieurbüros Die Lichtplaner hat Turrell eine beeindruckende Lichtinstallation erarbeitet, die zehn verschiedene Programme umfasst, darunter acht statische, die sich über den Tag abwechseln und die Kapelle in unterschiedlichen Weißtönen erscheinen lassen. Die Farbe des Altars ändert sich während der Programme nicht, sondern ist auf die Liturgie abgestimmt: Rot (Pfingsten), Grün (Zeit im Jahreskreis), Lila (Advent und Fastenzeit) und Weiß (Ostern und Weihnachten).

Die Kapelle wurde 1927 bis 1928 errichtet und zu DDR-Zeiten umgestaltet. Im Zuge der Sanierung des Gebäudes zwischen 2013 und 2015 durch das Berliner Architekturbüro Nedelykov Moreira wurden die Innenwände in Abstimmung auf die von Turrell entwickelten Lichtspiele komplett neu angeordnet.

Im Rahmen einer Führung – jeweils eine halbe Stunde vor Sonnenuntergang, also zu unterschiedlichen Zeiten im Jahresverlauf – kann man das spektakulärste Lichtprogramm bewundern. Bei der Einführung erfährt man mehr über die Geschichte des Friedhofs und die technischen Details von Turrells Installation sowie über das Leben des amerikanischen Künstlers. Der Raum ist währenddessen ganz in Blau getaucht, die Farben von Altar und Apsis wechseln alle zwei Minuten.

Im zweiten Teil der Veranstaltung gibt sich der Besucher, auf einer der Eichenholzbänke sitzend, in völliger Stille der Betrachtung der Kapelle hin. Die Farben fließen in schnellerem Rhythmus und erzeugen im Zusammenspiel mit dem durch die Fenster und das verglaste Tympanon hereinfallenden natürlichen Licht eine überraschende und für sakrale Orte einzigartige Wirkung.

TIERANATOMISCHES THEATER ⑦

Aufzug zum letzten Akt

Humboldt-Universität, Campus Nord, Haus 3
Philippstraße 12–13, 10115 Berlin
Di–Sa 14–18 Uhr
U6 (Oranienburger Tor)

Versteckt auf dem unübersichtlichen Gelände der größten Berliner Klinik liegt das Tieranatomische Theater, ein architektonisches Meisterwerk des preußischen Frühklassizismus und das älteste erhaltene akademische Lehrgebäude Berlins.

Das Gelände, auf dem es 1790 gebaut wurde, war damals noch ein Park. Nur das Armeehospital, die Königliche Charité, stand darin. Betrachtet man die Fassade des eleganten, frisch renovierten Hauses, für dessen Planung sich Carl Gotthard Langhans (1732–1808) ungeniert bei Andrea Palladios Villa Rotonda bediente, so fallen sofort die Ochsenschädelreliefs über den Rundbogenfenstern ins Auge. Sie weisen schon draußen auf den einstigen Zweck des Baus hin.

In ganz Europa hatte man mit dem Aufkommen des Interesses am menschlichen Körper und der Chirurgie derartige anatomische Lehrsäle gebaut. In Berlin gab es seinerzeit bereits das anatomische Theater des Collegium Medico-Chirurgicum. Es befand sich seit 1713 im quadratischen Gebäudekomplex der Charité nebenan. Die Demonstrationen an menschlichen Leichnamen genügten aber für Armeebedürfnisse nicht. Ebenso wichtig wie die Soldaten waren den Herrschern auch die militärischen Nutztiere, vor allem Pferde und Rinder. Um den Tierärzten Grundkenntnisse über den tierischen Körperbau beizubringen, wurde schließlich ein zweites Sektionstheater nur für Tiere gebaut.

Heute sind sowohl das Berliner menschenanatomische Theater als auch das erste Charitégebäude längst verschwunden. Das „TAT" vermittelt aber immer noch einen authentischen Hörsaaleindruck. Eine Kreislinie im Boden in der Mitte markiert den Aufzug, mit dem die Kadaver aus der Versenkung ins Zentrum der gebannten Aufmerksamkeit hinaufgekurbelt wurden.

Eine Dauerausstellung informiert über die Geschichte des Hauses und die architektonischen Details. Höhepunkte im Theater sind – neben der steilen Bestuhlung – die Grisaille-Malereien der Deckenkuppel.

Seit 2012 wird das TAT vom Hermann-von-Helmholtz-Zentrum für Kulturtechnik für innovative Laborausstellungen zur Wissenschafts- und Ausstellungskultur genutzt. Es ist der perfekte Ort dafür.

Im Gegensatz zu den zahlreichen Menschenanatomie-Theatern (allein in Deutschland gibt es acht!) existierten europaweit kaum ein halbes Dutzend Tieranatomische Theater.

Für mehr Informationen über die Anatomietheater, siehe S. 26–29.

Die Geschichte der anatomischen Theater

Als anatomisches Theater (lateinisch *Theatrum anatomicum*) wird ein Raum bezeichnet, in dem Medizinstudenten in Struktur und Aufbau des menschlichen Körpers unterrichtet werden. Das erste solche Theater wurde 1594 in Italien an der Universität Padua eingerichtet. Erste öffentliche Sektionen menschlicher Leichen hatte jedoch bereits 300 v. Chr. der griechische Arzt und Anatom Herophilos von Chalkedon an der medizinischen Schule von Alexandria (Ägypten) vorgenommen. Nach dem späteren Verbot solcher Sektionen finden sich darüber erst wieder in Zeiten der Renaissance Berichte aus westlichen Ländern.

Im 15. Jahrhundert wurden medizinische Sektionen in kleinen provisorischen und improvisierten Sälen vorgenommen, beispielsweise in den Königlichen Hospitalen von Guadalupe (Spanien), Sitz einer renommierten Medizinschule, die kraft einer päpstlichen Bulle zur Durchführung von *„Anathomías"* (Sektionen) berechtigt war und aus der berühmte Chirurgen hervorgingen.

Die Arbeiten des großen Anatomen Andreas Vesalius (1514–1564) markierten den Beginn eines neuen Zeitalters. Im 16. Jahrhundert wurde die Anatomie zu einer sehr populären Disziplin, nicht nur unter Studenten, sondern auch in der Öffentlichkeit. Die ersten vorläufigen anatomischen Theater entstanden in Italien und ähnelten im Aufbau den Amphitheatern des Römischen Reichs. Als diese Zeit zu Ende ging, wurden Jahr für Jahr zahlreiche anatomische Theater abgerissen. 1554 führte Charles Estienne (latinisiert: Carolus Stephanus) in Paris einen neuen Architekturstil ein, der bis in das 19. Jahrhundert hinein sehr beliebt war.

Die Weiterentwicklung der Anatomie führte zur Einrichtung dauerhafter anatomischer Theater. Im 16. und 17. Jahrhundert existierten dabei zwei architektonische Modelle nebeneinander: die der Universitäten von Padua und von Bologna. Beide Modelle sahen im Zentrum des jeweiligen Hauptgebäudes Holzkonstruktionen vor, die jedoch unterschiedliche architektonische Merkmale aufwiesen.

1594 wurde an der Universität von Padua das erste dauerhafte anatomische Theater eingerichtet, das von Girolamo Fabrizio (Fabrici d'Acquapendente) in Form eines Trichters (oder eines abgeschnittenen, umgekehrten Kegels) für 200 Besucher gestaltet wurde. Nachdem es 278 Jahre genutzt worden war, wurde es in ein Museum umgewandelt und diente seither als Vorbild für viele weitere anatomische Theater, darunter jene in Leiden (1597), Uppsala (1620), Kopenhagen (1640), Altdorf (1650), Groningen (1654), Kiel (1666), Amsterdam (1691), Berlin (1720) und Halle (1727).

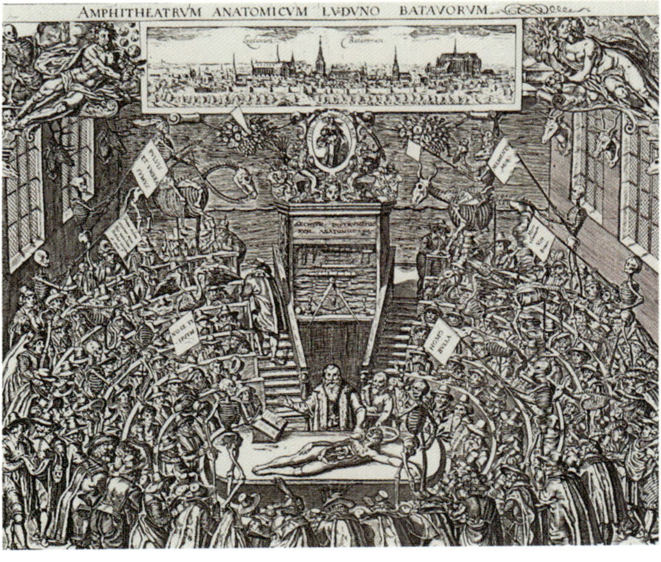
AMPHITHEATRVM ANATOMICVM LVDVNO BATAVORVM

VERA ANATOMIÆ LUGDUNO-BATAVÆ, CUM SCELETIS ET RELIQVIS QVÆ IBI EXTANT DELINEATIO.
ARCHIVUM INSTRUMENT. ANATOMICOR.
Anno 1610

Der andere große Architekturstil für dauerhafte anatomische Theater geht auf das Amphitheater von Bologna zurück, das 1637 von dem Architekten Antonio Paolucci erbaut wurde. Nach dem Vorbild mittelalterlicher Versammlungsorte rechteckig angelegt, war dieses Theater mit prächtigen Holztafeln und -skulpturen ausgestaltet, auf denen die berühmtesten Ärzte der Geschichte dargestellt waren. Ein Beispiel für ein durch das Theater von Bologna inspiriertes anatomisches Theater ist jenes von Ferrara (1731).
Im 18. Jahrhundert kam es zu umfassenden Veränderungen am Aufbau von Gebäuden für anatomische Zwecke. Das erste Beispiel eines eigenständigen anatomischen Theaters findet sich in Saint-Côme, Paris. Errichtet wurde es 1694 von der Königlichen Chirurgischen Akademie von Paris. Später änderte die Akademie ihren Namen und wurde als Chirurgieschule in ein neues, von dem Architekten Jacques Gondoin entworfenes Gebäude transferiert. Das Große Amphitheater (1768–1775) in Paris zeigte Einflüsse des Pantheons aus Rom, darunter insbesondere ein Halbkuppelgewölbe mit halber Rosette. Es fasste über 1400 Menschen. In solch monumentaler Umgebung war für die Zuschauer von dem Körper auf dem Tisch und dem Professor, der die Sektion vornahm, nur wenig zu erkennen. Das Schulgebäude sollte an ein Sanktuarium zu Ehren von Asklepios, dem Gott der Heilkunst, erinnern.
Mit dem Aufkommen neuer Verfahren zur Konservierung menschlicher Körper waren weitere Räume zu deren Aufbewahrung, Vorbereitung, Präparierung, Untersuchung und Präsentation erforderlich geworden. All diese Anforderungen nahmen Einfluss auf die Bedeutung des traditionellen *Theatrum anatomicum*.
Der Beginn dieses neuen Zeitalters der anatomischen Forschung führte zur Errichtung neuer anatomischer Theater in Barcelona (1762), Frankfurt (1776), Mainz (1798), Montpellier (1804), London (1822), Erlangen (1826), München (1826), Tartu (1827, Estland), Göttingen (1828), Tübingen (1832), Zürich (1842), Greifswald (1854), Berlin (1863), Freiburg (1867), Bonn (1872), Leipzig (1875), Prag (1876), Rostock (1876), Straßburg (1877), Breslau (1897), Marburg (1902), Basel (1921), Helsinki (1928) und Sofia (1929).
Die technische Weiterentwicklung audiovisueller Vorrichtungen zog eine Revolution innerhalb der anatomischen Auditorien nach sich, die schließlich zu echten Projektionssälen wurden. 1872 errichtete der österreichisch-deutsche Physiologe Czermak (1828-1873) in Leipzig das sogenannte Spectatorium. Diese Art moderner und komfortabler audiovisueller Säle markierte das endgültige Ende des traditionellen *Theatrum anatomicum*.

MUSEUM DER STILLE

⑧

Ein Kunstraum, in dem die Stille herrscht

Linienstraße 154A, 10115 Berlin
Di–So 14–19 Uhr
Eintritt frei
S1, 2, 25, 26 (Oranienburger Straße)

Das 1994 von dem russischen Maler Nikolai Makarov gegründete Museum der Stille ist einer der außergewöhnlichsten Ausstellungsorte der Stadt. Das kleine Museum im Herzen des Scheunenviertels – des ehemaligen jüdischen Viertels von Berlin – wurde von seinem Begründer als Ort der Ruhe und Kontemplation inmitten der Großstadt konzipiert. Als Vorbild diente Makarov die Rothko-Kapelle auf dem Campus der St.-Thomas-Universität in Houston, Texas, ein profanes Gebäude, das 14 großformatige Gemälde Mark Rothkos beherbergt und sich als sakrale Stätte ohne spezifisch religiöse Konnotation präsentiert.

Im Unterschied zur Rothko-Kapelle, die aus einem einzigen großen achteckigen Raum besteht, ist das Museum der Stille in drei kleinere Räume unterteilt. In dem ersten dieser Räume befinden sich sieben architektonische Modelle, die 2014 von international renommierten Architekten wie Michael Marshall, Stephan Braunfels, Sergei Tchoban und Franco Stella realisiert wurden. Jeder der hier gezeigten Entwürfe entwickelt ein Konzept von kontemplativer Struktur, das genau einem Kunstwerk Raum bietet.

Um in den Raum der Stille zu gelangen – den zweiten Raum und das Herz des Museums –, geht man durch einen Vorhang hindurch, der ihn vor den Blicken der anderen Besucher schützt. Die Wände und die Decke in diesem Raum sind rot. In der Mitte steht eine einfache Holzbank, auf die man sich setzen kann, um das einzige in dem Raum befindliche Kunstwerk, ein wandfüllendes Gemälde, zu betrachten. Es stammt von Nikolai Makarov und zeigt eine abstrakte Landschaft in verschiedenen Sepiatönen, die den Betrachter zu Ruhe und Meditation einlädt.

Der dritte Raum bleibt der künstlerischen Philosophie des Museums mit einem einzelnen Gemälde treu, das ebenfalls von Makarov stammt.

Durch den dicken Teppichboden, der alle Geräusche schluckt, sowie die rigorose Schalldämmung der Räume, umfängt den Besucher nahezu absolute Stille. Ein ungewohntes Gefühl der Isolation mitten im pulsierenden Zentrum einer Metropole.

In Zusammenarbeit mit dem Museum der Stille wurde 2014 im Zwischengeschoss des Gebäudes ein weiterer Ausstellungsraum eröffnet. Er ist der einst nach Deutschland emigrierten ukrainischen Lehrerin Xenia Mawrizki (1909–1999) gewidmet, die sich jahrzehntelang für die Verbreitung der russischen Kultur stark machte. Die Sergej Mawrizki Stiftung trägt den Namen ihres Sohnes; sie unterstützt künstlerische und kulturelle Projekte, die den Dialog zwischen Deutschland und den Staaten der früheren Sowjetunion fördern. Vorsitzender der Stiftung ist Nikolai Makarov.

DER GEHWEG IN DER AUGUSTSTRASSE 69

⑨

Ein überraschendes Detail

Auguststraße 69, 10117 Berlin
S1, 2, 25, 26 (Oranienburger Straße)

Kaum ein Passant in der belebten Auguststraße schenkt einem kleinen Detail auf dem Gehweg vor dem Haus Nummer 69 Beachtung. Schade, denn dieses kurze gepflasterte Stück ist durchaus bemerkenswert. Der Gehweg ist auf einmal „verschoben", so als hätte jemand ein Stück herausgelöst und um 7,5 Grad gegen den Uhrzeigersinn gedreht.

Dabei handelt es sich aber nicht um einen Fehler in der Stadtplanung, sondern um ein Kunstwerk der Brasilianerin Renata Lucas aus dem Jahr 2010. Es entstand im Rahmen ihrer Preisträgerausstellung im KW Institute for Contemporary Art (Kunst-Werke Berlin e. V.), das hier ansässig ist. Lucas hatte 2009 den von der Schering Stiftung alle zwei Jahre ausgelobten Kunstpreis erhalten. Offizieller Titel der Installation: *Cabeça E Cauda De Cavalo* („Pferdekopf und -schwanz").

DAS HISTORISCHE DEKOR DER TADSHIKISCHEN TEESTUBE ⑩

Kopie des sowjetischen Pavillons der Leipziger Messe von 1974

Oranienburger Straße 27, 10117 Berlin
0 30 / 204 11 12; tadshikische-teestube.de
Mo 16–22 Uhr; Di–Fr 16–23 Uhr; Sa 12–23 Uhr; So 12–22 Uhr
S1, 2, 25, 26 (Oranienburger Straße)

Mit ihren handgeschnitzten Säulen aus Sandelholz, den bunten Perserteppichen und den prachtvollen Kronleuchtern vermittelt die Tadshikische Teestube, die versteckt in dem anmutigen Hof der Oranienburger Straße 27 liegt, außergewöhnliches orientalisches Flair. Zwar ist der Ort selbst kein Geheimnis, doch nur wenige kennen seine Geschichte. Das gesamte Interieur wurde in der gleichen Form 1974 auf der Leipziger Messe im sowjetischen Pavillon für die zentralasiatischen Sowjetrepubliken Tadschikistan, Kasachstan und Usbekistan präsentiert. Laut den Organisatoren sollte eine klassische tadschikische Teestube nachgebaut werden; einige Quellen behaupten sogar, dass anlässlich der Messe eine authentische Teestube aus Duschanbe nach Deutschland gebracht worden sei.

Statt die Tadshikische Teestube zwei Jahre später zurück nach Duschanbe zu transportieren, schenkte man sie der Gesellschaft für Deutsch-Sowjetische Freundschaft, deren Sitz sich ab 1950 im ersten Stock des Palais Donner (heute: Palais am Festungsgraben) ganz in der Nähe der Prachtstraße Unter den Linden befand. In diesem Gebäude preußischer Bauart blieb sie zunächst und wurde ab 1991 als Restaurant des Theater im Palais betrieben, eines wenige Monate nach der Wiedervereinigung gegründeten Kammertheaters. 2012 wurde die Tadshikische Teestube nochmals abgebaut und zog in den KunstHof gleich neben der Neuen Synagoge um.

STEIN IM MONBIJOUPARK

⑪

Letztes Fassadenstück

Monbijoupark, Höhe Oranienburger Straße 19, 10178 Berlin
S3, 5, 7, 9 (Hackescher Markt)

Mitten im Monbijoupark gibt es unweit der Oranienburger Straße eine Stelle, an der sich zwei Wege kreuzen. Hier liegt ein schwerer

alter Stein, den auf den ersten Blick niemand als etwas Besonderes wahrnimmt. Wer aber genauer hinschaut, erkennt, dass da ein Meister am Werk gewesen sein muss. Die symmetrisch angeordneten pflanzlichen Arabesken um das ovale Feld in der Mitte lassen vermuten, dass es sich um ein Stück einer barocken Fassade handelt. Rüdersdorfer Kalkstein? Eigentlich gehört der Stein ins Lapidarium. Doch er bleibt liegen – weil er der letzte Stein des Schlosses Monbijou ist, das bis 1959 hier stand und heute nur noch im Namen des Parks fortlebt. Ein versprengter Fassadenbaustein also, aus dem Band über einer einzigen Fensterreihe wahrscheinlich, vielleicht auch aus der Dachbalustrade.

Auf dem Kleingartengelände des Großen Kurfürsten, der im 17. Jahrhundert dort erste Kartoffeln für Brandenburg ausprobierte (der schönen Blüten wegen ...), stand erst nur ein Sommerhaus. Friedrich I. ließ 1706 einen einstöckigen Schlossbungalow für seine Mätresse, die Gräfin von Wartenberg, erbauen. Schon ab 1710 bewohnte Sophia Dorothea, Kronprinzessin und Gemahlin des späteren Soldatenkönigs Friedrich Wilhelm I., das Schlösschen, in dem ihr Sohn Fritz, der spätere „Große“, vom Vater unbehelligt Flöte spielen durfte.

Als „Friedrich Zwo“ König war, legte er der Mutter einen wunderschönen Park mit Schiffsanleger an, wo bald Berlins prächtigste Rokoko-Feste stattfinden sollten. Sie taufte ihr Schlösschen samt Park *Mon bijou*, „mein Schmuckstück“.

Unter Kaiser Wilhelm II. kam das Lustschloss zum völlig lustlosen Hohenzollernmuseum herunter, im Zweiten Weltkrieg wurde es schwer beschädigt. Die junge DDR machte 1959 dann Tabula rasa.

HANDSCHLAG ÜBER TORBÖGEN

⑫

Reich mir die Flosse, Genosse!

Sophienstraße 18, 10178 Berlin
U8 (Weinmeisterstraße)

Das Haus in der Sophienstraße 18 sticht durch seine hübsch restaurierte Schmuckfassade aus der sonst eher tristen Bebauung der Rosenthaler Vorstadt heraus. Seine sozialistische Vergangenheit erklärt den zu DDR-Zeiten mit der Instandhaltung betriebenen Aufwand: Die Spartakisten hatten im Innenhof, den man durch die Bögen der Portale erreicht, während der Novemberrevolution 1918 ihre erste Kundgebung veranstaltet. Karl Liebknecht und Rosa Luxemburg hielten dort aufwiegelnde Volksreden.

Das zentrale Emblem an der Wand über der mittleren Säule zwischen den beiden Torbögen zeigt zwei schlanke Hände beim Handschlag. Mit dem Symbol des sozialistischen Handschlags, etwa zwischen SPD und KPD beim Zusammenschluss zur SED, haben die Hände an der Fassade aber nur indirekt zu tun. Sie existierten schon viel früher als Zeichen des Berliner Handwerkervereins. 1844 war dieser gegründet worden, um in einer Zeit der feudalen Unterdrückung des niederen Volkes in den eigenen vier Wänden – bis 1904 noch in der Sophienstraße 15 – Demokratie zu praktizieren. So wählten die Mitglieder den eigenen Vorstand und erarbeiteten gemeinsam die Ziele des Vereins.

Nach zwei Jahren hatte der Berliner Handwerkerverein bereits rund 1000 Mitglieder. Sie sahen den Zweck ihres Zusammenschlusses vor allem in der geistigen Schulung der Handwerker zu eigenem Denken und Handeln. Freilich war in den Statuten schwammig auch ein Passus für die staatliche Zensur eingefügt, demzufolge das sittliche und intellektuelle Leben im Handwerkerstand auf vaterländische Weise angeregt werden sollte und außerdem Ehrfurcht und Gehorsam gegen die Gesetze sowie Liebe und Treue gegen den Landesherrn geweckt werden sollten. Allerdings stellte das damalige Vereinszeichen ein Schwert dar, dessen Schaft von zwei Händen gehalten wurde.

Als eine Bildungsstätte für heranwachsende Revolutionäre wurde der bald 3000 Mitglieder starke Verein zu einer geheimen Volksarmee, die bei der 1848er Revolution kräftig mitmischte. Die Bürgerbewegung starb jedoch schnell an demokratischer Überanstrengung während der ersten Nationalversammlung in der Frankfurter Paulskirche und konnte den waffenstarrenden Fürstenarmeen bei ihrem Gegenschlag nichts entgegensetzen. 1849 wurden die politischen Vereine verboten. Erst 1859 durfte sich der Berliner Handwerkerverein erneut gründen. Da ließ man dann das Schwert im Emblem über den Torbögen besser weg. Politisch blieb der Verein, wie eingangs erwähnt, trotzdem. So politisch, dass die Nazis wieder mit ihm Schluss machten.

STEINERNES SÜHNEKREUZ

⑬

Gott vergisst nie

Karl-Liebknecht-Straße 8, 10178 Berlin
S3, 5, 7, 9 (Alexanderplatz)

Der Besuch der mittelalterlichen Marienkirche von etwa 1270 gehört zum Pflichtprogramm für Touristen. Verständlich, dass das weiße Steinkreuz vor einem so gewaltigen Gotteshaus heute kaum mehr jemandem auffällt.

Im Mittelalter war das anders. Da wussten die schweigenden Einheimischen sehr wohl, was es zu bedeuten hatte. Und auch der zeichenkundige Besucher von fern brauchte sicher keine Aufklärung über das berüchtigte Sühnezeichen.

Damals stritten die Häuser Wittelsbach und Habsburg um die Vorherrschaft im Heiligen Römischen Reich. Papst Johannes XXII. hetzte von Avignon aus die Städte in den von Wittelsbachern regierten Ländern gegen ihre Landesherren auf. So hielt der Bernauer Probst Nikolaus am 16. August 1324 (oder 1325) in der Marienkirche eine flammende Rede gegen den jungen Wittelsbacher Markgrafen Ludwig. Diesen Auftritt überlebte der Kirchenmann nicht.

Forscht man genauer nach, ist jedoch nicht einmal klar, ob es eine pröbstliche Ansprache in der Kirche gegeben hat. Ob der Probst aus der Kirche gezerrt wurde, ob eine wittelsbacherfreundliche Clique von Patriziern den Mob zu seiner Schandtat auf dem Markt angestachelt hat oder ob es markgräfliche Totschläger waren – keiner weiß es. Gesichert scheint nur, dass Probst Nikolaus in aller Öffentlichkeit zu Tode geprügelt und sein Leichnam an Ort und Stelle verbrannt wurde. Als die Beine übrig blieben, fachte man angeblich das Feuer nochmals an.

Ein Jahr brauchte der Bannstrahl aus Avignon, um die Stadt an der Spree zu treffen. Doch dann waren Gottesdienste, Zutritt zu Kirchen, Sterbesakramente, priesterlicher Beistand bei Beerdigungen und Hochzeiten päpstlich verboten. Immerhin durften die Franziskaner in Berlin und die Dominikaner in Cölln die wesentlichen seelsorgerischen Aufgaben für das gemeine Volk wahrnehmen, das am Gezänk oder an der Mordtat einiger Aufgehetzter keine Schuld traf. Die zivile Gerichtsbarkeit, die in diesem Fall von Lynchmord eigentlich hätte tätig werden müssen – dazu gab es am ersten Rathaus sogar eine Gerichtslaube –, schwieg sich aus. Das weiße Kreuz, versehen mit einer ewigen Lampe, wurde als Sühnezeichen aufgestellt.

Ablasszahlungen schafften den Makel, der an der Stadt klebte, bis 1345 aus der Welt. Die Lampe, die bis dahin hatte brennen müssen, wurde entfernt. Geblieben sind fünf Vertiefungen am weißen Kreuz.

HONIS AUSGUCK?

⑭

Was verbirgt sich hinter dem einzelnen Fenster?

Memhardstraße 8, 10178 Berlin
U2, 5, 8 (Alexanderplatz)

Der an sich nur durch seine absolute Tristesse bemerkenswerte Plattenbau in der Memhardstraße 2–8 in Berlin Mitte steht wie ein graubraunes Betonmassiv zwischen den schicken Hackeschen Höfen und dem quirligen Alex. 30 Meter hoch und 40 Meter lang, mündet die Platte in die Karl-Liebknecht-Straße und beherbergt auf zwölf Etagen etwa 200 Wohnungen.

Ein Mythos der „Memi", wie die Anwohner den Komplex liebevoll nennen, ist allerdings mit einem der Fenster des Gebäudes verknüpft. Man findet es sehr leicht, obwohl Hunderte von Fenstern die Fassaden überziehen, denn es gähnt ganz isoliert im achten Obergeschoss an einer der Flanken des langen Kastens und blickt dunkel und geheimnisvoll in Richtung Alexanderplatz. Den Erzählungen der Nachbarn zufolge habe dieses Fenster zur Wohnung von einer der Töchter des Staatsratsvorsitzenden Erich Honecker gehört. Ob es nun die uneheliche Sonja oder die Erika aus erster Ehe war – da wollen sie sich nicht festlegen. Jedenfalls habe die Bewohnerin sich kraft ihrer Abstammung in ihrem ansonsten fensterlosen Badezimmer dieses luxuriöse Lichtloch einbauen lassen. Vielleicht habe gar Erich Honecker von dort klammheimlich sein Volk beobachtet.

Nach einer anderen Quelle gehörte die fragliche Wohnung der Tochter von Stasi-Chef Erich Mielke, was natürlich in puncto heimlicher Volksbeobachtung noch brisanter wäre.

Der Zuständige von der Wohnungsbaugesellschaft Berlin-Mitte kann (oder darf?) über die früheren Bewohner nichts Erhellendes mitteilen. Er erzählt von angeblich höchst unterschiedlichen Wohnungsgrundrissen in den oberen Geschossen. Das fragliche Fenster, so sagt er, sei von Anfang an in der entsprechenden Platte vorhanden gewesen. Freilich hätte man auch, falls dies nicht der Fall gewesen wäre, mit dem richtigen Antrag ohne Probleme nachträglich ein Fenster einbauen können. Allerdings spricht er, die Wohnung mit dem Fenster betreffend, vom neunten Stock. Das Fenster schaut aber aus dem achten Stock ...

Nicht lange ist es her, da galten die vier Hauseingänge und Treppenhäuser noch als beliebte Orte für Drogendeals und versteckten Drogenkonsum. Vielleicht ebenfalls nur ein populärer Mythos: Man habe, so heißt es, das Problem beseitigt, indem man das Deckenlicht in den Fluren und Treppenhäusern so weit dimmte, dass die Junkies mit der Nadel nicht mehr die Vene fanden.

DIE LITFAẞSÄULE IN DER MÜNZSTRAẞE

(15)

Denkmal für eine Werbeplattform

Münzstraße 2, 10178 Berlin
U8 (Weinmeisterstraße)

In der Münzstraße, nahe dem Alexanderplatz, steht eine Säule aus Gusseisen. Ein Bildnis daran verweist auf ihren Namensgeber, Ernst

Theodor Litfaß (1816–1874). Die Älteren kennen den Herrn vielleicht noch, die Jungen eher nicht. Er erfand eine der ersten Werbeplattformen, allerdings keine digitale, sondern eine analoge.

Litfaß wurde sehr jung bereits Geschäftsführer einer florierenden Familiendruckerei und bewies schnell, dass er ein Händchen fürs Geschäft hatte. Er entwickelte eine neue Drucktechnik, um Großplakate von 6 × 9 Meter herzustellen, und verkaufte den Werbekunden gleich die passenden Plakatwände dazu. Plakatwerbung sollte auch weiterhin sein Hauptgeschäft bleiben. Als Berlin Mitte des 19. Jahrhunderts in wild an Bäume, Wände und Zäune geklebten Bekanntmachungen geradezu erstickte, erinnerte sich Litfaß an eine Beobachtung in Paris während seiner Studienreise 20 Jahre zuvor.

An der Seine hatte man seinerzeit ein Problem mit dem öffentlichen Urinieren männlicher Personen. Um den Missstand abzustellen, ließ die Stadtverwaltung tonnenartige Bretterwände aufbauen, in deren Schutz sich die Bedürftigen erleichtern konnten, ohne öffentliches Ärgernis zu erregen. Nebeneffekt war jedoch, dass die Außenwände der Tonnen bald für wildes Plakatieren genutzt wurden. Litfaß entwarf eine edlere Form der Tonnen in Gestalt einer glatten Säule, wahlweise mit seitlich angeflanschtem Urinal oder als Umhüllung für einen städtischen Brunnen, und ging mit seiner Idee zum Berliner Polizeidirektor Karl Ludwig von Hinckeldey.

Die Augen von Berlins oberstem Polizisten leuchteten. Ab 1855 durften Anschläge nur noch auf den von Litfaß aufgestellten „Annoncier-Säulen“ angebracht werden – gegen Gebühr, versteht sich! Wildes Plakatieren in Berlin war ab sofort verboten. Als kleine Gegenleistung für diese höchst einträgliche Polizeiverordnung schlug Litfaß behördliche Bekanntmachungen kostenlos an seinen Säulen an.

Für diesen Coup haben Litfaß und seine Säule mindestens zehn Denkmäler verdient. In Berlin stehen wirklich über 4000 Litfaßsäulen, gleichsam als Denkmäler ihrer selbst. Anzahl in ganz Deutschland? Unbekannt.

Am Hackeschen Markt gibt es ein zweites Denkmal für Ernst Theodor Litfaß: eine weiße Säule mit goldener Krone und der Inschrift „Litfaßsäule“.

WIDERSTAND IM DDR-REGIME: DIE UMWELTBIBLIOTHEK

16

Eine Kirche im Widerstand

Zionskirchplatz, 10119 Berlin
Mi–Sa 13–18 Uhr, So 12–17 Uhr (Nov–Ost 12–16 Uhr)
Turmbesteigung: 1 €
U2 (Senefelder Platz)

Auf der Empore im ersten Stock, oberhalb des Hauptraums der Zionskirche, legen durch Plexiglasscheiben geschützte violette, rote und grüne Flecken auf dem Parkett Zeugnis von der oppositionellen Arbeit in der DDR ab.

Die Umwelt-, Friedens- und Dritte-Welt-Bewegung, die 1986 die Umweltbibliothek gründete, sammelte hier verbotene Bücher und Texte und stellte Inhalte daraus in ihrer Zeitschrift *Umweltblätter* (ab 1989 *telegraph*) zur Verfügung. Herausgegeben wurde die Zeitschrift von der evangelischen Kirche; das Archiv der Umweltbibliothek befand sich in den Kellerräumen des Gemeindehauses der Zionskirche.

Auf der Empore besprühten die Mitglieder mit Schablonen Transparente für Demos. „F“ und „R“ (im Wort „FREIHEIT“?) sind als Negative in roter Umrandung erkennbar.

Am 17. Oktober 1987 wurde ein inoffizielles Konzert der Ost-Punkband „Die Firma“ in der Zionskirche von Ostberliner Skinheads gestört. (Einige der Musiker gründeten später Rammstein.)

Am 25. November 1987 stürmte die Stasi hier zum ersten Mal ein Gotteshaus, was in der Bevölkerung Proteste auslöste und so die friedliche Revolution in der DDR enorm beflügelte.

Widerstand gegen die Nazis: die „Rote Kapelle“

Wenn man sich vor der Zionskirche nach rechts wendet und an der Außenwand entlangspaziert, stößt man auf Höhe der Apsis knapp über dem Boden auf ein vergittertes Metallquadrat an der Mauer. Es ist das Lüftungsgitter eines Kellerraums, der für den deutschen Widerstand gegen die Nazis von besonderer Bedeutung war. Dort stand ein Funkgerät, mit dem Harro Schulze-Boysen 1941 die Sowjets vor dem bevorstehenden Naziangriff gewarnt hat. Ein Jahr später wurde das französisch-belgisch-deutsche Widerstandsnetzwerk unter der Nazibezeichnung „Rote Kapelle“ enttarnt und von der Gestapo aufgelöst. Über 50 Berliner Mitglieder wurden ermordet, darunter die Harnacks und die Schulze-Boysens.

Vor seiner Ermordung durch die Nazis war Dietrich Bonhoeffer von 1931 bis 1944 Pastor an der Zionskirche gewesen. In dieser Zeit wurde die Zionskirche zur Bruthöhle des bürgerlichen Widerstands gegen die Nazis. Die Kellerräume waren für diesen Zweck ein ideales Versteck. Hier trafen sich ab 1940 die Widerstandsgruppen um Mildred und Arnd Harnack sowie Libertas und Harro Schulze-Boysen regelmäßig zur Planung regimefeindlicher Aktionen. Zahlreiche Künstler, Intellektuelle, Studenten, einfache Bürger und Arbeiter kamen hinzu. Man organisierte Verstecke für Verfolgte, half Bedrohten mit falschen Papieren und Geld zur Flucht.

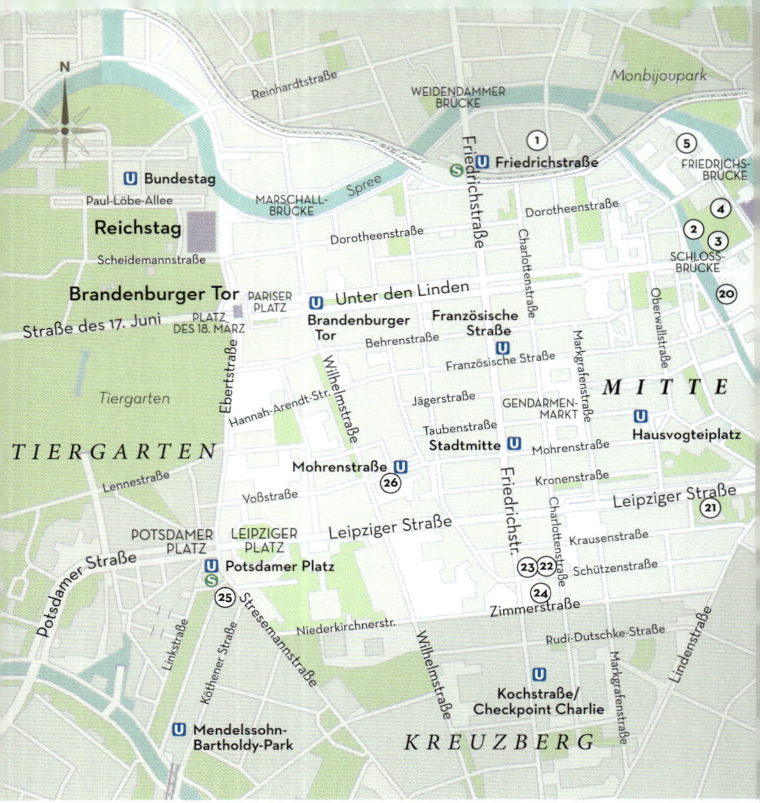

Mitte Süd

① DIE FASSADE DES ALTEN HOFBEAMTENHAUSES WILHELM II. *48*
② DIE DELFINRELIEFS AN DER UFERMAUER *50*
③ DIE DELFINSKULPTUR *52*
④ GRANITSCHALE IM LUSTGARTEN: WELTWUNDER MIT PATINA *54*
⑤ DAS GRABMAL ALEXANDERS VON DER MARK *55*
⑥ DAS DENKMAL ROSENSTRAßE *56*
⑦ DIE FUNDAMENTMARKIERUNG DER ALTEN SYNAGOGE *57*
⑧ DIE TREPPENHALLE DES GERICHTSGEBÄUDES LITTENSTRAßE *58*
⑨ RESTE DER ERSTEN STADTMAUER *62*
⑩ DIE GRUFT UNTER DER PAROCHIALKIRCHE *64*
⑪ DAS GESCHÄFTSHAUS DER GEBRÜDER TIETZ *66*
⑫ DER WUSTERHAUSISCHE BÄR *68*
⑬ DAS FLACHRELIEF ÜBER DER TÜR DES ERMELERHAUSES *70*

⑭ DAS FISCHERKIETZ-MAHNMAL 72
⑮ DIE ÜBERRESTE DES CÖLLNISCHEN RATHAUSES 74
⑯ DAS BUCHSTABENPORTAL DER BERLINER STADTBIBLIOTHEK 76
⑰ DIE VERZIERUNG AM RESTAURANT *MUTTER HOPPE* 78
⑱ DIE PALASTKARTENAUSGABE 80
⑲ DER ARM DER ATLASFIGUR AM STAATSRATSGEBÄUDE 82
⑳ DIE PERSONIFIKATION DER SPREE 84
㉑ DER HISTORISCHE PREUßISCHE MEILENSTEIN 86
㉒ DAS MICHAELSEN-PALAIS 90
㉓ DIE RENAISSANCE-FASSADE 92
㉔ DAS FLACHRELIEF AM ALFANDARY-HAUS 94
㉕ SOCKEL FÜR KARL LIEBKNECHT 96
㉖ DIE MARMORPLATTEN IM U-BAHNHOF MOHRENSTRAßE 97

DIE FASSADE DES ALTEN HOFBEAMTENHAUSES WILHELM II.

①

Zeitzeugen

Geschwister-Scholl-Straße 5, 10117 Berlin
S1, 2, 3, 5, 7, 9, 25, 26 / U6 (Friedrichstraße)

In der Geschwister-Scholl-Straße 5 steht ein Gebäude, das sich deutlich von den Bauten der Umgebung abhebt. Im Herzen von Mitte gelegen, erscheint es in seinem vermeintlich baufälligen Zustand zunächst wie ein Fremdkörper. Bei genauerer Betrachtung stellt man jedoch fest, dass diese Optik nicht etwa auf Nachlässigkeit, sondern auf einem fachmännisch ausgeführten Sanierungskonzept beruht. Eine Informationstafel zwischen zwei Fenstern im Erdgeschoss bestätigt den Verdacht: Das Gebäude wurde von 2009 bis 2010 mit Fördermitteln des Bundes und des Landes Berlin renoviert. Die Originalität des Gebäudes liegt eben in der Tatsache, dass bei der Sanierung versucht wurde, die Zeichen vergangener Zeiten, die es überdauert hat, sichtbar zu machen und zu erhalten.

Das Eingangstor trägt dabei sicher am meisten historische Verweise auf das Berlin des 19. Jahrhunderts: Zwei monumentale Pilaster stützen einen eleganten Giebel, den ein Löwenkopf und das kaiserliche Monogramm Wilhelms II. zieren – die ineinander verschlungenen Buchstaben W und R für „Wilhelminus Rex“, darunter die römische Zahl II. Dieses Detail sagt viel über die Geschichte des Gebäudes aus, das 1903 als Dienstwohnsitz hochrangiger Hofbeamten errichtet wurde.

Oberhalb der Tür sowie an mehreren anderen Stellen der Fassade sind Einschusslöcher aus dem Zweiten Weltkrieg zu erkennen; sie wurden bei der Sanierung als Zeitzeugen des furchtbaren Kriegsgeschehens in der Stadt beibehalten. In einigen Partien im ersten Stock, insbesondere an dem Erker auf der rechten Seite, fallen Backsteine auf, weil sie heller sind als der übrige Putz. Hierbei handelt es sich um Reparaturen, die direkt nach Kriegsende provisorisch ausgeführt wurden. Weiter oben lässt sich zwischen zwei Fenstern im dritten Stock gut erkennen, wie stiefmütterlich das Gebäude zu DDR-Zeiten behandelt wurde: Dieser Teil der Außenmauern war im Krieg ebenfalls stark beschädigt worden und wurde mit einfachen Steinen ohne viel Aufwand ausgebessert.

DIE DELFINRELIEFS AN DER UFERMAUER

②

Neues Wasser in alten Rohren

Lustgarten
Unter den Linden 2, 10117 Berlin
U2 (Hausvogteiplatz)

Wenn man am Zeughaus steht und den Blick einmal vom Lustgarten und vom Dom abwendet, fällt jenseits des Spreekanals – der auf diesem letzten Stück (ab der ehemaligen Stadtschleuse) auch *Kupfergraben* genannt wird – ein seltsamer Zufluss auf: eine Art Quelle in der Ufermauer. Saftig grüne Brunnenkräuter und auch ein junger Baum haben sich am Mauergestein festgekrallt; sie laben sich am frischen Wasser, das aus einer hübsch gemauerten halbkreisförmigen Öffnung hervorsprudelt und gut hörbar in den Kanal plätschert.

Da es im Park dahinter weit und breit keinen Bach gibt, denkt man schnell an einen Abwasserzufluss – doch der Gedanke verbietet sich angesichts der Wasserklarheit dieses Mauerquells. Auch sprechen die flankierenden Delfinreliefs, die sich bei genauerem Hinsehen zeigen, eher für ein gewolltes – oder zumindest geduldetes – Wasserspiel. Ist nicht

dort drüben, wo die Touristen Selfies mit dem Dom und der Kugel des Fernsehturms im Hintergrund schießen, eine große Fontäne zu hören?

Als der Baumeister Karl Friedrich Schinkel und der preußische Gartenkünstler Peter Joseph Lenné 1830 bis 1834 den Lustgarten umgestalteten, planten sie als zentrales Element einen Springbrunnen mit einer hohen Fontäne. Zu diesem Zweck wurde 1932 bei der früheren Großen Pomeranzenbrücke, der heutigen Friedrichsbrücke, ein Maschinenhaus (auch Pumpenhaus genannt) mit einer Dampfmaschine gebaut. Diese pumpte Spreewasser in eine Zisterne auf dem Dach des Alten Museums, von wo es mit Druck in ein Rohr zum Springbrunnen schoss, der daraufhin eine Fontäne von 13 Metern Höhe auswarf. Anschließend floss das Wasser durch einen abgedeckten Graben bis zur Mündungsöffnung mit den Delfinen am Spreekanal.

1893 wurde das Wasserspiel beendet. Jahrzehnte später gestalteten die Nationalsozialisten den Park zum Aufmarsch- und Kundgebungsplatz um. Nach Ende der deutschen Teilung stellte man jedoch das Parkkonzept von Schinkel und Lenné wieder her. Statt der Dampfmaschine versorgen heute moderne, platzsparende Elektropumpen den zentralen Springbrunnen; das Wasser fließt aber immer noch durch den alten Graben ab, der – wie auch das Rohrsystem – das 20. Jahrhundert unbeschadet im Untergrund überdauert hat.

DIE DELFINSKULPTUR

③

Zeugnis eines historischen Brückengeländers

Schlossbrücke (beim Lustgarten), Spreeinsel, 10178 Berlin
S3, 5, 7, 9 (Hackescher Markt) / U2 (Hausvogteiplatz)

Am Rand des Lustgartens steht eine manierierte Delfinskulptur in einem Rahmen aus rostigem Gusseisen. Mit etwas Beobachtungsgabe bemerkt man am Geländer der nahen Schlossbrücke zahlreiche grün gestrichene Doppelgänger des dekorativen Flusssäugers.

Der einsame Lustgartendelfin ist einer der originalen Delfine des Geländers. Er zierte die Brücke des preußischen Architekten Karl Friedrich Schinkel (1781–1841) seit 1824 und wurde bei der jüngsten Restaurierung 2000 ersetzt.

Das Unglück bei der Eröffnung

Am 29. November 1823 sollten der preußische Kronprinz Friedrich Wilhelm und seine Braut, Prinzessin Elisabeth von Bayern, in der Berliner Schlosskapelle verheiratet werden. Anlässlich ihrer Ankunft in Berlin am Tag zuvor ordnete Friedrich Wilhelm III. einen großen Einzug mit Fest im Lustgarten an. Die neue Schlossbrücke sollte durch die Überfahrt des kronprinzlichen Brautpaars in einer goldenen Kutsche gleich miteingeweiht werden. An die Sicherheit der Zuschauer dachte niemand. Es würde schon auch ohne Eisengeländer gehen – das war nämlich noch nicht fertig.
Nur ein seitlich angenagelter hölzerner Steg bot den Schaulustigen auf der Brücke Platz. Die dem Brautpaar vorbehaltene Fahrbahn war dagegen breit genug für sieben Wagen. Man drängte sich, rangelte um die besten Plätze. Das Behelfsgeländer hielt dem Druck nicht stand und die Leute fielen urplötzlich reihenweise in den Kanal. Die wenigsten konnten schwimmen, und so ertranken 22 Menschen. Die Retter vor Wassernot, sprich: die Delfine des Brückengeländers, waren nicht rechtzeitig zur Stelle gewesen.
Doch es täuscht sich, wer glaubt, König Friedrich Wilhelm III. habe ein schlechtes Gewissen wegen des Brückenunglücks gehabt: Die Todesanzeigen durften nicht in der Presse erscheinen, um das Brautpaar nicht zusätzlich aufzuregen. Erst Beschwerden der Hinterbliebenen beim Ministerium ermöglichten die öffentliche Trauerbekundung.

Die Granitschale im Lustgarten: Weltwunder mit Patina ④

Manches versteckt man am besten, indem man es mitten auf den Tisch stellt. Ähnlich ist das mit der Granitschale vor dem Alten Museum: Menschen stehen auf dem Rasen im Lustgarten, sitzen auf den Stufen direkt unterm Schalenrand – doch die größte Granitschale der Welt, die man je aus einem einzigen Stück Rohgestein herausschlug (und das in der Zeit des sogenannten Biedermeier, als man weder über die heutigen Möglichkeiten des Lastentransports noch der Steinbearbeitung verfügte), wird von ihnen kaum beachtet.

Die rotbraune Riesenschale aus schwedischem präkambrischem Karlshamn-Granit weist auch heute noch eine deutlich sichtbare Politur auf. Zweieinhalb Jahre hatte ihr Schleifen gedauert – es war mit einer dampfbetriebenen, vom Steinmetzbetrieb Cantian eigens konstruierten Maschine bewerkstelligt worden. Für die Biedermeierzeit stellte das eine ganz außerordentliche, beispiellose Meisterleistung dar.

Die Berliner Schale war das Ergebnis eines inoffiziellen Wettstreits zwischen Friedrich Wilhelm III., König von Preußen, und dem englischen Gesandten William Spencer Cavendish, 6. Duke of Devonshire, der eine große Granitschale beim Berliner Bauinspektor und Steinmetz Christian Gottlieb Cantian in Auftrag gegeben hatte. Der Preußenkönig konnte und wollte nicht zulassen, dass sein Land in puncto Großschalen ins Hintertreffen geriet. Daher bestellte er 1826 ebenfalls eine Schale bei Cantian – allerdings mit der Vorgabe, dass diese größer ausfallen müsse als die für den Engländer.

Preußen verfügte nicht über „vaterländischen Granit". Aber die Eiszeit hatte riesige Blöcke aus dem Norden herangeschoben, und so wurde aus dem Großen Markgrafenstein in den Rauenschen Bergen bei Fürstenwalde ein Stück herausgespalten.

Nach gelungenem Spreetransport und Schliff in Berlin war die Schale am Ende zu groß für die Rotunde im Inneren des Museums. Daher trotzt sie bislang seit gut 190 Jahren draußen im Garten Sturm, Regen und Frost. Zwei Weltkriege hat sie überlebt und bloß einen kleinen Bruch und eine Absplitterung davongetragen. Beides konnte aber gekittet und ausgebessert werden.

Das Grabmal Alexanders von der Mark: War es Brudermord? ⑤

Im 19. Jahrhundert zählte das von Johann Gottfried Schadow geschaffene Grabmal Alexanders von der Mark zu den „Berliner Weltwundern". Es stand ursprünglich in der Dorotheenstädtischen Kirche – weil der Junge nicht uradelig war –, bis es im Zweiten Weltkrieg ausgelagert wurde. Die Kirche verschwand, das Grabmal zieht nun in der Alten Nationalgalerie (Bodestraße 1–3) die Blicke auf sich. Die traurige Geschichte hinter dem Sarkophag, den Parzen- und Todesengelreliefs schmücken, kennt heute fast keiner mehr.

Graf Friedrich Wilhelm Moritz Alexander von der Mark kam 1779 als natürlicher Sohn des preußischen Kronprinzen Wilhelm (1744–1797; ab 1786 König Friedrich Wilhelm II. von Preußen) und seiner offiziellen Mätresse Wilhelmine Encke zur Welt. Die Tochter eines Hof-Cornettisten wurde von ihrem Liebhaber und lebenslangen Freund während einer Bildungsreise nach Italien geadelt zur „Gräfin Lichtenau". Auch dessen Onkel, Friedrich der Große, fand Gefallen an dem schönen, edlen und gelehrigen Knaben, selbst wenn der unehelich geboren war. Denn Alexander besaß außergewöhnliche Tugenden und Fähigkeiten; das verrät die lateinische Grabinschrift. Im zarten Alter von fünf Jahren schrieb er seinem Vater einen Brief, den man im Potsdamer Marmorpalais bestaunen kann. Der Vater nannte ihn „Anderchen" und zog ihn dem Kronprinzen Friedrich Wilhelm III. vor. Vielleicht wurde dies dem Achteinhalbjährigen zum Verhängnis. Das zumindest vermutete das trauernde Volk – von Vergiftung ging die Rede. Der Ruch des Brudermords hing über dem pompösen Grabmal, das die Liebe der Eltern und die Unersetzlichkeit ihres Verlusts offenkundig machte. Im Neuen Garten beim Marmorpalais wurde eine Gedächnisurne aufgestellt, bei der Friedrich Wilhelm II. stets die Stimme seines Anderchens zu hören glaubte. Als der zurückgesetzte Friedrich Wilhelm III. König wurde, ließ er die Gräfin Lichtenau verhaften und verbannen. War er tatsächlich der Mörder seines viel begabteren liebreizenden Bruders?

DAS DENKMAL ROSENSTRAẞE

„Gebt uns unsere Männer wieder!"

Rosenstraße 2, 10178 Berlin
S3, 5, 7, 9 (Hackescher Markt)

Die Skulpturengruppe *Block der Frauen* von Ingeborg Hunzinger ist ein wichtiges politisches Mahnmal, vielleicht das wichtigste in Berlin Mitte. Es veranschaulicht, dass ziviler Ungehorsam selbst in einer Diktatur Menschenleben retten kann und jederzeit und allerorts möglich ist. In Stein gemeißeltes Leid ist schwer nachzufühlen. Das Denkmal bleibt notgedrungen kalt, doch die Kenntnis der Geschichte kann es beleben.

Hier in der Rosenstraße stand ein Gebäude, das bis 1942 Wohlfahrts- und Jugendfürsorgeamt der jüdischen Gemeinde gewesen war. Nachdem Himmler entschieden hatte, alle im Reichsgebiet lebenden Juden – auch die „Mischlinge" – in Konzentrationslager abzuschieben, wurden in Berlin 2000 jüdische Männer aus Mischehen verhaftet. Hitler hatte nach wie vor Ausnahmen erlaubt und Goebbels angewiesen, die in Mischehen lebenden Juden noch vorübergehend zu verschonen, um öffentliche „Szenen" zu vermeiden. Doch die ausübenden NS-Schergen, in deren Gehirnen Gewalt selbst vor Gehorsam ging, griffen wahllos zu.

Durch diese Festnahmen kam es nun zu den von Hitler befürchteten „Szenen". Die nicht jüdischen Frauen ließen sich von den Drohungen der Polizei nicht beeindrucken. Immer mehr standen vor dem ehemaligen Wohlfahrtsamt, das nun Deportationsknast war. Wenn die Polizei sie vertrieb, verzogen sie sich in Nebenstraßen, nur um wenig später wieder dazustehen. Sie riefen laut: „Gebt uns unsere Männer wieder!" Gauleiter Goebbels zog schließlich die Notbremse. Er entließ die Inhaftierten und ließ 25 bereits nach Auschwitz III (Monowitz) deportierte Männer wieder zurückholen. In seinem Tagebuch liest man aber: „Ich gebe dem S[icherheits]D[ienst] Auftrag, die Judenevakuierung nicht ausgerechnet in einer so kritischen Zeit fortzusetzen. Wir wollen uns das lieber noch einige Wochen aufsparen; dann können wir es umso gründlicher durchführen."

Die geglückte Protestaktion sprach sich im Reich herum und führte dazu, dass sich auch in Dortmund einige Wochen später 300 bis 400 Personen erfolgreich gegen die Verhaftung eines Soldaten auflehnten. Die Einschätzung, der Frauenprotest sei eine belanglose Fußnote im Nazistaat gewesen, blieb nicht unwidersprochen. Der Journalist Georg Zivier war einer der Inhaftierten; seine Frau hatte für ihn protestiert. Er nannte die erfolgreiche Aktion nach dem Krieg „eine kleine Fackel in der Dunkelheit, ein Signal, das vielleicht zu einer allgemeinen Erhebung hätte führen können." 98 Prozent der deutschen Juden, die das NS-Reich überlebten, lebten in Mischehen.

DIE FUNDAMENTMARKIERUNG DER ALTEN SYNAGOGE ⑦

Spuren in der Grünanlage

Heidereutergasse 4, 10178 Berlin
S3, 5, 7, 9 (Hackescher Markt)

Wer nicht intensiv nach dem Gelände der ersten Berliner Synagoge sucht, findet es nicht. Die Heidereutergasse (*Reuter* heißt so viel wie „Reiter") ist so winzig, dass sie unter die Anwärter auf den Preis der kürzesten Gasse Berlins gehört. Statt der Synagoge gibt es bloß eine Erklärungstafel und einen gerade eben so erkennbaren, mit aneinandergelegten Backsteinen markierten Umriss im Boden des verwahrlosten, schmutzigen Parkstreifens im Winkel zwischen Heidereutergasse und Rosenstraße.

Die Synagoge war ein lang gehegter Wunschtraum der Berliner Judenschaft gewesen. Obwohl 1671 bereits 50 aus Wien vertriebene jüdische Familien in Berlin Zuflucht gefunden hatten, wurde ihrer Gemeinde erst 1712 vom Preußenkönig Friedrich Wilhelm I. der Bau eines Gotteshauses gestattet. Die Juden hatten bei diesem Bau verschiedene Auflagen zu erfüllen, vor allem durfte er die umgebende bürgerliche Wohnbebauung nicht überragen. Im Gegensatz zu anderen Neuberlinern wurde den jüdischen Bauherren nicht das übliche Willkommensgeschenk von kostenlosem Bauland und Baumaterial gemacht. Die Gemeinde musste zusammenlegen und sich beides selbst kaufen. Man erwarb also für die Synagoge zwei benachbarte Grundstücke und begann 1712 mit dem Bau eines schmucklosen rechteckigen Saalbaus mit Gewölbedecke, der sich unauffällig in die umgebende Bebauung einfügte.

Am 10. September 1714 wurde die Synagoge im Beisein der preußischen Königin Sophie Dorothea eingeweiht. In den 1850er-Jahren wurde das Gebäude vergrößert, doch die jüdische Gemeinde wuchs so schnell, dass es den Platzanforderungen schon bald darauf nicht mehr genügte. 1860 zählte man 28 000 Gemeindemitglieder. Mit dem Bau der prunkvollen Neuen Synagoge in der Oranienburger Straße wurde die Synagoge in der Heidereutergasse zur Alten Synagoge und geriet mehr und mehr in Vergessenheit.

Durch ihre versteckte Lage entging sie der Zerstörungswut der Nazis in der Pogromnacht vom 9. auf den 10. November 1938. Noch als bereits die Deportationen im Gange waren, fand 1942 der letzte Gottesdienst darin statt. Im Februar 1945 wurde das Gebäude von alliierten Bomben zerstört. Die DDR räumte die Reste beiseite, bebaute das Areal aber nicht. Erst im Jahr 2000 wurden die Fundamente wieder freigelegt und die Umrisslinie markiert.

DIE TREPPENHALLE DES GERICHTSGEBÄUDES LITTENSTRAẞE

8

Architektur vom Allerfeinsten

Littenstraße 12–17, 10179 Berlin
Mo–Fr 9–13 Uhr (Reisepass oder Personalausweis erforderlich)
U2 (Klosterstraße)

Die Existenz des Landgerichts Berlin Mitte an sich ist kein großes Geheimnis. Was die meisten jedoch nicht wissen, ist, dass man es auch besichtigen kann und dass sich der Besuch lohnt. Denn das Gebäude verbirgt eines der schönsten Interieurs der ganzen Stadt.

Nach Durchlaufen der Sicherheitskontrollen am Eingang Littenstraße (Reisepass oder Ausweis vorzeigen) bietet sich dem Besucher ein spektakulärer Anblick: eine kreisrunde, reich verzierte Halle mit einer imposanten Höhe von 30,5 Metern.

Der weiträumige, vollständig offen gestaltete Innenbereich ist mit Säulen aus rotem und grünem Sandstein umgeben. Die Säulen im Erdgeschoss und im Treppenaufgang sind mit farbigen Rittermotiven verziert. Der Terrakottaboden ist mit Bodenfliesen aus der Gründungszeit des Gebäudes ausgestaltet, welche die Krone als königliches Emblem zeigen. Die weißen, schmiedeeisernen Treppengeländer winden sich in typischen Jugendstilformen empor und setzen sich in den Balkonen fort. An anderen Stellen herrschen eher Rokoko-Motive vor.

Beim Hinaufsteigen bietet sich die Möglichkeit, den in der Mitte der Halle hängenden Leuchter sowie die mit goldenen Schmuckelementen verzierte Decke näher zu betrachten, die mit ihren Farben und Formen auf den Kanon der gotischen Architektur verweist. Von den oberen Etagen aus zeigt sich die knapp 1000 Quadratmeter große Halle schließlich in ihrer ganzen Pracht.

Die Inschrift „1904“ oberhalb des Eingangsportals nennt das Eröffnungsjahr des Gebäudes, das unter der Leitung der Architekten Paul Thoemer, Rudolf Mönnich und Otto Schmalz seit 1896 errichtet wurde. Ursprünglich diente es der Zivilkammer des Berliner Amtsgerichts und dem Landgericht Mitte als Sitz. Mit seinen fünf Kilometern Gängen und seinen 3000 Fenstern war das Gericht seinerzeit eines der größten Gebäude der Stadt. Die Außenfassade wurde im Stil des süddeutschen Barock mit zwei Ecktürmen zur Neuen Friedrichstraße (heute Littenstraße) hin errichtet.

Während des Zweiten Weltkriegs wurde das Gebäude stark beschädigt. Nach dem Krieg nahm man eine umfassende Sanierung vor, 1968/69 wurde bei der Neugestaltung und Verbreiterung der Grunerstraße sowie dem Bau des Straßentunnels am Alexanderplatz ein kompletter unbeschädigter Gebäudeteil abgerissen. In den Jahren der deutschen Teilung beherbergte das Gebäude den Sitz des Obersten Gerichts der DDR.

Heute sind hier mehrere Zivilkammern des Landgerichts sowie das Amtsgericht Mitte untergebracht. Mit über 900 Mitarbeitern ist das Landgericht das größte Deutschlands.

©Ansgar Koreng

RESTE DER ERSTEN STADTMAUER ⑨

Die ältesten Spuren Berlins

Waisenstraße 14–16, 10179 Berlin
S3, 5, 7, 9 (Alexanderplatz) / U2 (Klosterstraße)

Südlich des Alexanderplatzes erstreckt sich das Gebiet der alten Stadt Cölln. Ein Spaziergang führt zu den ältesten baulichen Spuren der modernen Stadt Berlin. Dabei kommt man an der Marienkirche aus dem 13. Jahrhundert vorbei, umrundet das Rote Rathaus links, geht die Jüdenstraße hinunter und überquert die Grunerstraße. Das Zentrum des früheren jüdischen Lebens, der Große Jüdenhof, ist heute ein Innenstadtparkplatz.

Wenn man auf der anderen Straßenseite der Grunerstraße nach links weiterläuft, erreicht man die Ruine der im Zweiten Weltkrieg zerstörten Kirche des Franziskanerklosters.

Über die restlichen klösterlichen Grundmauern rauscht heute der Großstadtverkehr.

Man biegt rechts in die ruhige Littenstraße ein und lässt die ältesten baulichen Zeugnisse, die in Berlin oberirdisch erhalten geblieben sind, auf sich zukommen: Teile der mittelalterlichen Stadtmauer, die etwa 1250 entstand und seinerzeit mit 2,5 Kilometern Länge die 70 Hektar Fläche von Cölln und Berlin umschloss.

Auf dem kurzen Stück, wo Litten- und Waisenstraße parallel verlaufen, hat man 1948 die Reste beim Beräumen kriegszerbombter

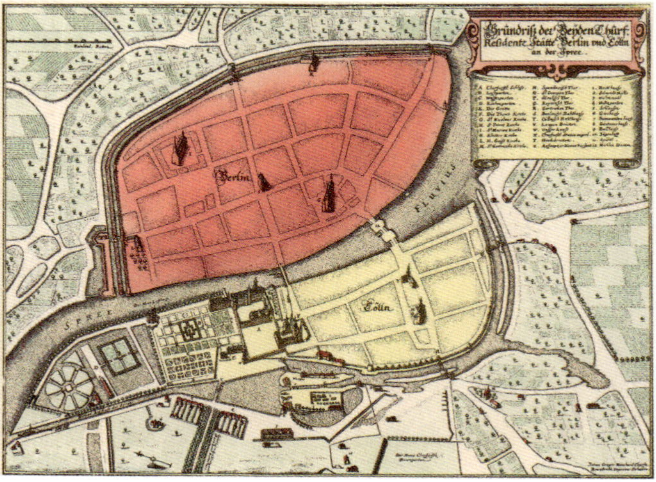

Häuser entdeckt, deren Rückseite sie bildeten. Auch das Gebäude der Gaststätte *Zur letzten Instanz* war in dieses Stück der ersten Stadtmauer als ein sogenanntes Wiekhaus eingefügt. Es diente der Beobachtung und der Bekämpfung von Angreifern. 1621 eröffnete ein kurfürstlicher Reitknecht eine Branntweinschänke darin, den frühesten Vorläufer des jetzigen Lokals.

Vor und hinter der Kneipe kann man die konservierten urtümlichen Mauerreste in Augenschein nehmen. Drei bis sechs Fuß (knapp ein bis zwei Meter) dick sind sie, weisen später hinzugefügte vertikale Streben auf und wurden über einer schlichten Feldsteinschüttung errichtet. Die erste, zwei Meter hohe Feldsteinmauer wurde später mit Backsteinen auf vier bis fünf Meter aufgemauert.

Zinnen gab es nur vereinzelt. Zur Beobachtung eventuell sich nähernder Feinde dienten neben zahlreichen Wiekhäusern vereinzelte, bis zu 25 Meter hohe Wachtürme.

Vor der neuen Mauer (also zur jetzigen Littenstraße hin) hob man zwei 15 Meter breite Gräben aus. Sie waren durch einen 7,50 bis 10 Meter breiten Erdwall getrennt und sollten so Feinden die Annäherung erschweren.

Wie bei jeder städtischen Landwehr gab es in regelmäßigen Abständen Bärengruben (Fallgruben für das spätere Wappentier). Vor Jahren konnte man auf den roten Klosterformatbacksteinen noch eingebackene Tatzenspuren kleinerer Raubtiere finden; heute sind die meisten verwittert.

DIE GRUFT UNTER DER PAROCHIALKIRCHE

⑩

Ausblick in die (halbe) Ewigkeit

Klosterstraße 66, 10179 Berlin
0 30 / 52 68 02 -135
crossroads@besondere-orte.com
crossroads-berlin.com
Voranmeldungen für Führungen durch CROSS ROADS – Berlin mit anderen Augen
Evangelischer Kirchenkreis Berlin Stadtmitte per E-Mail oder Telefon
U2 (Klosterstraße)

Von der lichten, hellen, weiträumigen Halle der barocken Parochialkirche (erbaut 1695–1703) sind es nur wenige Schritte in den Untergrund. Eine schmale steinerne Wendeltreppe führt in die Gruft unter dem Kirchenraum.

Es ist die einzige Berliner Kirchengruft des niederen Adels und des wohlhabenden Bürgertums. Dem Grundriss folgend liegt unter dem barocken Gotteshaus eine kreuzförmige Ganganlage. Von den beiden Achsen des Kreuzes zweigen insgesamt 30 Grabkammern zu den Seiten ab. Die einzelnen Kammern sind durch schlichte hölzerne Lattengittertüren verschlossen, die einen Blick nach drinnen freigegeben und eine ungehinderte Luftzirkulation ermöglichen.

Das gute Belüftungssystem, das von Anbeginn zur Besonderheit der Parochialkirchengruft beitrug, führte dazu, dass diejenigen, die sich dort einmieteten, samt Kleidung weitgehend mumifiziert wurden. Bei

der Führung werden einzelne Grabkammern mit steinernen Sarkophagen und hölzernen Särgen geöffnet; Besonderheiten der darin bei der Restaurierung dieser europaweit einmaligen Gruft vorgefundenen Mumien werden anhand von Fotos erläutert.

Das um 1750 hochmoderne tief dekolletierte Kostüm der im Alter von 24 Jahren verstorbenen Baronin Louise Albertine von Grappendorf etwa ist aus goldfarbener Atlasseide. Da sie im Winter beigesetzt wurde, ist ihre zarte Haut nicht von Madenlöchern perforiert. Anrührend die – ebenfalls mumifizierte – Katze in den Armen des 1715 verstorbenen Münzkommissars Lorenz Christoph Schneider. Schauerlich ist ein Raum voller Kindersärge, ebenso wie der Sarg mit Glasscheibe, die vielleicht aus Furcht des Bestatteten davor, lebendig beerdigt zu werden, angebracht wurde. Auch die makabre Geschichte von der Roten Else wird man bei der Führung hören.

Umgerechnet 40 000 Euro kostete es, „auf ewig" drunten an der frischen Luft zu ruhen. Wenn niemand mehr die jährliche Pacht zahlte, kamen die Knochen in nächtlicher Aktion doch hinaus auf den kleinen Kirchhof. Da konnte man dann höchstens noch das Gras von unten sehen – und auch das teuerste Kleid wurde zu Humus.

Im 20. Jahrhundert wurde die lange ungeschützte Gruft unzählige Male geschändet. Grabräuber schnitten den Mumien auf der Suche nach Juwelen die Handschuhe auf und Studenten der Charité versorgten sich auf Zuraten ihrer Professoren mit kostenlosen menschlichen Schädeln.

Schließlich mauerte man die Gruft zu, was die Luftzirkulation unterbrach und einen Befall mit dem unter Archäologen berüchtigten Schimmelpilz „Fluch des Pharao" zur Folge hatte.

DAS GESCHÄFTSHAUS DER GEBRÜDER TIETZ

⑪

Seltenes Beispiel der Berliner Jugendstilarchitektur

Klosterstraße 64, 10179 Berlin
U2 (Klosterstraße)

In der Klosterstraße 64 steht gegenüber dem imposanten Alten Stadthaus das Geschäftshaus Tietz: ein großartiges Beispiel der Berliner Architektur zu Beginn des 20. Jahrhunderts.

Passanten, die der Weg durch diese alte Straße des historischen Stadtzentrums führt, werden angesichts der außergewöhnlichen vorgeblendeten Sandsteinfassade überrascht den Blick heben. Die Besonderheit des Gebäudes liegt zweifelsohne in der neuartigen Pfeilerbauweise, die zwischen 19. und 20. Jahrhundert aufkam und den Einbau von mehr und größeren Fenstern ermöglichte. Im Erdgeschoss wies das Haus zwischen den sechs schlanken Pfeilern gar vier großflächige (nicht erhaltene) Schaufenster auf, die das Innere in helles Licht tauchten. Die Zierleisten der Gesimse im mittleren Gebäudeblock sind besonders interessant. Florale Motive und stilisierte Gesichter von Männern und Frauen werden überthront von ionischen und korinthischen Kapitellen. Solche dekorativen Elemente sind typisch für den deutschen Jugendstil, ebenso wie die Verzierungen des schmiedeeisernen Haupttors, über das sich der Zugang zu den Innenhöfen eröffnet.

Das Geschäftshaus Tietz wurde 1904 bis 1906 nach Plänen des Architekten Georg Lewy errichtet. Es ist eines der wenigen Gebäude in diesem Stadtviertel, die im Zweiten Weltkrieg nicht zerstört oder schwer beschädigt wurden. In Auftrag gegeben worden war es von Berthold, Georg und Heinrich Tietz, drei Brüdern und Textilunternehmern. Der Namenszug „Gebr. Tietz" findet sich noch heute oberhalb der beiden Eingangsportale. Seitlich angebracht sind die Namen der beiden Städte Berlin und Annaberg, sächsischer Herkunftsort der Familie (die weitläufig verwandt ist mit den Gründern der berühmten Tietz-Kaufhäuser Hertie – von „HERmann TIEtz" – und Kaufhof).

Die Räumlichkeiten des Gebäudes waren ursprünglich an mehrere Firmen aus der Textilbranche vermietet und wurden von den Eigentümern zum Weiterverkauf von Besatz- und Posamentierwaren (also Knöpfen, Borten und Ähnlichem) genutzt, bis 1933 aufgrund der zunehmenden Verfolgung von Angehörigen der jüdischen Gemeinschaft durch das Naziregime auch die Familie Tietz zur Aufgabe gezwungen wurde. Ab 1940 befand sich hier die Heeresstandortverwaltung und 1945 nach Kriegsende das Ostberliner Vermessungsamt.

Heute beherbergt das denkmalgeschützte Gebäude Büroräume verschiedener Unternehmen und Freiberufler.

DER WUSTERHAUSISCHE BÄR ⑫

Letzter Bär auf Posten

Am Köllnischen Park 5, 10179 Berlin
U2 (Märkisches Museum)

Im Köllnischen Park steht ein niedriger Turm aus rohen Backsteinen; vom Boden bis zum Kopf der Sandsteinstatue, die auf der runden Turmhaube sitzt, misst er nur knapp fünf Meter. Sein kleiner Innenraum ist mit einer Gittertür und einer Schießscharte versehen. Die Inschrift „WUSTERHAUSISCHER BAER 1718", angebracht noch unter Preußenkönig Friedrich Wilhelm I. (bekannt als Soldatenkönig und Vater des „Alten Fritz"), sagt wenig aus. Der Turm befindet sich hier

nämlich nicht an an seinem ursprünglichen Standort – ebensowenig wie die anderen Altberliner Skulpturen und Architekturbestandteile. Dieser Park dient gleichsam als Sammelstätte für Bauobjekte, die andernorts weichen mussten und im beengten Gebäude des Märkischen Museums oder in seinem Lichthof keinen Platz fanden.

Auch wenn man hier noch in den 2000er-Jahren in einem offenen Bärenzwinger das Berliner Wappentier, den Braunbär, in natura bestaunen und bei der Fütterung sehen konnte, hat der Wusterhausische Bär absolut nichts mit Bären im zoologischen Sinn zu tun. Das Wort „Bär" ist in diesem Fall auf das lateinische *berum* zurückzuführen, das so viel wie „Wehr" bedeutet. Ein „Bär" (bzw. „Baer") war ein speziell präpariertes Stauwehr der Verteidigungsanlage rund um Berlin. Auf dem Stauwehr im Wassergraben stand ein Wehrturm, der es gestattete, diesen Graben besser zu verteidigen und den Angreifern oder Belagerern ein Passieren des Wehrs auf seiner Kante unmöglich zu machen. Der Durchmesser des Turms glich dem der Wehrkante, sodass jeder, der versuchte, an ihm vorbeizukommen, unweigerlich ins Wasser fiel.

Von den drei Bären (bzw. Wehren) im Berliner Festungsgraben war der Wusterhausische Bär dasjenige Wehr, das am längsten bestand. Nach der Beseitigung der Festungsanlagen im 18. Jahrhundert verrichtete das Wehr weiterhin seinen Dienst im sogenannten Grünen Graben, als Zuflussregulator einer Wassermühle.

Da das Wehr an der Ausfallstraße nach Königs Wusterhausen lag, nannte man es Wusterhausischer Bär. Als die Mühle zugrunde ging und der Grüne Graben samt Wehr 1883/84 verfüllt wurde, blieb nur der Turm als sogenannter Wusterhausischer Bär an der neuen Jakobsstraße übrig. Freunde der konservatorischen Idee des Märkischen Museums ließen ihn abbauen und in den Köllnischen Park versetzen. Die Inschrift von 1718 ergänzten sie durch den Zusatz: „AUF DER MITTE DES WEHRS IM GRÜNEN GRABEN HINTER BASTION VI ERBAUT UND HIEHER VERSETZT 1893".

Der Bär verkörpert heute das letzte bauliche Zeugnis der einstmals monumentalen Festung Berlin, die so unbezwingbar war, dass sie niemals angegriffen oder belagert wurde.

DAS FLACHRELIEF ÜBER DER TÜR DES ERMELERHAUSES

(13)

Sklaven für Berlins Reichtum

Märkisches Ufer 10, 10179 Berlin
U2 (Märkisches Museum)

Das denkmalgeschützte Ermelerhaus mit seiner herrlichen klassizistischen Fassade ist der originalgetreue Nachbau eines Patrizierhauses im historischen Stadtteil Alt-Kölln. Wer das Relief über der Eingangstür genauer betrachtet, fühlt sich jedoch an den Kolonialismus des 17. und 18. Jahrhunderts erinnert. Dargestellt sind halbnackte Frauen und Männer in tropischer Landschaft, die mit bloßen Händen Tabak ernten.

Der Tabakhandel brachte den Berliner Geschäftsleuten enormen Profit ein. „Mein Anfang war 100 Thaler, jetzt 56 Jahre alt, habe ich schon über 200.000 Thaler ... redlich verdient." So steht es im Tagebuch Wilhelm Ferdinand Ermelers, der das Haus 1824 vom Tabakhändler Neumann erwarb; damals existierte die Darstellung über der Tür bereits.

Im weiteren Verlauf des Flachreliefs sieht man, wie der Tabak von Schwarzen auf die Schiffe gebracht wird. Weiße, bekleidete Aufseher halten Wache. Am Horizont – am rechten Rand des Frieses – zeigen die beiden Kirchen auf dem Gendarmenmarkt das Ziel der Reise des Tabaks an: Berlin.

Die kurfürstliche Residenzstadt war unter dem „Großen Kurfürsten“ Friedrich Wilhelm (reg. 1640–1688) in den Sklavenhandel eingestiegen. Mithilfe der 1682 gegründeten Brandenburg-Africanischen Compagnie verkauften preußische Sklavenhändler bis 1711 rund 17 000 Männer, Frauen und Kinder aus Afrika nach Südamerika und in die junge USA, wo sie unter anderem auf Tabakplantagen schuften mussten. Dazu kam geschätzt die drei- bis vierfache Zahl derer, die die Überfahrt nicht überlebten. Finanziell lohnte sich der Sklavenhandel für Preußen nicht – die Handelsgesellschaft war nach rund 30 Jahren pleite und wurde 1717 an die Niederlande verkauft.

Im Relief am Ermelerhaus ist die damalige „koloniale Weltordnung“ klar dargestellt: Man betrachtete die heidnischen Afrikaner als Wilde oder Tiere, die man guten Gewissens fangen und in Gefangenschaft arbeiten lassen dürfe. Nicht nur Berliner mit dunkler Hautfarbe halten eine solche Darstellung verständlicherweise für rassistisch.

Aus der Zeit um 1700 hat auch die Mohrenstraße ursprünglich ihren Namen. 2020 wurde ihre Umbenennung beschlossen.

Das originale Ermelerhaus in der Breiten Straße 11, gebaut um 1720, wurde 1966/67 abgetragen und 1968/69 auf dem Grundstück Märkisches Ufer 10 mit eingefügtem Originalfries wiederaufgebaut.

DAS FISCHERKIETZ-MAHNMAL ⑭

Ein abgerissenes „Schmutzviertel"

Fischerinsel 5, 10179 Berlin
U2 (Märkisches Museum)

An der Wand des riesigen Plattenbaus an der Friedrichsgracht, dem ersten Teil des Spreekanals (nicht zu verwechseln mit der

gleichnamigen Straße weiter westlich), irritiert ein alter Stein. Der wissbegierige Berlin-Besucher findet keine Erklärung. Da bleibt nur der Stein selbst: Mittendrauf prangt der Berliner Bär und darunter hält ein uniformierter Mann mit bekrönter Kappe in beiden Armen je einen Fisch. Das genügt, in Verbindung mit dem Straßennamen „Fischerinsel", um zu vermuten, dass hier an ein altes Viertel erinnert werden soll. Tatsächlich gab es da ganz früher mal eines, in dem Fische eine namensgebende Rolle spielten: den sogenannten Fischerkietz. Fischer spielten allerdings schon zu Beginn des 19. Jahrhunderts an dieser Stelle keine Rolle mehr.

Damals hieß das Viertel „Speicherinsel", wegen eines riesigen neu gebauten Speicherhauses. Es galt wegen seiner Rückständigkeit und Verwunschenheit in den Reiseführern als ältester und ursprünglichster Teil Berlins. Die Traditionsgaststätte *Zum Nussbaum* etwa stand dort, die der Baedeker den unerschrockenen Berlin-Touristen empfahl. Und es gab da überhaupt jenes „Milljöh", das man wehmütig 1987 auf der Brache um die Reste der Nikolaikirche nachbilden wollte.

So ändern sich die Geschmäckern. In den 1920er-Jahren war das „Milljöh" der zu beseitigende Schmutz. Die alten verwinkelten Gassen und die verwunschenen Ecken waren den auf Prestige und Außenwirkung bedachten Stadtoberen ein Dorn im Auge. Man plante schon damals einen Abriss. Ein ähnliches Viertel jenseits der Spree, der berüchtigte „Krögel", verschwand in den 1930er-Jahren beim Bau der Reichsmünze. Die Speicherinsel überlebte sogar den Zweiten Weltkrieg.

Als 1957 die westliche „Interbau"-Ausstellung mit dem futuristischen Hansaviertel Maßstäbe für moderne, funktionale Großstadtarchitektur gesetzt hatte, wollte der Osten gleichziehen. Die maroden rückständigen Altbauten im Süden der Spreeinsel – der Geburtszelle Cöllns – galten plötzlich als „Schandflecke". Zwar hätte die Hälfte saniert werden können, doch der Plan von Erhaltung plus Neubau wurde schnell von den Hardlinern der Moderne weggewischt. Reinen Tisch zu machen war jetzt angesagt. Auch der Denkmalschutz rettete die 30 Altbauten nicht.

DIE ÜBERRESTE DES CÖLLNISCHEN RATHAUSES

⑮

Geschichte zu unseren Füßen

Scharrenstraße 22, 10178 Berlin
U2 (Spittelmarkt)

Berlin scheint ein neues Ziel zu haben: die Stadt der archäologischen Fenster zu werden. Solche Fenster findet man am Gesundbrunnen, am Mauerbrunnen und im U-Bahnhof Rotes Rathaus. Das größte am Petriplatz ist noch immer in Planung. Ein weiteres Fenster, das schon sehr früh fertiggestellt war, führt jedoch neben den übrigen ein Schattendasein. Es befindet sich an einer Stelle, an der es niemand vermutet: im Hotel *Capri by Fraser* an der Ecke Scharrenstraße/Breite Straße. Das Hotel wirkt äußerlich genauso wesenlos wie die übrige Hotelbebauung in der Umgebung. Angeblich soll es die kubische Struktur des früheren Cöllnischen Rathauses widerspiegeln, des ersten, mittelalterlichen Rathauses, das sich höchstwahrscheinlich an dieser Stelle befand. Das zweite, barocke Cöllnische Rathaus, deutlich größer als das jetzige Hotel, stand erwiesenermaßen bis zu seinem Abriss 1900 hier. Vor dem Bau des Hotels wurde die Stelle von Archäologen untersucht. Tatsächlich fanden diese unter der Ebene der barocken Bebauung Grundmauern und Keller mittelalterlicher Bürgerhäuser, die an der einst wichtigen Handelsstraße durch Cölln lagen. Die Baufirma Hochtief bekam zur Auflage, die Grabungsergebnisse für die Nachwelt zu erhalten. Daher wurde im Entrée des Neubaus ein 41 Quadratmeter großes, begehbares Bodenfenster eingebaut. Durch eine Erläuterungstafel aufgeklärt, kann der Besucher über eine Treppe hinabsteigen und Tuchfühlung mit den Ursprüngen der heutigen deutschen Hauptstadt aufnehmen.

> Das Cöllnische Rathaus, ursprünglich als Verwaltungssitz für die 1709 zusammengelegten Städte Cölln und Berlin gedacht, wurde allerdings nie als solcher genutzt. Der Sohn Friedrichs I., Soldatenkönig Friedrich Wilhelm I., ließ das Rathaus von Cölln zwar bis 1723 fertigbauen (unter Einsparung des Turms), die vereinten Teilstädte wurden aber vom Alten Berliner Rathaus aus verwaltet und regiert, bis das heutige Rote Rathaus errichtet war.

IN DER UMGEBUNG

Das Buchstabenportal der Berliner Stadtbibliothek (16)

Breite Straße 30–36, 10178 Berlin

Nur wenige Besucher der ehemaligen Ostberliner Stadtbibliothek bemerken beim Aufwuchten der großen, schweren Metalltüren, dass diese ein kunstvolles Tableau darstellen: Über 9 Reihen à 13 Quadraten wird hier der Buchstabe A in 117 Schriftarten abgebildet. Geschaffen hat dieses Werk der DDR-Nationalpreisträger Prof. Fritz Kühn. Seine Arbeit mit Quadraten begegnet uns auch in den kunstvollen farbigen Türen des ehemaligen DDR-Staatsratsgebäudes und im Eingang zum Leibniz-Saal des Niedersächsischen Landtags im Leineschloss von Hannover.

DIE VERZIERUNG AM RESTAURANT *MUTTER HOPPE*

⑰

Meilensteine sozialistischer Geschichte

Rathausstraße 21, 10178 Berlin
U2 (Klosterstraße)

Am Rand des heutigen Nikolaiviertels fällt ein historisierender Plattenbau ins Auge, dessen sechsteiliger Fries überdeutlich als Anspielung auf die „Steinerne Chronik" des nur knapp 200 Meter entfernten Roten Rathauses konzipiert wurde. Titel: *Kampf progressiver Kräfte im Werden der Stadt.*

Über der Loggia des Alt-Berliner Gasthauses *Mutter Hoppe* von 1987 zeigt sich der sozialistische Stolz auf die eigenen historischen Heldentaten so unverblümt wie nirgendwo sonst. Die Reliefs – 1987 anlässlich des 750. Geburtstags der Stadt Berlin geschaffen, wie das letzte Bild verrät – stammen von Gerhard Thieme, der auch die Taube am Nachbarblock und den berühmten Bauarbeiter in der Karl-Liebknecht-Straße modellierte. Wie üblich fehlt ein erläuternder Hinweis auf dieses durchaus bedeutsame Kunstwerk am Bau aus DDR-Zeiten. Man denkt im Osten wohl, es interessiere ohnehin niemanden.

Der Fries beginnt mit der sozialistischen Frühzeit – der Gründung der KPD 1919, mit Rosa Luxemburg und Karl Liebknecht samt Fahne und Schlossfassade im Hintergrund. Auch die Ansprache

des Vorsitzenden der Kommunistischen Partei Deutschlands, Ernst Thälmann, wird dargestellt sowie zum Schluss ein Diorama der blutigen Niederschlagung der KPD-Demonstrationen im Mai 1929 in der Weimarer Republik.

Auf dem zweiten Relief sind die Jahre der Nazidiktatur verewigt, mit Reichstagsbrand, Bücherverbrennung, Konzentrationslagern, den Widerstandsbewegungen, dem Bombenkrieg und der Befreiung Berlins durch die Rote Armee. Es folgen die Nachkriegsjahre: SED-Gründung, Wiederaufbau und Gründung der DDR 1949. Hier erkennt man in arger Stilisierung das heute nur noch selten zu sehende DDR-Emblem.

Das vierte Paneel zeigt Ereignisse zwischen 1950 und 1968, etwa die Neugestaltung des Alexanderplatzes und die erfolgreiche Teilnahme Ostberliner Sportler an der Olympiade in Mexiko. Es folgen, auf dem fünften Relief, die Jahre 1970 bis 1986 mit den Weltfestspielen der Jugend, dem Bau von Marzahn, dem 25. Jubiläum der DDR und dem legendären deutsch-russischen Raumflug von Sojus 31 zur Raumstation Saljut 6. Die beiden Kosmonauten Waleri Fjodorowitsch Bykowski und Sigmund Jähn triumphieren 1978 brüderlich vereint.

Nikolaiviertel-Architekt Günter Stahn hatte die betonierten Skizzen bewusst in Linie mit der großen Chronik am Rathaus platziert, um im Kontrast die Überlegenheit der neuen sozialistischen Gesellschaftsform plastisch werden zu lassen. Wer aus der *Mutter Hoppe* auf die Straße trat, über sich die sozialistische Geschichte, konnte direkt zu Marx und Engels auf dem gleichnamigen Forum hinausgehen und sich bedanken.

DIE PALASTKARTENAUSGABE

⑱

Das einzige öffentliche Relikt des Palasts der Republik

Rathausstraße 53A, 10178 Berlin
U2 (Klosterstraße)

Am nordwestlichen Eck des Nikolaiviertels, am Haus mit der Taube, hängt hinter einer schief baumelnden Laterne eine kunstvoll gearbeitete viereckige Tafel an der Außenwand. Eine kreisrunde Platte liegt in der Mitte auf einem flachen Pyramidenstumpf. Aus Blech scheint das Ganze zu bestehen, mit goldener Farbe im Shabby-Style lasiert und höchst mondän kursiv graviert. „PdR".

Das bringt uns der Sache näher. Der Palast der Republik, schräg gegenüber auf der Spreeinsel, war Sitz der Volkskammer und das Zentrum kulturellen Lebens in der Hauptstadt der DDR. 1976 eröffnet und 1990 wegen Asbestverseuchung geschlossen, dann 2006 abgerissen.

Hier, im Erdgeschoss des Eckgebäudes im Nikolaiviertel, verkauften in den 1980er-Jahren die „Kassen des PdR, ‚Palast-Service'" Eintrittskarten für die begehrten Veranstaltungen im Palast der Republik. Die Kachel ist faktisch das einzige öffentliche Relikt dieses einst so großen Gebäudes.

Anfangs wegen seiner Baukosten als „Ballast der Republik" verspottet und wegen der Tausenden Lampen im Volksmund „Erichs Lampenladen" genannt, wurde der Palast schnell zum Treffpunkt für Jung und Alt. Hier feierte man, wenn es was Besonderes gab, hierhin führte man Westbesucher, um endlich auch mal zu protzen. „Palazzo Prozzo" war auch ein Spitzname. Der Palast machte Staat, egal ob im Jugendclub, im Palastrestaurant, der Milchbar, der Weinstube oder einfach im Foyer. Die Eintrittskarten für Konzerte im 4500 Besucher fassenden großen sechseckigen Saal mit seinen hydraulisch zu hebenden Bühnen- und Sitzplatzplatten waren günstig und heiß begehrt.

Pro Person wurden nur vier Karten ausgegeben, da musste die ganze Verwandschaft ran. Im Anstehen hatte die DDR eine eigene Kultur entwickelt. Erlaubt war zum Beispiel, sich zu Bekannten in der Schlange dazuzustellen. Man kampierte, saß auf Klappstühlen, machte das Anstehen zum Event. Als mit „Tangerine Dream" 1980 erstmals eine westdeutsche Band auftrat, waren die Schlangen über einen halben Kilometer lang. Die meisten warteten vergeblich. Bei Kälte gab es Kaffee gratis vom Palast-Service dazu. So ging real existierender Sozialismus.

DER ARM DER ATLASFIGUR AM STAATSRATSGEBÄUDE

⑲

Eine dilettantische Rekonstruktion

Schlossplatz 1, 10178 Berlin
U2 (Hausvogteilplatz)

Im ehemaligen Staatsratsgebäude, wo bis zur Fertigstellung des Kanzleramts im Spreebogen 2001 auch der Nachwendekanzler Gerhard Schröder ab 1999 seinen Amtssitz hatte, soll eines der originalen Portale des alten Berliner Schlosses eingebaut sein.

Auf den ersten Blick wirkt das Portal ziemlich echt – insbesondere abends, wenn die Sonne dem Sandstein der Hermen einen goldenen Grundton verleiht. Es heißt, im zweiten Stock sei das vormals kaiserliche Fenster für Ansprachen zu sehen, von dem aus am 9. November 1918 Karl Liebknecht im Zuge der Erstürmung des schutzlosen Schlosses die „freie sozialistische Republik Deutschland“ proklamiert habe. Gewissermaßen ein Familienerbstück des DDR-Sozialismus also, das 1963 wie ein geraubtes feindliches Banner vor die rote Fassade gehängt wurde. Entspricht das jedoch der Wahrheit?

Das 1950 zum Abriss vorgesehene Schloss der Hohenzollern hatte fünf Portale. Zwei davon, die Portale IV und V, wollte man dem Staatsratsgebäude als Fassadenschmuck vorhängen. So ließ man diese beiden während der Sprengung des Schlosses zunächst noch stehen. Anschließend legte man unten zum Abfedern Stroh aus und sprengte Portal Nummer V, aus dessen oberem Fenster (mit dem zierlichen Balkon) Liebknecht gesprochen hatte. Leider ging das Unternehmen schief, vom echten Liebknechtportal blieben nur Trümmer. Immerhin war man noch in der Lage, das Portal IV zerlegen zu können, um es als Liebknechtportal auszugeben. Dies geschah dann auch, mühsam Stück für Stück, von Hand. Die Rückseite des Staatsratsgebäudes blieb seltsam schmucklos, was das Haus zu einer recht missglückten Premiere der sogenannten Ost-Moderne macht.

Doch damit ist das Ausmaß der Täuschung noch nicht vollständig entlarvt. Weil das Portal IV vom Zweiten Weltkrieg beschädigt war, mussten nämlich Teile rekonstruiert werden. Wer die rechte der beiden Atlashermen (eine Allegorie des Winters) betrachtet, bemerkt die reichlich unergonomische Haltung des linken Arms. Der Grund: Der zuständigen Bildhauer formte den 1950 fehlenden Arm – mangels alter Fotos? – ganz nach seiner persönlichen Vorstellung. Die Originalhand, die noch an der ursprünglichen Stelle erhalten war, aber nicht zur neuen Idee passte, wurde bedenkenlos zerstört.

Mehr Mühe gab man sich mit der Innenausstattung. Zu ihr gehört nicht nur der 35 Meter lange Keramikfries *Das Leben in der DDR* von Günther Brendel, sondern auch ein farbenfrohes Glasbild des DDR-Vorzeigekünstlers Walter Womacka. Unter den Silhouetten Rosa Luxemburgs und Karl Liebknechts leuchtet ein Spruch, der immer benutzt wird, wenn man von Unerfreulichem ablenken will: „Trotz alledem!“

DIE PERSONIFIKATION DER SPREE ⑳

Einer der letzten Zeugen des Kaiser-Wilhelm-Nationaldenkmals

Unterwasserstraße, 10117 Berlin
U2 (Hausvogteiplatz) / U6 (Französische Straße)

Wenn man vom wiedererstandenen Schinkelplatz zur Fassade des Humboldtforums hinüberschaut, sieht man zuerst den seltsamen Stumpf des längst abgetragenen Nationaldenkmals für Kaiser Wilhelm I. von 1897 aus dem Wasser ragen.

Was den Baurest wirklich interessant macht, ist eine Stein-Figurine über einem überwölbten Bootsanleger. Sie wird in fast jeder Beschreibung vergessen und ist auch wirklich leicht zu übersehen. Dabei hätte sie allein es verdient, dass man den Sockel erhielte. Von Rohrkolben gesäumt, mit einem Fisch im Arm, sieht man hier die Inkarnation der Spree – eine

der wenigen, wenn nicht die letzte allegorische Darstellung des Flusses in Berlin. Ihr Gesichtsausdruck ist schwer zu deuten.

Das Nationaldenkmal aus Reiterstandbild und Säulenhalle war nicht etwa vom ganzen Volk dem ersten Kaiser errichtet worden – derlei gab es wirklich schon genug. Vielmehr stammte die Idee von Kaiser Wilhelm II., der mit der Verschwendung von Geld nie Probleme hatte. Vielleicht war der eigentliche Anlass für den Kaisersohn ein ganz eitel-profaner: Endlich hatte er die Gelegenheit, den verhassten Straßenzug der Schlossfreiheit abreißen zu lassen, jenes historisch gewachsene privilegierte Mikroviertel der Hofadeligen, das ihm wegen seiner architektonischer Mickrigkeit in unmittelbarer Nähe zum Schloss allergrößter Dorn im Auge war.

Der „Zoo von Willem Zwo“

Die groteske Metall- und Steinsammlung des Denkmals wurde rasch als „Zoo von Willem Zwo“ verspottet. Ein Satiriker zählte damals „21 Pferde, 2 Ochsen, 8 Schafe, 4 Löwen, 16 Fledermäuse, 6 Mäuse, 1 Eichhorn, 10 Tauben, 2 Raben, 2 Adler, 16 Eulen, 1 Eisvogel, 32 Eidechsen, 18 Schlangen, 1 Karpfen, 1 Frosch, 16 Krebse, zusammen 157 Tiere“.

Die anderen Überreste des Nationaldenkmals

Von der tierischen Besatzung des Denkmals haben (neben dem „Karpfen“ im Arm der Spree-Allegorie) nur zwei Löwen und ein Adler überlebt: die Löwen im Zoo in Friedrichsfelde, der Adler im Hof des Märkischen Museums (siehe S. 346).

Neben mehreren barocken Gebäuden fielen auch das *Café Josty* und das *Café Helms* der fröhlichen kaiserlichen Abrissbirne zum Opfer.

DER HISTORISCHE PREUẞISCHE MEILENSTEIN

(21)

Der Berliner Nullpunkt

Leipziger Straße 49, 10117 Berlin
U2 (Spittelmarkt)

In der Leipziger Straße 49 thront vor den Spittelkolonnaden am Marion-Gräfin-Dönhoff-Platz ein Obelisk von beachtlicher Größe. Dennoch bleibt er oft unbemerkt, weil ihn die Passanten für einen Teil der Kolonnaden halten. Der Obelisk stammt aus dem Jahr 1979 und ist in Wahrheit eine Kopie des ersten Null-Meilensteins, der den Punkt

kennzeichnete, von dem aus die preußische Post damals die Vermessung der Entfernung von Berlin nach Potsdam vornahm. Der Originalstein wurde 1730 aufgestellt und befand sich nur wenige Meter vom heutigen Standort entfernt.

Nach dem Ende des Dreißigjährigen Krieges (1618–1648) herrschte in Brandenburg großes Elend. Die Bevölkerung Berlins war von 13 000 auf 4000 Seelen dezimiert worden, die Brandenburger Wirtschaft lag am Boden. Um sie wieder in Schwung zu bringen, richtete Kurfürst Friedrich Wilhelm von Brandenburg (1620–1688) entlang der wichtigsten Handelsstraßen der Region Postverbindungen ein. Einige dieser Achsen sind noch immer vorhanden und gehören heute zu den bedeutendsten Bundesstraßen der Hauptstadt – die B1 und die B5 etwa verlaufen entlang zweier Poststrecken, die in den Jahren 1646 bzw. 1660 eingeweiht wurden.

Aus dieser Zeit stammen auch die ersten Meilensteine der Region, die zur exakten Berechnung der entfernungsabhängigen Lieferzeiten und Portokosten dienten. Zudem wurden mit ihrer Hilfe Fahrpreise berechnet, da die berühmten Postkutschen seinerzeit nicht nur die Post, sondern auch zahlende Fahrgäste beförderten. Ab 1800 wurden die Strecken nach und nach gepflastert und fortan als Chausseen bezeichnet. (Auch die Chausseestraße in Mitte hat daher ihren Namen: Sie war neben der Potsdamer Chaussee eine der ersten Pflasterstraßen Berlins.) Mit Ausnahme des Herrschers und der Post mussten alle, die diese Schnellstraßen nutzen wollten, eine Maut bezahlen, deren Höhe sich anhand der Meilensteine berechnete.

Die Strecken wurden von sogenannten Nullpunkten aus gemessen, die mit einem an den Stadttoren aufgestellten Granitobelisken gekennzeichnet waren. Das Gebiet der von Gräben und Bastionen umgebenen Stadt umfasste damals nur wenige Quadratkilometer. Wenngleich nicht mit Sicherheit nachweisbar, so scheint es doch mindestens zwei Nullpunkte gegeben zu haben: einen im Norden der Stadt vor dem Oranienburger Tor und einen im Süden. Der Obelisk am alten Dönhoffplatz (seit 2010 Marion-Gräfin-Dönhoff-Platz) stand vermutlich ursprünglich vor dem alten Leipziger Tor im Südwesten der Stadt. (Die Straße, auf die man durch dieses Tor gelangte, heißt seit 1775 Leipziger Straße.)

Ausgehend von den Obelisken wurden entlang der Straße in Abständen von einer ganzen und einer halben Meile (sowie, manchen Berichten zufolge, auch einer Viertelmeile) Meilensteine aufgestellt. Die preußische Meile maß etwa 10 000 Schritte (rund 7,5 Kilometer) und entsprach der Strecke, die eine Postkutsche durchschnittlich in einer Stunde zurücklegen konnte.

Mehr Informationen über die Standorte der Berliner Meilensteine auf der nächsten Doppelseite.

Weitere Meilensteine in Berlin

Neben der Kopie des Null-Meilensteins vor den Spittelkolonnaden zieren zwölf weitere Meilensteine bis heute nahezu unbemerkt die Straßen der Bundeshauptstadt.

1. Hauptstraße 63, Schöneberg
2. Potsdamer Str. 44, Zehlendorf
3. Königstraße 42, Wannsee
4. Spandauer Damm 7, Charlottenburg
5. Spandauer Damm 220, Park Ruhwald
6. Lichtenberger Brücke, Lichtenberg
7. Straße Alt-Mahlsdorf (vor dem Haus mit der Nummer 109, auf der gegenüberliegenden Straßenseite), Mahlsdorf
8. Ecke Gabrielenstraße/An der Mühle, Alt-Tegel
9. Ruppiner Chaussee (vor dem Haus mit der Nummer 377A, auf der gegenüberliegenden Straßenseite), Hennigsdorf
10. Ecke Falkenberger Chaussee/Pablo-Picasso-Straße, Neu-Hohenschönhausen
11. Waltersdorfer Chaussee 169, Rudow
12. Gegenüber der Buschkrugallee 66, Britz

IIII
MEILEN
von
BERLIN

DAS MICHAELSEN-PALAIS ㉒

Ein erhabenes Beispiel des deutschen Jugendstils

Schützenstraße, 6–6A, 10117 Berlin
U6 (Kochstraße/Checkpoint Charlie)

Das Hotel Roter Adler, auch bekannt als Michaelsen-Palais, in der Schützenstraße 6 stellt eines der bedeutendsten Beispiele deutscher Jugendstilarchitektur im Stadtzentrum von Berlin dar.

Die imposante Fassade mit ihren floralen Ornamenten und den patriotisch anmutenden Skulpturen ist ein wahres Manifest des deutschen Jugendstils. Unter den zahlreichen dort verewigten Charakteren sind im Schweifgiebel, knapp unter einem überlebensgroßen Gemälde des griechischen Gottes Hermes, insbesondere Karl der Große (links) und Kaiser Wilhelm I. (rechts) zu nennen. Zwischen ihnen kämpft, in einer Plakette oberhalb eines Wappens, der heilige Georg gegen den Drachen, welcher das Böse bzw. den „Erbfeind“ symbolisiert. Am rechten Rand des Giebels hebt sich deutlich die Büste des „Eisernen Kanzlers“ Otto von Bismarck ab. Auch dem reich verzierten Eingangsportal der Haus-

nummer 6 gebührt besondere Aufmerksamkeit. Mit seinen Säulen und den mittelalterlichen Elementen zählt es zu den schönsten der Stadt.

Das Gebäude wurde zwischen 1903 und 1907 durch den Berliner Architekten Otto Michaelsen erbaut, nach dem es auch benannt ist. Den Auftrag dazu hatte er von dem Unternehmer Emil Voigt erhalten, der das Gebäude jedoch kaum ein Jahr nach Abschluss der Arbeiten aus finanziellen Gründen wieder verkaufen musste. Anschließend wurde das Gebäude von der Schweizer Versicherungsgesellschaft Winterthur erworben, die dort ihre Büros einrichtete. Im Zweiten Weltkrieg teilweise beschädigt, diente das Michaelsen-Palais während jener Zeit als Sitz der Oberstaatsanwaltschaft, des Strafsenats des Kammergerichts sowie als Luxushotel. Zur Zeit der DDR wurde es von Mitarbeitern des Tief- und Straßenbauamtes genutzt und nach dem Mauerfall erneut von der Winterthur-Versicherung beansprucht.

Das heutige Gebäude ist zum Teil das Ergebnis einer umfassenden Sanierung zu Beginn der 2000er-Jahre, in deren Rahmen die originalen architektonischen Elemente rekonstruiert und der im Krieg durch Bomben beschädigte Flügel (an der Ecke Charlottenstraße) wieder-aufgebaut werden konnten.

©Marek Sliwecki

DIE RENAISSANCE-FASSADE

㉓

Erstaunliche Kopie des Palazzo Farnese in Rom

Schützenstraße 8, 10117 Berlin
U6 (Kochstraße/Checkpoint Charlie)

Das Gebäude in der Schützenstraße 8, nur wenige Hundert Meter vom stark frequentierten Checkpoint Charlie entfernt, sticht mit seiner für Berlin ungewöhnlichen Fassade sofort ins Auge. Architekturliebhaber werden beim Anblick der Renaissance-Elemente in Verzückung geraten. Zurecht – handelt es sich doch um eine täuschend echte Kopie eines Teils des Innenhofs des Palazzo Farnese in Rom, entworfen von Antonio da Sangallo, vollendet 1550 von Michelangelo.

Dieses Meisterwerk der italienischen Renaissance wurde als Hausfassade im Zentrum Berlins Anfang der 1990er-Jahre durch den italienischen Architekten Aldo Rossi reproduziert. Er war seinerzeit mit der Neukonzeption des gesamten „Quartiers Schützenstraße" beauftragt worden – des Gebäudekomplexes innerhalb von Schützenstraße, Markgrafenstraße, Zimmerstraße und Charlottenstraße, wo ab 1961 die Berliner Mauer verlief.

Das neue Ensemble wurde zwischen 1995 und 1997 auf dem ehemaligen Mauerstreifen errichtet und umfasst vier Innenhöfe, einer davon achteckig. Es ist eine Hommage an die Berliner Architektur des 19. Jahrhunderts, die im Bombenhagel des Zweiten Weltkriegs in weiten Teilen zerstört wurde. Als Vorbild dienten Aldo Rossi und dem Architekturbüro Bellmann & Böhm, mit dem er zusammenarbeitete, die Gebäude, die vor dem Krieg auf dem Areal standen. In der Fassade sind Reste eines der Gebäude integriert, die den Krieg überlebt hatten. Aufgrund der Formen, Farben und Materialien der Neubauten zählt das Projekt sicher zu einem der originellsten des wiedervereinten Berlins.

© Peter1936F

DAS FLACHRELIEF AM ALFANDARY-HAUS

(24)

Mythologie aus Terrakotta

Zimmerstraße 79–80, 10117 Berlin
U6 (Kochstraße/Checkpoint Charlie)

Nur wenige Meter vom touristenüberschwemmten Checkpoint Charlie entfernt steht ein aus holländischem Klinker gebautes und auf den ersten Blick unscheinbares Haus. An der Fassade gibt jedoch ein schmaler Fries Rätsel auf.

Während der deutschen Teilung beherbergte das Haus die Redaktion der Ostberliner Zeitung *Neue Zeit;* auch der Union-Verlag hatte nach dem Zweiten Weltkrieg darin ein Büro, in dem zeitweilig der Schriftsteller Johannes Bobrowski als Lektor tätig war. Das Gebäude war Teil der hinteren Grenzmauer und hatte vor sich ein Stück des geharkten Grenzstreifens.

Heute prangt nicht mehr die Werbung für die *Neue Zeit* an der Fassade. Nach gründlicher Restaurierung erscheint das Haus, abgesehen von einem hinzugefügten Dachgeschoss mit Oberlicht, zur Zimmerstraße hin wieder in seinem Originalzustand von 1914. Es war damals ein aufsehenerregender Bau, in Auftrag gegeben von der sephardischen Familie Alfandary, die weltweit im Import-Export-Handel tätig war. Im Berliner Adressbuch warben die Alfandarys

(Jacques, der die Niederlassung Istanbul leitete, Moise in London, Salomon und Raphael in Berlin) 1925 mit: „Perser-Teppiche und Stickereien Engros und Orientwarenlager".

Der deutsche Architekt John Martens, der den Bau ausführte, war Spezialist für Baukeramik und hatte diesbezüglich eine neue, besonders wetterfeste Herstellungsweise entwickelt, die am Alfandary-Haus bei den gebrannten Terrakotta-Elementen des Figurenfrieses zum Einsatz kam. Der Figurenfries diente vordergründig dazu, von der baulich bedingten Änderung der Fassadengliederung im rechten Teil abzulenken, wo vier über zwei Geschosse aufragende Türen in die Lagerräume führen. Fast unsichtbar sind in die Mittelpfeiler zweier Fenster im zweiten Stock noch zwei Frauenfiguren eingefügt.

Der Gestalter des Figurenfrieses, Hans Schmidt, setzte Figuren und Symbole wie Hieroglyphen nebeneinander. Die menschlichen Figuren – drei Frauen und ein Mann – sind liegend dargestellt, was durch den Mangel an Höhe bedingt ist. Sie wechseln rhythmisch mit Symbolen des Fleißes (Bienenstock) und des Überflusses (gefüllter Früchtekorb). Die erste, neben einer Sonnenblume liegende Schönheit bekommt von einem Kind Blumen und einen Schoßhund gebracht; die zweite hebt die Hand gegen einen Schwan (Leda?), die dritte scheint einen Ziegenbock (vielleicht einen Satyr) als Gegenüber zu haben. Als Symbol für eine göttliche Eingebung erscheint ein großer Kopf mit einem kleinen Kopf im Mund. Der schlafende Mann am rechten Ende scheint vom goldenen Zeitalter zu träumen: Ein Kobold trägt einen Kokospalmenast und zieht eine Lore mit Erzen.

SOCKEL FÜR KARL LIEBKNECHT ㉕

Vergessen im Todesstreifen

Potsdamer Platz 10, 10785 Berlin
S1, 2, 25, 26 (Potsdamer Platz)

Vor dem Potsdamer Platz 10 steht ein klobiger grauer Steinblock, den niemand zu beachten scheint. Eine Erläuterungstafel hilft weiter. Sie verrät, dass es sich hier um den „Grundstein eines Denkmals für Karl Liebknecht" handelt.

Angesichts der umliegenden Kommerztempel wirkt der Hinweis auf den 1919 ermordeten einstigen SPD-Abgeordneten und KPD-Mitbegründer Karl Liebknecht hier mehr als deplaziert. Wer wollte ihm heute an dieser Stelle ein Denkmal errichten? Natürlich niemand, und das einzige Glück für den Sockel war der Umstand, dass Liebknecht als Figur darauf niemals stand. Bloß als ein quasi performatives Denkmal für den Umgang mit den sozialistischen und antimilitaristischen Traditionen in Deutschland darf der Sockel des nie vollendeten Denkmals für einen Sozialisten am heutigen Potsdamer Platz stehen.

Am 1. Mai 1916 hatten Karl Liebknecht (1871–1919) und Rosa Luxemburg (1871–1919) vor dem Potsdamer Bahnhof im Rahmen einer Antikriegsdemonstration für die sofortige Beendung des Ersten Weltkriegs plädiert. Liebknecht wurde daraufhin verhaftet und zu vier Jahren und einem Monat Zuchthaus verurteilt, von denen er zwei Jahre verbüßte.

An diesem historischen Ort legte 1951 Ostberlins Oberbürgermeister Friedrich Ebert jun. am 13. August, Liebknechts 80. Geburtstag, im Rahmen der Dritten Weltfestspiele der Jugend und Studenten den Grundstein für den Denkmalssockel. Rasch wurde der Sockel vollendet. Dann vergingen jedoch zehn Jahre, ohne dass eine Liebknecht-Skulptur den Sockel besetzt hätte. Ab 1961 stand der Sockel fast 30 Jahre vergessen im Grenzstreifen an der vorderen Mauer. Als diese fiel, leistete ihm ein Bauzaun kurz Gesellschaft. Weil er jedoch in den Plänen für die Neubebauung nicht eingezeichnet war, baute man ihn 1990 ab und lagerte

ihn in einer Halle in Marzahn ein, wo die meisten unliebsamen Ostdenkmale landeten. Die Berliner Gedenktafelkommission fand dies jedoch unbefriedigend, und so wurde im Auftrag der Senatsverwaltung am 20. November 2003 der Sockel als „einzigartiges Element der Denkmaltopographie des ‚Kalten Krieges'" wieder an seinem alten Ort an der Stresemannstraße aufgestellt.

Die Marmorplatten im U-Bahnhof Mohrenstraße

(26)

Bis 1950 hieß die U-Bahn-Station noch Kaiserhof, nach dem berühmten Luxushotel am nahe gelegenen Wilhelmplatz/ Zietenplatz, das während des Kriegs zerstört worden war.

Die Ruine wurde abgerissen und die U-Bahn-Station, deren Zugänge und Bahnsteighalle ebenfalls unter den Bomben gelitten hatten, renoviert. In der düsteren, notdürftig freigeräumten Wilhelmstraße entstand das DDR-Regierungsviertel; aus Görings Luftfahrtministerium wurde das Haus der Ministerien der DDR. Auch die U-Bahn-Station wollte man repräsentativ gestalten – Marmor sollte es sein (bzw. etwas Ähnliches: polierfähiger farbiger Knotenkalk) in Königsrot. Mit dem neuen Namen des Bahnhofs, Thälmannplatz, ehrte man zugleich den ehemaligen Vorsitzenden der Kommunistischen Partei, Ernst Thälmann.

Ironie der Geschichte: Lieferant der Steine waren die Saalburger Natursteinwerke, bei denen schon Adolf Hitler vaterländischen Marmorersatz für den Speisesaal der ebenfalls benachbarten Neuen Reichskanzlei hatte bestellen lassen. Er wählte allerdings die Nuance „Buntrosa-ruhig".

Dieser Unterschied im Farbton hätte eigentlich genügen sollen, um die Behauptung, im renovierten U-Bahnhof sei der Marmor aus der Reichskanzlei verbaut worden, von Anfang an ins Reich der Legenden zu verweisen. Doch dieses Gerücht, das wohl ursprünglich auf eine Falschmeldung im Wochenmagazin *Der Spiegel* zurückgeht, findet sich weiterhin in zahlreichen Reiseführern.

Der Zeitplan für die Wiederinstandsetzung der U-Bahn-Station war mehr als ambitioniert. Angeblich kamen die letzten Platten erst in der Nacht vor der Eröffnung an, welche für den sechsten Jahrestag der Ermordung Thälmanns im KZ Buchenwald anberaumt war. Auf dringliche ministerielle Weisung hatte man in den Steinbrüchen einen Großauftrag für das St. Petersburger Planetarium unterbrochen und die Berlin-Platten dazwischengeschoben. Am 18. August, nach lediglich 108 Tagen Bauzeit, schwärmte die Berliner Zeitung vom schönsten U-Bahnhof der Hauptstadt.

Irma Thälmann, Tochter des „großen deutschen Arbeiterführers", war auch da. Stellvertretend für die Jugend legte der Zugabfertiger Alfred Sichert der Republik das Gelöbnis ab, den Bahnhof pflichtgetreu im Geiste Ernst Thälmanns zu verwalten. Was konnte da noch schiefgehen ...

Kreuzberg

① DER WANDFRIES *FRIEDE SEI MIT DIR* 100
② DER GARTEN DER DIASPORA 102
③ DIE WENDELTREPPE IM HAUS DES DEUTSCHEN METALLARBEITERVERBANDS 104
④ DIE SCHIENENRESTE AN DER STRESEMANNSTRAẞE 106
⑤ EIN RELIKT DER BERLINER AKZISEMAUER 108
⑥ DAS „U-BAHN-HAUS“ 110
⑦ DIE SANIERUNG DER YORCKBRÜCKEN 112
⑧ DAS LAPIDARIUM AUF DEM KREUZBERG 116
⑨ DIE GEDENKTAFEL FÜR EINEN ANDROIDEN MIT EMOTIONALER INTELLIGENZ 117
⑩ VIER WILHELM-WIEGMANN-GEMÄLDE IN DER EINGANGSHALLE EINES WOHNHAUSES 118
⑪ EINE EHEMALIGE TANKSTELLE 119
⑫ DAS GRAB LEOPOLD FERDINANDS AUS DEM HAUSE HABSBURG-LOTHRINGEN 120
⑬ DIE GRABSTÄTTE DER FAMILIE MÜHLENHAUPT 122

⑭ DIE AUSSTELLUNG ÜBER DIE FAMILIE MENDELSSOHN 123
⑮ DAS MAUSOLEUM DER FAMILIE VON OPPENFELD 124
⑯ DAS GRAB VON ERWIN REIBEDANZ 126
⑰ DIE GRABSTÄTTE BIEDERMANN 128
⑱ DAS MAHNMAL FÜR DAS KZ COLUMBIA-HAUS 130
⑲ DAS WANDGEMÄLDE IN DER FICHTESTRAßE 2 132
⑳ DER FROSCHKÖNIG IM U-BAHNHOF PRINZENSTRAßE 134
㉑ DIE SKULPTUR *STEHFISCH* 135
㉒ DER RITTERHOF 136
㉓ DIE FASSADE DES ENGELBECKEN-HOFS 138
㉔ ASPHALTFLECKEN IM KOPFSTEINPFLASTER 140
㉕ DIE RELIEFS AN DER FASSADE DER ADALBERTSTRAßE 79 142
㉖ DIE FASSADE DES KÜNSTLERHAUSES BETHANIEN 144
㉗ DIE HISTORISCHE THEODOR-FONTANE-APOTHEKE 146
㉘ DIE ÜBERRESTE DER BROMMYBRÜCKE 148
㉙ DIE VERLASSENE TANKSTELLE AUF DER LOHMÜHLENINSEL 150
㉚ DIE KUNSTINSTALLATIONEN IN DER REICHENBERGER STRAßE 152

DER WANDFRIES
FRIEDE SEI MIT DIR

①

„Pimmel über Berlin“ am Rudi-Dutschke-Haus

Rudi-Dutschke-Straße 23, 10969 Berlin
U6 (Kochstraße/Checkpoint Charlie)

Von der Rudi-Dutschke-Straße aus ist das Kunstwerk an der Ostwand des früheren Hauptgebäudes der *Tageszeitung (taz)* schwer einsehbar. Man muss erst weiter in den kleinen seitlichen Vorgarten gehen und dann zum modernen Balkon- und Treppenhaus-Anbau blicken. Der Figurenfries an diesem ungewöhnlichen Ort wirkt selbst für das mitunter freche Berlin ziemlich schrill: Er zeigt einen unansehnlichen Mann, nackt bis auf die Brille und in steilem Ausfallschritt, mit einem schier in den Himmel aufragenden Penis mit Kobrakopf. Vier Fensterbänder schneiden das 16 Meter lange Geschlechtsteil wie eine Currywurst in Streifen, während es eine Schlangenbeschwörerin mit ihrer Flöte dirigiert. Ganz oben steht der Titel des plastischen Wandbildes: „Friede sei mit Dir."

Was es mit dieser obskuren Fassadenkunst auf sich hat, erschließt sich durch die horizontale Figurenfolge im unteren Drittel des aufragenden Schlangenschwanzes. Dort sind kleinere, oft unbekleidete männliche Figuren aufgereiht, die beschriftete Schilder tragen, auf denen lauter echte *BILD*-Schlagzeilen aus der Vergangenheit stehen, etwa: „Viagra boomt in der Krise!", „Bundesgerichtshof: Jetzt darf jeder Pimmel sagen", „Ich enthülle Klattens Sex-Geheimnis", „Erstes Tor mit dem Penis geschossen!" oder „Vom Dackel der Schwiegermutter entmannt". Als Bildunterschrift sieht man links unten noch den Aufmachertitel: „Über 65 % der Männer glauben, dass sie einen zu kurzen Penis haben."

Deutschlands lange Zeit auflagenstärkste Boulevardzeitung *BILD* büßte 2001 bis 2015 unter Chefredakteur Kai Diekmann – dem nackten Hauptdarsteller der Bildwand – gut 65 Prozent ihrer Auflage ein. Als künstlerische Therapie für die penisfixierte *BILD* und ihre Hauptaktionärin Friede Springer – der Schlangenbeschwörerin des Frieses – bezeichnete der Künstler Peter Lenk sein 2009 eingeweihtes Werk. Es stellte den unschlagbaren Höhepunkt im „Penisstreit" zwischen *taz* und *BILD* dar, über den man sich an der Erklärungstafel am Gebäude oder im Netz genauer informieren kann.

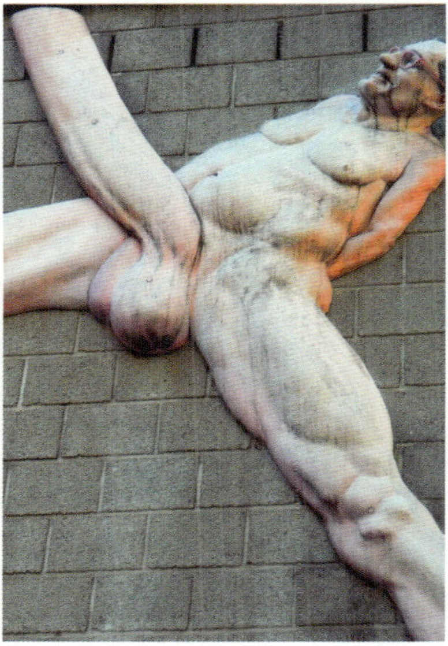

DER GARTEN DER DIASPORA

②

Ein erstaunlicher symbolischer Garten

Fromet-und-Moses-Mendelssohn-Platz 1, 10969 Berlin
Mo/Mi 10–19 Uhr, Di/Do/Fr 10–18 Uhr
Eintritt frei
U1, U3, U6 (Hallesches Tor)

Kaum jemand schenkt der W. Michael Blumenthal Akademie, dem Forschungs- und Bildungszentrum des gegenüberliegenden Jüdischen Museums, besondere Aufmerksamkeit. Doch genau das würde sich lohnen, denn die Einrichtung verfügt über einen spannenden

Inhouse-Garten, in dem eine Vielzahl von Pflanzen und Blumen aus der ganzen Welt betrachtet werden können: den Garten der Diaspora.

Entworfen, geplant und angelegt von den Gartenkünstler*innen des Landschaftsarchitekturbüros atelier le balto, geht von diesem Ort eine starke Symbolik aus. Denn hier wächst und gedeiht eine im wahrsten Sinne des Wortes entwurzelte Vegetation, und viele der Pflanzen weisen einen engen Bezug zur jüdischen Geschichte oder Kultur auf.

Die Pflanzen sind, eingetaucht in das sanfte Licht, das durch das große Oberlicht in den Raum fällt, auf großen Metallplateaus angeordnet. Die meisten von ihnen wachsen auf Beeten und werden künstlich bewässert. Die Metamorphose, die diesen originellen Garten kennzeichnet, ist die der Diaspora: Wie das jüdische Volk mussten diese Pflanzen ihre Heimat aufgeben und sich an ein neues Umfeld anpassen.

Einige der gezeigten Arten stehen in direktem Zusammenhang mit jüdischen Persönlichkeiten oder nehmen eine zentrale Rolle bei religiösen Festen ein, während andere ihren Namen antijüdischen Ressentiments verdanken. Mit einer Fläche von rund 500 Quadratmetern und mehr als 200 Pflanzen aus unterschiedlichen Klimazonen ist der Garten der Diaspora in vier eingehend erläuterte Bereiche unterteilt. Die Akademie bietet auch insbesondere schulische Bildungsprogramme an, in deren Rahmen die Teilnehmer die Merkmale dieser Pflanzen bei praktischen Übungen erkunden können. Neben dem Garten der Diaspora beherbergt die W. M. Blumenthal Akademie eine Bibliothek mit einem öffentlichen Lesesaal, Archiven, einem Hörsaal und zahlreichen Seminarräumen. Das Gebäude, die ehemalige Blumengroßmarkthalle, wurde zwischen 2010 und 2012 von Daniel Libeskind, Architekt des Jüdischen Museums, umfassend umgestaltet. Im Eingangsbereich treffen drei geneigte Holzkuben aufeinander; einer von ihnen scheint in den Gehweg einzusinken und in die Fassade einzudringen. Ein beeindruckender Auftakt für einen außergewöhnlichen Gartenbesuch.

DIE WENDELTREPPE IM HAUS DES DEUTSCHEN METALLARBEITERVERBANDS

③

Ein wenig bekanntes Meisterwerk von Erich Mendelsohn

IG-Metall-Haus, Alte Jakobstraße 149, 10969 Berlin
0 30 / 2 53 87 0 – igmetall-berlin.de
Mo–Fr 8:30–12 Uhr, Mo/Di/Do 12:30–17 Uhr, Mi 12:30–16 Uhr
Eintritt frei
U1, 3, 6 (Hallesches Tor)

Das IG-Metall-Haus an der Ecke Alte Jakobstraße/Lindenstraße zieht nicht unbedingt gleich die Aufmerksamkeit der Passanten auf sich. Doch das zu den normalen Bürozeiten für Besucher geöffnete Gebäude lohnt wegen seiner spektakulären Wendeltreppe von fast fünf Metern Durchmesser sogar einen genaueren Blick ins Innere. Der Spiraleffekt der Treppe wird durch ihre prachtvolle Messingbalustrade noch verstärkt. Ebenfalls sehenswert ist das Beleuchtungssystem, das über die gesamte Höhe des Gebäudes verläuft. Auf jeder Etage sind die Glühbirnen in eleganten Glaskugeln gebündelt.

Für das im August 1930 fertiggestellte Gebäude zeichnete der berühmte deutsche Architekt Erich Mendelsohn (1887–1953) verantwortlich, unter Mitarbeit von R. W. Reichel. Die Arbeiten zu dem Gebäude begannen 1929, gerieten aber durch die Weltwirtschaftskrise und einen vierwöchigen Streik, in dem die Bauarbeiter neben ihrer tarifmäßigen Bezahlung eine Wirtschaftsbeihilfe forderten, ins Stocken.

Das Gebäude ist in seiner Gesamtheit ein bemerkenswertes Beispiel „der aufkommenden Art-déco-Architektur“: Der in goldenen Lettern in der Typografie der 1920er-Jahre über dem Eingang angebrachte Schriftzug „Industriegewerkschaft Metall“, Bronzeelemente an den Fenstern und Travertin-Mauern sowie die nach innen gewölbte Hauptfassade sind dabei besonders hervorzuheben.

Zu den weiteren Werken des expressionistischen Architekten Erich Mendelsohn zählen insbesondere die Schaubühne, ein avantgardistisches Theater, das 1928 am Kurfürstendamm als Kino innerhalb eines Wohn- und Geschäftskomplexes errichtet wurde, sowie der Einsteinturm in Potsdam.

DIE SCHIENENRESTE AN DER STRESEMANNSTRAßE ④

Die Verbindungsstrecke zwischen den Berliner Bahnhöfen

Stresemannstraße 37, 10963 Berlin
U1, 3, 6 (Hallesches Tor)

In der Stresemannstraße, Ecke Großbeerenstraße, entdeckt man bei genauem Hinsehen auf dem Grünstreifen vor dem Haus mit der Nummer 37, umgeben von einem Absperrgitter, ein wenige Meter langes Gleisstück. Eine Gedenktafel erinnert daran, dass es sich um eines der wenigen Relikte der allerersten Berliner Verbindungsbahn handelt, die zwischen den Bahnhöfen der Stadt verkehrte.

Die Stadt, wie wir sie heute kennen, ist im Wesentlichen ein Produkt der industriellen Revolution. Zu Beginn des 19. Jahrhunderts zählte Berlin, damals preußische Hauptstadt, rund 200 000 Einwohner. 100 Jahre später, durch die politische Einigung 1871 zur Hauptstadt des neuen Deutschen Kaiserreichs aufgestiegen, liegt die Einwohnerzahl bei rund zwei, nach der Gründung Groß-Berlins 1920 sogar vier Millionen. Berlin ist führendes Industriezentrum Kontinentaleuropas und nach London und New York drittgrößte Stadt der Welt. Dass solche Industriezentren entstehen konnten, ist vor allem auf das Aufkommen der Eisenbahn zurückzuführen, denn die Konzentration der Produktion erforderte einerseits den massiven Transport von Rohstoffen an den Verarbeitungsstandort und andererseits die schnelle und kostengünstige Verteilung der Endprodukte in das ganze Land.

Aufgrund des von den Dampflokomotiven verursachten Lärms und Schmutzes war ein Durchfahren der ohnehin bereits stark verdichteten Innenstadt kaum möglich. Die Kopfbahnhöfe, an denen die einzelnen Strecken endeten, wurden daher vor den Toren der Stadt errichtet, die seinerzeit noch von sogenannten Akzise- bzw. Zollmauern umgeben war. Das Schienennetz bildete also eine Art „Spinnennetz“, in dessen Zentrum sich Berlin befand. Für den Transport von Waren, die ihren Weg durch das Deutsche Kaiserreich jenseits der Hauptstadt fortsetzen mussten, brauchte man eine Lösung: eine Verbindungsbahn, die um das historische Stadtzentrum herumfuhr. Sie war die Vorläuferin der heutigen Ringbahn.

Erste Überlegungen für die aktuelle Strecke wurden in den 1860er-Jahren angestellt, um die stetig wachsende Anzahl von Bahnhöfen bedienen zu können. Die (nach der Wiedervereinigung seit 2002 wieder vollständig reaktivierte) Ringbahn in ihrer heutigen Streckenführung stammt aus dem Jahr 1871. Die erste Verbindungsbahn wurde 1851 eingeweiht und verband Stettiner Bahnhof (heute Nordbahnhof), Hamburger Bahnhof (seit 1996 Museum für Gegenwart), Potsdamer Bahnhof (heute Tilla-Durieux-Park, direkt unter dem Potsdamer Platz), Anhalter Bahnhof (heute Elise-Tilse-Park sowie Park am Gleisdreieck) und Frankfurter Bahnhof (den späteren Schlesischen Bahnhof und heutigen Ostbahnhof, der als einziger der früheren fünf Kopfbahnhöfe noch in Betrieb ist). Dieser Vorläufer des Rings ist – bis auf das kurze Teilstück an der Stresemannstraße, das zur Verbindungsstrecke zwischen Potsdamer und Anhalter Bahnhof gehörte – längst aus der Stadtlandschaft verschwunden.

Ein weiteres Relikt der Verbindungsbahn

Der Streckenverlauf der alten Berliner Ringbahn von 1851 zeigt sich auch im Namen einer kleinen Straße in Kreuzberg: der Eisenbahnstraße, in welcher der Verbindungszug zwischen dem Görlitzer Bahnhof (eröffnet 1866) und dem Frankfurter Bahnhof (Ostbahnhof) verkehrte.

Auf Höhe der Spree führt diese Straße übrigens zu der im Zweiten Weltkrieg zerstörten Brommybrücke, deren Überreste in der Brommystraße 1 zu erkennen sind (siehe S. 148).

EIN RELIKT DER BERLINER AKZISEMAUER

⑤

Geldbeschaffung und Fluchtverhinderung

Stresemannstraße 66–68, 10963 Berlin
S1, 2, 26, 26 (Anhalter Bahnhof)

Das Stück Mauer, das sich auf dem Mittelstreifen der breiten Stresemannstraße erhebt, wirkt wie das Überbleibsel eines im Krieg zerstörten Gebäudes. In Wirklichkeit handelt es sich jedoch um den rekonstruierten Teil einer historischen Stadtmauer: der Zoll- oder Akzisemauer, die vom 18. bis Mitte des 19. Jahrhunderts ganz Berlin umgab. Ihr Verlauf ist teilweise noch anhand der Stresemannstraße sowie der Linien- und Torstraße zu erkennen. Hier in der Stresemannstraße wurde 1987 auf ausgegrabenen originalen Fundamenten ein Stück der Mauer nachgebildet. Am Haus mit der Nummer 64 erinnert eine Gedenktafel daran.

Unter dem „Soldatenkönig“ Friedrich Wilhelm I. (reg. 1713–1740) diente die Befestigungsanlage um die Garnisons- und Residenzstadt Berlin – zunächst noch ein Pallisadenzaun – in erster Linie dem Schutz der einheimischen Wirtschaft vor billigen ausländischen Waren und vor Umgehung der Ausfuhrzölle. Dazu kam die staatliche Geldschaffung, und nicht zuletzt sollte die Desertion von Armeeangehörigen verhindert werden – denn ein Großteil der preußischen Truppen bestand aus schlecht entlohnten, übel behandelten, teils sogar verschleppten und zum Dienst gezwungenen Soldaten. 18 Stadttore boten im Verlauf der Akzisemauer Kontrollmöglichkeiten; heute sind davon in 17 Fällen (Ausnahme: das Brandenburger Tor) nur noch Namen auf dem Stadtplan vorhanden.

Im 18. Jahrhundert mussten die mit Einfuhrwaren beladenen Fuhrwerke – nach einer ersten „Vorkontrolle“ und Verplombung am Stadttor – den sogenannten Packhof ansteuern, wo alles ausgeladen und Stück für Stück verzollt wurde. (Die Zölle nannte man „Akzisen“.)

Als die Stadt über die Mauer hinauswuchs, wurde diese abgetragen und die Zollkontrolle an weit vor der Stadtgrenze liegende Akzisehäuser verlegt. Von ihnen ist noch eines erhalten: das Steuerhaus der Königlichen Wasserinspektion auf der Lohmühleninsel.

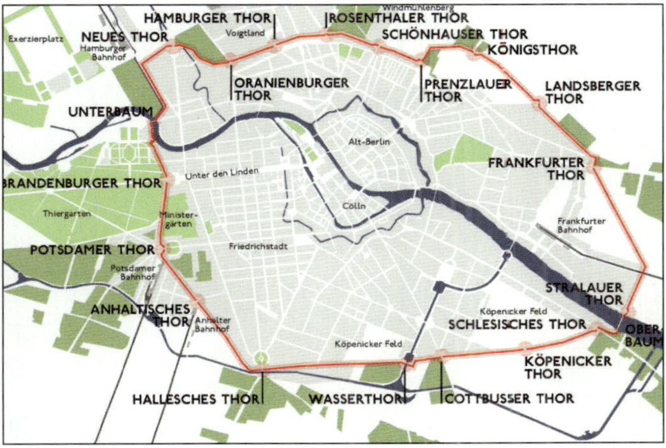

Der Einfluss der Akzisemauer auf die Lage der Bahnhöfe

Die Akzise- bzw. Zollmauer bestimmte auch die Lage der heutigen Berliner „Kopfbahnhöfe“: Da im 19. Jahrhundert die neuen Eisenbahnstrecken vor den Stadttoren Berlins endeten, wurden dort auch die Bahnhöfe erbaut.

DAS „U-BAHN-HAUS“

⑥

Hier wackelt nichts!

Dennewitzstraße 2, 10785 Berlin
U1, 2, 3 (Gleisdreieck)

Das Haus in der Dennewitzstraße 2 ist eine Kuriosität: ein schnörkelloser Altbau, in dessen weinrot getünchte Fassade ein grau ummantelter Stollen eintaucht. Er entstand infolge eines verhängnis-

vollen Tages im September 1908, als am Gleisdreieck – vermutlich nach einem Signalfehler – zwei U-Bahn-Züge frontal zusammenstießen. Das epochale Unglück kostete 18 Menschen das Leben und erschütterte die wilhelminische Metropole Berlin.

Für die damals viel zu enge Strecke wurde eine Entlastungsstrecke projektiert, allerdings aufgrund der Pause im Ersten Weltkrieg erst Mitte der 1920er-Jahre fertiggestellt. 30 Grundstücke samt Bebauung erwarb die BVG damals. Man entschloss sich, die Häuser für die neue U-Bahn-Trasse zu durchbohren, was günstiger war, als sie abzureißen. Während die meisten durchtunnelten Häuser im Endkampf um Berlin 1945 in Schutt und Asche fielen und geräumt werden mussten, hielt die Dennewitzstraße 2 bis zuletzt durch – ein störrischer Bau, schon über 100 Jahre alt. Seit 1926 wird das Haus werktags alle paar Minuten von den Zügen der U1 in beide Richtungen durchfahren, 444-mal insgesamt, Tage mit Fliegeralarm oder Bahnstreik ausgenommen.

Die Züge, die auf der Stahlträgerbrücke den Park überquert haben, nähern sich durch die ummantelte Rampe. Die Bewohner, die darüber oft in der Lokalpresse berichtet haben, hören dann zunächst ein Grollen, das tief aus dem Inneren des Gebäudes zu kommen scheine wie aus einem Bergwerk. Das Grollen werde immer lauter, es halle von den Bodenkacheln wider, dann sei der lauteste Punkt schon überschritten und der Lärm entferne sich schnell, ebbe rasch ab und verschwinde ganz.

Auch von draußen hört man die Bahn schon früh: Der Schall wird von der Fassade des Eckhauses zurückgeworfen, noch bevor der Zug das Haus erreicht. Doch es zittert und wackelt nichts! Auf der ganzen Rampenstrecke und auch im Haus liegen die Gleise, um störende Betriebsgeräusche abzumildern, in einer geschlossenen doppelwandigen Betonröhre. Die Bewohner wohnen gern in ihrem ganz besonderen Haus. Ihre Mieten sind so günstig wie sonst nirgends im Zentrum von Berlin.

DIE SANIERUNG DER YORCKBRÜCKEN

⑦

Alter Betonschutz für Brückenpfeiler

Yorckstraße (zwischen Bautzener Straße und Katzbachstraße)
10965 Berlin
S1, 2, 25 / U7 (Yorckstraße)

Aufmerksamen Passanten fällt an der Yorckstraße vielleicht auf, dass nur die Pfeiler von manchen der denkmalgeschützten Yorckbrücken (1875–1934) mit Betonsockeln umhüllt sind. Diese können als Indiz dafür dienen, welche Brücken sich noch in ihrem ursprünglichen Zustand befinden und welche im Rahmen der 2011/12 begonnenen Baumaßnahmen bereits saniert worden sind. Der Beton wurde im Zweiten Weltkrieg gegossen, um ein Herausrutschen der Pfeiler aus ihren Gelenkpunkten durch von Bomben verursachte Stoßwellen zu verhindern. Die Pfeiler, sogenannte Pendelstützen oder „Hartungsche Säulen", wurden damals nicht am höher gelegenen Brückenboden befestigt, sondern stützten diesen nur über Kugelgelenksysteme; der Boden lag – ursprünglich in drei Teilen – lediglich darauf. Diese historische Konstruktion ist heute angesichts des stärkeren Verkehrsaufkommens und der schweren Lkw nicht mehr sicher. Bei der Sanierung wird daher darauf geachtet, dass die Pfeiler keine tragende Funktion mehr ausüben: Der Brückenboden besteht jetzt jeweils aus einem einzigen Teil, die Betonsockel zur Stabilisierung sind überflüssig geworden.

Die älteste Eisenbrücke Berlins

Bis zum Zweiten Weltkrieg wurde die Yorckstraße von mehr als 40 Brücken überspannt. Heute sind noch gut 30 erhalten, die seit 1992 als Ensemble unter Denkmalschutz stehen. Damit dürfen auch die 24 historischen Brücken, die heute außer Betrieb sind, nicht abgerissen werden. Dieses Freilichtmuseum der besonderen Art gibt einen Einblick in die Geschichte der Brückeningenieurkunst seit Ende des 19. Jahrhunderts. Die älteste der Yorckbrücken mit der Nummer 5 befindet sich an der Ecke Bautzener Straße. Sie stammt aus dem Jahr 1875 und ist gleichzeitig die älteste Stahlbrücke der Stadt.

Berlin, Hauptstadt der Brücken

Berlin verfügt über eine beeindruckende Anzahl von Brücken: Knapp 2700 sind es insgesamt (die Internetseite brueckenweb.de listet sie alle auf). Das auf einem Sumpfgebiet errichtete Berlin ist damit ein wahres Venedig des Nordens: Rund 450 aller Brücken der Stadt führen über einen Wasserlauf, mehr als in der berühmten Lagunenstadt.

Straßenverlauf der Yorckstraße

Wirft man einen Blick auf den Stadtplan, fällt auf, dass die Yorckstraße, aus Osten kommend, östlich des Parks am Gleisdreieck einen Knick Richtung Südwesten macht und dann den Park weiter südlich durchquert. Jenseits der Bahngleise folgt eine scharfe Kurve, nach der die Straße ihren Weg als Bülowstraße zunächst Richtung Norden und schließlich – auf ihrer ursprünglichen Höhe – Richtung Westen fortsetzt.

Zur Erklärung dieses seltsamen Straßenverlaufs: Um das Ende der Napoleonischen Besatzung zu feiern, plante man Mitte des 19. Jahrhunderts eine lange Prachtstraße in gerader Linie von Ost nach West durch die Stadt – den sogenannten Generalszug, der bis etwa 1880 auch größtenteils umgesetzt wurde. Geehrt werden sollten mit den Straßenabschnitten die großen preußischen Generäle der Befreiungskriege, Yorck, Bülow, Kleist und Tauentzien. Die Namen der Plätze, über die der Boulevard verläuft, verweisen auf Städte, in denen diese Generäle ihre entscheidenden Schlachten gewannen: Dennewitz, Nollendorf, Wittenberg.

An beiden Enden der Prachtstraße errichtete man zudem jeweils eine repräsentative Kirche: im Osten die Kirche am Südstern,

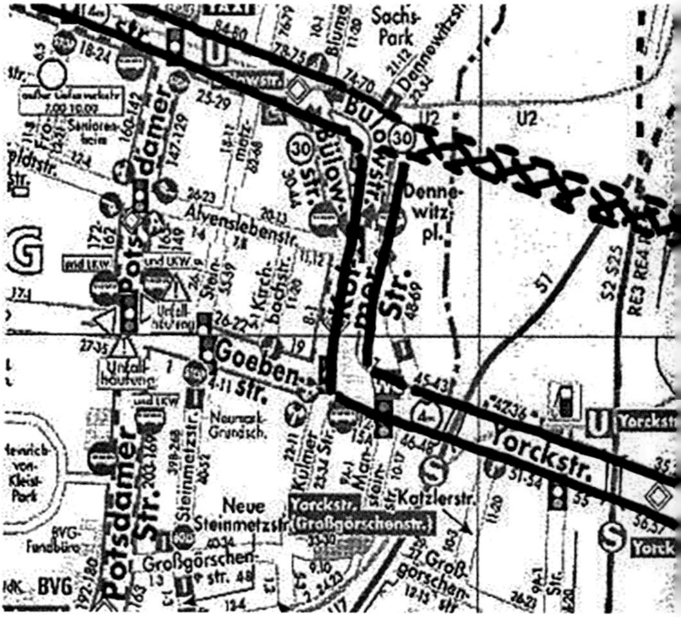

eine evangelische Garnisonkirche unweit des Garnisonfriedhofs (Columbiadamm 122–140), auf dem die während der Befreiungskriege gegen Napoleon in Dennewitz und Großbeeren gefallenen Soldaten bestattet wurden, und im Westen die Gedächtniskirche zu Ehren von Wilhelm I., Begründer einer Politik der durch die Befreiungskriege vorbereiteten deutschen Einheit.
Nur auf der Höhe des Gleisdreiecks erwies sich das Projekt angesichts des rasant wachsenden Eisenbahnverkehrs als problematisch: Für den geplanten Boulevard mussten inzwischen unzählige in Nord-Süd-Richtung verlaufende Schienentrassen überwunden werden.
Da die Stadt auf einem ebenerdigen Straßenverlauf bestand, wären umfangreiche Planierarbeiten erforderlich gewesen, für welche die Eisenbahngesellschaften jedoch nicht aufkommen wollten. Nach jahrelangen Verhandlungen wurde ein Kompromiss gefunden: Man verlegte einen Teil des „Generalszugs" um rund 400 Meter nach Süden und machte sich das abschüssige Gelände des Teltower Plateaus zunutze. So konnte ein Großteil der erforderlichen Arbeiten umgangen werden, und man führte die Yorckstraße dennoch „ebenerdig" unter zahlreichen Brücken hindurch – sie sind heute als Yorckbrücken bekannt.

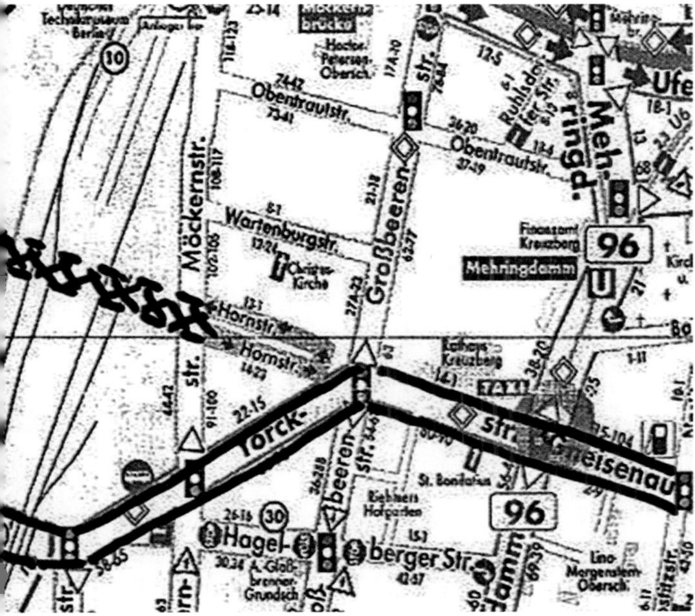

DAS LAPIDARIUM AUF DEM KREUZBERG

(8)

Stelldichein unterm Eisernen Kreuz

Viktoriapark, Denkmal für die Befreiungskriege, 10965 Berlin
Führung (2 Std.): Mai–Okt einmal pro Monat
0 30 / 50 58 52 -32 (Kartenreservierung nicht möglich)
Eintritt: 7 €, Karten erhältlich Di–Fr 12–18 Uhr, Sa/So 10–18 im Kontor des Friedrichshain-Kreuzberg-Museums (FHXB), Adalbertstraße 95A
U6 (Platz der Luftbrücke)

Im Viktoriapark, hinter Friedrich Schinkels sogenanntem Kreuzbergdenkmal, führt eine unauffällige Metalltür zu einem der größten Geheimnisse Berlins: einer Sammlung von Gipsmodellen und Doubletten der Figuren des Denkmals und sogar dem Original-Münzfries von Schinkels Lehrmeister Johann Gottfried Schadow. Dieser Fries, der einst die Alte Münze auf dem Friedrichswerder am Werderschen Markt schmückte, stellt in Reliefs aus Sandstein und Zinkguss die Wirtschaftsgeschichte der Menschheit anhand der Münzherstellung dar. 37 laufende Meter, von Schadow – hier stehen sie, unspektakulär an Backsteinmauern gelehnt. An der späteren Reichsmünze am Molkenmarkt hängt bloß ein kleiner Ausschnitt als Kopie.

In der Führung erfährt man viel Interessantes: etwa, dass Königin Luise – vergötterte Gattin des Preußenkönigs Friedrich Wilhelms III.,

der oft vom Pferd fiel und der nach der Niederlage bei Jena und Auerstedt zeitweise mit Napoleon gemeinsame Sache machte, ihn letztlich aber doch im alliierten Verbund mit Russland besiegte –, für eine Figur am Denkmal, die Allegorie der Eroberung von Paris, als Vorbild diente.

Eine Weltneuheit

Da der Bau des ursprünglich geplanten Befreiungsdoms aus Kostengründen verworfen wurde, entstand 1821 schließlich nur die heute noch vorhandene gusseiserne Spitze. Als Denkmal in Form eines gotischen Kirchturms war sie seinerzeit eine Weltpremiere.

IN DER UMGEBUNG

Die Gedenktafel für einen Androiden mit emotionaler Intelligenz ⑨

Am Fuß des Nationaldenkmals, gleich rechts oben beim Wasserfall, weist eine an einem Baumstumpf befestigte Tafel auf ein offenbar bedeutsames Ereignis hin: „In diesem Park fand die Kontemplation von N44 V864.962 statt, der erste Androide *[sic]* mit emotionaler Intelligenz. 2357 Stunden lang betrachtete er ein Blatt und leitete davon sowohl dessen atomische Struktur als auch seine Funktion im Ganzen ab. 12. September / 19. Dezember 2313". – Was auch immer das bedeuten mag ...

VIER WILHELM-WIEGMANN-GEMÄLDE IN DER EINGANGSHALLE EINES WOHNHAUSES ⑩

Die vier Jahreszeiten in Kreuzberg

Kreuzbergstraße 29, 10965 Berlin
Besichtigung auf freundliche Anfrage bei den Bewohnern z. T. möglich
U7 / S1, 2, 25, 26 (Yorckstraße) / U6 (Mehringdamm)

Nichts deutet angesichts der schlichten Fassade darauf hin, dass sich im Hausflur des Gebäudes in der Kreuzbergstraße 29 vier wenig bekannte Arbeiten des Berliner Historienmalers und Mosaizisten Wilhelm Wiegmann (1851–1920) verbergen. Zu den Hauptwerken des Künstlers zählen die Mosaiken der Gedächtniskirche und die Ausgestaltung des Hotel Bristol (Unter den Linden, alte Nr. 5–6), das 1944 zerstört wurde. Hier erwarten den Besucher vier ländliche Ansichten der Straße im Wandel der Jahreszeiten. Die Bilder entstanden laut Betitelung 1888, und sind daher wertvolle Zeitdokumente.

Das linke Gemälde zeigt in einer Winteransicht den südlichen Hang des Kreuzbergs, bevor 1894 der Viktoriapark und der Wasserfall angelegt wurden. Auf dem Gipfel ist das Nationaldenkmal für die Befreiungskriege von Friedrich Schinkel zu erkennen (siehe S. 116); Schlitten fahrende Kinder nutzen den Berg als Rodelbahn. Das Bild rechts davon ist im Kreuzberger Frühling angesiedelt. Gezeigt wird derselbe Hügel, jedoch von einem etwas weiter entfernten Standpunkt aus an der Ecke Kreuzbergstraße/Großbeerenstraße. Neben den am Hang spielenden Kindern und den Bewohnern, die in der Umgebung des Denkmals spazieren gehen, sieht man hier auch einen Teil der Straße mit Pferdeeisenbahn (die Epoche der elektrischen Straßenbahn begann zu eben jener Zeit, siehe S. 416), einigen Passanten sowie der Villa Richter, die 1893 dem Wasserfall weichen musste.

Ein drittes Gemälde gegenüber präsentiert eine Sommerlandschaft mit dem Kreuzberg bei strahlend blauem Himmel. Auf der typischen Berliner Kopfsteinpflasterstraße ist ein Mann auf einem Hochrad zu sehen, dem ersten Fahrrad mit Speichenrädern, das 1870 von dem Engländer James Starley erfunden wurde. Die einst an der Hügelflanke gelegene Villa Naundorff lässt sich heute nicht mehr eindeutig lokalisieren, es sei denn, es handelt sich bei dem am Gipfel auszumachenden Bauwerk einmal mehr um das Nationaldenkmal; in diesem Fall zeigt das Bild den Blick von der Ecke Kreuzbergstraße/Möckernstraße aus. Auf dem vierten und letzten Bild, einer Herbstszene, sind ein unter Straßenlaternen flanierendes Paar und weiteren Personen in einem Biergarten dargestellt.

EINE EHEMALIGE TANKSTELLE ⑪

Die vernachlässigten Überreste der Translag

Mehringdamm 20–30, 10961 Berlin
U6, 7 (Mehringdamm)

An der Ecke Mehringdamm/Obentrautstraße in Kreuzberg fällt nur wenigen Besuchern des BioMarkts auf, dass sie die Räume durch die baulichen Reste einer früheren Tankstelle betreten. Unter dem großen, von vier Pfeilern getragenen Flachdach standen nämlich einst Zapfsäulen und beiderseits des Supermarkteingangs dienten zwei kleine Anbauten in Stromlinien-Architektur als Kassenschalter. Das Hauptgebäude, das ursprünglich an der Seite (unter dem Dach) geschlossen war, beherbergte eine automatische Waschanlage, in welche die Autos durch ein heute zugemauertes rückwärtiges Tor hinein- und auf der Seite des Schaufensters in Richtung Mehringdamm wieder hinausfuhren.

Tankstelle und Waschanlage gehörten zu dem Gebäudekomplex der „Translag (Transport und Lagerhaus) Großgaragen GmbH“: Dieses in den 1920er-Jahren gegründete Unternehmen umfasste unter anderem einen Vertragshändler, eine Autowerkstatt und eine Lieferflotte mit rund 600 Fahrzeugen. Seinen Standort hatte es auf dem sogenannten Dragoner-Areal: Hier waren bis 1919 rund 500 Soldaten in der Dragoner-Kaserne untergebracht gewesen, während in den Stallungen der vier lang gestreckten Gebäude, die noch heute dahinter zu erkennen sind, 700 Pferde Platz fanden.

Nach dem Ersten Weltkrieg wurde Deutschland entmilitarisiert und die Kavallerie aufgelöst. Schließlich bezog 1923 das Finanzamt Kreuzberg die Kaserne und die Translag die Stallungen. Diese von außen unscheinbaren dreischiffigen Bauten werden heute noch gern als „Kathedralen für Pferde“ bezeichnet: Im Inneren sind sie von Kreuzkappengewölben überspannt, die auf zwei Reihen schlanker, gusseiserner Säulen ruhen.

Beim Einkaufen kann man diese besondere Architektur noch erkennen – der hintere Bereich des BioMarkts ist in einem Teil der früheren Stallungen untergebracht.

DAS GRAB LEOPOLD FERDINANDS AUS DEM HAUSE HABSBURG-LOTHRINGEN

(12)

Das außergewöhnliche Leben eines rebellischen Erzherzogs

Friedhof III der Jerusalems- und Neuen Kirchengemeinde
Mehringdamm 21, 10961 Berlin
Täglich: Jan/Dez 8–16 Uhr, Feb/Nov 8–17 Uhr, Mär/Okt 8–18 Uhr, Apr/Sep 8–19 Uhr, Mai–Aug 8–20 Uhr
U6, 7 (Mehringdamm) / U1, 3, 6 (Hallesches Tor)

Auf dem evangelischen Friedhof Jerusalem III sticht gleich am Eingang ein Grab ins Auge: ein rechteckiger Zementblock als Sockel, darauf ein schmiedeeisernes Kreuz mit vergoldeter Christusfigur, unterhalb derer gut sichtbar eine Tafel auf den Namen Leopold Wölfling lautet. Gräber dieser Art sind für gewöhnlich Kirchenoberen vorbehalten. Der Mann jedoch, der hier ruht, zeichnete sich im Laufe seines Lebens

©Jörg Zägel

durch alles andere als unerschütterlichen Glauben oder moralische Größe aus. Leopold Wölfling ist nicht einmal sein richtiger Name – dieser lautete ursprünglich Leopold Ferdinand Salvator Marie Joseph Johann Baptist Zenobius Rupprecht Ludwig Karl Jacob Vivian von Österreich-Toskana. Ende 1902, im Alter von 34 Jahren, verzichtete Leopold Ferdinand, Sohn des letzten Großherzogs der Toskana, auf den Adelstitel eines Erzherzogs, um weitab der Bequemlichkeit des Hofes der ihm vorbestimmten militärischen Laufbahn den Rücken zu kehren. So konnte er sich der erdrückenden familiären Verpflichtungen entledigen und Wilhelmine Adamovicz ehelichen, eine junge Dame, die sich den Aussagen zahlreicher Zeitgenossen zufolge als Prostituierte verdingte.

Das extravagante Paar heiratete 1903 in der Schweiz und lebte anschließend auf dem Monte Verità im Tessin, wo sich Anfang des Jahrhunderts eine Kolonie vegetarischer Nudisten niedergelassen hatte. Der Aufenthalt in dieser Gemeinschaft war jedoch nur von kurzer Dauer: Gerade einmal zwei Wochen nach ihrer Ankunft verließ Leopold seine Frau. 1907 heiratete er Maria Magdalena Ritter, eine junge Prostituierte, die er in München von ihrem Zuhälter freigekauft hatte. Die beiden zogen nach Paris, doch auch diese Beziehung scheiterte nach wenigen Jahren.

Durch den Ersten Weltkrieg und das Ende des Habsburgerreichs verlor Wölfling seine monatlichen Einkünfte, die ihn bis dato über Wasser gehalten hatten. Zurück in Wien eröffnete er ein Lebensmittelgeschäft und arbeitete als Fremdenführer. Doch auch in seinem neuen Leben in Österreich fand dieser Mann, der niemals lange an einem Ort verweilte, keine Ruhe. Er ging nach Berlin, wo er Arbeit als Sprecher eines Stummfilms über die Habsburger und als Portier im Kabarett *Rakete* fand. Am selben Ort spielte er in einer in Österreich-Ungarn angesiedelten Komödie die Rolle des Blaublüters. In der Folge widmete er sich der Schriftstellerei und veröffentlichte je eine Autobiografie in tschechischer und in englischer Sprache sowie ein Buch mit Anekdoten über die österreichische Herrscherfamilie. In der *Berliner Morgenpost* platzierte er eine Reihe von Artikeln über Kaiserinnen, die er persönlich kennengelernt hatte.

1933, im Alter von 64 Jahren, heiratete er Klara Pawlowski, eine deutlich jüngere Osteuropäerin, mit der er bis zu seinem Tod 1935 in der Belle-Alliance-Straße 53 (heute Mehringdamm 119) lebte. Als Klara, die dritte und letzte Frau des früheren Erzherzogs, 1978 starb, wurde sie ebenfalls in der letzten Ruhestätte ihres Gatten bestattet.

DIE GRABSTÄTTE DER FAMILIE MÜHLENHAUPT

⑬

Hüte des Widerstands

Böhmisch-Lutherischer Bethlehems-Friedhof
Mehringdamm 21, 10961 Berlin
Dez/Jan 8–16 Uhr, Feb/Nov 8–17 Uhr, Mär/Okt 8–18 Uhr,
Apr/Sep 8–19 Uhr, Mai–Aug 8–20 Uhr
U6, 7 (Mehringdamm)

Die Grabstätte der Familie Mühlenhaupt ist das vielleicht originellste Familiengrab auf dem Kreuzberger Bethlehems-Friedhof. Sie

umfasst vier Betonstelen, die im naiven Stil mit bunten Porträts einiger Mitglieder der Familie Mühlenhaupt bemalt sind. Rechts sieht man Kurt Mühlenhaupt und seine erste Frau Friedl (deren Name auf dem Grabstein fehlt; sie ist nicht hier bestattet), links Kurt Mühlenhaupts Bruder und Schwester, Wilhelm und Margarete. Im unteren Bereich der Grabsteine sind zusätzlich die Eltern sowie Margaretes Ehemann aufgeführt, die anderswo ruhen. Die Porträts stammen von Kurt Mühlenhaupt (1921–2006) selbst, einem Künstler, der den Beinamen „Maler der Liebe" trug und dessen Markenzeichen ein leuchtend roter, breitkrempiger Hut war, den er nie abzusetzen schien. Dieser Hut geht auf die tiefe Entrüstung zurück, die er als Kind empfand, als ein Lehrer einen jüdischen Klassenkameraden schlug: Der hatte die Kühnheit besessen, während der Nationalhymne, mit der jeder Schultag begann, seine Schülermütze nicht abzunehmen. Auf den Grabsteinen sind alle Familienmitglieder mit Hut dargestellt. Kurt Mühlenhaupt war gemeinsam mit Günter Grass Mitglied der „Berliner Malerpoeten", einer Künstlergruppe, die 1972 in Kreuzberg gegründet wurde. In diesem Viertel, unweit des Friedhofs, auf dem er bestattet werden wollte, verbrachte er die künstlerisch prägenden Jahre seines Lebens. Anlässlich des Todes seines Bruders Wilhelm 1977 hatte Mühlenhaupt zunächst vier leicht kreuzförmige Stelen aus Edelstahl gefertigt und mit Emaillebildern versehen. 1981 erklärte er diesbezüglich: „Der Friedhof ist für die Kreuzberger so eine Art Park. Damit er nicht so traurig aussieht, habe ich Grabsteine von mir, meiner Frau, meiner Schwester und meinem Bruder aufgestellt. Er ist der Einzige, der schon im Grab liegt." Mitte der 1980er-Jahre wurden die Edelstahl-Grabkreuze gestohlen; heute zieren die Familiengrabstätte daher die 1988 aufgestellten Stelen aus Beton.

IN DER UMGEBUNG

Die Ausstellung über die Familie Mendelssohn (14)

Dreifaltigkeitsfriedhof I (angrenzend an den Bethlehems-Friedhof, Öffnungszeiten siehe oben)

In einer ehemaligen Kapelle an der südlichen Mauer des Dreifaltigkeitsfriedhofs I entlang der Baruther Straße erinnert eine Dauerausstellung an die deutsch-jüdische Familie Mendelssohn. Der Ort wurde deshalb ausgewählt, weil hier neben anderen auch das berühmteste Mitglied dieser Familie bestattet liegt, der Komponist Felix Mendelssohn Bartholdy (1809–1847), genannt der Mozart von Hamburg. Felix war der Enkel von Moses Mendelssohn (1729–1786), dem deutschen Philosophen der Aufklärung und Begründer einer beeindruckenden Linie, die sowohl im Finanzwesen als auch in Kunst und Wissenschaft große Namen hervorbrachte.

DAS MAUSOLEUM DER FAMILIE VON OPPENFELD

(15)

Ein erstaunliches Grab in ägyptischem Stil

Dreifaltigkeitskirchhof II
Bergmannstraße 39–41, 10961 Berlin
Täglich 8–20 Uhr
U7 (Gneisenaustraße)

Im östlichen Teil des Dreifaltigkeitskirchhofs II (nach dem Betreten über den Eingang Bergmannstraße gleich links) steht ein ungewöhnliches Grabmal: Mit seinem vorstehenden Dach, der mit floralen Motiven verzierten bekrönenden Hohlkehle, einem sich nach oben verjüngenden Baukörper und einer blaugrünen, trapezförmigen Tür fällt das im ägyptischen Stil errichtete Mausoleum Oppenfeld sofort ins Auge.

Erbaut wurde das Mausoleum 1828 im Auftrag von Georg Moritz und Carl Daniel von Oppenfeld, zwei prominenten Mitgliedern der großen Berliner Bankiersfamilie. Erst rund ein Jahr zuvor hatte die frühere Familie Oppenheim die Erlaubnis erhalten, ab dem 22. September 1827 den Namen von Oppenfeld zu tragen. Der Namensänderung ging die Konvertierung von Georg Moritz vom jüdischen zum christlichen Glauben voraus: Er war 1822, unter Verzicht auf seinen jüdischen Namen Moses, getauft worden.

Die Gründe, weshalb sich die Familie ein Grabmal im ägyptischen Stil errichten ließ, sind unklar. Liegen sie möglicherweise in der durch Napoleons Ägyptenfeldzug (1798–1801) ausgelösten Mode, die auf dem alten Kontinent großes Interesse für das Land weckte?

DAS GRAB VON ERWIN REIBEDANZ ⑯

Ein expressionistischer Komet

Luisenstädtischer Friedhof
Abt. 10 (im Zentrum des östlichen Teils, nach dem Eingang links)
Südstern 8–12, 10961 Berlin
Dez/Jan 8–16 Uhr, Feb/Nov 8–17 Uhr, Mär/Okt 8–18 Uhr,
Apr/Sep 8–19 Uhr, Mai–Aug 8–20 Uhr
U7 (Südstern)

Das Grabmal des Wäschereibesitzers Erwin Reibedanz (1878–1919) auf dem Luisenstädtischen Friedhof ist in seiner Gestalt eines aus dem Boden emporsteigenden Kometen, der ein Kreuz umstößt, wohl eines der ungewöhnlichsten seiner Art in ganz Berlin. Gefertigt ist die Stele – in Form einer gezackten Kugel, die einen rechteckigen Strahlenschweif hinter sich herzieht – aus Muschelkalk.

Das heute eher glanzlose Grabmal inmitten roter Heckenrosen leuchtete einst in vielen Farben: Der Sockel und das Kreuz waren in dunklem Blaugrau, der untere Teil des Schweifs in lebendigem Blau gestrichen, während der Stern und die Strahlenreliefs golden glänzten. Seit seiner Enthüllung rief das Werk starke Proteste hervor, die sich nicht zuletzt gegen diese Farbkakofonie richteten.

Häufig wird das Werk als Ausdruck des christlichen Glaubens verstanden: Der Komet verkörpert den Triumph des Geistes über den Tod, welcher durch das von ihm umgestoßene Kreuz symbolisiert wird. Wahrscheinlich spielt es außerdem auf den Halleyschen Kometen an, der im April 1910 mit seinem Durchgang die Welt in Atem gehalten hatte.

Den Grabobelisken für Reibedanz, der sich im Umfeld der avantgardistischsten Architekten seiner Zeit bewegte, entwarf Max Taut, einer der Pioniere der expressionistischen Architektur und Bruder von Bruno Taut, dem berühmten Vertreter der klassischen Moderne.

Der Halleysche Komet – Leitmotiv der expressionistischen Weltsicht – hatte bei vielen Menschen seinerzeit die Angst vor einer Vernichtung jeden Lebens auf der Erde durch eine giftige Gaswolke hervorgerufen. So betrachtet, feiert das Grabmal außerdem den Sturz der Religion durch das Erscheinen des Kometen.

Andere expressionistische Werke in Berlin, siehe S. 236 und 406.

Der Expressionismus

Die Stilrichtung des Expressionismus spielt Anfang des 20. Jahrhunderts im deutschsprachigen Raum eine wichtige Rolle in Malerei, Architektur, Literatur, Theater, Film, Musik und Tanz. Ihr Hauptmerkmal ist die Deformation der Wirklichkeit, um beim Betrachter eine emotionale Reaktion hervorzurufen. Die Darstellungen basieren häufig auf beängstigenden Visionen, welche Ausdruck des pessimistischen Blicks der Künstler auf ihre Zeit sind. Der Erste Weltkrieg kündigt sich an, den herannahenden Halleyschen Kometen, der 1910 die Menschen in große Unruhe versetzt, sieht man als bedrohliches Vorzeichen.

Zudem verändert die technische Weiterentwickung der Fotografie grundlegend die Beziehung zwischen Kunst und Realität. Entsprechend markiert der Expressionismus mit schreienden Farben und scharfen Konturen einen radikalen Bruch zum Impressionismus, der die Wirklichkeit so abbilden möchte, wie sie sich dem Betrachter tatsächlich zeigt. Der Expressionismus ist keine Bewegung oder Schule im eigentlichen Sinn, sondern vielmehr eine Reaktion auf den Akademismus und die Gesellschaft. Von den Nationalsozialisten wird er später als „entartete Kunst" gebrandmarkt.

Die berühmtesten expressionistischen Künstlergruppen sind „Der Blaue Reiter" und „Die Brücke". Zu den bekanntesten Gemälden gehören *Der Schrei* des norwegischen Malers Edvard Munch und Franz Marcs *Blaues Pferd*. In der Musik sind die Sinfonien von Dmitri Schostakowitsch seit Ende der 1920er-Jahre zu nennen.

DIE GRABSTÄTTE BIEDERMANN

⑰

Ein prachtvolles Mosaik des Paradiesgartens

Luisenstädtischer Friedhof
Südstern 8–12, 10961 Berlin
Dez/Jan 8–16 Uhr, Feb/Nov 8–17 Uhr, Mär/Okt 8–18 Uhr, Apr/Sep 8–19 Uhr, Mai–Aug 8–20 Uhr
U7 (Südstern)

Im hinteren Teil des Luisenstädtischen Friedhofs befindet sich an der Südwand entlang der Züllichauer Straße die Grabstätte der Familie Biedermann. Auch wenn dieser Ort sicher bereits bessere Zeiten gekannt hat, gehört er doch zu den schönsten des Friedhofs. Die alkovenartige Form des Grabs mit verzinktem Gewölbedach ist innen mit Mauerwerk und massiven Steinblöcken (Sandstein und Muschelkalk) ausgekleidet.

Neben der Öffnung sind zu beiden Seiten Reliefs abgebildet, die einen sich wehrenden Mann und eine trauernde Frau zeigen. Sie können als Allegorien von Morgen und Abend verstanden werden. Bei genauerer Betrachtung entdeckt man jedoch, verborgen hinter üppig wachsendem Efeu, den wahren Grund für die Erregung der männlichen Figur: Auf ihrer rechten Schulter windet sich der Körper eines Reptils. Der Kopf des Tiers, der wohl Opfer von Vandalismus wurde, ist auf

früheren Fotografien deutlich zu erkennen. Möglicherweise ist hier Adam dargestellt, der mit der Schlange der Versuchung ringt, während vom Schlussstein des Dachs ein Engel zuschaut.

Das Innere des Alkovens wird von einem großen steinernen Thron dominiert, Symbol für das Reich Gottes. Darüber erhebt sich ein prachtvolles Goldgrundmosaik, das einen lieblichen Garten mit einem Springbrunnen zeigt, der zwei Tauben als Tränke dient. Es handelt sich hierbei um eine Darstellung des wiedergefundenen Paradieses mit dem Jungbrunnen, an dem die reinen Herzen (die Tauben) des Jenseits ihren Durst stillen. Das Mosaik beinhaltet zudem eine griechische Inschrift, die einen Vers des Dichters Menandros aus dem 4. Jahrhundert zitiert: *Ον γαρ οι Θεοί φιλούσιν, αποθνήσκει νέος* („Wen die Götter lieben, der stirbt jung.“). Dieses Zitat verweist aller Wahrscheinlichkeit nach auf Liza Biedermann, die 1901 im zarten Alter von gerade einmal 20 Jahren verstarb. Ihr ebenso junger Freund Willi Knüpfer erschoss sich wenige Tage später.

An der Grabstätte haben sich augenscheinlich Diebe zu schaffen gemacht und die Metallteile entwendet, darunter eine Deckenlampe, einige Statuen oder Urnen, die in den Nischen standen, ein Eingangsgitter, Verzierungen des Throns sowie die ursprünglich links und rechts davon angebrachten Grabschilder. Diese vermutlich aus Bronze gefertigten Schilder wurden möglicherweise während des Zweiten Weltkriegs entfernt und zu Rüstungszwecken verwendet.

DAS MAHNMAL FÜR DAS KZ COLUMBIA-HAUS

(18)

Das größte Konzentrationslager innerhalb der Stadt

Columbiadamm (Ecke Golßener Straße), 10965 Berlin
U6 (Platz der Luftbrücke)

An der nördlichen Ecke Columbiadamm/Golßener Straße steht seit 1994 ein Denkmal aus oxidiertem Metall, das leicht übersehen wird. Es zeigt ein kleines Haus von etwa 2,5 Metern Höhe, in dem drei Zellen angedeutet sind. Eine der Seitenwände ist ein Stück zurückversetzt. Sie erinnert an einen Grabstein und dient als Gedenktafel. Das Mahnmal stammt von dem Bildhauer Georg Seibert und ist eine diskrete Gedenkstätte für die Opfer des Konzentrationslagers, das sich von März 1933 bis November 1936 auf der anderen Straßenseite des Columbusdamms befand.

Dort, wo sich heute der Hangar 1 des früheren Flughafens Tempelhof befindet, wurde Ende des 19. Jahrhunderts eine Haftanstalt mit 156 Zellen gebaut, die zur Kaserne gegenüber gehörte. 1933 übernahm die nationalsozialistische SS (Schutz-Staffel) das sogenannte Columbia-Haus und nutzte es als Erweiterung des durch zunehmende Verhaftungswellen überfüllten zentralen Gestapogefängnisses in der Prinz-Albrecht-Straße 8 (in den Räumen des Geheimen Staatspolizeiamts „Gestapa", dem die Gestapo anfangs unterstand).

Im Gegensatz zu den anderen Konzentrationslagern, die seit 1933 in der Hauptstadt existierten und die der SA (Sturmabteilung) – der paramilitärischen Kampforganisation der NSDAP – untergeordnet waren, stand das Columbia-Haus von Anfang an unter Aufsicht der SS und wurde daher nicht 1934 mit der Entmachtung der SA im Rahmen des sogenannten Röhm-Putsches wieder aufgelöst. Die Gestapo, eng mit der SS verwoben, war nunmehr damit betraut, die „innere Bedrohung" in Schach zu halten. Als in der Bevölkerung bekannt wurde, dass im Columbia-Haus Folter an der Tagesordnung war, verbot die Gestapo die Misshandlungen, erließ aber eine sehr strenge Lagerordnung. So machte der willkürliche Terror des improvisierten Lagers einem systematischen, „legitimierten" Terror nach Vorbild des KZ Dachau Platz.

Das Columbia-Haus war ab 1934 das einzige offizielle Konzentrationslager Berlins und das zweite seiner Art nach Dachau. In dieser größten innerstädtischen Haftanstalt wurden insgesamt zwischen 8000 und 10 000 politische Gefangene und Oppositionelle eingesperrt, meist um 400 gleichzeitig. Hunderte kamen hier grausam zu Tode. Wie Dachau diente das Columbia-Haus nicht nur der Inhaftierung und Folter politisch Andersdenkender, sondern war auch Ausbildungsstätte für SS-Offiziere und Versuchsanlage für die spätere Organisation anderer Lager. Im November 1936 wurde das KZ Columbia aufgelöst, im Frühjahr 1938 das Gebäude abgerissen, um Platz für den Neubau des Flughafens Tempelhof zu schaffen.

Für mehr Informationen zu den weiteren Konzentrationslagern in Berlin, siehe S. 202.

Die Herkunft des Namens „Columbiadamm"

Der Columbiadamm hieß ursprünglich Prinz-August-von-Württemberg-Straße. Er wurde 1929 zu Ehren des Flugpioniers Clarence D. Chamberlin zunächst in Columbiastraße umbenannt und erhielt 1950 schließlich seinen heutigen Namen. Am 4. Juni 1927 waren Chamberlin und sein Co-Pilot Charles Levine an Bord der *Miss Columbia* zu ihrem Versuch aufgebrochen, den von Charles Lindbergh gehaltenen Rekord des längsten transatlantischen Fluges zu überbieten. Nach einem Flug von knapp 6295 Kilometern und einer Flugzeit von 42 Stunden 45 Minuten ab New York legten sie in Eisleben, gut 200 Kilometer südwestlich von Berlin, eine Bruchlandung hin. Lindberghs Rekord hatten sie um 480 Kilometer geschlagen. Am nächsten Tag landeten sie am Flughafen Tempelhof, wo sie von 150 000 jubelnden Menschen empfangen wurden.

DAS WANDGEMÄLDE IN DER FICHTESTRAßE 2

19

Eine weite Landschaft im Hinterhof

Fichtestraße 2 (Hinterhof), 10967 Berlin
0177 304 0630 (mobil)
nele.wasmuth@gmail.com
So 11–16 Uhr
Kostenlose Führungen auf Anfrage
U7 (Südstern) / U8 (Schönleinstraße)

Das Haus in der Kreuzberger Fichtestraße 2 verbirgt in seinem Innenhof, von der Straße aus nicht zu sehen, ein schönes Wandgemälde aus der Entstehungszeit des Gebäudes um 1890. Es erstreckt sich auf der linken Seite des Hofes mit einer Fläche von mehr als 300 Quadratmetern über die gesamte Brandmauer.

In den Arbeitervierteln des industriellen Berlins war Platz knapp und teuer. Um den Raum neu errichteter Gebäude bestmöglich auszunutzen, wiesen die Fenster der in Richtung der Innenhöfe liegenden Zimmer oft auf die Brandmauern der benachbarten Gebäude hinaus. Diese wurden häufig durch Landschaftsgemälde mit weitem Horizont verziert – so schützte man die Bewohner vor allzu klaustrophobischen Wohnverhältnissen. Ein Beispiel ist das Wandgemälde in der Fichtestraße 2.

Nach Angaben der Deutschen Stiftung Denkmalschutz (DSD) existierten in den 1980er-Jahren in Berlin noch insgesamt 25 solcher Gemälde. Seitdem sind rund 60 Prozent davon Renovierungsarbeiten zum Opfer gefallen. Das Gemälde in der Fichtestraße konnte jedoch gerettet werden und wurde 2018 auf Initiative der Bewohner, allen voran Nele Wasmuth, die sich auch um die nötigen Formalitäten für die Finanzierung des Vorhabens kümmerte, restauriert.

Das Gemälde selbst erinnert in seiner leicht verschwommenen Ausführung an den Impressionismus eines Edgar Degas. Einige sehen darin Szenen aus der Mozart-Oper *Don Giovanni*, für andere deutet der gut erkennbare Helm des von einem Hund begleiteten Reiters, welcher dem der spanischen Konquistadoren gleicht, auf eine südamerikanische Landschaft des 17./18. Jahrhunderts hin.

DER FROSCHKÖNIG IM U-BAHNHOF PRINZENSTRAẞE

20

Eine märchenhafte Porzellanskulptur

Gitschiner Straße (Ecke Prinzenstraße), 10969 Berlin
U1, 3 (Prinzenstraße)

Wer mit der U1 oder U3 von Kottbusser Tor am nördlichen Bahnsteig des U-Bahnhofs Prinzenstraße ankommt, übersieht die hübsche kleine Skulptur eines Froschs mit goldener Krone leicht.

Seit der Einweihung der Hochbahnstation im Jahr 1902 sitzt er da und blickt mit mehrfachem Augenzwinkern – auf den Namen der Station (Prinzenstraße), auf das Märchen *Der Froschkönig oder der eiserne Heinrich* der Gebrüder Grimm, in dem ein Frosch in einen charmanten Prinzen verwandelt wird, und schließlich auf Prinz Wilhelm von Preußen, nach dem die Straße benannt ist – auf die Fahrgäste hinab.

Hergestellt wurde der Frosch von der Königlichen Porzellan-Manufaktur (KPM), die ihren Sitz etwas weiter westlich in der am Tiergarten gelegenen Wegelystraße 1 hat.

Der Frosch wurde bereits einige Male gestohlen, doch wohlweislich hatte die Hochbahngesellschaft gleich mehrere Exemplare bestellt und eingelagert.

Beim Bau des neuen gläsernen Zugangsturms verschwand die Statue sicherheitshalber in einem Schrank – wo sie nach Beendigung der Arbeiten schlicht und einfach vergessen wurde. Doch das blieb nicht lange unbemerkt: Nach Beschwerden mehrerer junger Fahrgäste zog der Froschkönig wieder in den Bahnhof ein. Um weitere Diebstähle zu verhindern, setzte man ihn dieses Mal in (nahezu) unerreichbare Höhe.

IN DER UMGEBUNG

Die Skulptur Stehfisch (21)

Wassertorstraße 65, 10969 Berlin

In dem kleinen Nachbarschaftspark an der Ecke Wassertorstraße/Gitschiner Straße steht eine unauffällige kleine Statue. Der Name dieses Kunstwerks von Ernst Baumeister lautet *Stehfisch.* Es zeigt ein Wesen, halb Mensch, halb Fisch, und entstand 2004 im Rahmen des Programms „Kunst im öffentlichen Raum zur Aufwertung der Stadt-Wahrnehmung“.

DER RITTERHOF

(22)

Ein Gewerbehof, der den Krieg überdauert hat

Ritterstraße 11, 10969 Berlin
U8 (Moritzplatz)

Der Ritterhof ist eines der wenigen Gebäude dieser Straße, die unversehrt aus den verheerenden Zerstörungen des Zweiten Weltkriegs hervorgegangen sind. Die schöne, mit dunklen, schwarz-rötlich schimmernden Glasurklinkern verblendete Fassade dieses zu Beginn des 20. Jahrhunderts erbauten alten Gewerbehofs lohnt den Umweg. Der Name „Ritterhof", der in großen Lettern über dem Torbogen zu lesen ist, geht auf die Straße zurück, in der das Gebäude steht.

Ebenfalls aus dem Straßennamen erklärt sich die in einer Nische im Zentrum der Fassade stehende Figur eines Ritters mit Schwert. Darüber erkennt man oberhalb eines winzigen einzelnen Balkons mit rotem Geländer außerdem ein sich aufbäumendes Pferd. Das Eingangstor ziert ein Hochrelief mit einem Mann und einer Frau, die ihrer Arbeit nachgehen und damit auf die Nutzung des Gebäudes hinweisen.

In Auftrag gegeben worden war der Ritterhof von den Scheck'schen Erben, erbaut wurde er 1906 bis 1907 von den Architekten Walther Schilbach und Heinrich Schweitzer. Er weist die für viele Berliner Industrie- und Geschäftskomplexe typische Untergliederung in mehrere Höfe auf.

In den 1930er-Jahren hatten in den drei Innenhöfen rund 30 verschiedene Gewerbebetriebe ihren Sitz, darunter das Verlagshaus Eulen und die Leuchtmittelfabrik Böhm. Heute steht der Anfang der 1990er-Jahre sanierte Ritterhof unter Denkmalschutz.

IN DER UMGEBUNG

Die Fassade des Pelikan-Hauses

Ritterstraße 9–10, 10969 Berlin

Gleich neben dem Ritterhof wurde zwischen 1902 und 1905 im Auftrag des deutschen Bankiers Georg Solmssen das Pelikan-Haus erbaut. Im vierten Obergeschoss zieren die Fassade als Bauschmuck vier überlebensgroße Atlanten. Im Zentrum erstrahlt ein goldenes Medaillon mit dem Logo des berühmten Unternehmens Pelikan, das hier zu Beginn der 1930er-Jahre seinen Sitz hatte und dem das Gebäude seinen Namen verdankt.

DIE FASSADE DES ENGELBECKEN-HOFS

23

Erinnerung an eine alte Fabrik

Leuschnerdamm 13, 10999 Berlin
U8 (Heinrich-Heine-Straße) / U1, 3, 8 (Kottbusser Tor)

Der Engelbecken-Hof am Kreuzberger Leuschnerdamm 13 ist von einer Eleganz, die vor allem durch den auffallend hohen Giebel des Gebäudes ins Auge sticht. An dessen oberem Ende verweisen zwei goldene Sonnen mit ihren Strahlen auf das Baujahr: 1904. Auf halber Höhe sind an zwei auskragenden Erkern schöne Reliefs zu erkennen, die ein Schiff bzw. einen Zug sowie beiderseits davon Büsten mit Helm und Tauen zeigen. Diese Darstellungen verweisen auf die industrielle Vergangenheit des Gebäudes, das seinerzeit im Auftrag des deutsch-schwedischen Steinmetzunternehmens Kessel & Röhl errichtet wurde und direkt vor dem alten Luisenstädtischen Kanal stand, der den Landwehrkanal mit der Spree verband.

Die Nähe zum Wasser war für das Unternehmen wichtig, da bei der Steinbearbeitung große Mengen davon benötigt wurden. Der Stein wurde per Zug und insbesondere auf dem Wasser direkt zum Engelbecken-Hof geliefert. An diesen wertvollen logistischen Vorteil erinnern die Reliefs an den Erkern. Der Luisenstädtische Kanal wurde in der Zwischenkriegszeit trockengelegt und zu der Promenade umgestaltet, die wir heute vorfinden. Als einzige Wasserstelle ist das Engelbecken erhalten.

Der vordere Teil des Komplexes ist deutlich repräsentativer ausgestaltet als der Rest des Gebäudes; im Vorderhaus befanden sich nämlich Büro- und Verkaufsräume.

Wie bei Kaufhäusern um die Jahrhundertwende üblich, ist auch dieses Gebäude im Stil der Berliner Secession errichtet, mit dem hohen Giebel als mittelalterlichem Element. Die um die sechs Hinterhöfe angeordneten Werkstätten sind dagegen in einem deutlich moderneren und schlichteren Stil gehalten.

IN DER UMGEBUNG

Ein schöner Fahrstuhl im Jugendstil

Gleich links neben dem Eingang des Gebäudes, vor dem ersten Hinterhof, ist ein schöner alter Fahrstuhl mit floralen Jugendstilmotiven erhalten geblieben.

Woher stammt der Name „Engelbecken"?

Der Name des Wasserbeckens verweist auf den Erzengel Michael, dessen Statue über dem Portal der benachbarten St.-Michael-Kirche thront.

Bis zur Gründung Groß-Berlins im Jahr 1920 markierte der Verlauf der aus logistischen Gründen nördlich und südlich der Stadt ausgehobenen Kanäle (Spandauer Canal, heute Berlin-Spandauer Schifffahrtskanal, und Landwehrkanal) die Berliner Stadtgrenzen. Damals war die ganze Stadt von Wasserstraßen durchzogen und verfügte über mehrere Häfen, etwa den Humboldthafen im Nordwesten und das Engelbecken im Südosten.

ASPHALTFLECKEN IM KOPFSTEINPFLASTER

(24)

Überreste der dritten Mauergeneration

Leuschnerdamm 1–19, 10999 Berlin
U7 (Südstern) / U8 (Heinrich-Heine-Straße, Moritzplatz oder Schönleinstraße)

Entlang des Leuschnerdamms stellen aufmerksame Spaziergänger auf dem Abschnitt zwischen Bethaniendamm und Waldemarstraße vielleicht fest, dass die Steine des Kopfsteinpflasters vereinzelt durch Asphalt ersetzt wurden. Es handelt sich hierbei um ein unscheinbares Relikt der Berliner Mauer: Ende der 1960er-Jahre wurden an diesen Stellen Löcher angelegt, in die anschließend Pfeiler zur Befestigung der Betonplatten der dritten Mauergeneration versenkt wurden.

Das DDR-Regime bemühte sich um die stetige Perfektionierung der Mauer. Als diese 1989 fiel, stand sie bereits vor ihrer fünften Phase. Die Phase der Mauer, die gemeinhin am bekanntesten ist, ist die vierte Generation von 1975, die „Grenzmauer 75". Sie umfasste zwei durch einen durchschnittlich 80 Meter breiten Streifen getrennte Mauerstränge. Die äußere Mauer bestand aus 3,60 Meter hohen, L-förmigen Beton-Stützwandelementen, auf denen ein Stahlbetonrohr von 40 Zentimetern Durchmesser thronte.

Ihr gingen jedoch drei Mauergenerationen voraus. Die Mauer der ersten Generation war in zwei Schritten erweitert worden. Am 13. August 1961 wurden zunächst Stacheldrahtbarrieren und einfache Mauern errichtet, die die Schließung der Grenze markierten. In der Nacht vom 17. auf den 18. August begann man damit, sie in manchen Abschnitten der Innenstadt durch eine mannshohe Mauer zu ersetzen. Oben auf dieser aus Zementblöcken gemauerten Sperranlage wurden Y-förmige Metallstreben verankert, über die in mehreren Reihen Stacheldraht verlief.

Im Zuge des Baus der zweiten Mauergeneration ab 1962 wurde nach und nach neben der bereits vorhandenen Mauer eine zweite, sogenannte Innenmauer errichtet. Ziel war es, eine mit Hindernissen versehene Pufferzone einzurichten, um das Durchbrechen zu erschweren und die Überwachung zu erleichtern.

1965 bis 1968 wurde die Mauer erstmals nach einheitlichen Plänen erweitert. Diese dritte Generation wies bereits die charakteristische abschließende Betonröhre auf und bestand aus neun horizontalen Betonplatten, die H-förmig zwischen Pfosten aus Stahl oder Beton eingelassen waren. An dieser Stelle kamen auch die fehlenden Pflastersteine am Leuschnerdamm ins Spiel: Sie markieren die Stellen, an denen die Stützpfeiler dieser dritten Mauergeneration verankert waren.

DIE RELIEFS AN DER FASSADE DER ADALBERTSTRAẞE 79

(25)

„Entstuckt“ und anschließend neu dekoriert

Adalbertstraße 79 und Waldemarstraße 46, 10997 Berlin
U1, 3, 8 (Kottbusser Tor)

Das Gebäude an der Ecke Adalbertstraße/Waldemarstraße stammt aus der Zeit der industriellen Revolution. Seine weitestgehend glatte Fassade ist an einigen Stellen mit Reliefs und Wandmalereien verziert. Zwischen den Fenstern im Erdgeschoss und im ersten Stock tummelt sich eine Schar von Keramikfiguren. Gezeigt werden Szenen fröhlich spielender Kinder. Sie schlagen Purzelbäume, rennen, messen sich im Tauziehen oder machen Hüpfspiele. Ein Kind schaut seinem Luftballon nach, der einige Etagen weiter oben davonfliegt. Das Dachgesims ist mit mäandernden Friesen und Medaillons verziert, die verschiedene Personen zeigen, darunter einen nackten Frauenkörper. Manche augenscheinlich willkürlich ausgewählte Fenster sind mit feinen Pinselstrichen umrahmt und mit farbigen Ornamenten geschmückt. Sie erinnern an das von dem Künstler und Architekten Friedensreich Hundertwasser geforderte „Fensterrecht“, das jedem Bewohner das Recht verleihen sollte, die Fassade rund um seine Fenster „so weit zu bemalen, wie sein Arm reicht“.

Die denkmalgeschützten Keramiken stammen von Hanefi Yeter, einem türkischen Künstler, der zu Zeiten des Kalten Krieges unter anderem an der Westberliner Hochschule der Künste (HdK) studierte und heute in Berlin lebt. Er gestaltete die Fassadendekorationen ab 1984 im Rahmen der Internationalen Bauausstellung (IBA), eines ursprünglich deutschen Instruments der Stadtplanung und des Städtebaus zur Förderung neuer Impulse im sozialen, kulturellen und ökologischen Bereich.

Ursprünglich war das Gebäude einmal mit neobarocken Fassadenelementen geschmückt, die für seine Entstehungszeit Anfang der 1860er-Jahre typisch waren. Mit dem Aufkommen der modernen Architektur wurde es jedoch ab 1920 „entstuckt“ (siehe rechts).

Die „Entstuckung“ der Berliner Fassaden

Bis zum Zweiten Weltkrieg waren viele Gebäudefassaden in Berlin mit üppigen Verzierungen geschmückt. In dieser riesigen, industriell geprägten Stadt, in der unglaubliche soziale Ungleichheit herrschte, stellten die wohlhabenden Schichten ihren Reichtum so zur Schau; die Misere der Arbeiterklasse blieb gut dahinter verborgen.
Als einer der Ersten kritisierte der österreichische Architekt Alfred Loos diese Liebe zur Künstlichkeit und das Bedürfnis, eine vermeintliche Überlegenheit durch Äußerlichkeiten hervorzuheben. Sein Text *Ornament und Verbrechen* von 1908 kann als die Geburtsstunde der modernen Architektur bezeichnet werden. Ihr Ziel: Abschaffung von Prunk und Verlogenheit.
Ab 1920 wurden daher die als „unehrlich“ empfundenen Stuckdekorationen von unzähligen Fassaden entfernt. Bis zum Ende des Zweiten Weltkriegs hatte sich die architektonische Revolution so tief im gesellschaftlichen Geist verankert, dass alles, was nicht unmittelbar funktional war, im Osten wie im Westen lächerlich und altmodisch erschien. Nachkriegsdeutschland wurde mit unerbittlichem Pragmatismus wiederaufgebaut. Ganze Stadtteile, die den Bombenhagel überstanden hatten, wurden gesprengt, um Platz für die moderne Stadt zu schaffen.
Von den 1,5 Millionen Wohnungen aus der Zeit der Jahrhundertwende, die nach dem Krieg in Berlin noch bewohnbar waren, ist heute nur noch rund ein Drittel erhalten, etwa die Hälfte davon mit schlichter Fassade. Zwischen 1920 und 1979 wurden allein in Kreuzberg 1400 Gebäude „entstuckt“ , um sie dem Geschmack der Zeit anzupassen. (Böse Zungen behaupten, die Berliner „Entstucker“ seien seinerzeit nach Gewicht bezahlt worden ...)
Erst gegen Ende der 1960er-Jahre wurden allmählich Stimmen laut, die sich für den Schutz des architektonischen Erbes stark machten. In Westberlin investierte man zunächst in die Sanierung einzelner repräsentativer Straßenzüge aus Wilhelminischer Zeit: Am Anfang standen das Planufer und der Chamissoplatz in Kreuzberg, der Reformationsplatz in Spandau, die Schloßstraße und die Christstraße in Charlottenburg. Im Ostteil der Stadt keimte deutlich später, erst 1987 anlässlich der Feiern zum 750-jährigen Bestehen der Stadt, die Idee auf, die Kieze um den Kollwitzplatz und den Helmholtzplatz in Prenzlauer Berg zu einer Art Freilichtmuseum im Gedenken an das frühere Berlin der Arbeiter umzugestalten. Heute findet man überall in der Stadt „entstuckte“ Gebäude neben solchen, deren Fassade erhalten worden ist.

DIE FASSADE DES KÜNSTLERHAUSES BETHANIEN

(26)

Ein Gebäude, inspiriert vom Herzogspalast von Urbino

Kunstquartier Bethanien
Mariannenplatz 2, 10997 Berlin
U1, 3, 8 (Kottbusser Tor)

Am Kreuzberger Mariannenplatz, nur wenige Schritte von der St.-Thomas-Kirche entfernt, liegt mit dem Künstlerhaus Bethanien eine der namhaftesten Kultureinrichtungen Berlins. Erbaut wurde die frühere Diakonissenanstalt zwischen 1845 und 1847 auf dem damaligen Köpenicker Feld. Sie bildete nur einen Teil der umfassenden städtebaulichen Pläne für die preußische Hauptstadt, die seinerzeit ein starkes Bevölkerungswachstum verzeichnete. Für den preußischen König Friedrich Wilhelm IV. handelte es sich um ein Prestigeprojekt, mit dessen Ausführung er Ludwig Persius, Hofarchitekt und Schüler

des berühmten Karl Friedrich Schinkel, beauftragte. Es gibt in der Forschung Meinungen, wonach Friedrich Wilhelm IV. die ästhetische Grundgestaltung des Krankenhauskomplexes als ausgewiesener Architekturkenner selbst übernommen haben soll.

Die Fassade des Bethanien enthält mit ihrem Rundbogenstil eindeutige Verweise auf die Renaissance. Experten zufolge soll Persius seine Inspiration dafür in der Fassade des Herzogspalasts von Urbino mit seinem von zwei identischen Türmen (*Torricini*) eingerahmten zentralen Block gefunden haben. In der Tat war der preußische Architekt ein großer Freund der italienischen Architektur. Noch im Jahr seines Todes im Alter von nur 42 Jahren, 1845, unternahm er eine ausgedehnte Reise durch Italien, während der er Städte wie Rom, Neapel, Venedig und Verona besuchte.

Das Bethanien ist jedoch nicht sein einziges von der italienischen Baukunst inspiriertes Projekt: Im selben Jahr begannen die Arbeiten zur Potsdamer Friedenskirche im Schlosspark Sanssouci, die in ihrer Form Elemente der Basilika San Clemente al Laterano in Rom aufgreift. In diesem speziellen Fall verfeinerte Persius die von Friedrich Wilhelm IV. angefertigten Zeichnungen tatsächlich nur.

© Sailko

DIE HISTORISCHE THEODOR-FONTANE-APOTHEKE

(27)

Eine Reise durch die Zeit

Fontane-Apotheke im Bethanien
Mariannenplatz 2, 10997 Berlin
Di/Do 14–17 Uhr, Mi 11–17 Uhr
Eintritt frei
U1, 3, 8 (Kottbusser Tor)

Bereits die Fassade des Künstlerhauses Bethanien (siehe S. 144) ist – selbst angesichts der großen Vielfalt der Berliner Architektur – außergewöhnlich. Im rechten Flügel im Erdgeschoss des Gebäudes

verbirgt sich jedoch ein noch kurioserer Ort: die Theodor-Fontane-Apotheke, die historische Apotheke des früheren Krankenhauses.

Mit ihren hölzernen Apothekenregalen, ihrer altertümlichen Ausstattung und Reihen voller zeitgenössischer Flaschen und Gefäße befindet sich dieser Ort noch heute in dem Zustand von 1848/49, als sei seitdem die Zeit stehen geblieben. In der Apotheke arbeitete einst der berühmte Schriftsteller Theodor Fontane (1819–1898), einer der Hauptvertreter des deutschen Realismus, als Apotheker.

Theodor, 1819 in Neuruppin als Sohn des Apothekers Louis Henri Fontane geboren, kam 1845 nach Berlin, wo er zunächst in der Polnischen Apotheke von Julius Eduard Schacht arbeitete. Zwei Jahre später, nach Erhalt seiner Approbation als „Apotheker erster Klasse", nahm er eine Tätigkeit im Krankenhaus Bethanien auf, das wenige Monate zuvor eröffnet worden war. Während der folgenden zwei Jahre, in denen Fontane am Krankenhaus arbeitete, bildete er dort die beiden ersten Berliner Diakonissen zu Apothekerinnen aus – einem Beruf, der bis dato Männern vorbehalten gewesen war.

Fontane wohnte damals auch in dem Krankenhauskomplex, daran erinnert eine Gedenktafel neben dem Eingang zum Gebäude am Mariannenplatz 3. Trotz seiner Anstellung in einem von Friedrich Wilhelm IV. errichteten Krankenhaus kämpfte der Schriftsteller und Apotheker parallel als Revolutionär in den sogenannten Barrikadenkämpfen vom März 1848 für die nationale Einheit Deutschlands und gegen die preußische Monarchie. Seine Arbeit im Bethanien war die letzte Tätigkeit Fontanes als Apotheker. Ein Jahr später beschloss er, seinen Beruf aufzugeben und sich ganz dem Metier des Schriftstellers und Journalisten zuzuwenden. Von seinen zwei Jahren im Bethanien berichtet Fontane später in seiner Autobiografie *Von Zwanzig bis Dreißig*, wo er unter anderem die Begegnung mit Emmy Danckwerts (1812–1865), einer der beiden von ihm ausgebildeten Diakonissen, schildert.

Die frühere Krankenhausapotheke ist heute eine Einrichtung des FHXB Friedrichshain-Kreuzberg Museums (Adalbertstraße 95A), das die politische, gesellschaftliche und kulturelle Geschichte dieses Bezirks dokumentiert.

DIE ÜBERRESTE DER BROMMYBRÜCKE

㉘

Eine der letzten Erinnerungen an die Verbindungsbahn von 1851

Brommystraße 1, 10997 Berlin
U1 (Schlesisches Tor)

Vom Spreebalkon in der Brommystraße 1 aus sieht man aus dem Wasser wie ein Riff einen alten Brückenpfeiler aufragen. Er gehörte einst zur Brommybrücke, die 1945 von der Wehrmacht gesprengt wurde, um die Rote Armee am weiteren Vormarsch zu hindern.

Der Pfeiler ist alles, was heute noch von den Eisenbahnbrücken der früheren Verbindungsbahn – dem Vorläufer der Ringbahn – besteht, die von 1851 bis 1871 für Warentransporte zwischen den Kopfbahnhöfen an den Stadttoren (siehe S. 106) genutzt wurde. Nach 1871 und Eröffnung der Ringbahn waren die Brücken der alten Verbindungsbahn praktisch überflüssig. Einige wurden ganz einfach abgerissen, wie die östlich der Moltkebrücke gelegene Unterspreebrücke, andere machten Platz für Straßenbrücken. Die Brommybrücke, die aus anderen Gründen (siehe rechts) weiterhin benötigt wurde, ersetzte so die Drehbrücke, über welche die Strecke des Verbindungszugs zwischen dem Frankfurter Bahnhof (dem heutigen Ostbahnhof) und dem Görlitzer Bahnhof führte.

Die Ruinen der Brommybrücke sind in der Spree noch sichtbar. Sie liegen auf Höhe der Eisenbahnstraße, die mit ihrem Namen an die frühere Strecke der Verbindungsbahn erinnert.

Warum verlief die Verbindungsbahn genau an dieser Stelle?

Die Verbindungsbahn erfüllte hier den Bedarf der preußischen Armee besser als an jeder anderen Stelle flussauf- oder flussabwärts. Der Gebäudekomplex westlich der Brommystraße – erkennbar am gelben Backstein, der für öffentliche preußische Gebäude typisch war – beherbergte einst die Heeresbäckerei, in der ab 1805 mehr als 100 Jahre lang das sogenannte Kommissbrot für die gesamte Berliner Garnison gebacken wurde.

Das Gebäude war von beträchtlicher Größe. Es umfasste vier riesige Backöfen und verfügte zudem über eigene Getreidesilos, eine eigene Mühle, Verwaltungsgebäude sowie Betriebswohnungen für die Geschäftsführung. Der Verbindungszug konnte so zwischen dem Frankfurter Bahnhof und dem Görlitzer Bahnhof nicht nur anhalten, um Getreide abzuladen – das meist auf dem Wasserweg angeliefert wurde –, sondern auch, um die Zehntausenden Brote, die hier täglich gebacken wurden, aufzuladen und in der ganzen Stadt zu verteilen. Auch die Kohle, die die Städtischen Gaswerke am gegenüberliegenden Ufer (am Standort des heutigen Energieforums) zur Gaserzeugung benötigt, wurde von der Bahn transportiert. Daher blieb dieser Abschnitt der Strecke selbst nach Stilllegung der alten Verbindungsbahn und Einweihung des neuen Rings 1871 noch viele Jahre in Betrieb.

Da die Drehbrücke für die Durchfahrt von Schiffen jedoch zu niedrig konstruiert war, stellte sie auf dem Wasserweg ein Hindernis dar und wurde schließlich durch eine höhere Straßenbrücke ersetzt, die 1909 eingeweiht wurde: die Brommybrücke, benannt nach dem deutschen Marineoffizier und Konteradmiral Karl Rudolf Brommy (1804–1860).

DIE VERLASSENE TANKSTELLE AUF DER LOHMÜHLENINSEL (29)

Eine der ältesten Tankstellen Berlins

Vor dem Schlesischen Tor 2, 10997 Berlin
U1, 3 (Schlesisches Tor)

Das kleine weiße Gebäude im Stil der Moderne ist leicht zu übersehen. Mit seiner mondän abgerundeten Fassade und seiner Form, die an ein Schiff erinnert, steht es etwas zurückversetzt auf dem Gelände einer modernen Tankstelle. Bei dem seit 1993 denkdenkmalgeschützten Gebäude handelt es sich um eine der ältesten Tankstellen Berlins – wenn auch nicht die älteste, wie der heutige Kneipenbesitzer betont, der sie gekauft und denkmalgerecht umgebaut hat. Sie war allerdings die erste Berliner Tankstelle mit angeschlossener Raststätte. Und nicht nur das: Einst gehörte sie zu einem Komplex, der eine Autowerkstatt und eine Großgaragenanlage aus 104 der damals revolutionären „Heinrichsboxen“ mit Gliederschiebetoren umfasste.

Errichtet wurde das Ganze 1928 bis 1929 nach Plänen von Paul Schröder und Max Pohl; im ersten Stock der Tankstelle wohnte der Besitzer oder „Tankmeister“. Zur Straße hin trat die Anlage vor allem durch ein weitgespanntes Tankstellenvordach in Erscheinung, es existiert leider nicht mehr.

Die Kreuzberger „Tanke" – die heute als Restaurant und Veranstaltungsort mit Dachterrasse genutzt wird – war günstig gelegen, denn die über die Lohmühleninsel verlaufende Schlesische Straße spielte in den 1930er-Jahren für den Straßenverkehr eine wichtige Rolle: Sie begleitet als Ausfallstraße die Spree südöstlich aus der Stadt hinaus und führt, wie der Name schon sagt, über Cottbus und Warschau bis nach Schlesien.

Der alte Brunnen im Görlitzer Park: eine Hommage an die Thermalquellen des türkischen Pamukkale

Im nordwestlichen Teil des Görlitzer Parks, der Ende der 1980er-Jahre auf dem Gelände des früheren Görlitzer Bahnhofs angelegt wurde, stößt man auf eine Reihe von Betonterrassen, die meisten mit Graffiti besprüht. Sie stammen von einem vergessenen Brunnen. Sein Schöpfer, der Brunnenkünstler Wigand Witting, hatte als Attraktion für den Park eine eigentlich geniale Idee präsentiert: einen riesigen Aufbau aus spanischem Kalkstein, links und rechts mit Wasserschalen und Kaskaden, der an die berühmten Thermalsolequellen im türkischen Pamukkale erinnern sollte. Die Ausführung dauerte drei Jahre, 1998 wurde der Brunnen eingeweiht. Doch nach dem ersten Frost begannen die bewässerten Teile des künstlichen Kalkhügels zu zerspringen. Das Wasser verschwand, die Anlage wurde aus Sicherheitsgründen umzäunt und gesperrt. Heute sind nur noch die Betonfundamente übrig, an deren Geschichte sich die wenigsten erinnern.

DIE KUNSTINSTALLATIONEN IN DER REICHENBERGER STRAẞE

30

Erinnerung an die industrielle Vergangenheit des Viertels

Reichenberger Straße 140–151, 10999 Berlin
U1, U3 (Görlitzer Bahnhof)

An der Ecke Reichenberger Straße/Manteuffelstraße in Kreuzberg bemerkt der aufmerksame Spaziergänger auf dem Gehweg einen wenige Meter langen Schienenstrang, zwischen dessen Gleisen eine Reihe von Hufeisen in das Pflaster eingelassen sind. Folgt er der Reichenberger Straße weiter in östlicher Richtung, so findet er zwischen Steinplatten einige Mosaiken und 16 Zementplatten, in die verschiedene Werkzeuge und mechanische Teile eingegossen sind.

Diese Anfang der 1990er-Jahre realisierten Installationen stellen das Ergebnis eines Kunstprojekts aus den 1980er-Jahren dar. Im Rahmen der Internationalen Bauausstellung (IBA) 1986/87 veranstaltete die Kreuzberger Bezirksverwaltung einen Wettbewerb mit dem Ziel, das schmuddelige Image der Straße durch die Erinnerung an die glorreicheren Vorkriegsjahre aufzupolieren.

Im Zuge der politischen Teilung Deutschlands und der Entstehung der Westberliner Enklave hatte der westliche Teil der Stadt seinen Status als Hauptstadt verloren und verkam zu einer zum Teil eher ärmlichen, von Künstlern, 68ern und Revoluzzern aller Art bevölkerten Stadt. Der zu drei Seiten von der Mauer eingegrenzte Bezirk SO36 (Südost 36, benannt nach den in Westberlin nach dem Bau der Mauer eingeführten Postzustellbezirken), also der nördlich des Landwehrkanals gelegene Teil von Kreuzberg, wurde mit seiner Hausbesetzerszene – im Gegensatz zu Kreuzberg 61, dem eher bürgerlichen Bereich des Stadtteils – zum heißesten Ort Berlins. „36 brennt, 61 pennt", lautete die Parole.

Bis zum Zweiten Weltkrieg hatte sich hier ein lebendiges Arbeiterviertel der damals bevölkerungsreichsten und am stärksten industrialisierten Stadt Kontinentaleuropas befunden. Der Industrielle Carl Lindström beispielsweise schwang sich hier zum größten Schallplatten- und Grammofonfabrikanten Europas auf (Schlesische Straße 26).

In dieser Hinsicht war die Reichenberger Straße typisch für den Bezirk.

Von den 15 Installationen, die ursprünglich wohl die breiten Gehwege zieren sollten, wurden mindestens 10 realisiert. Einige von ihnen befinden sich heute in bemitleidenswertem Zustand; ihre Bedeutung ist zum Teil nur noch schwer nachzuvollziehen. Die Installationen im Einzelnen:

– Vor der Reichenberger Straße 153, nahe Manteuffelstraße (nördlicher Teil): Mosaik eines unbekannten Künstlers mit düsterer Thematik, teilweise beschädigt.

– Ecke Reichenberger Straße/Manteuffelstraße (nördlicher Teil): Schienen und Hufeisen. Sie zeigen, dass hier bis zur Elektrifizierung der Strecken Ende des 19. Jahrhunderts eine Pferdeeisenbahn fuhr (siehe S. 416).

– Ecke Reichenberger Straße/Manteuffelstraße (südlicher Teil): Mosaik eines unbekannten Künstlers mit – aufgrund des schlechten Zustands des Kunstwerks – schwer identifizierbarem Thema.

–Reichenberger Straße zwischen Manteuffelstraße und Lausitzer Straße (nördlicher Teil): in 16 Zementplatten eingelassene Metallwerkzeuge, die an die verschiedenen Werkstätten und Fabriken erinnern, welche hier einst in den Innenhöfen angesiedelt waren.

–Ecke Reichenberger Straße/Lausitzer Straße (nördlicher Teil): Mosaik eines unbekannten Künstlers, das möglicherweise einen Ritter mit Rüstung und eine Taube zeigt. Dieses Werk verweist auf das Seniorenstift St. Marien in der Lausitzer Straße 41–44, das Anfang des 20. Jahrhunderts von der katholischen Kongregation der Marienschwestern von der Unbefleckten Empfängnis gegründet wurde.

–Ecke Reichenberger Straße/Lausitzer Straße (südlicher Teil): Mosaik von Lutz Werner Brandt mit dem Titel *Vom Milchgeschäft zum Supermarkt*. Das Mosaik zeigt einen Strichcode, um den herum die vier Wörter „Milch", „Brot", „Butter" und „Käse" angeordnet sind, und erinnert an die nicht allzu ferne Vergangenheit, bevor die Städte von Supermärkten überflutet und kleine Einzelhändler vertrieben wurden.

–Ecke Reichenberger Straße/Ohlauer Straße (nördlicher Teil), vor der Hausnummer 126: Mosaik von Irene Niepel, das die weißen und schwarzen Tasten eines Klaviers darstellt. Es erinnert an die C. Bechstein Manufaktur, deren Standort in der Ohlauer Straße 5–11 und in der Reichenberger Straße 124 noch heute zu sehen ist. Mit einer Produktion von 5000 Klavieren jährlich stand Bechstein zu Beginn des 20. Jahrhunderts weltweit unangefochten an der Spitze aller Klavierbauer.

–Vor der Reichenberger Straße 64/66 (südlicher Teil): Mosaik eines unbekannten Künstlers, das einen einstürzenden Schornstein zeigt, der den von einem Regenbogen durchzogenen blauen Himmel unter sich begräbt. Im Frühjahr 1977 wurde die alte Feuerwehrkaserne in der Reichenberger Straße 66, ein gemauertes Gebäude mit großem Schornstein, von Bürgern besetzt, die es in ein Gemeinschaftszentrum umwandeln wollten. Am 12. Mai 1977 wurden die Träume der Bevölkerung durch die angeordnete Sprengung des Gebäudes zerstört.

–Vor der Reichenberger Straße 80: schönes Mosaik von Lutz Werner Brandt, das einen von Kabeln umgebenen Telefonhörer zeigt. Das Werk ist als Hommage an die Firma Richard Bosse & Co. zu verstehen, die ihren Sitz in der nördlich der Reichenberger Straße gelegenen Wiener Straße 43 hatte. Sie entwickelte sich im Lauf des 20. Jahrhunderts zu einem führenden Akteur der Telefonindustrie, bevor sie 1978 von AGFEO aufgekauft wurde.

–Vor den Häusern Reichenberger Straße 101 und 90 (nördlicher und südlicher Teil): Mosaiken eines unbekannten Künstlers. Darauf abgebildet Schlangen mit bislang ungeklärter Bedeutung.

Neukölln

① DAS „KIRCHLICHE FRIEDHOFSLAGER“ 158

② DIE FAUST AM GRABDENKMAL DER GRENADIERE 160

③ DIE VERGESSENEN SYMBOLE DER IDEAL-PASSAGE 162

④ DIE STEINE AM ALFRED-SCHOLZ-PLATZ 164

⑤ DAS ERDEMUSEUM 165

⑥ DER GEMÜSEGARTEN DES *CAFÉ BOTANICO* 166

⑦ DER SILENT-RIXDORF-GARTEN 167

⑧ DER SRI MAYURAPATHY MURUGAN TEMPEL 168

DAS „KIRCHLICHE FRIEDHOFSLAGER“

①

Das Zwangsarbeiterlager der Kirche

Friedhof V der Jerusalems- und Neuen Kirche
Hermannstraße 84–90, 12051 Berlin
U8 (Leinestraße)

Im hintersten Winkel des Friedhofs V der Jerusalems- und Neuen Kirche, an der Ecke Grüner Weg/Netzestraße (der Eingang befindet sich an der Hermannstraße) sind die freigelegten Reste zweier Gebäude von 1942 noch gut erkennbar. Hier befand sich – jahrzehntelang geheim gehalten – das„kirchliche Friedhofslager“, ein Arbeitslager der Berliner Kirche, die erst im Jahr 2000 mit der systematischen Aufarbeitung dieses dunklen Kapitels ihrer Geschichte begann.

In den beiden Baracken – der länglichen Wohn- und Waschbaracke und der unterkellerten Küchenbaracke – fristeten von Oktober 1942 bis 1945 jeweils etwa 100 Männer gleichzeitig ein schreckliches Dasein: Zivilisten, die von der Wehrmacht vor allem in der Ukraine wahllos gefangen und verschleppt worden waren. 40 Prozent von ihnen waren jünger als 20 Jahre, die jüngsten 15. Diese „Ostarbeiter" wurden wie Sklaven gehalten; sie mussten auf den Friedhöfen von 46 Berliner Kirchengemeinden Grabsteine schleppen und Gräber ausheben. Während der zunehmenden Bombardierung Berlins 1944/45 erlebten sie apokalytische Szenen: Die Bomben der Alliierten auf die Friedhöfe schleuderten frisch bestattete zerfetzte Leichen in Bäume. Die Zwangsarbeiter mussten die Reste einsammeln und erneut verscharren.

Wenn sie sich bei der Arbeit verletzten, wurden sie zuerst in Sammellager und von dort in Vernichtungslager abgeschoben. Auf Anforderung der Kirche kamen laufend neue Zwangsarbeiter nach. Da sie bei Luftangriffen keine Schutzräume aufsuchen durften, legten sie sich hinter Grabsteine oder krochen in Kanalisationsschächte.

Während der Nazizeit gab es in Berlin etwa 1000 Zwangsarbeiterlager mit durchschnittlich 100 bis 200 solchen Sklaven. Die meisten Lager wurden von der Großindustrie betrieben. Die Kirche hatte (angeblich) nur dieses eine.

Ein Gedenkstein erinnert an die damaligen Ereignisse.

Mehr über den Schrecken dieses Orts kann man seit 2010 im Infopavillon auf dem St. Thomas-Kirchhof erfahren. Er befindet sich auf der gegenüberliegenden Seite der Hermannstraße, 12053 Berlin (15. April bis 15. Oktober, Mi und Sa 15–18 Uhr; Eintritt frei).

DIE FAUST AM GRABDENKMAL DER GRENADIERE

②

Ein alter Militärfriedhof voller Poesie

Columbiadamm 122–140, 10965 Berlin
Täglich 8–18 Uhr
U8 (Boddinstraße)

Der Friedhof Columbiadamm nordöstlich des Tempelhofer Felds ist einer der interessantesten und romantischsten Friedhöfe in Berlin. Dennoch ist man hier meist ganz für sich allein.

Gegründet wurde der rund 10 Hektar große Friedhof 1861 für im Kampf gefallene Soldaten der Berliner Garnison; er diente als Erweiterung für den zu klein gewordenen Alten Garnisonfriedhof (Kleine Rosenthaler Straße 3–7). Der Standort war nicht zufällig gewählt – seit dem 18. Jahrhundert wurde das große Feld am südlichen Stadtrand Berlins nämlich von den preußischen Truppen für Paraden und Manöver genutzt.

Über 7000 Soldaten, meist Gefallene des Ersten und Zweiten Weltkriegs, fanden hier ihre letzte Ruhestätte. Nach 1945 wurde fast der gesamte Bereich eingeebnet; nur einige wenige monumentale Grabstätten von besonderem Interesse sind erhalten geblieben. Besucher bekommen so bisweilen den Eindruck, als befänden sie sich in einem riesigen, sehr schönen Stadtgarten.

Das wahrscheinlich berühmteste Monument des Friedhofs ist das Kriegerdenkmal mit dem bronzenen Fahnenträger, das 1888 von Johannes Boese geschaffen wurde und als dessen Hauptwerk gilt. Es zeigt einen Soldaten am Fuß eines Obelisken, der seine Fahne im Gedenken an die Gefallenen des Deutschen Kriegs von 1866 und des Deutsch-Französischen Kriegs von 1870/71 gesenkt hält. In einigen Metern Entfernung sticht ein großes Kreuz aus Sandstein ins Auge, das im Relief ein vertikal aufgehängtes Schwert zeigt. Hierbei handelt es sich um ein Denkmal für 50 französische Soldaten, die 1870/71 in Berlin in Gefangenschaft verstarben.

Ein weiteres bedeutendes Denkmal ist den im Kampf gefallenen Soldaten des Königin Augusta Garde-Grenadier-Regiments Nr. 4 gewidmet. Das Denkmal wurde 1925 von Franz Dorrenbach zu Ehren dieses Regiments ausgeführt, das im Ersten Weltkrieg besonders schwere Verluste hinnehmen musste. Es zeigt einen aufgebahrten Soldaten, auf dessen Brust ein Stahlhelm und ein zerbrochenes Bajonett ruhen. Seinen rechten Arm streckt er noch im Tod mit martialisch geballter Faust hervor. Auf dem rechteckigen Standsockel steht die Inschrift: „Wir starben, auf dass Deutschland lebe, so lasset uns leben in euch!“

DIE VERGESSENEN SYMBOLE DER IDEAL-PASSAGE

③

Inspiriert von der Oper Der Freischütz

Fuldastraße 55–56D und Weichselstraße 8–8F, 12043 Berlin
Täglich 7–20 Uhr
U7 (Rathaus Neukölln)

Die (1998 unter Denkmalschutz gestellte) Ideal-Passage, die Fuldastraße und Weichselstraße über drei Innenhöfe miteinander verbindet, geht auf Entwürfe der Architekten Paul und Willy Kind zurück. Sie wurde 1907/08 auf Initiative der Allgemeinen Ortskrankenkasse (AOK) Rixdorf errichtet, deren Vorstandsmitglieder und Angestellte extra für diesen Zweck die Baugenossenschaft IDEAL gründeten. Nur wenige Anwohner wissen, dass das als Modell für soziales Wohnens (so steht es auch auf Gedenktafeln an den Eingängen) konzipierte Ensemble vom Aufbau der Oper *Der Freischütz* inspiriert ist – jeder Innenhof wurde unter Bezug auf eines der Szenenbilder der Oper gestaltet.

Über den Türen des ersten Hofs an der Fuldastraße sind Tiere zu sehen – ein Verweis auf den *Festplatz des Dorfes*. 2006 wurden auf der Waschbetonumhausung der Müllcontainer die Metallskulpturen *Belles Poules* („schöne Hühner", gleichzeitig ein Wortspiel mit *poubelles*, „Mülleimer") des deutsch-französischen Künstlerpaars Gabriele Roßkamp und Serge Petit aufgestellt. Früher stand, symbolhaft für den Waldhof, eine Statue des Jägersburschen Max in diesem Garten.

Der zweite Hof, dessen Fassadenmalereien einen Springbrunnen, einen Hahn, eine Ente und einen Bauern zeigten *(Bäuerliches Dorf)*, wurde im Zweiten Weltkrieg ebenso zerstört wie ein Quergebäude und Teile des Seitenflügels zur Weichselstraße hin.

Der dritte und letzte Hof verweist auf die *Wolfsschlucht*, über die der „schwarze Jäger" Samiel herrscht: Einige Fassadenverzierungen zeigen wilde Tiere und die Geister, die beim Gießen der Freikugeln durch den Jägersburschen Kaspar erscheinen.

Die Oper Der Freischütz

Die Oper *Der Freischütz* wurde 1821 von Carl Maria von Weber komponiert und gilt als die erste romantische Oper Deutschlands. Erzählt wird die Geschichte des Jägersburschen Max und seiner Braut Agathe, Tochter des Erbförsters Kuno, die gemeinsam gegen Kaspar und Samiel um ihre Liebe kämpfen.

DIE STEINE AM ALFRED-SCHOLZ-PLATZ

④

Ein Mosaik der demografischen Vielfalt

Alfred-Scholz-Platz/Karl-Marx-Straße 111, 12043 Berlin
alfred-scholz-platz.berlin
U7 (Rathaus Neukölln)

Die meisten Passanten, die täglich den belebten Alfred-Scholz-Platz überqueren, sind sich der Besonderheit des Platzes gar nicht bewusst. Erst bei genauem Hinsehen bemerkt man nämlich, dass an einer Seite des Platzes in einer langen geraden Linie rechteckige Steinplatten in verschiedenen Farbtönen verlegt sind, zu denen jeweils eine Herkunftsregion, eine Prozentzahl und eine Gesteinsart verzeichnet sind. Diese Angaben sowie die Anteile der Gesteinsarten entsprechen der Verteilung der in Neukölln ansässigen Bevölkerung. Auch der Platz selbst wurde im Wesentlichen mit solchen verschiedenfarbigen Steinen gepflastert. Dabei sind 67,8 Prozent der Steine aus Quirrenbacher Grauwacke und stehen für die Bewohner aus Deutschland. 13,6 Prozent Pflastersteine aus Basalt repräsentieren die Einwanderer aus dem Nahen und Mittleren Osten, 9 Prozent aus Granit Stzreliner Feinkorn die Bewohner aus Osteuropa usw. Überall auf dem Platz sind Steine

mit einem Kreuz ganz persönlich Bewohnerinnen und Bewohnern gewidmet, die sich aktiv in die Planung eingebracht haben.

Das Kunstprojekt mit dem Titel *Meinstein* geht auf eine Idee der Künstlerin Nadia Kaabi-Linke zurück, die damit die bunte Vielfalt in der Bevölkerung von Neukölln aufzeigen wollte. Für ihren Entwurf erhielt die Künstlerin tunesisch-russischer Herkunft gemeinsam mit dem Büro el:ch Landschaftsarchitekten 2010 den ersten Preis in einem Gestaltungswettbewerb.

Unter Leitung des holländischen Künstlers Roos Versteeg fanden im Jahr 2011 Gespräche mit Neuköllnern über Themen wie Heimat und Einwanderung statt. Sie wurden in einen eigens von dem Berliner Multimediakünstler Ralf Baecker entwickelten Code transkribiert, der später die grafische Grundlage für das Projekt Meinstein bildete. 2012 bis 2014 verlegte man schließlich auf etwa 910 Quadratmetern rund 150 000 Steine aus der ganzen Welt.

Der Alfred-Scholz-Platz, der vor seinem Umbau noch „Platz der Stadt Hof" hieß, wurde im April 2014 eröffnet. Benannt ist er nach dem 1919 gewählten ersten sozialdemokratischen Bürgermeister von Neukölln.

IN DER UMGEBUNG

Das Erdemuseum ⑤

Weichselstraße 52, 12045 Berlin
erdemuseum.de
0 30 / 62 73 74 74
Mi–Fr 14–18 Uhr oder auf Anfrage

Auch das 2015 von der holländischen Künstlerin Li Koelan eröffnete Erdemuseum repräsentiert die Vielfalt Neuköllns. Seit 2009 sammelt Li Erdproben aus den Ländern der Menschen, die in diesem Stadtteil leben. In ihrem kleinen Museum zeigt sie – bei in Neukölln insgesamt ansässigen 160 Nationalitäten – bisher 303 Erdproben aus 120 Ländern.

DER GEMÜSEGARTEN DES *CAFÉ BOTANICO*

6

Ein gut verborgener Permakulturgarten

Richardstraße 100, 12043 Berlin
0 30 / 89 62 20 00 (17–19 Uhr)
cafe-botanico.de
info@cafe-botanico.de
Di–Fr 17–22 Uhr, Sa/So 15–22 Uhr
Gartenführungen: 10 €
U7 (Rathaus Neukölln)

Von der Straße aus lässt nichts erahnen, dass das *Café Botanico* mehr ist als ein schlichtes Café. Geht man jedoch durch den Gastraum in den Hof und folgt dann links dem kleinen Pfad, erreicht man nach rund 100 Metern einen riesigen, 1000 Quadratmeter großen Garten, der nach dem Konzept der Permakultur bewirtschaftet wird. Unter seinen 200 Pflanzenarten, von denen zwei Drittel essbar sind, finden sich exotische Parakresse (Jambú) ebenso wie herkömmliche Apfelbäume.

Ins Leben gerufen wurde das Projekt von Martin Höfft, der 2012 damit begann, den Garten nach den Methoden der Permakultur und der Philosophie einer natürlichen Landwirtschaft von Masanobu Fukuoka zu bewirtschaften. Die Bodendüngung erfolgt mithilfe von Kompost und Naturdüngern auf Basis von Brennnesseln, Beinwell, Kohlblättern, *Stillingia sylvatica* (Queen's root) oder Schachtelhalm. Martin vermeidet es, tief zu graben, er bearbeitet den Boden nur oberflächlich. Chemische Pestizide haben hier keinen Platz. Die Pflanzen wachsen und gedeihen in dem weitgehend selbstregulierten Garten nach Lust und Laune, wodurch ein idealer Lebensraum für Schmetterlinge und Bienen entstanden ist. Letztere bilden in Form der hauseigenen Imkerei einen integralen Bestandteil dieses Ökosystems.

Einmal im Monat führt Martin eine Gruppe von bis zu acht Personen durch seine Anpflanzungen. Eine Stunde lang erläutert er dann das Konzept der Permakultur und seinen persönlichen Ansatz, berichtet von der Entstehung seines Projekts und stellt den Besuchern das Herzstück des Gartens vor, seine Wildkräuter.

Selbstverständlich stammen die meisten Zutaten des angeschlossenen Café-Restaurants aus dem Garten.

IN DER UMGEBUNG

Der Silent-Rixdorf-Garten ⑦

Wanzlikpfad 3, 12043 Berlin
facebook.com/Silent-Rixdorf-Garten-333924137279861
Geöffnet in der Regel Mi 16–18 Uhr (auf Facebook überprüfen)

Der kleine Wanzlikpfad, nur wenige Minuten vom dörflichen Richardplatz entfernt, verbindet die Kirchgasse mit der Donaustraße. Verborgen hinter einem unscheinbaren Zaun öffnet der Silent-Rixdorf-Garten seine Pforten gewöhnlich immer mittwochs für Besucher, die dort kostenlos übrig gebliebenes Essen der Berliner Tafel sowie Blumen erhalten können (Spenden willkommen). In dem angeschlossenen kleinen Café lässt es sich nett beisammensitzen, regelmäßig finden Veranstaltungen statt. Aktuelle Informationen auf der Facebook-Seite des Gartens.

DER SRI MAYURAPATHY MURUGAN TEMPEL

⑧

Gegenstand der Verehrung

Blaschkoallee 48 (Ecke Riesestraße 20–22), 12359 Berlin
Täglich 07:30–12:30 Uhr, 16:30–19:30 Uhr
U7 (Blaschkoallee)

Inmitten der unscheinbaren Bebauung an Blaschkoallee und Riesestraße sticht der Sri Mayurapathy Murugan Tempel mit seinen lebhaften Farben und den vertikalen weißen und roten Streifen heraus. Ein farbenprächtiger Torturm, der Gopuram, erhebt sich über dem Sockelbau. Er ist reich geschmückt mit bunt bemalten Figuren, allesamt Abbilder hinduistischer Götter. Auch im Inneren dieses Shiva-Tempels dominieren unzählige Hindu-Gottheiten das Bild. Geweiht ist der Tempel dem Gott Murugan, der wie Ganesha ein Sohn Shivas ist, eines der drei Hauptgottheiten im Hinduismus.

Von 2009 bis 2013 wurde der Murugan-Tempel von dem indischen Architekten Govindan Ravi Shankar erbaut. Er gehört den aus Sri Lanka stammenden Tamilen, die seit den 1980er-Jahren, als der Bürgerkrieg in ihrer Heimat begann, nach Berlin kamen. Heute leben über 1100 von ihnen hier und haben sich in Neukölln ihre spirituelle Heimat geschaffen.

Berlin verfügt über zwei weitere Hindutempel: In der Hasenheide in Neukölln eröffneten shivaitische Inder 2019 ihren *Sri Ganesha Hindu Tempel* zu Ehren des Gottes mit dem Elefantenkopf. Sein Gopuram in Gold und Weiß ist 17 Meter hoch. In den Marzahn-Hellersdorfer Gärten der Welt haben sich die Balinesen mit ihrem *Pura Tri Hita Karana* einen Raum geschaffen, in dem sie zu ihren Vollmondfesten zusammenkommen können.

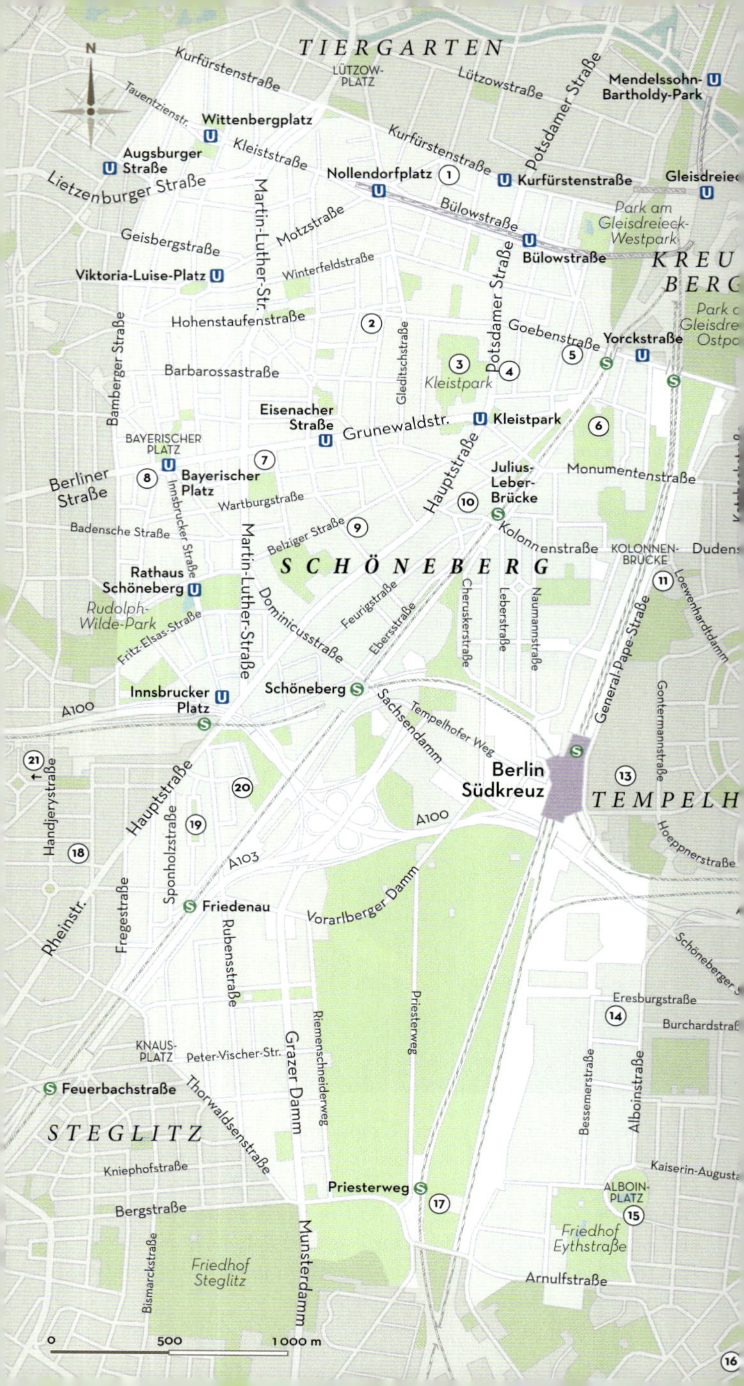

TIERGARTEN
LÜTZOW-PLATZ
Kurfürstenstraße
Lützowstraße
Potsdamer Straße
Mendelssohn-Bartholdy-Park
Tauentzienstr.
Wittenbergplatz
Kleiststraße
Augsburger Straße
Nollendorfplatz
Kurfürstenstraße
Gleisdreieck
Lietzenburger Straße
Martin-Luther-Str.
Motzstraße
Bülowstraße
Park am Gleisdreieck-Westpark
Geisbergstraße
Bülowstraße
KREUZBERG
Viktoria-Luise-Platz
Winterfeldstraße
Hohenstaufenstraße
Potsdamer Straße
Park am Gleisdreieck-Ostpark
Bamberger Straße
Goebenstraße
Yorckstraße
Gleditschstraße
Barbarossastraße
Kleistpark
Eisenacher Straße
Grunewaldstr.
Kleistpark
BAYERISCHER PLATZ
Hauptstraße
Julius-Leber-Brücke
Monumentenstraße
Berliner Straße
Bayerischer Platz
Wartburgstraße
Innsbrucker Straße
Badensche Straße
Belziger Straße
Kolonnenstraße
KOLONNEN-BRÜCKE
Dudenstraße
SCHÖNEBERG
Rathaus Schöneberg
Martin-Luther-Straße
Dominicusstraße
Feurigstraße
Cheruskerstraße
Leberstraße
Naumannstraße
Loewenhardtdamm
Rudolph-Wilde-Park
Fritz-Elsas-Straße
Ebersstraße
General-Pape-Straße
Innsbrucker Platz
Schöneberg
Sachsendamm
Gontermannstraße
A100
Tempelhofer Weg
Berlin Südkreuz
TEMPELHOF
Handjerystraße
Hauptstraße
A100
Sponholzstraße
Hoeppnerstraße
A103
Friedenau
Vorarlberger Damm
Fregestraße
Rheinstr.
Rubensstraße
Schöneberger Straße
Priesterweg
Eresburgstraße
Burchardstraße
Riemenschneiderweg
Grazer Damm
KNAUS-PLATZ
Peter-Vischer-Str.
Bessemerstraße
Alboinstraße
Feuerbachstraße
Thorwaldsenstraße
STEGLITZ
Kaiserin-Augusta-Straße
Kniephofstraße
Priesterweg
ALBOIN-PLATZ
Bergstraße
Friedhof Eythstraße
Bismarckstraße
Friedhof Steglitz
Munsterdamm
Arnulfstraße
0
500
1 000 m
1 2 3 4 5 6 7 8 9 10 11 13 14 15 16 17 18 19 20 21

Schöneberg

1. DIE FENSTER DER ZWÖLF-APOSTEL-KIRCHE *172*
2. DIE SYMBOLE DER FREIMAURER AM KACHELHAUS *174*
3. DAS BERLINER KAMMERGERICHT *176*
4. DAS MOSAIK EINER KUH *178*
5. DIE FASSADEN EINES PARKHAUSES *180*
6. DAS WANDGEMÄLDE DES LANGENSCHEIDT-MAUSOLEUMS *182*
7. DAS SCHÖNEBERGER AMTSGERICHT *184*
8. DAS FLÄCHENDENKMAL *ORTE DES ERINNERNS* *186*
9. DIE HAUSTÜR DER EISENACHER STRAßE 68 *188*
10. DAS MUSEUM DER UNERHÖRTEN DINGE *189*
11. DER SCHWERBELASTUNGSKÖRPER *190*
12. DIE POLIZEIHISTORISCHE SAMMLUNG *198*
13. DAS SA-GEFÄNGNIS PAPESTRAßE *200*
14. EIN BESUCH DER MALZFABRIK *204*
15. DIE BLANKE HELLE *206*
16. DIE MARTIN-LUTHER-GEDÄCHTNISKIRCHE *208*
17. DER NATUR-PARK SÜDGELÄNDE *210*
18. DAS „DRACHENHAUS“ IN FRIEDENAU *212*
19. DIE HAUSEINGÄNGE DER CECILIENGÄRTEN *214*
20. DER EISACKTUNNEL *216*
21. DAS GRAB VON HEINRICH SACHS *218*

DIE FENSTER DER ZWÖLF-APOSTEL-KIRCHE

①

Schnapsflaschen für die Kirche

An der Apostelkirche 1, 10783 Berlin
U1, 2, 3, 4 (Nollendorfplatz)

Auf den ersten Blick scheint sich die 1874 eingeweihte neugotische Zwölf-Apostel-Kirche nicht groß von anderen Kirchen desselben Stils zu unterscheiden. Und doch: Geht man außen um das Gebäude herum, stellt man fest, dass manche Fenster nicht aus einfachem Glas oder Scheiben bestehen – sondern aus Flaschen.

Berlin ist die Stadt in Deutschland, die während des Zweiten Weltkriegs insgesamt am stärksten bombardiert wurde. Die Zahlen schwanken je nach Quelle stark, manchen Schätzungen zufolge belief sich das Gesamtgewicht der Bomben auf 450 000 Tonnen. Bei einem durchschnittlichen Gewicht von je 250 Kilogramm kommt man so auf rund zwei Millionen Bomben. Dass Fensterglas angesichts dieser Zahlen in Berlin nach dem Krieg knapp war, bedarf keiner weiteren Erklärung.

Die Zwölf-Apostel-Kirche war am 22. und 23. November 1943 durch Bomben stark beschädigt worden, im Frühjahr 1945 begann die Gemeinde mit dem Wiederaufbau. Für die Reparatur der Kirchenfenster war jedoch Einfallsreichtum gefragt. Und so kamen die Gemeindemitglieder und Inhaber der Spirituosenfabrik Gilka auf die geniale und großzügige Idee, der Kirche für die originalgetreue Reparatur der zerbrochenen Fenster über 50 000 Ginflaschen zu spenden. Die außergewöhnlichen Fenster, die in den Jahren 2018/19 mit staatlichen Mitteln im Umfang von 28 000 Euro renoviert wurden, stehen heute unter Denkmalschutz.

DIE SYMBOLE DER FREIMAURER AM KACHELHAUS

②

Eine Fassade von unerkannter Schönheit

Goltzstraße 32/Hohenstaufenstraße 69, 10781 Berlin
U1, 2, 3, 4 (Nollendorfplatz) / U7 (Eisenacher Straße)

Das Gebäude an der Ecke Goltzstraße/Hohenstaufenstraße ist ein herrlicher Bau aus dem Jahr 1895 mit einer aus glasierten Klinkern gestalteten Fassade. Das allgemein wenig beachtete Dekor zeichnet sich besonders durch typische Symbole der Freimaurer aus, deren humanistische Ideale sich im Deutschland des 18. und 19. Jahrhunderts in intellektuellen Kreisen, von Friedrich dem Großen über Mozart und Goethe bis hin zu Kaiser Wilhelm I., großer Beliebtheit erfreuten.

Mittig über dem Eingang in der Goltzstraße 32 befindet sich solch ein vielsagendes Relief, das eine das strahlende Sonnenlicht betrachtende liegende männliche Figur zeigt. Die Szene spielt sich in einem Rahmen ab, der seinerseits von den Ästen einer Pflanze umgeben ist, die aus einem auf zwei Delfinen ruhenden Sockel emporrankt. Die Blüten der Pflanzen sind in Form einer geflügelten Frauenfigur gestaltet, die mit üppigen Brüsten und gekrönt mit neun Strahlen Fruchtgehänge in ihren Händen hält.

Als Symbol der Regeneration, Weisheit und Vorsicht verweist der Delfin auf die Eigenschaften, derer der Mensch bedarf, um zu geistiger Erleuchtung zu gelangen – dem obersten Ziel der Freimaurer. Über der Szene thront Isis, die ägyptische Göttin der Wiedergeburt, die der Auferstehung der Seele als Vorsitzende beiwohnt.

Auf dem Eckgiebel, fast ganz oben am Gebäude, ist ein alter Federhelm zu erkennen, der mit dem Buchstaben S von unbekannter Bedeutung gekennzeichnet ist. Der Helm verweist auf Athene, Göttin des Krieges und der Weisheit, die stets bewaffnet dargestellt wird und der in der griechischen Mythologie Isis gegenübergestellt ist.

Am Fries im ersten Stock ist Ishtar zu sehen, das babylonische Äquivalent zu Isis und bei den Römern als Venus bekannt, erkennbar an dem Stern, den sie auf der Stirn trägt: dem Morgenstern mit vier bzw. acht Spitzen, mit dem die Göttin in Verbindung gebracht wurde. Die achtendigen Rosetten und Knospen am Fries folgen derselben Symbolik.

Als Begleitung ist Ishtar-Venus eine Figur zur Seite gestellt, von deren Schläfen Weintrauben hängen: der griechische Gott des Weines, Dionysos. Ihn sollen die Titanen getötet und zerrissen haben. Einzig sein Herz ließen sie übrig, das Zeus der menschlichen Mutter Dionysos', Semele, zu essen oder in einem Trank gab, sodass diese ihn erneut empfangen konnte. Dionysos dient hier als weitere Allegorie für die geistige Wiedergeburt. In einem der Räume im ersten Stock greift ein um ein blutiges Herz herum angeordneter Fries denselben Mythos auf.

Die Darstellungen von Männern mit Turban sowie der insgesamt orientalische Fassadenstil lassen eine Hommage an die Rolle der muslimischen Welt bei der Überlieferung der ägyptischen Initiationsmysterien wahrscheinlich erscheinen: Im Mittelalter, als in der westlichen Welt ein unnachgiebiges Christentum herrschte, das danach trachtete, alle Spuren antiker Weisheit auszumerzen, hielten die Mauren diese Tradition aufrecht und brachten sie schließlich über Spanien nach Europa. Parallel dazu gelangte über Griechenland und den Nahen Osten auch von anderer Seite esoterisches Wissen nach Europa und insbesondere nach Italien. Von hier aus nahm die Renaissance ihren Anfang.

DAS BERLINER KAMMERGERICHT ③

Ein öffentlich zugängliches architektonisches Juwel

Elßholzstraße 30–33, 10781 Berlin
Mo–Mi 7:25–16:20 Uhr, Do 7:25–18 Uhr, Fr 7:25–14:35 Uhr
Führungen: berlin.de/gerichte/kammergericht/das-gericht/besucherinformationen
Besichtigung des Plenarsaals ohne Führung:
1. Donnerstag im Monat 15:30–17:30 Uhr
U7 (Kleistpark)

Wenige Berliner wissen, dass das Gerichtsgebäude nicht nur das älteste noch tätige Gericht Deutschlands beherbergt (gegründet

durch Friedrich II. von Brandenburg, erstmals urkundlich erwähnt im Jahr 1468), sondern dass es auch für die Öffentlichkeit zugänglich ist.

Das monumentale, 135 Meter breite Gebäude wurde zwischen 1909 und 1913 nach Plänen von Rudolf Mönnich und Paul Thoemer erbaut. Es stellt eines der bedeutendsten Beispiele des Neobarock in Berlin dar und befindet sich am Heinrich-von-Kleist-Park, gegenüber den imposanten Königskolonnaden. Das Hauptgebäude mit seinem Eingangsportal ist besonders eindrucksvoll: Das Tor gleicht einem griechischen Tempel und überragt die Fassade in der Höhe um ganze vier Meter. Mit seinen Säulen scheint es sich auf die Balkone im zweiten Stock zu stützen. Oberhalb der drei großen Mittelfenster empfangen den Besucher plastische Frauenköpfe. Über den beiden Rundfenstern ganz links und ganz rechts schmücken zwei Adler die Fassade. Im Giebeldreieck befindet sich das Große Wappen Preußens, verziert mit einer goldenen Königskrone.

Nach den Sicherheitskontrollen gelangt man in die runde Eingangshalle, die dem ehrwürdigen Bau mit einer Spannweite von 17 Metern durchweg gerecht wird. Eine breite Treppe führt in die offenen, mit steinernen und schmiedeeisernen Balkonen versehenen oberen Stockwerke. Eine Reihe goldener Medaillons auf Höhe der letzten Etage zeigt Figuren aus der Antike, die einen Bezug zur Justiz aufweisen: Solon, Hammurapi, Salomon, Lykurg und Aristoteles. Neben der Treppe kann noch immer die hölzerne Anzeigetafel betrachtet werden, die kurz nach dem Zweiten Weltkrieg durch den Alliierten Kontrollrat genutzt wurde, der hier bis 1948 seinen Sitz hatte. In diesem schrankartigen Aufbau wurde seinerzeit der Sitzungskalender ausgehängt.

Auch der 1917 eröffnete, acht Meter hohe Plenarsaal lohnt einen Besuch. Seine Decke ist mit Fresken des deutschen Malers Albert Maennchen ausgeschmückt und der reich verzierte Balkon oberhalb des Kamins wurde eigens für den Kaiser geplant: So konnte dieser auch physisch über der Menge thronen.

Der Internationale Militärgerichtshof für die Nürnberger Prozesse

Im Plenarsaal konstituierte sich am 18. Oktober 1945 der Internationale Militärgerichtshof für die Nürnberger Kriegsverbrecherprozesse. Dieser hatte hier seinen Hauptsitz, auch wenn das Prozesse gegen die Kriegsverbrecher in Nürnberg stattfanden. Nur ein Jahr zuvor wurden hier unter dem Vorsitz von Roland Freisler die Schauprozesse des Volksgerichtshofs nach dem Attentat vom 20. Juli 1944 abgehalten.

DAS MOSAIK EINER KUH

④

Erinnerung an die letzte Schöneberger Sennerei

Steinmetzstraße 22, 12207 Berlin
U2, 3 (Bülowstraße)

Es scheint in Berlin eine Art Tradition oder zumindest gewohnte Praxis zu sein, die Stadtgeschichte in den breiten Gehwegen zu verewigen. Als Beispiele können die Installationen in der Reichenbergerstraße in Kreuzberg (siehe S. 152) und die Stolpersteine von Gunter Demnig dienen – außerdem das bunte Mosaik, das sich direkt vor dem Hauseingang der Schöneberger Steinmetzstraße 22 auf dem Boden befindet: Es zeigt eine sympathische Kuh mit prall gefülltem Euter und erinnert daran, dass im Hinterhof des Gebäudes bis 1982 die 31 Kühe des Milchhofs Mendler standen, der letzten Hofsennerei der Berliner Innenstadt innerhalb der Ringbahn.

Ein Teil des Hinterhofs beherbergte einst eine als Verkaufsraum genutzte Remise, in der unter anderem mehr als 80 000 Liter Milch pro Jahr verkauft wurden. Die Ställe befanden sich in einem separaten Teil des Hofs. Schweine, Hühner und Hasen, die in den Kellerräumen gehalten wurden, vervollständigten die Menagerie.

Nach seiner Umsiedlung nach Rudow im Jahr 1982 vergrößerte sich der landwirtschaftliche Betrieb auf 80 Milchkühe, 300 Zuchtschweine und 30 Hektar Anbaufläche. 1996 wurde die Schweinehaltung eingestellt, dafür wurde ein Reitstall eröffnet. Im Hofladen kann man auch heute noch Milch und Fleischprodukte vom Hof kaufen.

Ein europaweit einzigartiges Beispiel für urbane Biodiversität

2500 öffentliche Parks, 48 Prozent Grünanlagen, 53 Säugetierarten, ein ornithologisches Habitat mit 180 Vogelarten (mehr als in ganz Brandenburg), 20 000 Pflanzensorten – Berlin ist ein europaweit einzigartiges Beispiel für urbane Biodiversität. Im Jahr 2018 zählte die Hauptstadt, in der noch immer 1900 Hektar (19 Quadratkilometer) Land von 41 Betrieben landwirtschaftlich genutzt werden, offiziell mehr als 1200 Zuchttiere, wenngleich sich der Hofbetrieb heutzutage ausschließlich im Berliner Umland abspielt.

1928 lebten vor allem in den Hinterhöfen der Arbeiterviertel im Herzen der Stadt rund 25 000 Milchkühe. Praktisch in jeder Straße der Innenstadt befand sich Anfang des 20. Jahrhunderts ein Hof, von dem die Bewohner täglich Butter, Käse und frische Milch beziehen konnten. Diese Ställe deckten Ende der 1920er-Jahre ungefähr 17 Prozent des Berliner Bedarfs an Milchprodukten – und brachten diverse Nachteile wie Gestank, Lärm und mangelnde Hygiene mit sich. In Westberlin existierten aufgrund der Mauer bis in die Anfänge der 1980er-Jahre innerstädtische Milchbetriebe, die sich unter anderem bei den türkischstämmigen Bewohnern der Stadt großer Beliebtheit erfreuten – fanden sie hier doch die Rohmilch, die sie zur Herstellung ihres hausgemachten Joghurts benötigten.

DIE FASSADEN EINES PARKHAUSES

Ein beeindruckender Kontrast

⑤

Kirchbachstraße 1–2, 10783 Schöneberg
S1, 2, 25, 26 / U7 (Yorckstraße)

In der Schöneberger Kirchbachstraße 1 und 2 stehen zwei außergewöhnliche Zwillingsbauten. Sie beherbergen je ein Parkhaus mit einer darüberliegenden Wohnanlage.

Seit ihrer Entstehung ist das Gebäude mit der Nummer 2 unverändert geblieben, das Haus Nummer 1a wurde 2015 durch den britischen Streetart-Künstler Phlegm in ein fantasievolles Kunstwerk verwandelt. Heute wirkt der Unterschied zwischen den beiden Fassaden spektakulär.

Das 1977 bis 1979 nach Plänen von Peter Heinrichs und Joachim Wermund errichtete, denkmalgeschützte Ensemble steht für den „automobilen Imperativ" jener Zeit: Damals wurden ganze Stadtteile eingeebnet, um Platz für Autobahnen zu schaffen. Über dem eigenen – nicht etwa unterirdischen, sondern in den ersten Etagen des Gebäudes liegenden – Parkplatz zu wohnen, erschien damals vielen Menschen als das Nonplusultra.

Die jeweils acht bullaugenähnlichen Entlüftungsöffnungen des Parkhauses an der Fassade verleihen dem Bau den Anschein einer Fabrik. Eine ähnliche Assoziation weckte die Gestaltung offenbar auch bei dem gelernten Illustrator Phlegm, der in seinen Arbeiten immer wieder die Entgleisungen der modernen Gesellschaft zum Thema macht. Hier legt er das Augenmerk auf das Maschinelle des Gebäudes und interpretiert die großen, vorgelagerten Sichtschutztafeln des Parkhauses als Panels eines Comics. In diesen begegnet man einer spindeldürren Figur, deren Kopf halb im Ausschnitt ihres großen Pullovers verschwindet. Die Figur steigt einen stetig wachsenden Berg von Geräten hinauf, bis sie der Masse nicht mehr Herr wird und in ihr untergeht. So wird der Mensch reduziert auf die Rolle eines bloßen Dieners und Konsumenten, der unter der Last seiner Käufe schließlich zu einer Art Cyborg mutiert.

DAS WANDGEMÄLDE DES LANGENSCHEIDT-MAUSOLEUMS

⑥

Umbettung der Toten

Alter St.-Matthäus-Kirchhof
Großgörschenstraße 12–14, 10829 Berlin
efeu-ev.de
Mo–So 8–20 Uhr
S1, 2, 25, 26 / U7 (Yorckstraße)

Nach dem Eingang des alten Friedhofs der St.-Matthäus-Gemeinde fällt an einem Neubau auf der linken Seite eine Wandmalerei auf. Sie zeigt eine vornehme Grabstätte mit dem Schriftzug „LANGENSCHEIDT".

In der Nähe gibt es eine Langenscheidtstraße und eine Langenscheidtbrücke – Hinweise auf das berühmte Verlagshaus, das Gustav Langenscheidt 1856 gegründet hatte und dessen Zentrale sich bis 2005 in der Crellestraße befand (bevor das Unternehmen komplett nach München umzog und 2019 weitgehend im Stuttgarter Klett Verlag aufging). Die Familiengrabstätte der Verlagsgründer lag bis 1939 auf dem Friedhof der Matthäus-Gemeinde – in der Nähe des Wandgemäldes, das 2008 von Kunststudenten angefertigt wurde.

Im Dritten Reich sollte jedoch der St.-Matthäus-Kirchhof – ebenso wie das Tiergartenviertel rund um die Matthäus-Kirche (auf dem heutigen Kulturforum) – der Nord-Süd-Achse weichen, die für die zukünftige „Welthauptstadt Germania" (siehe S. 192) geplant war. Ein Drittel des Friedhofs wurde 1938 „entwidmet", die Gräber wurden eingeebnet. Die Maßnahme veränderte den gesamten Nordteil des Friedhofs an der Großgörschenstraße.

Vom begonnenen Umbau der Reichshauptstadt Berlin war nun nicht mehr nur die lebende Bevölkerung betroffen, auch die Totenruhe wurde gestört. Außer dem Alten St.-Matthäus-Kirchhof bekamen der Neue Zwölf-Apostel-Kirchhof sowie die Friedhöfe Schöneberg I und IV (Friedhof am Priesterweg) Hitlers Größenwahn zu spüren – weil sie entweder im Bereich der geplanten Nord-Süd-Achse oder im Umfeld des zu bauenden großen Südbahnhofs lagen, zu dem ein weiträumiger Güterbahnhof gehören sollte.

Bis 1940 wurden ungefähr 15 000 Grabstätten auf den Südwestkirchhof Stahnsdorf umgebettet. Ungefähr 120 teils sehr repräsentative Familiengrabstätten befinden sich dort in einem seinerzeit speziell dafür angelegten Gräberfeld, dem Block „Alte Umbettung". Das Langenscheidt-Mausoleum gehört zu den feudalsten; mit ihnen gab man sich Mühe. Der Großteil der umgebetteten Gräber landete im Block „Neue Umbettung". Die Gebeine aus 2000 Gräbern, die man nicht zuordnen konnte, bekamen ein Sammelgrab.

IN DER UMGEBUNG

Der Garten der Sternenkinder

Besonders ergreifend ist die südöstliche Ecke des Friedhofs: Hier ruhen Fehlgeburten sowie tot geborene Babys und solche, die während oder kurz nach der Geburt gestorben sind. Ihre Gräber sind mit Spielzeug und anderen Gegenständen für Kinder geschmückt.

DAS SCHÖNEBERGER AMTSGERICHT

⑦

Ein neobarocker Bau, der den Krieg überdauert hat

Grunewaldstraße 66–67, 10823 Berlin
Mo–Fr 9–13 Uhr (Personalausweis erforderlich)
U7 (Eisenacher Straße) / U4 (Bayerischer Platz)

Das Amtsgericht Schöneberg wurde zwischen 1901 und 1906 nach Plänen von Paul Thoemer und Rudolf Mönnich erbaut und zählt zu den wohl interessantesten neobarocken Bauwerken Berlins. Mit seiner imposanten Architektur ist das Gebäude zudem eines von wenigen in dem Gebiet, das die Bombenangriffe des Zweiten Weltkriegs überstanden hat. Der Westflügel (Ecke Martin-Luther-Straße), der geringfügige Schäden erlitten hatte, wurde nach dem Krieg saniert und Ende der 1950er-Jahre erweitert.

Von der Grunewaldstraße aus hat man den besten Blick auf die monumentale Fassade und das charakteristische Eingangsportal: ein wunderbares Beispiel für den Berliner Architekturgeschmack zu Beginn des 20. Jahrhunderts. Wie auch bei anderen Gebäuden von Thoemer und Mönnich (darunter das Kammergericht in Schöneberg, siehe S. 176, und das Landgericht in Mitte, siehe S. 60) ist der ganz aus Sandstein errichtete Mittelrisalit gegenüber der restlichen Fassade nach vorn versetzt. Die nach außen hervorspringenden Säulen, die großen Bogenfenster und die skulpturalen Fassadenelemente erinnern an die elaborierte Formensprache barocker Kirchen.

Das Hochrelief oberhalb des Eingangsportals zeigt eine in ein Knäuel aus menschlichen Körpern verschlungene Justitia mit verbundenen Augen. Auf dem Tympanon ist eine Gruppe von Skulpturen dargestellt, unter ihnen der heilige Georg zu Pferd, der mit seiner Lanze den Drachen tötet. Eine weibliche Figur symbolisiert das menschliche Gesetz; vor einer majestätischen Eiche mit dicken Ästen – einem oft im Zusammenhang mit dem Thema Gerechtigkeit verwendeten Symbol – blickt ein in ein Strahlendreieck eingebettetes Auge (das „Auge der Vorsehung") auf den Eingang hinab.

Das Gerichtsgebäude kann zu den Öffnungszeiten nach Passieren der Sicherheitskontrolle besichtigt werden. Die lebhafte Farbgebung der Decken, Wände und schmiedeeisernen Geländer im Inneren bildet einen starken Kontrast zum strengen äußeren Erscheinungsbild. In einem spektakulären kreisrunden Treppenhaus führen breite Seitenaufgänge in die drei oberen Etagen. Die schönen Stuckarbeiten verdienen besondere Aufmerksamkeit, ebenso wie die großen Bogenfenster, die den Raum in ein ästhetisches Licht tauchen.

DAS FLÄCHENDENKMAL ⑧
ORTE DES ERINNERNS

Ein ganzer Kiez als Mahnmal

Bayerischer Platz und Umgebung, 10779 Berlin
stih-schnock.de/remembrance.html
U4, 7 (Bayerischer Platz)

Am südöstlichen Ende des Bayerischen Platzes steht eine Informationstafel mit einer Karte des Viertels. Darauf sind durch grüne Punkte zahlreiche Orte gekennzeichnet – die Elemente eines diskreten, aber dennoch umfangreichen Erinnerungswerks. Die Punkte weisen nämlich den Weg zu 80 Gedenktafeln (à 50 × 70 Zentimeter), die im gesamten Bayerischen Viertel verteilt sind und die menschenunwürdige Alltagssituation der Juden in Dritten Reich spürbar machen. Auf einer Seite der Tafeln steht dabei jeweils ein kurzer Text – zum Beispiel eine antisemitische Verordnung der 1930er-Jahre oder ein Zitat aus einem Brief – mit dem dazugehörigen Datum. Auf der anderen Seite befindet sich ein schematisches Bild, das sich auf den Text bezieht.

1933 lebten in diesem Teil von Schöneberg – der aufgrund der besonderen Architektur seiner Bürgerhäuser als Bayerisches Viertel bezeichnet wird – 16000 Juden, darunter berühmte Persönlichkeiten wie der Physiker Albert Einstein, die Politologin Hannah Arendt, die Lyrikerin Gertrud Kolmar und der Fotograf Helmut Newton. Mehr als 6000 von ihnen wurden nach Hitlers Machtergreifung ermordet.

Schöneberg war einer der ersten Stadtteile Berlins, in denen man sich aktiv für das Gedenken an seine im Nationalsozialismus getöteten

Bewohner einsetzte. Das Denkmal *Orte des Erinnerns im Bayerischen Viertel: Ausgrenzung und Entrechtung, Vertreibung, Deportation und Ermordung von Berliner Juden in den Jahren 1933 bis 1945* wurde von den Künstlern Renata Stih und Frieder Schnock konzipiert und 1993 eingeweiht.

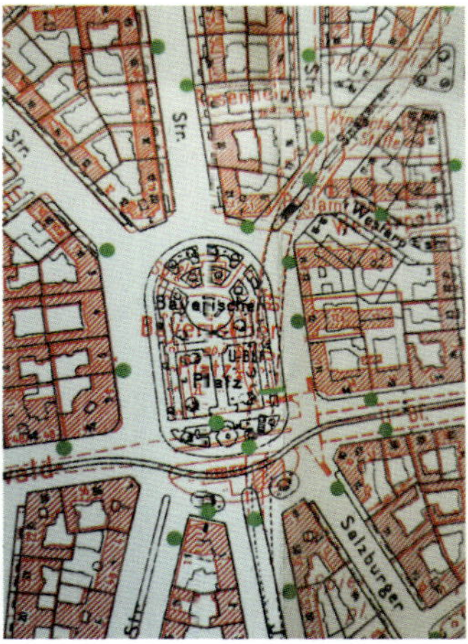

Um die Erinnerung noch eindringlicher zu gestalten, brachte man einige Tafeln an symbolischen Orten an. So hängt beispielsweise die Tafel mit der Aufschrift *„Arischen und nichtarischen Kindern wird das Spielen miteinander untersagt. 1938“* direkt am Eingang zu einem beliebten Spielplatz gegenüber der Heilbronner Straße 14.

Neben der Informationstafel am Bayerischen Platz zeigen zwei weitere Karten die Standorte der 80 doppelseitigen Schilder an. Diese befinden sich rechts neben dem Haupteingang des Schöneberger Rathauses und vor einer Schule in der Münchener Straße nahe der Hohenstaufenstraße.

Drei Beispiele der Schildertexte

„Nach dem 1.4.1933 entstandene Kosten für die Behandlung bei einem jüdischen Arzt werden von der Städtischen Krankenversicherungsanstalt Berlin nicht mehr erstattet. (31.3.1933)“

„Juden dürfen nach 8 Uhr abends (im Sommer 9 Uhr) ihre Wohnungen nicht mehr verlassen. (1.9.1939)“

„Juden dürfen keine Haustiere mehr halten. (15.5.1942)“

Seit Kurzem steht die multilinguale App „Orte des Erinnerns“ zum Download bereit. Sie beinhaltet sämtliche Tafeln und bietet nicht deutschsprachigen Besuchern eine Übersetzung der Texte.

DIE HAUSTÜR DER EISENACHER STRAẞE 68

⑨

Ein Juwel des Jugendstils

Eisenacher Straße 68, 10823 Berlin
U7 (Eisenacher Straße)

Das Haus in der Eisenacher Straße 68 wurde von 1901 bis 1902 nach Plänen des Architekten Paul Jatzow von Christoph Schilling

und August Wiehe gebaut. Es hat eine außergewöhnlich schöne Jugendstilfassade, die vielen Anwohnern gar nicht mehr groß auffällt; ihnen erscheinen die üppigen floralen Stuckaturen – ein im Jugendstil sehr beliebtes Motiv – beinahe alltäglich. Auch die Eingangstür fällt auf: Sie ist in eine originelle kreisrunde Umrandung eingelassen.

Das Haus mit der Nummer 68 ist eines der schönsten Berliner Beispiele für einen Architekturstil, der sich zu jener Zeit in ganz Europa unter verschiedenen Namen großer Beliebtheit erfreute: *Art Nouveau* in den französischsprachigen Ländern, *Jugendstil* in Deutschland, *Secession* in Österreich, *Arte Joven* in Spanien, *Modernismo* in Katalonien, *Modern Style* in den englischsprachigen Ländern, *Stile Florale* oder *Liberty* in Italien oder auch, wie zum Beispiel in Belgien, *Style Nouille* („Nudelstil").

Im Zweiten Weltkrieg wurde das Gebäude in der Eisenacher Straße stark beschädigt. 1947 wurde es provisorisch instand gesetzt, 1976 saniert.

Auf Pläne von Paul Jatzow geht auch die Fassadengestaltung des denkmalgeschützten Rüdesheimer Platzes zurück, eines der schönsten Plätze Berlins – und vielen, die nicht dort leben, unbekannt.

IN DER UMGEBUNG

Das Museum der Unerhörten Dinge ⑩

Crellestraße 5–6, 10827 Berlin
0 30 / 7 81 49 32
museumderunerhoertendinge.de
Mi–Fr 15–19 Uhr
S1 (Julius-Leber-Brücke) /U7 (Kleistpark)

Das kleine, an drei Nachmittagen geöffnete Museum der Unerhörten Dinge umfasst über 70 Ausstellungsobjekte, zum Beispiel Pinguinfiguren, eine Uhr und einen unscheinbaren Stein, der angeblich auf dem Schreibtisch von Thomas Mann lag. Zu jedem dieser Gegenstände gibt es eine detaillierte Beschreibung, was es damit auf sich – haben könnte! Denn laut Inhaber Roland Albrecht ist zwar jede Geschichte zu jedem „Ding" möglich – aber nicht notwendigerweise wahr ... (was er seinen Besuchern vielleicht weniger deutlich sagt). Die (in mehrere Sprachen übersetzten) Begleittexte werden so zu einer unterhaltsamen Surrealismus-ähnlichen Stilübung. Auf Nachfrage zeigt Albrecht seinen Besuchern auch mal sein Depot. Hier hängen Dutzende Dinge, nach Gewicht geordnet, an der Wand: „10–15 Gramm", „15–25 Gramm" ...

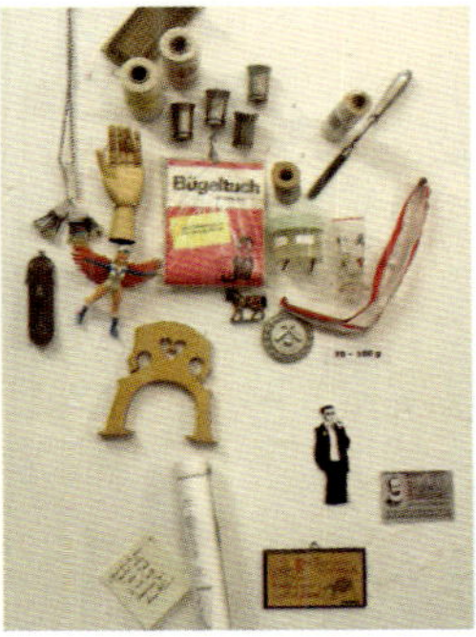

DER SCHWER-BELASTUNGSKÖRPER

11

Betonzylinder zur Bodenmessung für die Welthauptstadt Germania

General-Pape-Straße 100, Tor 1, 12101 Berlin
schwerbelastungskoerper.de
Apr–Okt: Di–Do, Sa/So 14–18 Uhr
S1, 26 (Julius-Leber-Brücke)

Aus 12 650 Tonnen Beton besteht der „Schwerbelastungskörper“. Der riesige Klotz hinter den Bäumen, die ihn von der Straße trennen, wirkt mit seinen 21 Metern Durchmesser und 14 Metern Höhe befremdlich und geheimnisvoll.

Ungefähr hier sollte sich für die Ewigkeit Hitlers monumentaler Triumphbogen erheben, ein Bestandteil seiner geplanten „Welthauptstadt Germania“ (siehe nächste Doppelseiten). Den 170 Meter breiten und 117 Meter hohen Bogen – mehr als doppelt so hoch und über 20-mal so schwer wie der Arc de Triomphe in Paris – nannten die Nationalsozialisten intern „Bauwerk T“. Auf seiner Außenhaut sollten die Namen aller 1,8 Millionen im Ersten Weltkrieg gefallenen deutschen Soldaten erscheinen.

Hitler verabscheute das kosmopolitische Berlin und zögerte daher nicht, das Stadtzentrum für seine Pläne zu zerstören. Doch er befürchtete, der Berliner Boden, der aus instabilem Geschiebemergel oder „Till“ bestand, einer Gletscherablagerung aus der letzten Kaltzeit, würde dem immensen Gewicht des Triumphbogens nicht standhalten.

Der Schwerbelastungskörper sollte zur Erprobung des Baugrunds bis in 17 Meter Tiefe dienen. Messgeräte in seinem Inneren gaben an, wie stark der Beton im Till einsank. Der Klotz, 1941 von Hitlers Architekt Albert Speer konzipiert und von der Deutschen Gesellschaft für Bodenmechanik (DeGeBo) betrieben, konnte seinen Zweck nicht mehr erfüllen. Doch im Gegensatz zu all den unverwirklichten gigantischen Nazibauten wird er wohl für die Ewigkeit bleiben. Seit 1995 steht er unter Denkmalschutz.

Der Schwerbelastungskörper war nach zweieinhalb Jahren ab 1941 um 19,3 Zentimeter eingesunken. Maximal erforderlich gewesen wären 2 Zentimeter.

Hitlers und Speers „Welthauptstadt Germania"

Nachdem er zweimal an der Aufnahmeprüfung der Allgemeinen Malerschule der Wiener Kunstakademie gescheitert war, hielt sich Adolf Hitler für einen verkannten Künstler. Seinen Lebensunterhalt verdiente er, indem er Aquarellkopien von Wiener Ansichtspostkarten verkaufte. Als er nach überstandener Kriegsblindheit 1920 beschloss, Politiker zu werden, spukte bereits die Vision eines künftigen großgermanischen Reichs in seinem Kopf. Er malte sich aus, dass man die Macht dieses Reichs noch 1000 Jahre nach seinem Untergang an der Größe seiner Ruinen würde ermessen können. In zwei Architekturzeichnungen von 1925 entwarf Hitler die beiden – von den Abmessungen her – größten Bauten für die Hauptstadt seines großgermanischen Fantasiereichs, dem er den Namen „Germania" verlieh: einen Triumphbogen und eine Versammlungshalle.

Nach der Machtergreifung konkretisierten sich Hitlers Architekturvorstellungen im Dialog mit Albert Speer, einem glühenden Nazi und frischgebackenen studierten Architekten, den der Diktator zum Generalbauinspektor (GBI) für die Reichshauptstadt ernannt hatte.

1937 erschienen Speers von Hitler abgesegnete Berlin/Germania-Pläne als (teilweise) illustrierte Vorankündigungen in der Presse. Am 4. Oktober war mit dem „Gesetz für die Neugestaltung deutscher Städte" die rechtliche Grundlage für großräumige Abrissarbeiten intakter Stadtviertel geschaffen worden, um Baugrund für innerstädtische Neubauten an entscheidenden Plätzen bereitzustellen. Von der „Welthauptstadt Germania" war in den veröffentlichten Plänen nicht die Rede; Hitler sprach nur von „Germania" oder von der Neugestaltung der Reichshauptstadt.

Die zentralen Großbauten der Hitlerschen Fantasie (Große Halle und Triumphbogen) wurden nur vage in Worten umrissen. Doch im veröffentlichten Plan des neuen Berlins sah man eine Ost-West- und eine Nord-Süd-Achse. Letztere sollte von einem neuen Nordbahnhof ausgehen und zu einem neuen geplanten Südbahnhof (anstelle der S-Bahn-Station Papestraße) nebst angrenzender Südstadt für Hunderttausende Einwohner führen.

Zu Hitlers 50. Geburtstag wurde 1939 der westliche Teil der Ost-West-Achse vom Brandenburger Tor über den neuen Großen Stern mit verpflanzter Siegessäule bis zum Adolf-Hitler-Platz

(dem heutigen Theodor-Heuss-Platz) fertiggestellt, inklusive mehrerer neuer Großbauten. Bauliche Vorleistungen für die Errichtung der Großen Halle und des Triumphbogens sowie für die Nord-Süd-Achse im Ganzen waren unter anderem der Abriss des Alsenviertels und des Tiergartenviertels, die Erforschung des Berliner Mergelbodens durch den Schwerbelastungskörper (siehe S. 190) sowie der Bau von Bahnanlagen auf Höhe Priesterstraße und von drei Autotunnelstücken am geplanten Achsenkreuz. Zu den realisierten Bauten an der Nord-Süd-Achse gehörten die Wohnsiedlung Grazer Damm und das Haus des Fremdenverkehrs am sogenannten Runden Platz.

Der neue Flughafen Tempelhof fand in den Planungen keine ausdrückliche Erwähnung; er wurde bereits früher geplant und begonnen und war bei Kriegsbeginn schon weitgehend fertiggestellt. In der umgestalteten Reichshauptstadt sollte er als Zentralflughafen dienen.

Das 1936 zu den Olympischen Spielen eröffnete Reichssportfeld mit all seinen Bauten sollte Germanias zentrale Sportstätte werden. Die aus dem Alsenviertel (siehe S. 265) verpflanzten Botschaften hätten Germanias Botschaftsviertel gebildet. Die Krupp-Repräsentanz in der Reichshauptstadt und zahlreiche weitere Firmenrepräsentanzen und staatliche Verwaltungsbauten (etwa am Fehrbelliner Platz), Kasernen und militärische Stabsgebäude sowie Häuser der Reichsjugendorganisationen waren bereits fertiggestellt. Zu den im Neugestaltungsplan erwähnten außerordentlichen Neubauten, die ganz oder nahezu fertig wurden, gehörten die im Rohbau befindliche Wehrtechnische Fakultät der geplanten Universitätsstadt im zur Umgestaltung freigegebenen Grunewald, das Ministerium für Volksaufklärung und Propaganda sowie Görings Reichsluftfahrtministerium, die erweiterte Reichsbank, die Reichsmünze und das neue Molkenmarkt-Verwaltungsviertel mit der angrenzenden neuen Mühlendammschleuse. Der Bau der neuen Mühlendammbrücke wurde nicht abgeschlossen.

Ein Teststück eines geplanten vierten Autobahnrings um Berlin vor dem (37 alte Berliner Telefunken-Werkstätten zusammenfassenden) neuen Telefunkenwerk Zehlendorf konnte asphaltiert werden (siehe S. 422). Auch entstand am Stadtrand von Spandau eine Zwangsarbeitersiedlung für den Bau der Großen Halle. Mit dem Beginn des Zweiten Weltkrieges wurden nur noch vereinzelt Neubauten begonnen. Der Abriss von Altbauten für die Nord-Süd-Achse wurde vom GBI Speer gestoppt.

Welche Gebäude und Spuren von „Germania" gibt es?

1 Finanzamt Charlottenburg
2 Haus des Deutschen Gemeindetages
3 Charlottenburger Brücke
4 Siegessäule mit Zugangsbauten und Skulpturen
5 (Albert-)Speer-Leuchten entlang der westlichen Ost-West-Achse
6 Autotunnelstücke für den kreuzungsfreien Verkehr auf der geplanten Nord-Süd-Achse
7 Bordsteine der geplanten Nord-Süd-Achse am Achsenkreuz mit der Ost-West-Achse
8 Postamt N4
9 Ministerium für Volksaufklärung und Propaganda
10 Reichsluftfahrtministerium
11 Reichsbankerweiterung
12 Reichsinnenministerium
13 Gauarbeitsamt
14 Städtische Feuersozietät
15 Postamt SW 11
16 Reichsmünze
17 Palais Schwerin
18 Verwaltungsbauten am Molkenmarkt
19 Mühlendammschleuse
20 Städtisches Verwaltungsgebäude C
21 Japanische Botschaft
22 Italienische Botschaft
23 Jugoslawische Botschaft
24 Norwegische Botschaft
25 Feuersozietät der Provinz Brandenburg
26 Krupp-Repräsentanz in der Reichshauptstadt
27 Haus der Deutschen Arbeitsfront (DAF)
28 Nordstern-Lebensversicherungsbank
29 Reichsgetreidestelle
30 Hauptverwaltung der Deutschen Arbeitsfront (DAF)
31 Karstadt-Verwaltungsgebäude
32 Oberste Bauleitung der Reichsautobahnen und Hauptvereinigung der deutschen Milchwirtschaft
33 Zentralflughafen Tempelhof
34 Siedlung Grazer Damm

35 Schwerbelastungskörper (siehe S. 190)
36 Beräumung des St.-Matthäus-Kirchhofs (siehe S. 182)
37 Beräumung Tiergartenviertel
38 Güterbahnhof Priesterweg
39 Teststück Vierter Autobahnring (siehe S. 422)
40 Telefunken-Zentrale Zehlendorf (siehe S. 422)
41 SS-Wirtschafts-Verwaltungs-Hauptamt mit Fichte-Bunker
42 Luftgaukommando III
43 Ruine des Rohbaus der Wehrtechnischen Fakultät (überschüttet vom „Teufelsberg")
44 Telefontunnel des GBI (Albert Speer) am Postfenn
45 Sämtliche originalen Bauten des Reichssportfelds von 1936
46 Haupthalle der Messe an der Masurenallee
47 Gläserne Galerie am Messedamm
48 Arbeitersiedlung Große Halle
49 SS-Kameradschaftssiedlung (Krumme Lanke)
50 Kaserne der SS-Leibstandarte „Adolf Hitler" an der Finckensteinallee
51 Reichsleitung des Reichsarbeitsdienstes (RAD)
52 Hitlerjugendheim Rehberge
53 Berufsgenossenschaft der Chemischen Industrie
54 Reichsluftschutzschule
55 Atelier Arno Breker
56 Wehrkreiskommando III
57 Generalkommando des III. Armeekorps
58 Allianz- und Stuttgarter Lebensversicherungsbank Mohrenstraße
59 Getreidesilo am Westhafen aus dem „Reichsspeicherprogramm"
60 Zentrale der Philipp-Holzmann-AG Heerstraße
61 Reichsleitung der Reichsjugendführung
62 Kaserne des Luftwaffen-Infanterie-Regiments General Göring
63 Verwaltungsgebäude der Arthur Vogt AG Berliner Straße
64 Flakbunker Humboldthain
65 Abteilung Kriegsgefangenenwesen des Oberkommandos der Wehrmacht (OKW)
66 Haus der Schweiz Friedrichstraße/Unter den Linden
67 Hauptvereinigung der deutschen Brauwirtschaft Badener Straße

DIE POLIZEIHISTORISCHE SAMMLUNG

⑫

Hauptstadt des Verbrechens

Platz der Luftbrücke 6, 12101 Berlin
phs-berlin.de
Mo–Mi 9–15 Uhr (Personalausweis erforderlich)
U6 (Platz der Luftbrücke)

Wer den rechten Flügel des früheren Zentralflughafens Tempelhof betritt – hier hat seit 1951 das Berliner Polizeipräsidium seinen Sitz –, muss seinen Ausweis vorzeigen, um einen Besucherausweis für die interessante, wenig bekannte Polizeihistorische Sammlung zu erhalten.

Schon am Eingang wartet ein echtes Richtschwert aus dem Mittelalter, mit dem ein offenbar kräftiger Scharfrichter damals wohl ungezählten Delinquenten den Kopf abgeschlagen hat. Die Exponate sind zum Teil

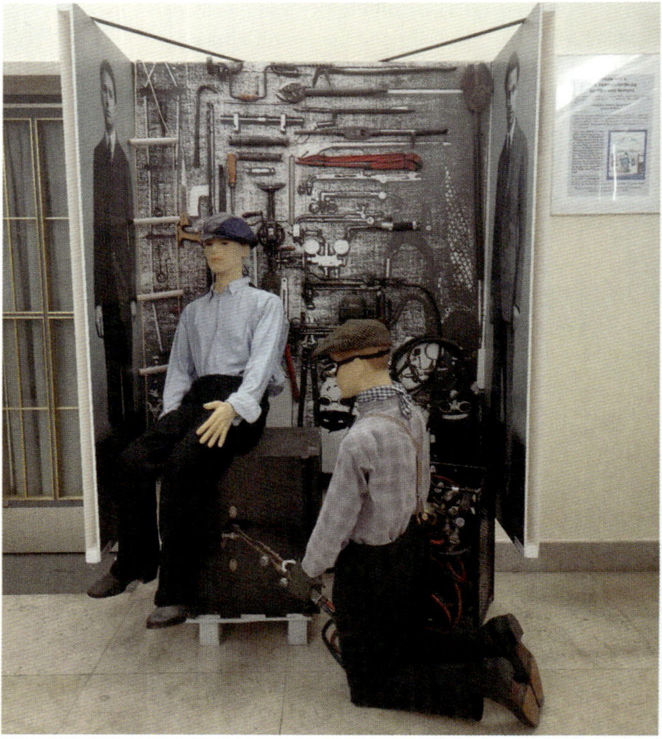

sehr drastisch; so sieht man neben „normalen“ Tatwaffen wie Briefbeschwerern und MGs auch selbst gebaute Mordinstrumente – vom bestialischen nagelgespickten Stock bis zum Replikat eines Steinzeitbeils. Mehrere Schädel unbekannter Mordopfer, die in einer weiteren Vitrine liegen, sprechen für sich.

Die Ausstellung verzichtet auf zusätzliche Effekthascherei, Vollständigkeit und Tagesaktualität. Hier wird nicht publikumswirksam Werbung für eine mächtige, schlagkräftige Polizei gemacht, sondern schlicht die historische Entwicklung der Kripo und der uniformierten Polizei Berlins gezeigt. Über den langjährigen, sehr erfolgreichen Kriminalisten Ernst Gennat und seine 1926 gegründete Mordkommission erfährt man ebenfalls mehr: Der kultige Berliner Beamte mit legendärer Leibesfülle wurde 1934 wegen seiner Erkenntnisse in Bezug auf die Morde vom Bülowplatz 1931 durch zwei Kommunisten – einer davon war der spätere Stasi-Chef Erich Mielke – vom dicken Hermann Göring zum Berliner Kriminaldirektor ernannt.

Freilich sind auch Exponate zu bekannten Berliner Fällen zu sehen, etwa zu den unblutigen Einbruchs- bzw. Erpressungsdelikten der Gebrüder Sass und des Kaufhauserpressers Arno Funke alias „Dagobert“. Wer freilich etwas vom Verbleib des bislang spektakulärsten Berliner Einbruchsdiebstahlsobjekts wissen will – der 100 Kilogramm schweren, 1 Million Kanadische Dollar teuren Goldmünze „Big Maple Leaf“ aus dem Bode-Museum 2017, deren Goldwert heute bei 4,5 Millionen Euro läge –, der wird warten müssen, denn die Ermittlungen laufen noch.

Berlin bleibt die Hauptstadt des Verbrechens: 2019 stiegen Unbekannte durch ein aufgebrochenes Fenster ins Präsidium ein und nahmen aus der Polizeihistorischen Sammlung wertvolle Orden, Dokumente und andere Sammlerstücke mit ... Die erste Berliner Polizeipräsidentin meinte dazu: „Kein Kommentar.“

DAS SA-GEFÄNGNIS PAPESTRAßE

⑬

Das erste Konzentrationslager der Nazis – mitten in Berlin

Werner-Voß-Damm 54A, 12101 Berlin
0 30 / 9 02 77 61 63
gedenkort-papestrasse.de
Di–Do, Sa/So 13–18 Uhr
Eintritt frei
Kostenlose Führungen So 13 Uhr
Gruppenführungen auf Anfrage
S2, 25, 26, 41, 42 (Südkreuz)

Als Konzentrationslager werden Einrichtungen bezeichnet, an denen unter polizeilicher oder militärischer Aufsicht Deportierte, Kriegsgefangene, politische Gefangene oder als staatsfeindlich eingestufte Personen festgehalten werden.

Dementsprechend gilt das Gefängnis Papestraße heute als erstes Konzentrationslager im nationalsozialistischen Deutschen Reich. Das Gefängnis wurde Mitte März 1933 im Keller des Gebäudes Werner-

© Harry Weber

Voß-Damm 54A eingerichtet, in einem Teil des Gebäudekomplexes, dessen Eingang seinerzeit an der General-Pape-Straße lag.

Seit März 2013 (exakt 80 Jahre nach Einrichtung der Haftanstalt) befinden sich in den ehemaligen Zellen eine Gedenkstätte, ein Archiv und eine Ausstellung. Dort werden die furchtbaren Ereignisse detailliert dokumentiert, die sich in dem Gefängnis schon in den allerersten Wochen des Dritten Reichs abspielten.

Jeder Häftling wurde von der SA-Feldpolizei mit einer Nummer registriert, was heute die Rekonstruktion zahlreicher Fakten erleichtert. Der erste bekannte Inhaftierte bekam am 15./16. März 1933 die Nummer 43, der letzte identifizierte Häftling wurde im November 1933 unter der Nummer 1842 erfasst. Daraus lässt sich ableiten, dass in den Kellern dieser alten Eisenbahnerkaserne der Preußischen Armee im Jahr 1933 insgesamt rund 2000 Personen festgehalten wurden. Die meisten waren KPD- und SPD-Mitglieder, Gewerkschafter und jüdische Honoratioren. Mindestens 30 von ihnen fanden in dem Gefängnis unter Misshandlungen und Folter den Tod. Bis heute konnten 500 Inhaftierte namentlich bestimmt werden.

Für Informationen zu weiteren Konzentrationslagern in Berlin, siehe nächste Doppelseite.

© Harry Weber

Weitere Konzentrationslager in Berlin

Es mag verwundern, dass es nur wenige Tage nach der Reichstagswahl vom 5. März 1933, nach der die NSDAP faktisch allein an die Macht kam, mitten in Berlin bereits Konzentrationslager geben konnte. Hitler war am 30. Januar 1933 zum Reichskanzler ernannt worden. Knapp einen Monat später, am Tag nach dem Reichstagsbrand in der Nacht vom 27. auf den 28. Februar 1933 erließ er die Reichstagsbrandverordnung „zur Abwehr kommunistischer staatsgefährdender Gewaltakte". Diese Notverordnung setzte Pressefreiheit, Meinungsfreiheit, Versammlungsrecht und die meisten Bürgerrechte außer Kraft und ebnete den Weg für die Verfolgung von Kommunisten und anderen Oppositionellen. Allein für 1933 wird die Zahl der politischen Gefangenen des Regimes auf 200 000 geschätzt.

Schon bald quollen die Gefängnisse über, sodass die ersten improvisierten Konzentrationslager vermutlich sogar noch vor der Reichstagswahl Anfang März eingerichtet wurden. Das Berlin der Weimarer Republik, eine Bastion des Kommunismus und Sozialismus sowei Heimat von rund 170 000 Juden, wurde zum Schauplatz von Verfolgung und Folter. Nach aktuellen Recherchen gab es etwa 220 Gefängnisse, von denen mindestens elf als organisierte Konzentrationslager eingestuft werden können. Sie befanden sich oft mitten in der Stadt – vor aller Augen, um die Bevölkerung einzuschüchtern und alle Widerstandsversuche durch Terror im Keim zu ersticken. Neben dem Gefängnis Papestraße wurden ab März 1933 noch zwei weitere Haftanstalten eingerichtet. Auch sie zählen zu den ersten Lagern Berlins.

In dem zum Wasserturm Prenzlauer Berg gehörenden (im Jahr 1935 gesprengten) Maschinenhaus I wurden zwischen März und Juni 1933 auf rund 1000 Quadratmetern politische Häftlinge und Regimegegner interniert, gefoltert und ermordet; wie viele es waren, ist nicht bekannt. Eine Gedenk- und Informationstafel vor dem Wasserturm in der Knaackstraße 23 erinnert heute an die Opfer (siehe S. 285).

Das dritte und mit Abstand größte Konzentrationslager der Hauptstadt befand sich in dem alten Militärgefängnis auf der südlichen Seite des Kreuzberger Columbiadamms, Ecke Golßener Straße (siehe S. 130).

© Harry Weber

Der Gefangene Dr. ..., Erich geb. d. ...
eingeliefert d. 1. ... 1933 ... Er hat die
Gefangenennummer ... 235
Berlin, d. 1.4. ...

Kommando der Feldpolizei
Vernehmungsstelle ...

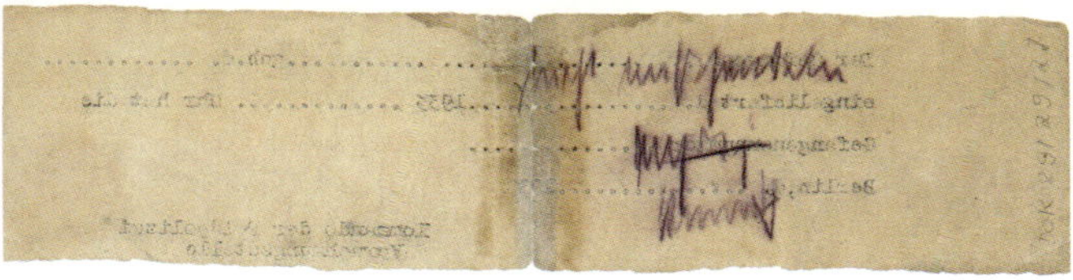

EIN BESUCH DER MALZFABRIK

(14)

Markante Schlote, die Wind einfangen

Malzfabrik Schöneberg
Bessemerstraße 2–14, 12103 Berlin
Führung „Malzreise", buchbar unter: www.tunneltours.de/project/industrie oder reservix.de (Verlassene Orte – Schultheiss Fabrik)
Eintritt: 17,50 €/Person (keine Ermäßigung)
U6 (Alt-Tempelhof) / S2, 25, 26 (Priesterweg) / S41, 42, 45, 46 (Tempelhof)

Die Malzfabrik gilt als Wahrzeichen Schönebergs, doch nur wenige Berliner haben sie von innen gesehen oder wissen, wozu die vier charakteristischen Schornsteine dienen.

Unter den Backsteingebäuden des denkmalgeschützten Industriekomplexes (1914–1917) sticht das größte hervor: die Alte Mälzerei bzw. der Darrentrakt, wo das Getreide getrocknet wurde. Besonders auffällig sind die vier Schlote auf dem Dach mit je 3,3 Tonnen Gewicht. Sie werden im Volksmund als „Ritter" bezeichnet, weil die Metallaufsätze – die „Darrhauben" – aussehen wie mittelalterliche Helme mit Visier. Diese beweglichen Apparaturen enthalten eingebaute Kugellager; sie reagieren auf die kleinste Luftbewegung und drehen sich mit dem Wind: Es handelt sich um Windfangbleche, die nicht nur zum Abzug der feuchten Luft dienten und vor Regen schützten, sondern die auch den Wind nach unten ins Gebäude leiteten, ein ständiger Luftstrom benötigt wurde.

Die Malzfabrik gehörte bis Ende des 20. Jahrhunderts zur berühmten Brauerei Schultheiss, deren ehemaliges Hauptquartier sich noch in Prenzlauer Berg befindet und heute die Kulturbrauerei beherbergt. In Schöneberg wurde das Schultheiss'sche Braumalz produziert. Bei einer Führung – der „Malzreise" – durch die teilweise erhaltenen Mälzereianlagen im Inneren des Gebäudes können Besuchern den Weg verfolgen, den das Getreide (vor allem Gerste und Weizen) durchlaufen musste, bis es zu Braumalz wurde. Außerdem bekommt man interessante Einblicke in den Jargon der Bierbrauer.

In der alten Tennenmälzerei (*Tenne* heißt nichts anderes als Boden) wurde das Getreide auf ebenen Steinböden ausgebreitet, mit Wasser besprüht und nach dem Keimen von Hand mit Rechen oder Forken gewendet. Anschließend wurde es in der Darre (*darren* oder *dörren* bedeutet trocknen) mit der Kaltluft, welche die Darrhauben auf dem Dach eingefangen hatten, zuerst „geschwelkt" (kaltluftgetrocknet), dann mittels warmer und heißer Luft gedarrt bzw. gedörrt.

Später geschah das Keimen und Darren in Kästen und zuletzt in pneumatisch angetriebenen, um die eigene Achse rotierenden Trommeln, die man in der Malzfabrik noch sehen kann. Ein Hauch der alten Arbeitsatmosphäre ist weiterhin spürbar – dazu tragen sowohl der bestehende leichte Malzgeruch als auch die gigantischen Hallen des ehemaligen Fabrikgebäudes bei.

Heute dient der Komplex als Kreativstandort, unter anderem für Start-ups und Veranstaltungen mit nachhaltigem Bezug.

DIE BLANKE HELLE

⑮

Sagenhafte Kulisse

Alboinplatz 8, 12105 Berlin
U6 (Kaiserin-Augusta-Straße)

Am südlichen Ende des Alboinparks, wo sich Alboinplatz und Burgemeisterstraße treffen, liegt ein Aussichtspunkt mit gewaltiger Skulptur und Blick auf einen Tümpel in einer tiefen Senke – die „Blanke Helle", ein für Berlin nicht untypisches Toteisloch.

Die Skulptur entstand 1934 bis 1936 im Rahmen einer Nazi-Arbeitsbeschaffungsmaßnahme für Künstler und wurde schon damals respektlos der „größte Ochse Berlins" genannt; in der Bezeichnung – der Stier ist sieben Meter hoch und fünf Meter lang –, schwingt nämlich ein Werturteil im Sinn von „Trottel" bzw. „Dummkopf" mit. Der Bildhauer Paul Mersmann der Ältere (1903–1975) schuf den Auerochsen mit Arbeitsdienstmännern aus kleinen Rüdersdorfer Kalksteinquadern, die um einen Kern aus Bauabfall des für Görings Reichsluftfahrtministerium abgerissenen Reichskriegsministeriums aufgemauert wurden. Die massive Figur scheint Anlauf genommen und dann jäh gestoppt zu haben, wie man das aus Stierkämpfen kennt.

Die schon aufgrund ihrer Herstellungsweise einmalige und beeindruckende Skulptur nimmt Bezug auf eine Urberliner Sage um das Toteisloch Blanke Helle: *Helle* (verwandt mit „Hölle") bezeichnet das germanische Totenreich. Seine Herrscherin Hel (übrigens Vorbild für Frau Holle aus dem Märchen) soll hier einem heidnischen Priester geholfen haben, sein Leben zu fristen, indem sie ihm jährlich kräftige Arbeitsstiere schickte, mit denen er seinen Acker bestellte. Als Gegenleistung brachte er der Totengöttin auf einem Findling am Teich – dem Eingang zum Höllenreich – Opfer dar.

Toteislöcher sind ein natürliches Phänomen der letzten pleistozänen Kaltzeit innerhalb des quartären Zeitalters, in dem wir heute leben: Große Eisbrocken, vom örtlichen Gletscher abgebrochen und von diesem beim Überschieben in die Tiefe glazialer Sedimente gedrückt, schmolzen später weg und hinterließen Hohlräume, die sich mit Oberflächen- und Schichtenwasser füllen.

Alboin war ein Langobardenkönig, der im 6. Jahrhundert lebte. Der Platz erhielt seinen Namen im Jahr 1931; vorher hieß er einfach „Platz Q".

DIE MARTIN-LUTHER-GEDÄCHTNISKIRCHE

⑯

Die Reichsparteitagsorgel

Riegerzeile 1a, 12105 Berlin
Anfrage/Anmeldung: 0 30 / 2 16 35 71 oder per eMail unter info@bfgg.de
(Berliner Forum für Geschichte und Gegenwart)
U6 (Westphalweg)

Äußerlich wirkt die evangelische Martin-Luther-Gedächtniskirche des Architekten Curt Steinberg (1880–1960) fast expressionistisch. Im Inneren fällt jedoch ein Deckenleuchter in Form eines eisernen Kreuzes auf, das mit goldenen Eichenblättern umrankt ist. Reichspräsident Hindenburg und Luther blicken einander starr in die Augen, an der Wand wird in Frakturschrift Luther zitiert: „Ein feste Burg ist unser Gott, ein gute Wehr und Waffen."

Im abschüssigen Raum der Saalkirche zieht der Triumphbogen über der Apsis den Blick auf sich: 800 Ornamentplatten aus Terrakotta zeigen im freien Wechsel nebeneinander Symbole aus Nazi-Ideologie und Christentum.

So stehen etwa Reichsadler, Eisernes Kreuz, Stahlhelmkopf oder das Zeichen der NS-Volkswohlfahrt direkt neben Christusmonogramm, Dornenkrone, Kelch, Taube des Heiligen Geistes oder Lutherrose.

Im Fokus des Bogens hängt am Kreuz ein muskulöser, vom Kampf gestählter Christus als erster arischer Glaubenssoldat.

Der Terrakottaschmuck setzt sich in der Apsis weniger politisch fort. An den mächtigen Wandpfeilern sind die Köpfe der christlichen Reformatoren Martin Luther und Philipp Melanchthon, der Musiker Johann Sebastian Bach und Georg Friedrich Händel sowie der Dichter und Theologen Martin Rinckart und Paul Gerhardt zu sehen.

Auch die Gründerväter der Inneren Mission, Johann Hinrich Wichern und Friedrich von Bodelschwingh, fehlen nicht. Aus der Nähe kann man in den stumpfen, dunkelbraun gebeizten Holzbildhauerarbeiten des Altars die ideale Nazifamilie sehen, die Christus bei der Bergpredigt beiwohnt: Soldat, deutsche Mutter und zwei Hitlerjungen. Am Taufbecken steht betreten ein SA-Mann, der wie Hitler aussieht.

Nach der Grundsteinlegung im Oktober 1933 wurde die Martin-Luther-Gedächtniskirche, die an den 450. Geburtstag des Reformators erinnern sollte, im Dezember 1935 eingeweiht.

Die Walcker-Orgel hatte – auf persönliche Anforderung Hitlers – ihre Premiere drei Monate zuvor auf dem Nürnberger Reichsparteitag. Sie erklang zum ersten Mal in der Luitpoldhalle vor rund 16 000 Nazis zur feierlichen Eröffnung des Parteitags.

Besonders bedeutsam im Parteitagsverlauf war ihr von 36 Lautsprechern und einem Symphonieorchester begleitetes Spiel vor der Verkündung der Nürnberger Rassengesetze durch Göring. Gespielt wurde das Kirchenlied „Wir treten zum Beten."

Übrigens: Im runden Koppelschloss der deutschen Wehrmacht standen als Triumphbogen oben die Worte „Gott mit uns"; den Fundamentkreis unten füllte deutsches Eichenlaub. In der Mitte spreizte ein Adler die Schwingen, in den Krallen hielt er das Hakenkreuz.

DER NATUR-PARK SÜDGELÄNDE ⑰

Ein städtischer Naturpark von atemberaubender Schönheit

Prellerweg 47–49, 12157 Berlin
gruen-berlin.de/natur-park-suedgelaende
Täglich 9 Uhr–Sonnenuntergang
Fahrradfahren nicht erlaubt
S2, 25, 26 (Priesterweg)

Selbst den Berlinern ist der 1999 eröffnete Natur-Park Südgelände mit seinen drei unscheinbaren Eingängen kaum bekannt. Am einfachsten findet man den südlichen Haupteingang, zu dem der S-Bahn-Tunnel der

Station Priesterweg führt. Der Natur-Park Südgelände befindet sich auf dem 18 Hektar großen Gebiet eines ehemaligen Rangierbahnhofs, einem viele Jahre verlassenen und brach liegenden Gelände. Hier hat sich die Natur ihren Raum zurückerobert und bietet dem Besucher heute mit Hunderten, zum Teil vom Aussterben bedrohten, Pflanzen- und Tierarten ein einzigartiges Naturerlebnis. Beim Spaziergehen trifft man zudem auf Kunstobjekte und auf markante Relikte der ehemaligen Bahnnutzung, wie den 50 Meter hohen Wasserturm, an dem einst Dampflokomotiven ihre Wassertanks auffüllten, eine Drehscheibe, über die die Züge die Fahrtrichtung ändern konnten (siehe S. 260), oder eine alte Lokomotive aus den 1940er-Jahren.

Im goldenen Zeitalter des Eisenbahnverkehrs war das gesamte preußische Schienennetz sternförmig um die Hauptstadt herum angelegt. Berlin bildete seinerzeit den zentralen Transferpunkt aller Strecken, und der Transit zwischen den verschiedenen Bahnhöfen vor den Toren der Stadt erfolgte mittels der Ringbahn. Immer wieder kam es jedoch vor, dass die durch Berlin verkehrenden Güterzüge Waggons mit verschiedenen Bestimmungsorten mitführten. So wurden Rangierbahnhöfe nötig, wo die Züge je nach Zielort der einzelnen Waggons neu zusammengesetzt werden konnten.

Im Norden des Prellerwegs – dort, wo sich die früheren Trassen der Anhalter und Dresdener Bahn zu einer Strecke vereinten – entstand 1889 der Rangierbahnhof Tempelhof. Er wurde bis in die 1930er-Jahre mehrfach erweitert und entwickelte sich so zu einem der bedeutendsten Berliner Rangierbahnhöfe. Nach dem Zweiten Weltkrieg und dem Bau der Mauer verlor er nach und nach an Bedeutung.

Zu Beginn der 1980er-Jahre, als sich die Projekte zur Umwidmung des Geländes zu konkretisieren begannen, hatte die Natur ihr Terrain bereits weitgehend zurückerobert. So gelang einer Bürgerinitiative problemlos der Nachweis, dass dort Dutzende von vom Aussterben bedrohte Arten einen Lebensraum gefunden hatten – das Südgelände wurde unter Naturschutz gestellt. Wer heute zu einer Wanderung hierherkommt, findet einen Weg vor, der über erhöhte Stahlgitterplatten führt. Diese sind an Metallstäben befestigt, welche ihrerseits auf alten Gleisen ruhen. Dadurch haben Flora und Fauna darunter Bewegungsfreiheit, ihr Lebensraum wird nicht durch die Wegführung zerteilt und das Regenwasser gelangt ungehindert in die Erde.

DAS „DRACHENHAUS" IN FRIEDENAU

(18)

Eine originelle Fassade

Niedstraße 4, 12159 Berlin
S1 (Friedenau) / U9 (Friedrich-Wilhelm-Platz)

Das Drachenhaus in der Niedstraße 4 ist ein außergewöhnlicher Bau aus dem Jahr 1899. Die Fassade ist mit einer Reihe von Skulpturen verziert, deren Hauptthema dem Betrachter zu zeigen scheint, worum es wirklich im Leben geht: um den Genuss (Weinreben, Bierkrug, beleibter Mönch). Dabei sei jedoch Vorsicht (die Eule mit ihrem Spiegel) angesagt, um verhängnisvolle Folgen (Drache, Rabe) eines allzu ausschweifenden Lebens zu vermeiden. Ausgeführt wurde die Bauplastik nach Entwürfen eines unbekannten Künstlers von Hermann Noack, der sich mit seiner (heute in Charlottenburg ansässigen) Bildgießerei, die für zahlreiche bekannte Werke in Berlin verantwortlich zeichnet, zwei Jahre zuvor in Friedenau niedergelassen hatte.

Gestützt durch zwei wasserspeierförmige Konsolen thront unter den Fenstern des zweiten Obergeschosses am zentralen Erker ein großer geflügelter Drache. Über ihm sind Kleeblätter in die Fassade eingearbeitet. Im Zentrum erhebt sich aus einem Fass, welches als Inschrift das Baujahr des Gebäudes trägt, die Halbfigur eines geistlichen Bonvivants in Kutte und Kapuze, der in seiner linken Hand ehemals einen Trinkbecher in die Höhe streckte. Zu beiden Seiten der Mönchsfigur ranken sich die Äste zweier Rebstöcke. Sie sind über ein Band miteinander verbunden, an dem ein großer Schlüssel und ein Paar Schuhe hängen. Zwischen den Weinblättern sitzen zwei große Vögel: Der Rabe links, der in seinem Schnabel einen Löffel trägt, verweist möglicherweise auf das *Kinderalbum* des berühmten Malers Adolph Menzel; eine der Illustrationen dieses Bilderbuchs für Kinder trägt den Titel *Der Rabe, einen silbernen Löffel stehlend*. Die Eule auf der anderen Seite des Mönchs trägt einen Spiegel bei sich – vermutlich ein Verweis auf den Gaukler Eulenspiegel. Über dem Kopf des Geistlichen kauert sich ein Faun um ein großes Stundenglas, auf das er mit dem Finger weist. Als seltene Themenvariation ist der Faun zudem mit zwei Flügeln und umgeben von 17 Weizenähren dargestellt.

Direkt unterhalb der Giebelfenster sieht man inmitten von Flügeln nach Art früherer Cherubim-Darstellungen den Kopf eines etwa zehnjährigen Mädchens mit Schleife im Haar. Sein Gesicht erinnert eigenartigerweise an jenes der Illustrationen zu *Alice im Wunderland* von Sir John Tenniel, zu erkennen an ihrem auffallend hervorstehenden Kinn.

Die Niedstraße ist aufgrund der vielen Schriftsteller, die hier im Verlauf des 20. Jahrhunderts lebten, allgemein als „Literaturmeile" bekannt; unter ihnen Erich Kästner (Niedstraße 5), Günter Grass (Niedstraße 13) sowie Uwe Johnson (Niedstraße 14), der von 1959 bis 1968 in der Wohnung wohnte, in der während seines New-York-Aufenthalts 1967 die legendäre Kommune I gegründet wurde.

DIE HAUSEINGÄNGE DER CECILIENGÄRTEN

19

Ein ästhetisches Loblied auf die Arbeit

Ceciliengärten 1–53, 12159 Berlin
S1 (Friedenau)

Die zwischen 1922 und 1927 von Heinrich Lassen entworfenen Ceciliengärten sind ein wenig bekanntes, aber sehr bemerkenswertes Ensemble mit einem weitläufigen grünen Platz in der Mitte, zwei schönen Statuen (siehe unten), eindrucksvollen Eingangstüren und interessanten Flachreliefs zu den Themen Familie und Arbeit.

Der seit 1995 unter Denkmalschutz stehende Gebäudekomplex war tatsächlich zunächst einmal ein soziales Wohnprojekt. Einige Reliefs an den Fassaden zeigen die Bearbeitung des Bodens oder spielende Kinder. Meist sind jedoch Verkehrsmittel wie Schiffe und Züge dargestellt; sie verweisen darauf, das ein Teil der in dem Komplex eingerichteten Wohnungen ausdrücklich für die Bediensteten des öffentlichen Berliner Personennahverkehrs und ihre Familien reserviert war.

Die Wohnungen sind um die eigentliche Grünanlage herum angeordnet, die seit 1977 als Gartendenkmal ausgewiesen ist. Um den zentralen länglichen Platz führt ein von Kastanien gesäumter Weg. Am nördlichen Ende liegt – neben einem Kinderspielplatz – der hübsche Fuchsbrunnen; das Südende ziert ein großes Wasserbecken.

Alles erweckt den Eindruck, als sei die Anlage einzig als Bühne für die beiden Frauenstandbilder von Georg Kolbe angelegt worden, die sich in einiger Entfernung zueinander auf der zentralen Grünfläche gegenüberstehen. Das erste, *Der Morgen,* streckt sich nach dem Erwachen mit erhobenen Armen dem Tag entgegen. Das zweite, *Der Abend,* wirkt mit seinen herunterhängenden Armen nach einem langen Arbeitstag müde und erschöpft. Auch diese Werke verweisen auf die ursprüngliche Bestimmung der Anlage, mit der auf ästhetische und architektonische Weise ein Loblied auf die Arbeit gesungen werden sollte.

Ein Künstleratelier in einem Turm

Am südlichen Eingang der Anlage ragt über dem Torbau ein achteckiger kupferner Turmaufsatz in den Himmel. Eine Gedenktafel links des Portals verweist darauf, dass sich hier einst eine Atelierwohnung für Künstler befand, in der von 1929 bis 1933 der sozialistische Maler und Grafiker Hans Baluschek lebte und wirkte. Er gehörte zur Berliner Secession und stellte vor allem sozialkritische Szenen aus dem Leben der Arbeiterschicht dar.

Kopie einer Skulptur von Georg Kolbe in Barcelona

Eine Kopie des Frauenstandbilds *Der Morgen* von Georg Kolbe, der sich im Umfeld der Pioniere der modernen Architektur bewegte, steht im Hof des berühmten Pavillons von Mies van der Rohe (1929) in Barcelona.

DER EISACKTUNNEL

20

Warum ist die U4 so kurz?

Traegerstraße 5, 12159 Berlin
Besichtigung nach Voranmeldung auf tunneltours.de/project/stillgelegt
einmal pro Monat am Wochenende, in der Regel 9:30 Uhr und 15:30 Uhr
Eintritt: 22,50 €
S41, 42 / U4 (Innsbrucker Platz)

Auf den Berliner U-Bahn-Plänen sticht die gelbe U4 wegen ihrer auffällig kurzen Linie schnell ins Auge: Mit einer Länge von gerade einmal drei Kilometern verläuft die Strecke quer durch Schöneberg, aber nicht darüber hinaus: vom Innsbrucker Platz zum Nollendorfplatz in der Nähe des KaDeWe.

Bei der Linie handelt es sich um die erste kommunale unterirdische Bahnstrecke Deutschlands. Sie wurde 1910, also zehn Jahre vor der Gründung Groß-Berlins, durch die wohlhabende Stadt Schöneberg als eigenständige Schnellbahn für die örtlichen Anwohner gebaut und umfasst nur fünf Haltebahnhöfe.

Weil man sie separat und ohne Verbindung zu anderen Linien betrieb, waren hier eigene Mitarbeiter beschäftigt. Zudem gab es eine eigene Betriebswerkstatt, in die die Züge der U4 zur Reparatur und Wartung vom Innsbrucker Platz aus durch den etwa 400 Meter langen Eisacktunnel gebracht wurden.

Als die U4 im Jahr 1926 in das Berliner Netz eingegliedert wurde, verlor die Betriebswerkstatt, die auf dem Grundstück der heutigen Waldenburg-Oberschule lag, ihre Daseinsberechtigung; wenige Jahre später, 1932, wurde ganz sie geschlossen.

Der Verbindungstunnel ist jedoch bis heute erhalten und kann mit Tunneltours besichtigt werden. Die rund zweistündige Führung versetzt die Besucher zurück in das Berlin vor 100 Jahren und bietet Einblicke in die Geschichte der U4 sowie die mit ihrem Bau verbundenen technischen Herausforderungen.

Vom Bahnsteig Innsbrucker Platz aus geht es über eine Leiter rund zehn Meter tief in den Tunnel hinab. Alle Tourteilnehmer erhalten eine Lampe.

Mit seinen 26 Linien und rund 475 Kilometern U- und S-Bahn-Strecken zählt das Berliner Schienennetz nach Seoul (940 Kilometer) und Peking (690 Kilometer) zu den größten der Welt.

DAS GRAB VON HEINRICH SACHS ㉑

„Erfülle deine Pflicht“

Friedhof Schöneberg III
Stubenrauchstraße 43–45, 12161 Berlin
Sommer Mo–Fr 8–18 Uhr, Winter Mo–Fr 9–17 Uhr
S41, 42, 46 / U9 (Bundesplatz)

Der hübsche Friedhof III von Schöneberg, einst Friedhof der Landgemeinde Friedenau, beherbergt unter anderem die Gräber des Filmstars Marlene Dietrich und des Fotografen Helmut Newton. Unweit von diesen, in Abteilung 12 des Friedhofs, wirft das Grab eines gewissen Heinrich Sachs (1858–1922) mit seinen mysteriösen Reliefs Fragen auf.

Als Gründer eines prosperierenden pharmazeutischen Unternehmens war dem verdienten Unternehmer Sachs der Ehrentitel eines Königlich-Preußischen Geheimen Kommerzienrats verliehen worden. Der Grabinschrift ist zudem zu entnehmen, dass der Verstorbene „Ritter vieler Orden“ war; die Reliefs des von dem Künstler Eberhard Encke – einem Freund von Sachs – entworfenen Grabmals verweisen darüber hinaus auf das der Freimaurerei zuzuordnende jüdisch-christliche Thema der spirituellen Wiedergeburt.

Beiderseits von zwei Säulen nach Vorbild eines griechischen Tempels, in dessen Giebelfeld die Inschrift „Erfülle deine Pflicht“ steht, befinden sich zwei Reliefs: Das erste zeigt die Zerstörung des Tempels von Jerusalem, neben dem auf der rechten Seite ein toter Baum steht. Auf dem zweiten Relief erkennt man den wieder aufgebauten Tempel,

umgeben von üppig grünenden Bäumen, in voller Pracht auf einem Hügel, eingerahmt von den Strahlen einer dreieckigen Sonne als Symbol der göttlichen Dreifaltigkeit.

In der Tradition der Freimaurer steht die Zerstörung des Tempels für den Bruch der Verbindung zwischen Gott und dem Menschen. Im vorliegenden Fall interpretiert der Künstler das historische Ereignis im Lichte einer Episode aus dem Markusevangelium (Mk 11, 12–25), in der Jesus einen Feigenbaum ohne Früchte verflucht, woraufhin dieser vertrocknet. Die Reliefs dienen als Hinweis darauf, dass Gott den Menschen nach seinen Werken beurteilt und dass wir den Tempel symbolisch immer wieder aufbauen müssen, indem wir der Pflicht, unsere Spiritualität zu pflegen, kontinuierlich nachkommen. Gleichzeitig heben sie hervor, dass Sachs sich hinsichtlich dieser Pflicht als vorbildlich erwies.

IN DER UMGEBUNG

Die Urnenhalle (Columbarium) auf dem Friedhof Schöneberg III

Das zweistöckige Columbarium mit einem über zwei Treppen erreichbaren Erd- und Untergeschoss befindet sich im hinteren Bereich des Friedhofs. Erbaut wurde es zwischen 1914 und 1916 vermutlich nach Plänen des Gemeindebaurats Hans Altmann. Wie die gesamte Friedhofsanlage geht auch von dieser Halle eine romantische Atmosphäre aus, die den Besucher zur Einkehr einlädt. Das Erdgeschoss ist mit Zierelementen aus Terrakotta geschmückt, die vor allem Blumensträuße und Salamander zeigen. (Als Symbol eines auch in der Not beständigen Glaubens steht der Salamander in dem Ruf, sogar Feuersbrünste zu überleben.)

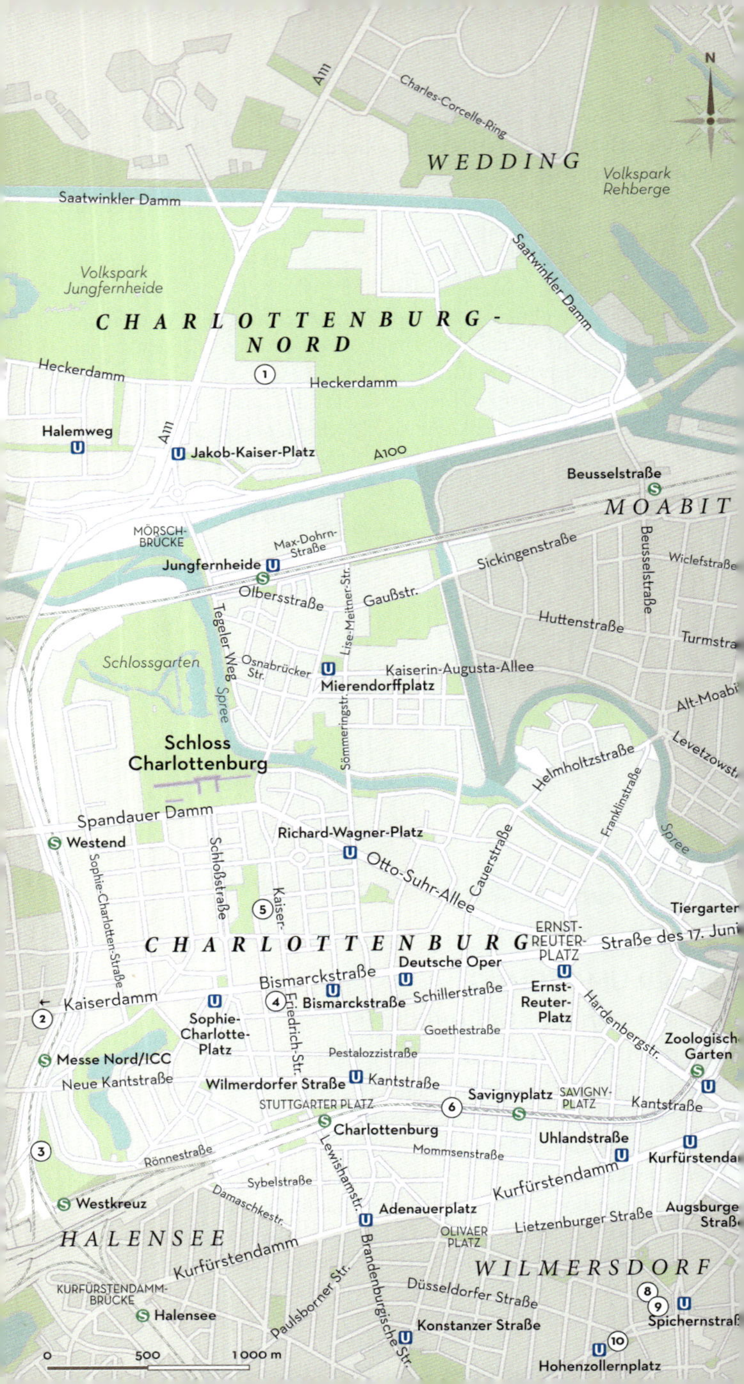

N
WEDDING
Charles-Corcelle-Ring
A111
Volkspark Rehberge
Saatwinkler Damm
Volkspark Jungfernheide
CHARLOTTENBURG-NORD
Saatwinkler Damm
Heckerdamm
1
Heckerdamm
Halemweg
A111
Jakob-Kaiser-Platz
A100
Beusselstraße
MOABIT
MÖRSCH-BRÜCKE
Max-Dohrn-Straße
Jungfernheide
Sickingenstraße
Wiclefstraße
Beusselstraße
Olbersstraße
Gaußstr.
Huttenstraße
Turmstra
Tegeler Weg
Lise-Meitner-Str.
Schlossgarten
Osnabrücker Str.
Mierendorffplatz
Kaiserin-Augusta-Allee
Alt-Moabi
Spree
Sömmeringstr.
Schloss Charlottenburg
Helmholtzstraße
Levetzowst
Franklinstraße
Spandauer Damm
Westend
Richard-Wagner-Platz
Cauerstraße
Spree
Otto-Suhr-Allee
Sophie-Charlotten-Straße
Schloßstraße
5
Kaiser-
Tiergarten
CHARLOTTENBURG
ERNST-REUTER-PLATZ
Straße des 17. Juni
Deutsche Oper
Bismarckstraße
Kaiserdamm
2
4
Bismarckstraße
Schillerstraße
Ernst-Reuter-Platz
Hardenbergstr.
Sophie-Charlotte-Platz
Friedrich-Str.
Goethestraße
Zoologisch Garten
Messe Nord/ICC
Pestalozzistraße
Neue Kantstraße
Wilmerdorfer Straße
Kantstraße
STUTTGARTER PLATZ
6
Savignyplatz
SAVIGNY-PLATZ
Kantstraße
Charlottenburg
Uhlandstraße
3
Rönnestraße
Mommsenstraße
Kurfürstenda
Sybelstraße
Kurfürstendamm
Westkreuz
Damaschkestr.
Lewishamstr.
Adenauerplatz
Augsburge Straß
Lietzenburger Straße
HALENSEE
OLIVAER PLATZ
Kurfürstendamm
WILMERSDORF
KURFÜRSTENDAMM-BRÜCKE
Paulsborner Str.
Brandenburgische Str.
Düsseldorfer Straße
8
9
Halensee
Spichernstra
Konstanzer Straße
10
0
500
1 000 m
Hohenzollernplatz

Charlottenburg – Wilmersdorf Nord

① DER *PLÖTZENSEER TOTENTANZ* VON ALFRED HRDLICKA *222*
② DIE DREI WELTKUGELN AN DER HEERSTRASSE *224*
③ DIE SKULPTURENGRUPPE *MOTORRADFAHRER* *226*
④ DIE GALERIE FÜR SANITÄRE ARCHÄOLOGIE *228*
⑤ DAS GEBÄUDE IN DER KAISER-FRIEDRICH-STRASSE 17 *229*
⑥ DAS DURCHSCHUSSLOCH IM BRÜCKENPFEILER *230*
⑦ DIE SKURRILE BINNINGER-UHR *232*
⑧ DIE FASSADE DES GEBÄUDES IN DER PARISER STRASSE 61 *234*
⑨ DIE GOLDENE MAGNOLIE IN DER PARISER STRASSE 4 *235*
⑩ DIE GLASFENSTER DER KIRCHE AM HOHENZOLLERNPLATZ *236*

DER *PLÖTZENSEER TOTENTANZ* VON ALFRED HRDLICKA ①

Der Tod ist ein Meister aus Deutschland

Evangelische Gedenkkirche Plötzensee
Heckerdamm 226, 13627 Berlin
Mo 10–12 Uhr, Do 10–12 und 16–18 Uhr
U7 (Jakob-Kaiser-Platz)

Auf 16 Tischlerholzplatten, je 3,5 Meter hoch und knapp 1 Meter breit, schuf der österreichische Künstler Alfred Hrdlicka (1928–2009) von 1969 bis 1972 für die evangelische Gedenkkirche in Charlottenburg den *Plötzenseer Totentanz*: Zeichnungen mit Bleistift, Kohle, Deckweiß und Rötel. Man erkennt auf den Bildern unschwer die nahe gelegene, noch erhaltene Hinrichtungsbaracke des Strafgefängnisses Plötzensee, in dem die Nazis fast 2900 Menschen hingerichtet hatten. Während der sogenannten Blutnächte von Plötzensee im September 1943 wurden unter alliiertem Bombenhagel innerhalb einer einzigen Nacht 186 Gefangene mit Drahtschlingen an Fleischerhaken erhängt. Einer von ihnen war der gefeierte 27-jährige Pianist Karlrobert Kreiten; man hatte ihn denunziert, nachdem er sich im privaten Kreis abfällig über Hitler geäußert und gesagt hatte, dass der Krieg verloren sei.

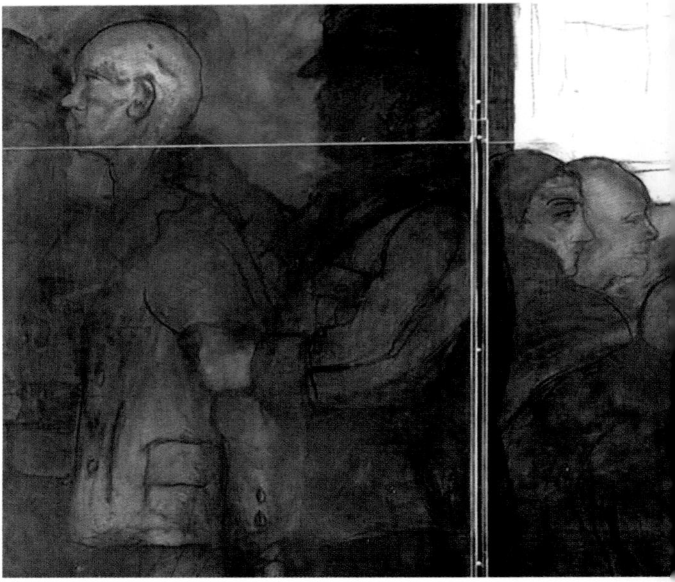

Die nackten Wände der Richtstätte mit ihren Rundbogenfenstern und den Fleischerhaken hat Hrdlicka zum Hintergrund seiner Tafeln gemacht, auch wenn die Zeichnungen selbst nicht ausschließlich Nazimorde zeigen. Der Künstler greift darin die mittelalterliche Sakralkunstform der „Totentänze" auf, die sich im 14. und 15. Jahrhundert auf allegorische Weise mit dem Sterben auseinandersetzten. Der Tod tritt darin als Knochenmann auf und führt Personen unterschiedlicher Stände zum letzten Tanz. Hrdlicka überträgt die Idee auf die Darstellung gewaltsamer Todesarten im 20. Jahrhundert. Neben den bestialischen Verbrechen der Nazis kommen etwa der Tod eines Demonstranten (Benno Ohnesorg) oder der Tod eines Boxers im Ring (Sonny Banks) zur Darstellung. Auch werden historische Ausdrucksformen durchbrochen: Aus dem traditionellen Motiv *Der Tod und das Mädchen* etwa macht Hrdlicka den Tanz des Todes mit einer Prostituierten, die dabei die Initiative ergreift und den Knochenmann zu verführen versucht.

Das Innere der Gedenkkirche ist ungewöhnlich: Die Kirchenbänke sind rings um den Altar angeordnet, der ein tatsächliches Zentrum der Kirchengemeinde darstellen sollte.

Die Gedenkstätte Plötzensee befindet sich etwa 10 Gehminuten entfernt. Sie ist für Besucher geöffnet: gedenkstaette-ploetzensee.de

DIE DREI WELTKUGELN AN DER HEERSTRAßE

②

Die älteste Freimaurerloge

Große National-Mutterloge „Zu den drei Weltkugeln"
Heerstraße 28, 14052 Berlin
0 30 / 3 04 28 06
U2 (Theodor-Heuss-Platz)

Die drei goldenen Kugeln vor dem Gebäude an der Heerstraße 28 geben neugierigen Passanten Rätsel auf. Das Klingelschild erlöst von der Unwissenheit: Hier steht das Haus einer Freimaurerloge, genauer gesagt, der ältesten in Deutschland: der Großen National-Mutterloge „Zu den drei Weltkugeln".

Friedrich der Große (1712–1786) brachte die Freimaurerei einst nach Berlin. Aus Opposition zu seinem prügelnden und geistesfeindlichen, misanthropischen Vater, dem „Soldatenkönig" Friedrich Wilhelm I., der die Menschen verachtete und am liebsten mit der Salzpistole auf sie schoss, wurde Friedrich II. zunächst in Braunschweig Freimaurer. Erst nach dem Tod seines Vaters 1740 gründete er an seinem jungen eigenen Hof in Schloss Charlottenburg die erste Freimaurerloge Berlins.

Da er als Hochadeliger nur adelige Hofchargen in dieser „ersten" Hofloge *(La loge première)* duldete, gestattete er seinem wichtigsten Vertrauten und Beamten, dem Berliner Polizeichef Charles Étienne Jordan, die Gründung einer bürgerlich-adeligen Freimaurerloge namens *Aux trois Globes,* („Zu den drei Weltkugeln"), die noch heute in Form der Großen National-Mutterloge fortbesteht.

Die Symbolik der drei Kugeln schuf Friedrich der Große selbst. Der Herrscher, der philosophisch hochgebildet war, mit zahlreichen weltberühmten Gelehrten wie Voltaire, Maupertuis und d'Alembert im Briefwechsel stand und viele von ihnen auch an seinem Hof zu Gast hatte, sah in den drei Kugeln „einen Himmelsglobus, einen Erdglobus und eine Armillarsphäre".

Wer mehr darüber erfahren möchte, dem empfiehlt sich die telefonische Vereinbarung eines Besuchstermins.

Ein Museum der Freimaurerei

Im Haus der Großen National-Mutterloge „Zu den drei Weltkugeln" widmet sich ein kleines Museum der Freimaurerei, das nach vorheriger Terminvereinbarung im Rahmen einer Führung besucht werden kann. Eine gute Gelegenheit, all das in Erfahrung zu bringen, was Sie schon immer über die Freimaurer wissen wollten.

DIE SKULPTURENGRUPPE *MOTORRADFAHRER*

3

Ein Denkmal für Geschwindigkeit

Halenseestraße 40, 14055 Berlin
S3, 5, 7, 9, 41, 42, 46 (Westkreuz)

Etwas versteckt steht am Zubringer Magdeburg der heutigen Bundesautobahn A115 ein Denkmal, das zwei überlebensgroße

Motorradrennfahrer in typischer Haltung zeigt: die Oberkörper flach an die Maschinen geschmiegt und die Köpfe mit den Topfhelmen und den separaten Rennbrillen leicht angehoben. Dargestellt sind Ernst Jakob Henne auf BMW und Ewald Kluge auf DKW. Durch die fließenden Strukturen der Motorradrahmen und die Körperhaltung wird ihre Geschwindigkeit plastisch vermittelt.

Geschaffen hat die Bronzegruppe 1938/39 der Bildhauer Max Esser (1885–1945); wegen des Kriegsbeginns gelangte sie allerdings nicht zur Aufstellung. Ursprünglich gehörte zu der Plastik ein dritter Fahrer als Schlusslicht, Heiner Fleischmann auf NSU. Seine Figur ist jedoch seit dem Zweiten Weltkrieg verschollen; möglicherweise wurde sie eingeschmolzen. Max Esser ließ die Skulpturengruppe in der Gießereiwerkstatt Noack fertigen, wo zwei der drei Figuren den Krieg überstanden. Erst 1989 fanden sie im öffentlichen Raum ihren Platz – an der Stelle, an der ihre Vorbilder gut 50 Jahren zuvor Erfolge feierten. 2008 wurde das Kunstwerk restauriert.

Die bronzene Skulpturengruppe ist auf eine Ziegelplatte montiert. Dabei handelt es sich um ein Originalstück der ehemaligen steilen Nordkurve der legendären Rennbahn AVUS („Automobil-Verkehrs- und Übungsstraße“), die sich früher hier befand.

Die Granitsäule direkt neben der Skulptur stammt aus einem Gebäude, das damals am Beginn der Rennstrecke stand.

Die Motorradrennen auf der AVUS standen im Schatten der Autorennen, doch 1922 bis 1939 erlebten sie ihre große Zeit: Ernst Jakob Henne (1904–2005), der erste der beiden von Esser in Bronze verewigten deutschen Rekord-Motorradrennfahrer, stellte am 19. September 1929 mit 216,75 km/h über die Meile mit fliegendem Start einen ersten Geschwindigkeitsweltrekord auf einer BMW WR 750 auf. In den Jahren 1929 bis 1937 folgten insgesamt 76 solche Weltrekorde, zuletzt am 28. November 1937 mit 279,5 km/h auf einer vollverkleideten BMW 500 Kompressor. Diese Bestleistung wurde erst 14 Jahre später, im April 1951, von Wilhelm Herz überboten. Der „Schnelle Henne“, wie man ihn nannte, hatte sich nach seinem letzten Rekord vom aktiven Motorsport zurückgezogen.
Nach Kriegsende fanden ab 1951 wieder AVUS-Rennen statt. 1963 wurden sogar 24-Stunden-Rennen auf der AVUS ausgetragen und waren Bestandteil der Langstrecken-Europameisterschaft.

DIE GALERIE FÜR SANITÄRE ARCHÄOLOGIE

4

„Bade zu Hause!"

Kaiser-Friedrich-Straße 35, 10627 Berlin
Führungen bis zu 10 Personen
Anmeldung unter info@schwarzwaelder-gmbh.de
U2, 7 (Bismarckstraße)

Im Schaufenster der Sanitärfirma Kurt Schwarzwälder GmbH macht ein Schild mit der Aufschrift „Galerie für sanitäre Archäologie" neugierig. Auf Nachfrage erklärt der Besitzer und Enkel des Firmengründers, der Installateur Peter Schwarzwälder, lachend: „Wir machen keine Ausgrabungen, aber trotzdem finden wir eine Menge erhaltenswerter Dinge!"

Die engen Räume des einmaligen Museums, das der passionierte Sammler 2013 eröffnete, haben die Größe eines Badezimmers. Die Besichtigung beginnt bei sogenannten Wasserblasen, winzigen Wassertanks mit Ablasshähnen zum Händewaschen. Sie stammen aus einer Zeit, als Berlin noch keine Wasserversorgung hatte und Wasser nur aus Brunnen, Pumpen oder Flüssen kam. Die ersten – tragbaren – Badewannen konnten früher von Wannenträgern ausgeliehen werden: Sie wurden zu Fuß geliefert und abends wieder abgeholt; Baden war ein kostspieliger Luxus. Glanzstück und rarstes Exponat ist die Dittmann'sche Schaukelwanne – eine hölzerne Badewanne mit einem gewölbten Kufenboden. Der Badende konnte sie wie einen Schaukelstuhl in Schwingungen versetzen, um einen Welleneffekt zu erzeugen. „Bade zu Hause!" war der Vermarktungsslogan der Firma, die diese Wellenbadewanne von 1894 bis in die 1920er-Jahre produzierte. Sollte heißen: Spar das Geld fürs Strandbad, du kannst daheim deinen eigenen Wellengang genießen!

Ein ganzer Raum ist dem Ingenieur Hugo Junkers (1859–1935) gewidmet, Wegbereiter der Badeöfen und der modernen Gasetagenheizung, der ganz nebenbei auch noch den Flugzeugbau vorantrieb. Peter Schwarzwälder erklärt am Ende einer rasch verflogenen Stunde noch die Funktionsweise der Kreuz'schen Dampfsauna aus den 1930er-Jahren, in die nur ein einzelner Saunender passte; der Kopf war im Freien. Man bekommt beinahe das Gefühl, als hätte er die unglaubliche Apparatur selbst ausprobiert. Nach dem Rundgang wird man das eigene Bad und auch die Gastherme mit anderen Augen betrachten.

IN DER UMGEBUNG

Das Gebäude in der Kaiser-Friedrich-Straße 17 (5)

Kaiser-Friedrich-Straße 17, 10627 Berlin
U7 (Richard-Wagner-Platz)

An dem Gebäude in der Kaiser-Friedrich-Straße 17 muss man einfach stehen bleiben. Seine Fassade mit Dutzenden Figuren in quadratischen Rahmen wirkt außergewöhnlich. Dargestellt sind unter anderem eine Frau mit einem Löwen, eine Harfenistin, unzählige Tiere und Engelchen, eine eingerollte Schlange und ein Schlüssel. Die Szenen lassen sich nur schwer in einen logischen Zusammenhang bringen. Einige Figuren scheinen freimaurerischen und spirituellen Hintergrund zu haben: ein Bär mit Winkelmaß und Kompass, eine zum Freimaurergruß geballte Faust, ein geflügeltes Pferd (Symbol für das geistige Erwachen) ...

DAS DURCHSCHUSSLOCH IM BRÜCKENPFEILER

⑥

Glatter Durchschuss

Leibnizstraße 68, 10625 Berlin
S3, 5, 7, 9 (Savignyplatz)

Auf den ersten Blick fällt in der Leibnizstraße unter der S-Bahn-Brücke nichts Außergewöhnliches auf. Wer sich aber die massiven Brückenpfeiler genauer ansieht, entdeckt in dem gut zehn Zentimeter dicken Metall mehrere Löcher.

Sie stammen aus dem Zweiten Weltkrieg. In der zweiten Aprilhälfte 1945 fand eine erbitterte Schlacht um Berlin statt: Die russische und die polnische Armee hatten die Stadt schon erreicht, die zahlenmäßig schwächeren amerikanischen Truppen warteten an der Elbe. Berlin war längst verloren, doch der Eid auf den Führer führte zu einem grauenhaften verbissenen Verteidigungskampf der deutschen Wehrmacht. Sogar 16- und 60-Jährige wurden in diesen letzten Tagen noch als „Volkssturm" auf die Straße und an die Front geschickt.

Am 30. April erschoss sich Hitler in seinem Bunker, während die deutschen Truppen vor russischer Gefangenschaft zu fliehen versuchten. Generalmajor und Ritterkreuzträger Otto von Sydow, zuletzt Kommandeur der 1. Flakdivision, führte die Reste zweier Panzer- und Panzergrenadier-Divisionen vom Zoo aus über die Kantstraße, den Schienensträngen folgend und teils auch U-Bahn-Stollen nutzend, in Richtung Spandau. Die Einschüsse im Metall und im Mauerwerk unter der Brücke waren eine Begleiterscheinung dieser Flucht. Am 3. Mai gelang den Verzweifelten nach heftigen Kämpfen um die Charlottenbrücke über die Havel der Ausbruch.

Die schwerste deutsche Panzerabwehrkanone war die Pak 43, Kaliber 88 mm – und dieses Kaliber passt zu dem größten, faustdicken Loch im Metallträger der S-Bahn-Brücke. Wuchtgeschosse (APCR) dieser Kanone, im Kern gehärtet und pfeilförmig, verließen mit einer Mündungsgeschwindigkeit von über 1000 Metern pro Sekunde das Rohr. Wie Druckluftnägel fuhren sie durch bis zu 23 Zentimeter dicke Stahlplatten. Je näher die Schützen dem Ziel waren, desto größer fiel die Durchschlagskraft aus.

Nach dem Krieg hatte jemand neben den Durchschuss geschrieben: „Vergesst es nie!" Gemeint war die Grausamkeit der Kämpfe. Beim Neuanstrich der Brücke wurde dieser Schriftzug leider übermalt.

DIE SKURRILE BINNINGER-UHR

⑦

Mengenlehre und Addition

Budapester Straße 45, 10787 Berlin
U1, 2, 3 (Wittenbergplatz)

Mit seinen sanft geschwungenen Formen und lebendigen Farben ist das Objekt, das zooseitig am Europa-Center steht, nicht etwa eine in Vergessenheit geratene Ikone der Pop-Art oder ein Instrument zur Kommunikation mit Außerirdischen aus Steven Spielbergs *Unheimliche Begegnung der dritten Art*. Nein, es handelt sich hier um die sogenannte Berlin-Uhr. Das in den 1970er-Jahren nach der damaligen *Softline*-Mode entstandene Designerstück aus vier rätselhaften Leuchtreihen und einer

im Sekundentakt blinkenden Lampe obendrauf wirft jedoch eine ganze Menge Fragen auf – nicht zuletzt diese: Wie erkennt man, wie spät es ist?

Um die Uhrzeit zu ermitteln, muss man die Leuchtsignale addieren, und zwar wie folgt: In der ersten Reihe zählt jedes Feld, das leuchtet, 5 Stunden, in der zweiten Reihe 1 Stunde. Die 11 schmalen Streifen in Reihe 3 zeigen, falls leuchtend, jeweils 5 Minuten an und jedes Rechteck ganz unten steht für 1 Minute. Wenn also, wie auf dem Foto, untereinander 2 / 3 / 8 / 3 Felder leuchten, so sind das (2 × 5) + (3 × 1) = 13 Stunden und (8 × 5) + (3 × 1) = 43 Minuten. Ergibt summa summarum: 13:43 Uhr. 15, 30 und 45 Minuten werden in Rot angezeigt. Sekunden werden geblinkt, aber nicht registriert.

Laut Erklärungstafel ist die Berlin-Uhr eine Mengenlehreuhr. Mit der klassischen Mengenlehre, die sich mit der Untersuchung und Verknüpfung sogenannter Mengen (von Zahlen und anderen mathemathischen Elementen) befasst, hat die Uhr jedoch nur wenig zu tun.

Die Versuchung, sich auf diese mathematische Grunddisziplin zu berufen, ist freilich groß, da Stunden und Minuten in der ersten und dritten Reihe in Gruppen zusammengefasst sind (und damit, mathematisch betrachtet, Mengen bilden). Doch der Vergleich hinkt: Hier geht es um reine Addition, die geheimnisvolle Uhr ist letztlich nichts weiter als eine Art Rechenschieber.

Ursprünglich handelte es sich bei der Installation um einen Werbecoup des Erfinders Dieter Binninger (1938–1991) aus dem hessischen Eppertshausen. Er hatte die insgesamt sieben Meter hohe Uhr 1975 dem Bezirk Charlottenburg geschenkt, um damit Werbung für seine neuartige Armbanduhr zu machen, die ähnlich funktionierte.

Bis 1995 stand die Berlin-Uhr an der Ecke Kurfürstendamm/ Uhlandstraße. Sie erwies sich jedoch als stromfressendes Monstrum. Und nicht nur das: Aufgrund von Erschütterungen durch den Straßenverkehr fielen die Glühlampen häufig aus. Für den Austausch musste jedes Mal ein Hubwagen angemietet werden, was Binninger ein kleines Vermögen kostete. Als er 1991 bei einem Flugzeugabsturz ums Leben kam, übernahm die Stadt Berlin bis zum Abbau der Uhr 1995 die Wartungskosten. 1996 konnte sie schließlich durch eine Initiative von Geschäftsleuten wieder aufgestellt werden.

Binningers Armbanduhr kam nie auf den Markt – die Planungen wurden angesichts der zu hohen Entwicklungskosten eines passenden Mikroprozessors eingestellt. Ein Tischmodell der Berlin-Uhr ist hingegen bis heute erhältlich.

DIE FASSADE DES GEBÄUDES IN DER PARISER STRAßE 61

(8)

Jugendstil mit ägyptischen Elementen

Pariser Straße 61, 10719 Berlin
U2, 3, 9 (Sprichernstraße)

Das von Gustav Bähr und Otto Jaegeler 1904 realisierte Gebäude fällt mit seiner herrlichen weißen Jugendstilfassade und den vielen Details aus dem Bereich der ägyptischen Mythologie unmittelbar ins Auge.

Über den beiden maurisch gestalteten Eingangstüren empfängt ein Adler mit ausgebreiteten Schwingen die Besucher des Hauses. Er greift thematisch die in vielen ägyptischen Tempeln über der Tür thronende geflügelte Sonne auf, Symbol der göttlichen Macht – mit dem einzigen Unterschied, dass der Adler hier nach unten blickt, als wolle er die Aufmerksamkeit auf das Wort „Salve" zwischen den Türen lenken.

Auf dem Fenstervorsprung über dem Eingang steht Isis, die ägyptische Göttin der Wiedergeburt. Sie hält in ihrer linken Hand das Anch, das ägyptische Kreuz, als Zeichen für das Weiterleben im Jenseits. Dargestellt nach dem Vorbild der Pythia, der Priesterin im Orakel von Delphi, wendet sie den Blick einem Dreifuß zu, aus dem die Dämpfe der brennenden heiligen Kräuter aufsteigen, die sie zu ihren Weissagungen inspirieren. Auf der anderen Seite steht in einer Vase ein Strauß Lotusblumen, die sich jeden Morgen öffnen, um sich am Abend wieder zu schließen: Sie sind ein Symbol der Sonne und des immer wiederkehrenden Lebens. Auf Höhe der Balkone im zweiten Stock sowie an den Kapitellen einzelner Säulen befinden sich mit stilisierten Lotusblüten verzierte Friese.

Oberhalb der Fenster im ersten Obergeschoss sind auf zwei quadratischen Tafeln Szenen mit Kindern dargestellt, die typisch ägyptischem Kopfschmuck tragen: links zwei Jugendliche in Begleitung eines gezähmt wirkenden Fauns, rechts zwei badende Kinder und eine am Ufer liegende Frau mit einem Gefäß. Eine Etage höher erkennt man vier Tanzszenen. Die Erker sind mit Kapitellen gekrönt, die Frauengesichter zeigen, wie man sie häufig auf ägyptischen Sarkophagen sieht: Das dicke Haar mit dem typischen Kopfschmuck fällt beiderseits des Gesichts in zylinderförmigen Zöpfen bis auf die Brust herab.

Die prächtige Eingangshalle des Gebäudes (sichtbar durch die Türverglasung) ist mit blau glasierten Kacheln mit Hieroglyphen vor weißem Hintergrund ausgeschmückt.

IN DER UMGEBUNG

Die goldene Magnolie in der Pariser Straße 4 ⑨

Leicht schräg gegenüber, in der Pariser Straße 4, befindet sich eine weitere sehr schöne Jugendstil-Fassade. Das oberen Drittel schmückt eine große Magnolie mit vergoldeten Blättern. Unter den Fenstern im ersten Stockwerk sind auf den Erkern Reliefs mit vier unterschiedlichen Obstbäumen und verschiedenen Tieren dargestellt. Etwas weiter oben schlingen sich Weinreben um ein Wappen, das Blüten zeigt.

DIE GLASFENSTER DER KIRCHE AM HOHENZOLLERNPLATZ

(10)

Außergewöhnliche Lichtspiele

Nassauische Straße 66–67, 10717 Berlin
Di/Do 14–18 Uhr, Mi/Fr 11–13 Uhr, Sa 13–15 Uhr
sowie während der Messfeiern
Sa 12 Uhr: gesungene Messe
U2, 3 (Hohenzollernplatz)

Die von 1930 bis 1933 nach Plänen von Ossip Klarwein, Mitarbeiter des berühmten deutschen Architekten Fritz Höger, erbaute Kirche am Hohenzollernplatz ist mit ihrem 66 Meter hohen Turm weithin sichtbar. Abgesehen von den Gemeindemitgliedern hat sie indes kaum jemand je von innen gesehen.

Die Kirche stellt eines der interessantesten Berliner Beispiele für expressionistische Architektur dar. Sie ist im typisch norddeutschen „Backsteinexpressionismus“ errichtet, zu dessen führenden Vertretern Höger gehörte. Hinter ihren Mauern verbirgt sich ein imposanter Hauptraum von 40 Metern Länge und 20 Metern Höhe, in dem 13 spitzbögige Stahlbetonbinder den Betonskelettbau nebeneinander aufgereiht stützen. Stahlbeton war für Höger und den Expressionismus in der deutschen Architektur überhaupt eines der zentralen Baumaterialien.

Der von den Seitenfenstern und dem großen Fenster hinter dem Altar ausgehende Lichteffekt ist einzigartig: Auf der glatten Oberfläche der Zementbögen spiegeln sich Nuancen von Gelb, Rot und Blau; sie tauchen den Ort in eine geheimnisvolle Atmosphäre.

Dieses außergewöhnliche Spiel von Licht und Schatten gab es zur Bauzeit der Kirche in den 1930er-Jahren jedoch nicht. Am 22. November 1943 wurde die Kirche am Hohenzollernplatz bei Bombenangriffen schwer beschädigt. Die alte Orgel, Fresken und Gemälde wurden bei dem folgenden Brand praktisch vollständig zerstört. Nach dem Krieg baute man die Kirche wieder auf. Seit 1966 steht sie unter Denkmalschutz.

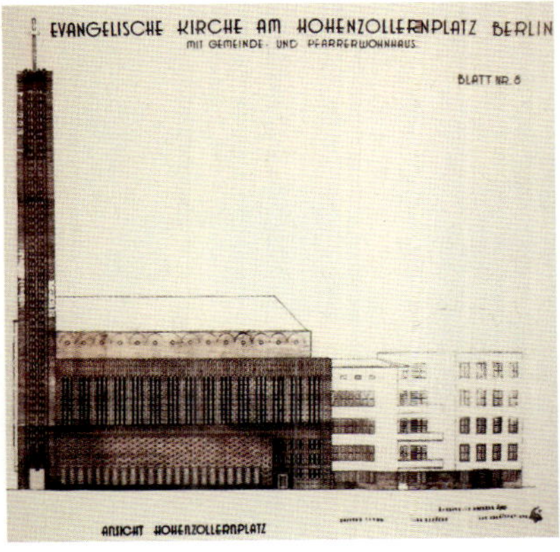

Die fantastischen Fenster sind das Werk des deutschen Künstlers Achim Freyer, der sie im Rahmen einer umfassenden Sanierung in den Jahren 1990/91 anfertigte.

Jeden Samstag um 12 Uhr lädt die Kirche zum *NoonSong* ein, einem von einem Profi-Vokalensemble gesungenen Gottesdienst.

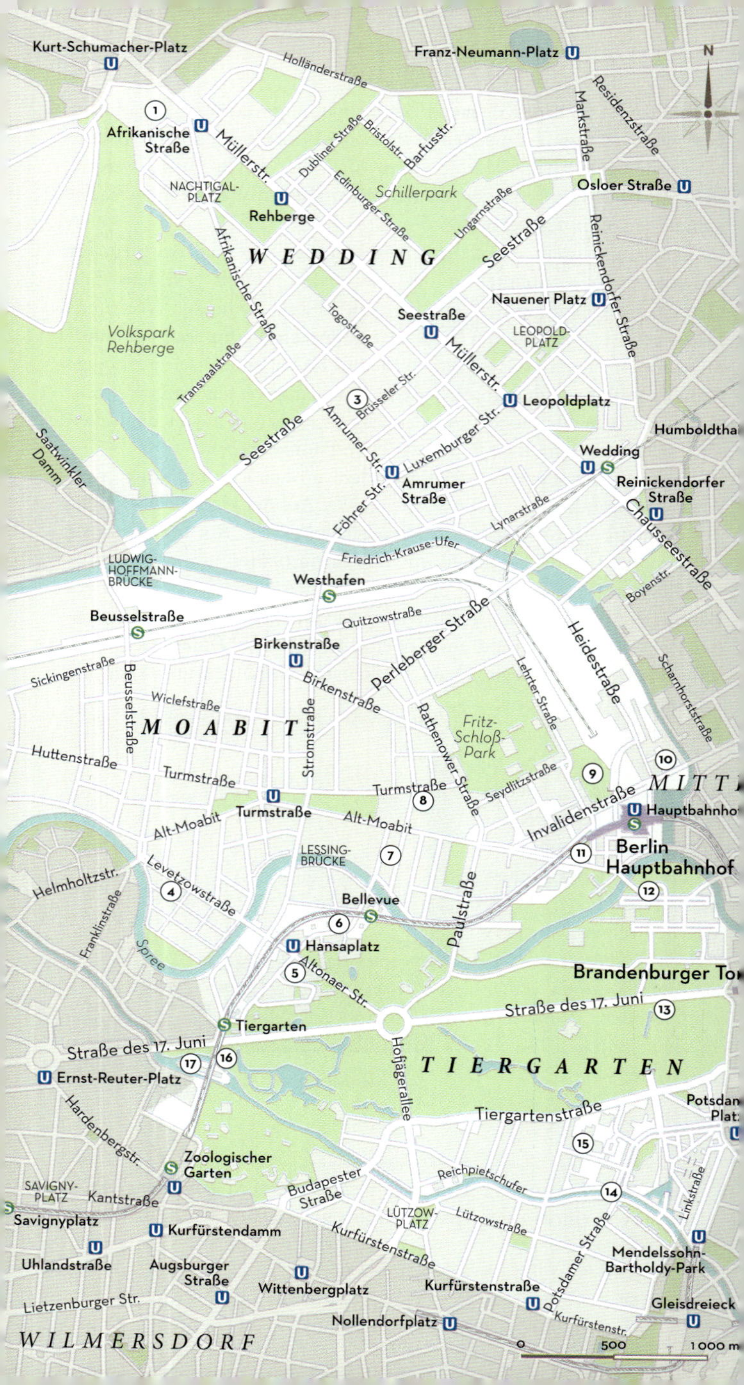

Kurt-Schumacher-Platz
Holländerstraße
Franz-Neumann-Platz
N
Residenzstraße
Markstraße
Afrikanische Straße
Müllerstr.
Dubliner Straße
Bristolstr.
Barfusstr.
NACHTIGAL-PLATZ
Rehberge
Edinburger Straße
Schillerpark
Osloer Straße
Ungarnstraße
Seestraße
Reinickendorfer Straße
WEDDING
Afrikanische Straße
Nauener Platz
Volkspark Rehberge
Togostraße
Seestraße
LEOPOLD-PLATZ
Transvaalstraße
Müllerstr.
Brüsseler Str.
Leopoldplatz
Seestraße
Amrumer Str.
Luxemburger Str.
Humboldthai
Saatwinkler Damm
Wedding
Amrumer Straße
Reinickendorfer Straße
Föhrer Str.
Lynarstraße
Chausseestraße
Friedrich-Krause-Ufer
LUDWIG-HOFFMANN-BRÜCKE
Westhafen
Boyenstr.
Beusselstraße
Quitzowstraße
Perleberger Straße
Heidestraße
Birkenstraße
Sickingenstraße
Birkenstraße
Lehrter Straße
Scharnhorststraße
Wiclefstraße
Rathenower Straße
Beusselstraße
MOABIT
Stromstraße
Fritz-Schloß-Park
Huttenstraße
Turmstraße
Turmstraße
Seydlitzstraße
MITT
Turmstraße
Invalidenstraße
Hauptbahnhof
Alt-Moabit
Alt-Moabit
LESSING-BRÜCKE
Berlin Hauptbahnhof
Helmholtzstr.
Levetzowstraße
Bellevue
Franklinstraße
Paulstraße
Hansaplatz
Spree
Altonaer Str.
Brandenburger To
Straße des 17. Juni
Tiergarten
Straße des 17. Juni
Ernst-Reuter-Platz
TIERGARTEN
Hofjägerallee
Tiergartenstraße
Potsdam Plat
Hardenbergstr.
Zoologischer Garten
SAVIGNY-PLATZ
Kantstraße
Budapester Straße
Reichpietschufer
Linkstraße
Savignyplatz
Kurfürstendamm
LÜTZOW-PLATZ
Lützowstraße
Kurfürstenstraße
Potsdamer Straße
Mendelssohn-Bartholdy-Park
Uhlandstraße
Augsburger Straße
Wittenbergplatz
Kurfürstenstraße
Lietzenburger Str.
Gleisdreieck
Nollendorfplatz
Kurfürstenstr.
WILMERSDORF
0
500
1 000 m

Wedding – Moabit – Tiergarten

① DIE DÜNE WEDDING *240*
② DAS FLACHRELIEF EINES BRUNNENHAUSES *242*
③ DER LUFTSCHUTZKELLER UNTER DEM ANTI-KRIEGS-MUSEUM *244*
④ DAS MAHNMAL FÜR DIE DEPORTIERTEN JUDEN *246*
⑤ DAS DECKENGEMÄLDE VON ALVAR AALTO *248*
⑥ DAS BUCHSTABENMUSEUM *250*
⑦ DIE FASSADE IN DER THOMASIUSSTRAßE 5 *252*
⑧ DIE EINGANGSHALLE DES MOABITER GERICHTSGEBÄUDES *254*
⑨ DER GESCHICHTSPARK ZELLENGEFÄNGNIS MOABIT *258*
⑩ DIE GRÜNFLÄCHE AM HAMBURGER BAHNHOF *260*
⑪ DIE FREITREPPE DES ULAP-GELÄNDES *262*
⑫ DIE „FLUGBLÄTTER“ IN DER SCHWEIZERISCHEN BOTSCHAFT *264*
⑬ DIE BORDSTEINE GERMANIAS *266*
⑭ DER RING AN DER POTSDAMER BRÜCKE *268*
⑮ VILLA PAREY: „DAS LETZTE HAUS MUSS BLEIBEN!“ *269*
⑯ DAS GASLATERNEN-FREILICHTMUSEUM *270*
⑰ EIN BESUCH IM UT2 *272*

DIE DÜNE WEDDING

①

Eine kaum bekannte Sanddüne

Scharnweberstraße 158/159, 13405 Berlin
vom Parkplatz aus einsehbar, Besuch nach Anmeldung möglich:
bgmitte@nabu-berlin.de
U6 (Afrikanische Straße oder Kurt-Schumacher-Platz)

Auf dem Gelände des Schul-Umwelt-Zentrums in der Scharnweberstraße am Rand des Volksparks Rehberge befindet sich Berlins einzige innerstädtische eiszeitliche Binnendüne – eine beeindruckende geologische Attraktion, die auf Voranmeldung zu besichtigen ist. Sie entstand gegen Ende der Weichsel-Kaltzeit (die nach dem Fluss Weichsel benannt ist). Vor rund 12 000 Jahren hinterließen die letzten eiszeitlichen Gletscher bei ihrem Rückzug an ihren vormaligen Rändern weite Bereiche voller Moränenschutt und Sandwällen. Ein Bewuchs musste sich dort erst langsam wieder ansiedeln, sodass sich der ungehindert vom Wind verwehte Sand in der weiteren Umgebung verteilen und zu Dünen anlagern konnte.

Durch menschliche Eingriffe über die Jahrtausende – etwa durch Heckenbepflanzung zum Schutz von Weiden und Äckern – bildeten sich immer dichtere Vegetationsdecken. Im 18. Jahrhundert begann die systematische Aufforstung der Dünengebiete. Auch der Sandabbau reduzierte die Zahl der Binnendünen stetig.

Glücklicherweise wurde die an ihrer Stelle 1929 bereits geplante Friedrich-Ebert-Siedlung nicht gebaut – so blieb die Düne Wedding bestehen, bis sie 1950 Teil der Nutzflächen der Gartenarbeitsschule wurde. Man erkannte die Einzigartigkeit dieses Gebiets und trug es 1976 als Flächennaturdenkmal ins Naturdenkmalbuch des Bezirks Wedding ein. Ende der 1980er-Jahre ersann man dann ein umfangreiches Pflege- und Entwicklungskonzept.

2002 erhielt die Düne Wedding weiteren Schutz, und endlich begann man auch mit konkreten Maßnahmen zu Renaturierung und Erhaltung des Flächennaturdenkmals. 2012 wurde der untypische Bewuchs aus Brombeeren, Mahonien und Schneebeeren, Robinien und Buchen entfernt. Nur die originalen Dünenbewohner Waldkiefer und Eiche durften stehen bleiben. Dank des unermüdlichen Einsatzes des Naturschutzbunds (NABU) Berlin gewinnt die Düne langsam wieder ihre ursprüngliche Gestalt zurück. Invasiver Bewuchs wird kontinuierlich entfernt und auch die teils 40 Zentimeter dicke Humusschicht vorsichtig weiter abgetragen.

Vom Parkplatz des benachbarten Baumarkts ist die Düne sichtbar; für eine intensivere Bekanntschaft mit dem ältesten eiszeitlichen Sandhügel von Berlin-Mitte kann man sich als freiwilliger unentgeltlicher Dünenpfleger bei der Bezirksgruppe Berlin-Mitte des NABU melden.

DAS FLACHRELIEF EINES BRUNNENHAUSES

②

Erinnerung an eine Quelle, dem ein Stadtviertel seinen Namen verdankt

Badstraße 38–39, 13357 Berlin
U8 (Pankstraße)

An der Westfassade des Eckhauses Badstraße/Travemünder Straße erkennt man ganz oben das Flachrelief eines Pavillons in Form einer stilisierten Pagode, die die lateinische Inschrift *IN FONTE SALUS* („Im Quell liegt die Heilung.") trägt. Dieses Relief erinnert an das Brunnenhaus, einen Pavillon, der hier eine alte Heilquelle beherbergte – den sogenannten Gesundbrunnen, der einst dem gesamten Viertel seinen Namen gab.

Wer neben dem Haus ein Stück an der Panke entlanggeht, kommt zu einer ehemaligen Badeanstalt, in der sich heute die öffentliche Bibliothek am Luisenbad befindet. Das Innere ist komplett umgebaut, doch die hübsche Außenfassade ist noch erhalten.

Mitte des 18. Jahrhunderts wurde hier die Mineralquelle entdeckt, deren Wasser – laut Untersuchung des berühmten Berliner Chemikers und Apothekers Andreas Sigismund Marggraf (1709–1782), Entdecker des Rübenzuckers – höchste Heilwirkung besaß.

König Friedrich II. war ein großer Freund von Heilbädern und besuchte jährlich das Kurbad in Pyrmont. Ein Heilbad in Berlin konnte daher mit seinem Segen rechnen. Vorher ließ Friedrich II. die Analyse Marggrafs durch das Ober-Collegium Medicum in Berlin überprüfen – mit positivem Ergebnis.

So erhielt 1751 der Hofapotheker Heinrich Wilhelm Behm (1708–1780) die Erlaubnis zum Bau einer Heil- und Badeanstalt, wo man durch innere und äußere Anwendung dieses Wassers in den Genuss seiner erstaunlichen Wirkung kommen konnte. Behm machte sich rasch ans Werk, verpasste der Quelle eine Backsteinfassung und errichtete ein hübsches Brunnenhaus, dessen Abbild auf dem Relief der Hauswand recht gut wiedergegeben ist. Ringsum entstanden weite Gärten mit Bade- und Trinkgebäuden. Vor allem Rheumakranke und Augenleidende besuchten den Brunnen. Eine der prominentesten Besucherinnen war 1799 die junge Preußenkönigin Luise. Ihr zu Ehren wurde das Bad in „Luisenbad" umbenannt.

Wie in anderen großen Badeorten kamen viele Gäste vor allem des Vergnügens wegen, und so entstanden rings um die Badstraße Gaststätten, Tanzcafés und Spielhallen. Auch Mitte des 19. Jahrhunderts erfreute sich die Badeanstalt noch großer Beliebtheit.

Als jedoch 1888 beim Bau der Kanalisation die Heilquelle zerstört wurde, kam unvermittelt das Ende. Alle Versuche, die Quelle wieder zum Sprudeln zu bringen, blieben erfolglos.

Auch die Badstraße und die Brunnenstraße verdanken ihren Namen dem Kurbetrieb, der um die Heilquelle entstand.

DER LUFTSCHUTZKELLER UNTER DEM ANTI-KRIEGS-MUSEUM

③

Eine Ahnung des Unfassbaren

Brüsseler Straße 21, 13353 Berlin
0 30 / 45 49 01 10
anti-kriegs-museum.de
Täglich 16–20 Uhr
Eintritt frei
U9 (Amrumer Straße)

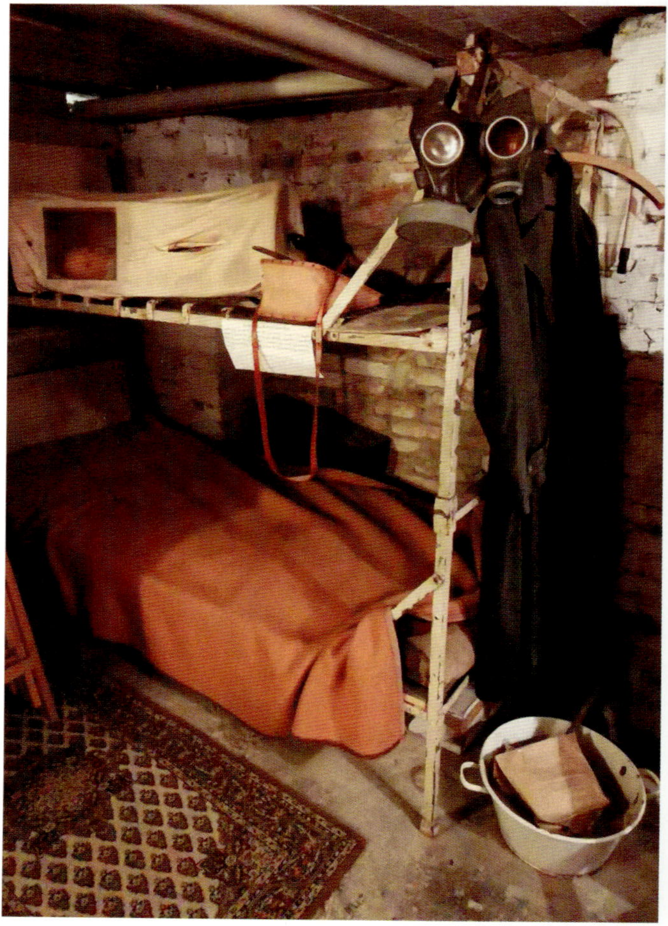

Das Anti-Kriegs-Museum wurde 1925 von dem anarchistischen Pazifisten Ernst Friedrich (1894–1967) gegründet, um auf die Schrecken bewaffneter Konflikte, insbesondere die des Ersten Weltkriegs, aufmerksam zu machen. 1933 wurde die Sammlung des damals in der Parochialstraße 29 gelegenen Museums von den Nazis geplündert und vollständig zerstört. Friedrich selbst wurde zu sieben Monaten Haft verurteilt und sah sich später gezwungen, Deutschland zu verlassen.

1982 wurde das Anti-Kriegs-Museum von einer Gruppe Lehrer um Tommy Spree, den Enkel Ernst Friedrichs, wiedereröffnet. Seit 1998 hat es seinen Sitz im Bezirk Wedding. Die Ausstellung zeigt Fotografien, Objekte und Dokumente, die von den Gewalttaten in beiden Weltkriegen zeugen.

Im Untergeschoss kann ein authentischer Luftschutzkeller aus dem Zweiten Weltkrieg besichtigt werden. In einer Ecke steht ein Stockbett, an dem zwei Gasmasken und eine lange Lederweste hängen. Eine Gaswiege unter der Bettdecke, mit der Säuglinge bei Luftangriffen geschützt werden sollten, löst Beklemmungsgefühle aus. An einer Wand sind Holzstühle aufgereiht, in einem Regal finden sich verschiedene Gegenstände wie eine Laterne, eine Aufnahme von Frauen und Kindern in einem Luftschutzkeller und zwei rostige Helme. Ein Funkgerät zur Übertragung des Bombenalarms vervollständigt die Ausstattung, mit der eine authentische Atmosphäre des Kellers vermittelt wird.

Die Holztür an der Wand befand sich einst in einem Luftschutzkeller in Neukölln. Bei genauem Hinsehen entdeckt man auf ihrer Oberfläche zahlreiche Inschriften. Während der Bombenangriffe 1945 diente sie einer Berlinerin zur Dokumentation der im Keller verbrachten Tage. Das letzte verzeichnete Datum ist der 20. April 1945, der Tag, an dem die Rote Armee in der deutschen Hauptstadt einmarschierte.

Ebenfalls charakteristisch ist die Luftschutz-Hausapotheke – ein an der Wand aufgehängtes Schränkchen mit Medikamenten und einem Erste-Hilfe-Set aus der Zeit des Zweiten Weltkriegs.

DAS MAHNMAL FÜR DIE DEPORTIERTEN JUDEN

④

Ein eindrücklicher Ort des Gedenkens

Levetzowstraße 7–8, 10555 Berlin
U9 (Hansaplatz)

In der Moabiter Levetzowstraße zieht ein imposantes Denkmal die Blicke auf sich, das beinahe den gesamten Gehweg einnimmt. Es zeigt einen Güterwaggon, durch dessen teilweise geöffnete Tür behauene Steinblöcke zu sehen sind. Auf der Zugangsrampe liegt ein großer, ebenfalls behauener Marmorblock, der dicht gedrängt stehende Menschen zeigt, die sich in Richtung des Waggons zu bewegen scheinen. Dahinter ragt hoch eine mit Zahlen und Daten beschriebene Eisenwand auf.

Es handelt sich um das *Mahnmal Levetzowstraße,* das 1985 zum Gedenken an die schlimmsten Zeiten in der Geschichte dieses Viertels und der ganzen Stadt errichtet wurde. Das Mahnmal ist ein Gemeinschaftswerk der beiden Architekten Jürgen Wenzel und Theseus Bappert sowie des Bildhauers Peter Herbrich. Es erinnert an die Mitglieder der Berliner jüdischen Gemeinde, die zwischen Oktober 1941 und April 1945 von den Nazis deportiert wurden.

Die Zahlen an der Eisenwand listen bürokratisch die Todeszüge in die Konzentrations- und Arbeitslager der Nazis auf: Abfahrtsdaten, Zielorte und Anzahl der deportierten Personen. Am Fuß der Rampe sind mehrere quadratische Eisentafeln in den Gehweg eingelassen. Sie enthalten Angaben – Baujahr, Sitzplätze und Datum der Zerstörung – zu den Synagogen, die während der Naziherrschaft zerstört wurden.

Der Standort des Mahnmals ist von großer symbolischer Bedeutung: Genau hier befand sich nämlich einst die 1914 erbaute liberale Synagoge Levetzowstraße, auch bekannt als Synagoge Tiergarten. Sie wurde während der Novemberpogrome 1938 beschädigt und diente den Nazis in den Folgejahren als Sammelstelle für Deportationen.

Bei den alliierten Luftangriffen im Zweiten Weltkrieg wurde die Synagoge weiter zerstört und im Jahr 1955 schließlich abgerissen. Eine Gedenktafel befindet sich seit 1960 auf einer Backsteinmauer an der Ecke Jagow-/Levetzowstraße.

Seit 1990 findet bei dem Mahnmal jedes Jahr am 9. November eine Gedenkveranstaltung statt, in deren Rahmen an die Pogrome vom November 1938 und das traurige Schicksal der Tausenden Juden erinnert wird, die von hier in den Tod deportiert wurden.

DAS DECKENGEMÄLDE VON ALVAR AALTO

5

Ein versehentlich übermaltes Gemälde

Alvar-Alto-Haus
Klopstockstraße 32, 10557 Berlin
U9 (Hansaplatz)

Die Geschichte des Deckengemäldes im Erdgeschoss des Alvar-Aalto-Hauses ist kurios. Das in Blau und Weiß gehaltene Kunstwerk mit geschwungenen Linien wurde einst selbst von dem berühmten finnischen Architekten und Erbauer des nach ihm benannten Gebäudes ausgeführt.

1957 hatte Aalto den Bauherren den Vorschlag unterbreitet, die Decke im Eingangsbereich von dem spanischen Künstler Joan Miró gestalten zu lassen. Dieses allzu kostspielige Vorhaben wurde jedoch abgelehnt. Also griff Aalto selbst zum Pinsel und machte sich einige Tage vor Einweihung des Gebäudes an die Arbeit, ohne die Bauherren darüber zu informieren. Sein Mitarbeiter Karl Fleig erinnert sich wie folgt an die Begebenheit: „[Aalto] fragte nach dem Dekorateur, mit dem ich mich unverzüglich in Verbindung setzen sollte. Zwei Stunden später standen der Dekorateur, sein Lehrling, Aalto und ich mit Farbeimern, Pinseln und Leitern auf der Baustelle. Aalto begann sofort, mit an langen Stäben befestigter Kohle Skizzen anzufertigen [...]. Zwei Tage später, gerade noch rechtzeitig zur Einweihung, war das Gemälde fertig."

In den folgenden Jahren wurde die Decke im Zuge von Renovierungsarbeiten ohne Rücksicht auf den Wert des Kunstwerks verputzt und weiß überstrichen. So blieb es lange Jahre vor Blicken verborgen, bis 2007 nach mehreren Sanierungen im Erdgeschoss ein Antrag auf Überprüfung des Erhaltungszustands gestellt wurde. Leider kamen die Restauratoren im Zuge dieser Überprüfung zu dem Schluss, dass eine vollständige Wiederherstellung des Aalto'schen Gemäldes nicht möglich sei. Immerhin gelang es jedoch, die ursprünglichen Formen und Farben anhand alter Aufnahmen zu rekonstruieren.

Heute können die wellenförmigen dunkelblauen Linien im Mittelbereich, die in eine sanftweiße Fläche einzutauchen scheinen, sowie die in Reinweiß gezeichneten Kreise um die runden Deckenleuchten herum wieder – fast – in alter Pracht bewundert werden.

Im Eingangsbereich des Gebäudes wird die Geschichte des Deckengemäldes auf einer Reihe von Informationstafeln erläutert.

Das 1955 bis 1957 erbaute Alvar-Aalto-Haus war Teil von Plänen für den Wiederaufbau des alten Hansaviertels nordwestlich des Tiergartens, das im Zweiten Weltkrieg fast vollständig zerstört worden war. Das Gebäude wurde auf der Interbau 1957 in Westberlin vorgestellt. Im Rahmen dieser Internationalen Bauausstellung, an der zahlreiche international renommierte Architekten aus 13 Ländern teilnahmen, darunter auch Le Corbusier, Walter Gropius und Max Taut, entstanden insgesamt 36 neue Wohnkomplexe, die zum Teil erst 1960 fertiggestellt waren. Viele der Häuser stehen heute unter Denkmalschutz.

DAS BUCHSTABENMUSEUM

⑥

Eine außergewöhnliche Sammlung alter Werbebuchstaben

Stadtbahnbogen 424, 10557 Berlin
0 177 / 4 20 15 87
buchstabenmuseum.de
Do–So 13–17 Uhr
S3, 5, 7, 9 (Bellevue)

Das von der Wiener Designerin Barbara Dechant und der Restauratorin Anja Schulze 2005 gegründete und 2008 eröffnete Buchstabenmuseum ist zweifelsohne eines der originellsten Museen der Stadt. In den Ausstellungsräumen werden mehr als 2000 Buchstaben und Schriftzüge verschiedener Epochen gezeigt; die meisten stammen aus der Hauptstadt selbst und dem Berliner Umland.

In der Tat ist das Buchstabenmuseum das erste Museum weltweit, das die Buchstaben von Schriftzügen aus dem öffentlichen Raum sammelt und als vollwertigen Teil der Stadtgeschichte ausstellt. Jedes Exponat basiert auf eingehenden Recherchen und sorgfältiger Dokumentationsarbeit – man machte ausfindig, an welchem Ort es sich ursprünglich befand, und manchmal war es sogar möglich, das Entstehungsdatum zu rekonstruieren. Den Buchstaben zur Seite gestellt sind Erläuterungen mit Angaben zur verwendeten Schriftart, zu Format und Übernahmedatum sowie zu dem Material, aus dem die Schrift gefertigt wurde.

Einige besondere Funde erzählen die Geschichte Berlins aus dem 20. Jahrhundert – wie die vier großen Buchstaben H, A, U und P, die einst Teil des Schriftzugs „Hauptbahnhof" waren (der sich damals am Standort des heutigen Ostbahnhofs befand). Eine Wandmontage zeigt die Leuchtreklame „Zierfische" eines Geschäfts, das von 1957 bis 2009 in der Nähe des Frankfurter Tors seinen Sitz hatte. In einem weiteren Raum beeindrucken die massiven Metallbuchstaben „Tagesspiegel" vom ehemaligen Sitz der Tageszeitung in der Potsdamer Straße mit ihrem grellleuchtenden Neonlicht.

Auch der heutige Standort des Museums ist fantastisch: Seit 2016 stellen Barbara Dechant und Anja Schulze ihre Kostbarkeiten in einem Stadtbahnbogen unter der S-Bahn aus. Das allein ist in Berlin nicht einzigartig. Doch die Lage nahe dem S-Bahnhof Bellevue, abseits der Touristenströme, sowie die spektakuläre Gestaltung der Räume machen den Besuch des Museums (und des nur wenige Schritte entfernten Hansaviertels) zu einem Erlebnis, das man sich nicht entgehen lassen sollte.

DIE FASSADE IN DER THOMASIUSSTRAßE 5

⑦

Metaphysischer Jugendstil

Thomasiusstraße 5, 10557 Berlin
U9 (Turmstraße)

Das 1902 durch den Architekten Hans Landé und den Bildhauer Carl Caspary errichtete Gebäude in der Moabiter Thomasiusstraße 5 weist eine außergewöhnliche Jugendstilfassade mit zahlreichen in Bronze gegossenen Zierelementen auf, von deren Spitze das riesenhafte Antlitz eines bärtigen Mannes auf die Passanten herabblickt.

Das mit weit geöffnetem Mund dargestellte Gesicht versinnbildlicht Gott, der durch sein Wort die Erde erschafft. Aus seinem Mund erwächst die Dualität, dargestellt in Form zweier verschiedengeschlechtlicher Faune beiderseits des Giebeldreiecks. Es handelt sich dabei um zwei gegensätzliche Prinzipien, die in Wahrheit eins sind – das Yin und das Yang, deren Widerstreit durch die dem männlichen Faun unerträgliche Musik des weiblichen Fauns veranschaulicht wird: Er hält sich die Ohren zu, um sie nicht mehr hören zu müssen.

Entlang der unmittelbar darunterliegenden Fenster sind die Rollen vertauscht: Der Mann auf der rechten Seite scheint ratlos angesichts des Unmuts der Frau auf der linken Seite.

Zwei Etagen tiefer wird derselbe Konflikt sinnbildhaft für den Widerspruch der männlichen und weiblichen Energie im Kampf zwischen einem (hörnerlosen?) Stier und einer Schlange veranschaulicht.

Auf den Säulen zwischen den Fenstern zieren Sonnenblumen die beiden Kampfszenen. Diese Blume, die mit ihrer Blüte stets dem Gang der Sonne folgt, steht seit der Antike für die Suche nach der Wahrheit. Der Künstler lädt den Betrachter hier ein, sich Gedanken über die Natur des in der Dualität offenbaren göttlichen Willens zu machen.

Mit der Darstellung einer Landschaft, in der die Akropolis (links) und die Sphinx (rechts) zu sehen sind, verweist der Architekt darauf, dass die Antwort auf diese Frage in der Philosophie und Weisheit des alten Ägyptens und des antiken Griechenlands zu finden ist.

DIE EINGANGSHALLE DES MOABITER GERICHTSGEBÄUDES

⑧

Eine grandiose Kulisse

Turmstraße 91, 10559 Berlin
Geöffnet Mo–Fr von 8 Uhr bis zum Ende der öffentlichen Sitzungen
Eintritt frei (Personalausweis erforderlich)
U9 (Turmstraße)

Da Gerichte öffentliche Gebäude sind, sind sie in der Regel für jedermann frei zugänglich. Das Kriminalgericht Moabit bildet hierbei keine Ausnahme. Es wurde zu Beginn des 20. Jahrhunderts errichtet und bietet Besuchern ein grandioses Ambiente.

In der beeindruckenden Eingangshalle gleich hinter der Einlasskontrolle kann man sich an das Schiff einer gotischen Kathedrale erinnert fühlen – wenn auch die Jugendstilleuchter, die von den Schlusssteinen des Deckengewölbes hängen, recht modern anmuten. Über drei Etagen erhebt sich die gewaltige, von Galerien umgebene Halle in die Höhe. Die prachtvoll geschwungenen Haupttreppen wirken wie in einem Stich von

Giambattista Piranesi ineinander verschlungen. Auf drei überwölbten Portalen befinden sich barocke allegorische Skulpturen: rechts *Lüge* und *Wahrheit,* links *Streitsucht* und *Friedfertigkeit,* dahinter schließlich der *Glaube* und die *Gerechtigkeit,* die mit ihrem Schwert über Schuld und Unschuld richtet. Die in die Bodenfliesen eingelassenen verschnörkelten Lettern „KCG“ stehen für *Kaiserliches Criminalgericht* und verweisen darauf, dass der Bau aus wilhelminischer Zeit stammt.

Besuch einer öffentlichen Gerichtsverhandlung

Laufende Verfahren sind öffentlich und können besucht werden. Neben den besonderen Eindrücken, die ein Gerichtsverfahren bietet, lohnen einige Sitzungssäle auch aus architektonischer Sicht den Besuch. Verhandlungskalender tagesaktuell am Eingang erfragen.

Das größte Gerichtsgebäude Europas

Alle Straftaten, die innerhalb der Berliner Stadtgrenzen verübt worden sind, werden an diesem Ort verhandelt – in bis zu 300 Sitzungen täglich. Mit 240 Richtern, 80 Rechtspflegern und 300 Staatsanwälten ist das Kriminalgericht Moabit das größte Strafgericht Europas. Das Untersuchungsgefängnis Moabit (Alt-Moabit 12a) befindet sich nur wenige Schritte entfernt in direkter baulicher Verbindung zum Gericht. Hier sind durchschnittlich rund 1300 Untersuchungsgefangene untergebracht.

Seiner Zeit voraus

Das 1906 eingeweihte Gebäude war für damalige Zeiten außergewöhnlich modern. Der erste vollständig elektrifizierte Bau der Hauptstadt besaß bei seiner Fertigstellung ein eigenes Kraftwerk, Lasten- und Personenaufzüge, eine Zentralheizung, eine eigene Telefonanlage und eine eigene Wasserversorgung mit Wasserturm. Ursprünglich mit 21 Sitzungssälen ausgestattet, wurde das Gericht ab den 1950er-Jahren mehrfach erweitert, sodass es für nicht ortskundige Besucher heute teilweise schwierig ist, sich auf den unzähligen Gängen und Treppen zurechtzufinden.

DER GESCHICHTSPARK ZELLENGEFÄNGNIS MOABIT

⑨

Mauern der Erinnerung

Lehrter Straße 5B, 10557 Berlin
Sommer 8–21 Uhr, Winter 8–18 Uhr
S3, 5, 7, 9 (Hauptbahnhof)

An das grausame preußische Mustergefängnis, das sich von 1850 bis 1905 im Geschichtspark Moabit befand, erinnert hier auf den ersten Blick nur wenig – wie etwa ein riesiges Dreieck aus Betonmauern, das exemplarisch eines der 20 dreieckigen Freigangsbereiche aus Bretterwänden für die isoliert voneinander eingepferchten politischen Gefangenen markiert.

Die Dreiecke waren wie Kuchenstücke in einem großen Kreis angeordnet. Die Zellenbauten lagen als Ring rundum. Das Gefängnis sollte die Häftlinge voneinander isolieren. Sie mussten beim Freigang im Dreieck Masken tragen und die Aufseher sorgten dafür, dass sie nicht verbal Kontakt aufnahmen.

Diese unmenschliche Behandlung sorgte dafür, dass viele der Gefangenen den Verstand verloren. In weiser Voraussicht war daher dem Gefängnis eine „Irrenanstalt“ angegliedert. Der Ausdruck *im Dreieck springen* hat hier seinen Ursprung; er gilt noch heute umgangssprachlich als eine Vorform des Verrücktwerdens.

Entlang der restaurierten Gefängnismauern steht groß aufgemalt ein Gedicht, das einer der Inhaftierten schrieb, um dem Wahnsinn, der ihn beschlich, zu entkommen: „Von allem Leid, das diesen Bau erfüllt, ist unter Mauerwerk und Eisengittern ein Hauch lebendig, ein geheimes Zittern ...“ Verfasser dieser Zeilen war der Geograf Albrecht Georg Haushofer (1903–1945), in Untersuchungshaft sitzender Widerstandskämpfer gegen das Naziregime. Er wurde im April 1945 mit 15 anderen Inhaftierten unter dem Vorwand der Verlegung angesichts der näherrückenden Alliierten auf dem nahen ULAP-Gelände durch Genickschuss ermordet (siehe S. 262).

Das preußische Mustergefängnis hatte bereits 1847 eine wichtige Rolle bei der Behandlung politischer Gefangener gespielt. 256 polnische Freischärler, die in Posen gegen die Preußen rebelliert hatten, wurden damals im noch unfertigen Bau eingesperrt. Preußenkönig Friedrich Wilhelm IV. wollte an ihnen ein Exempel statuieren und ließ ihnen in Berlin einen Schauprozess machen. Sie waren die ersten Isolationshäftlinge der Moderne. Etliche Freischärler wurden verurteilt, mehrere (einige Quellen sagen, zwei, andere acht) zum Tode, viele zu langen Gefängnisstrafen.

Die Polen hatten jedoch Glück: Im März 1848 kam mit der Revolution für die Verurteilten die Freiheit. Die Berliner Revolutionäre fuhren in einem großen, mit Girlanden geschmückten Wagen vor das Gefängnis und holten die polnischen Freischärler heraus. Sie wurden im Triumphzug am 22. März 1848 durch die Stadt kutschiert, bevor sie in ihre Heimat zurückkehren durften.

DIE GRÜNFLÄCHE AM HAMBURGER BAHNHOF

⑩

Erinnerung an die frühere Drehscheibe

Invalidenstraße 50–51, 10557 Berlin
S3, 5, 7, 9, 75 / U55 (Hauptbahnhof)

Vor dem berühmten Museum für Gegenwart in den Gebäuden des früheren Hamburger Bahnhofs befindet sich ein schön angelegter Garten, in dessen Mitte eine von einer niedrigen Buchsbaumhecke umgrenzte kreisrunde Grünfläche liegt. Diese Grünfläche, von den meisten Besuchern kaum beachtet, markiert die Position einer Drehscheibe, die bis zur Schließung des Bahnhofs im Jahr 1884 Zügen die Weiterfahrt in die entgegengesetzte Richtung ermöglichte.

Nach dem Aufkommen der Eisenbahn gegen Ende der 1830er-Jahre wurde aus Angst vor Lärm und Schmutz zunächst davon Abstand genommen, Züge durch die Stadt fahren zu lassen. Stattdessen errichtete man außerhalb der Stadtmauern am Ende der jeweiligen Eisenbahnlinie Kopfbahnhöfe (siehe S. 106). Der Hamburger Bahnhof befand sich auf Höhe des Neuen Tors, das nicht erhalten ist und sich stadtseitig zum heutigen Robert-Koch-Platz hin öffnete.

Technisch bringen Kopfbahnhöfe jedoch eine Reihe von Schwierigkeiten mit sich. Ein nicht geringes Problem bestand in der Frage, wie die Dampfloks, die nur vorwärts fahren konnten, den Bahnhof wieder verlassen sollten. Man löste das Problem, indem man Drehscheiben einsetzte, auf denen die Loks nach ihrer Ankunft gedreht und auf ein benachbartes Gleis umgeleitet wurden.

Der Hamburger Bahnhof ist noch heute ein schönes Beispiel für diese Technik: Nach der Ankunft im Bahnhof fuhr die Lok weiter durch das linke von zwei hohen, offenen Rundbogentoren auf den Vorplatz, wurde dort mithilfe der Drehscheibe (an der Stelle der heutigen runden Grünfläche vor dem Haupteingang des Museums) umgeleitet und verließ den Bahnhof in entgegengesetzter Richtung durch das rechte Tor wieder. Die Fahrgäste gelangten in die Bahnhofshalle durch kleinere Tore an den Seiten, die jedoch heute aufgrund der später errichteten Seitenflügel nicht mehr zu sehen sind.

Ab 1870 wurde statt der Drehscheibe eine Schiebebühne benutzt, Rundbogentore und Vorplatz waren damit für den Eisenbahnverkehr nicht mehr nötig. Wie der Vorplatz sind auch die Tore noch erhalten; man erkennt sie unschwer in der Form der Eingangsportale.

> Zwei nahezu baugleiche Drehscheiben – die früheren Drehscheiben des Anhalter Bahnhofs – können im Deutschen Technikmuseum besichtigt werden.

FREITREPPE DES ULAP-GELÄNDES ⑪

Barbarei bis zuletzt

ULAP-Park
Alt-Moabit, 10117 Berlin (gegenüber Alt-Moabit 140)
S3, 5, 7, 9 / U55 (Hauptbahnhof)

Auf der Straßenseite gegenüber dem Gebäude des Bundesinnenministeriums in Moabit (2015 eröffnet) führen breite, sehr alte Treppenstufen aus Naturstein, zwischen denen dünne Bäume herauswachsen, einen künstlichen Abhang hinab. Hier strömten 1879 die ersten Besucher zum eben eröffneten Universum-Landes-Ausstellungs-Park (ULAP). Gezeigt wurde eine Gewerbeausstellung, darauf folgten die deutsche Hygieneausstellung 1882 und weitere Ausstellungen bis Mitte der 1920er-Jahre. Im Olympiajahr 1936 war auf dem Gelände die Deutsche Luftfahrtsammlung Berlin mit der Dornier Do X, dem damals größten Flugboot der Welt, zu bestaunen.

All dies hätte nicht ausgereicht, um das Gelände in so begehrter Baulage zum unantastbaren historischen Park zu erklären. 1927 wurden jedoch bei Bauarbeiten an der Stadtbahn 126 Leichen gefunden. Es handelte sich um Opfer politischer Morde, die zu Beginn der Weimarer Republik dort verscharrt worden waren: 1919 hatte man inhaftierte Spartakisten – Sozialisten um Karl Liebknecht und Rosa Luxemburg, die an der Novemberrevolution 1918/19 teilgenommen hatten – aus dem Zellengefängnis Lehrter Straße, den Moabiter Kasernen und dem Kriminalgericht auf das ULAP-Gelände getrieben und dort exekutiert.

Auch im Dritten Reich war der Ort Schauplatz kaltblütiger Morde. Im März 1933 quälte die SA in einer Folterkammer unter dem Restaurant des Ausstellungsgebäudes den Rechtsanwalt Günther Joachim zu Tode.

Letzter blutiger Höhepunkt in der Geschichte des Parks war die Ermordung von 16 politischen Gefangenen des Moabiter Mustergefängnisses der Lehrter Straße (siehe S. 258) in der Nacht zum 23. April 1945. Die meisten von ihnen wurden der Beteiligung an der Verschwörung gegen Adolf Hitler und dem Attentat vom 20. Juli 1944 bezichtigt. Kurz vor Kriegsende führte die SS die Inhaftierten unter dem Vorwand der Verlegung wegen der nahenden Front die Treppe hinab. Sie mussten sich in einer Reihe aufstellen, die SS-Männer traten von hinten an sie heran und erschossen sie. Nur ein junger Kommunist namens Herbert Kosney überlebte; die Kugel des Genickschusses verfehlte seine Wirbelsäule.

Durch seinen Hinweis entdeckten sowjetische Militärpolizisten Tage später die Leichen. In der Jackentasche des Widerstandskämpfers Albrecht Haushofer fanden sich die *Moabiter Sonette*, die er im Gefängnis verfasst hatte. Zwei Zeilen aus dem Sonett *Schuld* lauten: „[I]ch kannte früh des Jammers ganze Bahn – / ich hab gewarnt – nicht hart genug und klar!“

DIE „FLUGBLÄTTER“ IN DER SCHWEIZERISCHEN BOTSCHAFT

⑫

Ein unerwartetes Kunstwerk

Alsenviertel, Spreebogen
Otto-von-Bismarck-Allee 4A, 10557 Berlin
S3, 5, 7, 9 (Hauptbahnhof) / S1, 2, 25 (Brandenburger Tor) / U55 (Bundestag)

Im (überdachten) Eingangsbereich des imposanten Gebäudes der Schweizerischen Botschaft (siehe rechts) fallen dem aufmerksamen Besucher auf dem Fußboden verstreut liegende farbige Baumblätter ins Auge. Diese Blätter bestehen aus gestanztem Papier und sind, wie einer kleinen Tafel rechts an der Wand zu entnehmen ist, Teil einer Arbeit der Schweizer Künstlerin Pipilotti Rist von 2001.

Alle zwölf Minuten trudelt aus einem Deckenschlitz, der beim Blick nach oben gut zu erkennen ist, ein solches Blatt auf den Boden des von den Architekten Diener & Diener (2001) entworfenen zeitgenössischen Entrees. Die für den Blättersegen verantwortliche Maschine wurde von Dimitri Westermann von der Schweizer Smokeball GmbH entwickelt.

Die „Flugblätter“ tragen die Form von Ahorn, Eiche, Ginkgo, Linde, Lorbeer und Wein. Auf der Vorderseite befindet sich eine fotografische Abbildung der Naturvorlage, auf der Rückseite eine kurze poetische Botschaft, zum Beispiel: „Du bist ein Sonnenaufgang.“ Die theoretisch in den vier Schweizer Amtssprachen und der Weltsprache Englisch verfassten Texte sind untereinander ohne Zusammenhang.

Dass die Blätter davongetragen werden, steht eigentlich im Widerspruch zu dem, was man für gewöhnlich von einem Kunstwerk erwarten würde. Hier ist es jedoch sogar ausdrücklich gewollt, wie die Künstlerin erklärt: „Die Blätter sind wie eine Metapher für Demokratie, mit ihnen findet eine universelle Botschaft Verbreitung.“

Die Installation war ursprünglich auf zehn Jahre angelegt und wurde inzwischen von der Botschaft auf unbestimmte Zeit verlängert.

Die Maschine, aus der die Blätter auf den Boden segeln, kann nach vorheriger Terminvereinbarung besichtigt werden.

Die Schweizerische Botschaft: Das letzte Zeugnis des von Hitler und Co. zerstörten Alsenviertels

Der Spreebogenpark zählt nicht eben zu den überlaufenen Berliner Parks. Alles, was einem auf dieser Brachfläche ins Auge fällt, ist ein seltsam versprengter Bau: die Botschaft der Schweiz.
Im Spreebogen (wie auch auf dem Areal des Kulturforums weiter südlich) erstreckten sich einst reiche Stadtviertel – bis die Nazis mit der Abrissbirne kamen. Hier sollte nämlich das größte Gebäude der Welt errichtet werden und die Nord-Süd-Achse der geplanten „Welthauptstadt Germania" (siehe S. 192) quasi bekrönen. Um Platz für die Große Halle, die „Halle des Volkes", zu schaffen, hatte das Alsenviertel zu verschwinden. Als die Pläne für den Neubau der Reichshauptstadt im September 1938 publiziert wurden, war freilich nur von den immensen Bauleistungen die Rede, nicht aber von den ungeheuerlichen Abrissarbeiten.
Das Alsenviertel war seit den 1890er-Jahren wegen der Nähe zur Wilhelmstraße Sitz vieler Botschaften. Ab dem Jahr 1938 siedelte man sie in ein neues Viertel am südlichen Rand des Tiergartens um. Während jedoch die anderen Botschaften (Argentinien, Belgien, Chile, Dänemark, Japan, Norwegen, Türkei, Österrreich-Ungarn, Rumänien, Siam und Uruguay) längst hatten weichen müssen, stand die Schweizer Gesandtschaft 1942 noch immer auf der bereits planierten Fläche – der fertige Neubau im Tiergartenviertel war von einer Bombe zerstört worden. So war und blieb dieses kubische Haus das letzte Zeugnis des von Hitler und Co. zerstörten Alsenviertels.

Zu jener Zeit befand sich der westliche Teil der Ost-West-Achse der „Welthauptstadt Germania" schon im Bau. Sie wurde rechtzeitig zu Hitlers 50. Geburtstag 1939 fertig. Die beim Abriss des Alsenviertels obsolet werdende Siegessäule auf dem Königsplatz – die den Sieg in den drei entscheidenden Kriegen vor der Reichsgründung (gegen Dänemark, Österreich und Frankreich) verherrlichte –, wurde auf den Großen Stern versetzt und nach nationalsozialistischer Angebermanier um einige Meter verlängert.

Woher kommt der Name „Alsenviertel"?

Das Alsenviertel ist im Volksmund nach der dortigen Alsenstraße benannt, die ihrerseits an die im Deutsch-Dänischen Krieg von 1864 eroberte Insel Als (deutsch: Alsen) erinnerte.

DIE BORDSTEINE GERMANIAS

⑬

Mehr ging zum Glück nicht

Straße des 17. Juni, 10117 Berlin
U9 (Hansaplatz) / S3, 5, 7, 9 (Tiergarten (Berlin)

Von Reisebussen verschattet liegen zwei seltsame Bordsteine eingebettet in den Asphalt des heutigen Bürgersteigs der Straße des

17. Juni. Geht man aufmerksam den Bürgersteig am Tiergarten entlang, kann man sie leicht aufspüren. Direkt gegenüber dem Sowjetischen Ehrenmal befinden sie sich, ziemlich genau vis-à-vis der beiden zur Straße hin aufgestellten sowjetischen Panzer. Direkt dahinter führen zwei Waldpfade in den Tiergarten.

Es wirkt wie ein Bauversehen, dabei handelt es sich um den ersten Meter der von Hitler und Speer geplanten Nord-Süd-Achse der „Reichshauptstadt Germania" (siehe S. 192). Der westliche Teil der Ost-West-Achse war bereits am 20. April 1939 (Hitlers 50. Geburtstag) fertiggestellt. Die heutige Straße des 17. Juni bildet ihren Anfang.

Nach dem Sieg über Hitlerdeutschland wählten die Sowjets den Standort ihres Ehrenmals sehr bewusst. Es symbolisiert die Durchkreuzung von Hitlers Weltherrschaftsplänen, indem es förmlich die Zufahrt zum Vorplatz des geplanten größten Gebäudes der Welt, der Großen Halle, blockiert. Der Mammutbau hätte in etwa dort stehen sollen, wo sich heute das Bundeskanzleramt befindet. Allerdings wäre er so voluminös wie zehn Kanzlerämter gewesen. Oder wie hundert?

Den gigantischen Vorplatz der „Halle des Volkes" hätten Hitlers Riesenpalast und der im Vergleich dazu winzige Reichstag gesäumt. Hitlers und Speers Pläne erscheinen heute wie Realsatire. Leider wurde die Neue Reichskanzlei um 1950 abgerissen – daran hätte man am besten erkennen können, wes Geistes Kind die Nazibaumeister waren.

Misst man den Abstand der beiden erhaltenen Bordsteine Germanias auf dem ersten Meter der nie gebauten Nord-Süd-Achse mit eigenen Schritten, kann man spielerisch die eigene Schrittlänge errechnen: 120 Meter breit wäre sie gewesen. Die Ost-West-Achse, die man im Rücken hat, ist mit 75 Metern bereits die breiteste Straße Deutschlands. Ampeln waren auf Hitlers Via Triumphalis Richtung Süden nicht vorgesehen. Nur deutsche „Übermenschen" hätten es wohl lebend über die Straße schaffen sollen. Um den Straßenverkehr am Achsenkreuz kreuzungsfrei zu führen, waren gigantische Verkehrstunnel geplant. Erste Stücke wurden gebaut und sind noch erhalten – einfach im Park bis zur nächsten westlichen Wegkreuzung am Bremer Weg gehen und die zugehörigen Luftschächte anschauen.

DER RING AN DER POTSDAMER BRÜCKE

⑭

Ein unauffälliger Ring

Potsdamer Brücke (Ecke Schöneberger Ufer), 10785 Berlin
U2 (Mendelssohn-Bartholdy-Park)

Man kann unzählige Male daran vorbeigehen, ohne ihn zu bemerken: den massiven Bronzering am Geländer der Potsdamer Brücke. Er ist am südwestlichen Ende der Brücke befestigt (wer aus Süden die Brücke in Richtung Nationalgalerie betritt, findet ihn gleich auf der linken Seite) und fällt trotz seiner Größe – einer Dicke von 10 Zentimeter und 58 Zentimeter Durchmesser – erstaunlicherweise kaum auf.

Der Ring kann am Brückengeländer gedreht, aber nicht abgenommen werden. Es handelt sich um ein Kunstwerk von Norbert Radermacher, das dieser 1985 im Rahmen der von der Neuen Nationalgalerie organisierten Ausstellung *Kunst in der Bundesrepublik 1945–1985* entwarf.

Ursprünglich war der Ring ohne Genehmigung an der Brücke befestigt worden. Nachdem er 1997/98 während Renovierungsarbeiten verschwand, wurde mit Einverständnis der Stadtverwaltung ein neuer Bronzering gegossen und kurze Zeit später installiert.

Villa Parey: „Das letzte Haus muss bleiben!" ⑮

Was die Villa Parey (Sigismundstraße 4A) von 1896 so einzigartig macht, hat weniger mit ihrem Erbauer Theodor Wilhelm Paul Parey zu tun, dem seinerzeit erfolgreichsten deutschen Verleger für land- und forstwirtschaftliche Fachliteratur, als vielmehr mit dem Umstand, dass die Villa heute das einzige noch erhaltene Wohnhaus des ehemaligen Bezirks Tiergarten ist. Wie sehr das Gebäude im Krieg gelitten hat, zeigen die Einschusslöcher an der Fassade; sie stammen von Maschinengewehren der Roten Armee.

Längst war festgelegt, dass die ruinös wirkende Villa einer neuen Gemäldegalerie weichen sollte. Doch eine plötzliche Welle der Empörung unter den Mietern des Hauses, das der Stiftung Preußischer Kulturbesitz gehörte, erwies sich als Stolperstein für den Neubau. Zum Glück für die Villa war fast 20 Jahre lang kein akzeptabler Architekturentwurf eingereicht worden, sodass sich der Mieterprotest zu einem Politikum mausern konnte. 1980 verlangten die 23 Bewohner auf Flugblättern: „Das letzte Haus muss bleiben!"

Die Stadtverordneten des Westberliner Bezirks Tiergarten sprachen sich schließlich für den Erhalt des Gebäudes aus, ebenso das Landesamt für Wohnungswesen, weil es die Bausubstanz an sich als gut erhalten einstufte. Sogar der Direktor der Internationalen Bauausstellung 1987 (mit dem Thema „Die Innenstadt als Wohnort", das sehr gut zu dem Konflikt passte) sah durchaus Möglichkeiten, sich „sehr rational" für den Erhalt der Villa Parey einzusetzen. Der Westberliner Bausenator stand nun vor einer Herausforderung: Würde es gelingen, die Geldgeber in Bonn – damals Hauptstadt der BRD – von einer kostspieligen Änderung des Bauplans und der ja eigentlich völlig überflüssigen Einbeziehung des nicht denkmalgeschützten Hauses zu überzeugen? Das Wunder geschah und die Villa wurde in den Neubau der Gemäldegalerie integriert. Nur das Kutscherwohnhaus und die Remise der Villa Parey mussten verschwinden. Bei der Sanierung wurden die Einschusslöcher bewusst erhalten; die Villa steht heute unter Denkmalschutz.

Inspiriert von Schloss Hartenfels im sächsischen Torgau

Die Villa Parey ist ein Beispiel für den eklektizistischen Baustil der Gründerzeit Ende des 19. Jahrhunderts und wurde nach dem Vorbild des Schlosses Hartenfels in Sachsen entworfen. Die Fassade weist Fenster mit gotischen Rundbögen auf. Die Blendpfeiler (Pilaster), die sie zum Teil eingerahmen, sind – wie auch der reich geschmückte Giebel – von italienischen Frührenaissance-Bauten inspiriert.

DAS GASLATERNEN-FREILICHTMUSEUM

16

Unter den Laternen

Straße des 17. Juni, 10557 Berlin
Jederzeit öffentlich zugänglich
S3, 5, 7, 9 (Tiergarten) / U9 (Hansaplatz)

Auf dem Weg von der S-Bahn-Station Tiergarten durch den Park zum Bahnhof Zoo besucht man, vielleicht ohne es beabsichtigt zu haben, das romantischste der Berliner Museen. Es liegt unter freiem Himmel und kostet keinen Eintritt. Vor allem nachts ist ein Besuch der märchenhaften Parklichter zu empfehlen. Die Exponate leuchten warm und gelb und erwecken den Eindruck, man sei in einer anderen Zeit unterwegs.

Es die größte Sammlung historischer Gaslaternen weltweit. Das älteste örtliche Gasversorgungsunternehmen GASAG sponsort diese schöne Idee seit 1978, als sie verwirklicht wurde. Berlin ist nach wie vor die Hauptstadt der Gaslaternen. 2009 umfasste das Freilichtmuseum 90 Exemplare aus ganz Europa, insgesamt waren in der Stadt noch 44 000 Stück in Betrieb – mehr als irgendwo sonst auf der Welt.

Angefangen hatte es mit dem Gas in Berlin, als das preußische Innenministerium 1825 die Londoner Imperial Continental Gas Association (ICGA) mit dem Aufbau einer städtischen Gasversorgung beauftragte. Auf dem Gelände des heutigen Sommerbads Kreuzberg entstand eine erste Gasanstalt (damals Gas-Erleuchtungsanstalt), und im September 1826 brannten, durch eine knapp unter der Erde verlaufende Gasleitung versorgt, Unter den Linden die ersten Gaslaternen. Bis 1846 baute die ICGA das Rohrnetz auf 100 Kilometer Länge aus. Dann nahmen aber peu à peu die Berliner selbst die Gaserzeugung für Beleuchtung, Gasfeuerstätten und Gasherde in die Hand.

Bis in die 1980er-Jahre favorisierte man in Westberlin das selbst erzeugte Stadtgas, während das übrige Westdeutschland längst auf Erdgas aus dem Osten umgestiegen war. Stadtgas wurde, ebenso wie Strom, innerhalb Westberlins aus Kohle und aus Benzin erzeugt. Beides musste über Transit-Bahnstrecken aus dem Westen geliefert werden. Mit der Entspannung in der deutschen Ostpolitik wurde auch Westberlin nach 1983 mit russischem Erdgas aus der Pipeline versorgt. Es wurde aber zum Teil in Stadtgas umgewandelt und in großen unterirdischen Gasspeichern gelagert.

In Westdeutschland verschwand das Gaslicht in den 1970er- und 1980er-Jahren rasch. Die schönsten Exemplare in Westdeutschland ausrangierter Gaslaternen landeten im Tiergarten. Zur Abwehr von Vandalen ist ein Gedicht Erich Mühsams auf den Parkbänken zitiert: „Ich bin der Lampenputzer dieses guten Leuchtelichts. Bitte, bitte, tut ihm nichts. Wenn wir ihn' das Licht ausdrehen, kann kein Bürger nichts mehr sehen."

EIN BESUCH IM UT2

(17)

Weltgrößte Wasserströmungstestanlage

Versuchsanstalt Dynamik Maritimer Systeme
Müller-Breslau-Straße 15, 10623 Berlin
Führungen am Tag des offenen Denkmals oder für Gruppen auf Anfrage:
dms.tu-berlin.de/menue/versuchseinrichtungen/umlauftank_ut2
S3, 5, 7, 9 (Tiergarten)

Von Weitem wirkt das 35 Meter hohe Gebäude wie eine Kreuzung aus rosa Riesenpipeline und gestrandetem Containerfrachtschiff; man kann sich nur schwer vorstellen, wie es im Inneren aussieht. Ist man dann einmal drin, fühlt man sich wie im Bauch eines Frachtschiffs, auf dem wissenschaftliche Forschung betrieben wird.

UT2 steht für „Umlauf- und Kavitations-Tank 2". Als Kavitation wird die Bildung und Auflösung dampfgefüllter Hohlräume in Flüssigkeiten bezeichnet – ein Phänomen, das auch Schiffsschrauben zeigen: Durch die Bewegung der Antriebsschaufeln entstehen unter Wasser verdichtete Dampfblasen, bei deren „Implosion" ein Unterdruck entsteht. Dies stellt eine starke Belastung für die Propeller dar und kann im Extremfall das Material zerstören. Im UT2 werden reale Belastungsbedingungen für Schiffsschrauben simuliert – es handelt sich um die größte Teststation der Welt zur Untersuchung derartiger Wasserströmungen.

Im Innenraum befindet sich am Boden die geöffnete Messstrecke, in dem bei Versuchsbetrieb viel Wasser in Bewegung kommt. Ringsum an den Innenwänden sieht man Galerien voller Maschinen, Steuerungspulte, Messapparaturen und Archivschränke, ähnlich wie im Frachtraum eines Forschungsschiffs. So lässt sich auch erklären, warum die Ebenen „Decks" (und nicht „Stockwerke") genannt werden.

Die Wasserzirkulation durch die 120 Meter lange ringförmige „Rosa Röhre" (19 Meter hoch und 8 Meter im Durchmesser), den Umlauftank, den man von außen sieht, wird von zwei Schiffsdieselmotoren angetrieben. Mit jeweils zwei Megawatt Leistung bringen sie 3300 Tonnen Wasser auf Geschwindigkeiten zwischen 4 und 10 Metern pro Sekunde.

Seit 1995 steht das Gebäude, das zur Technischen Universität Berlin gehört, unter Denkmalschutz.

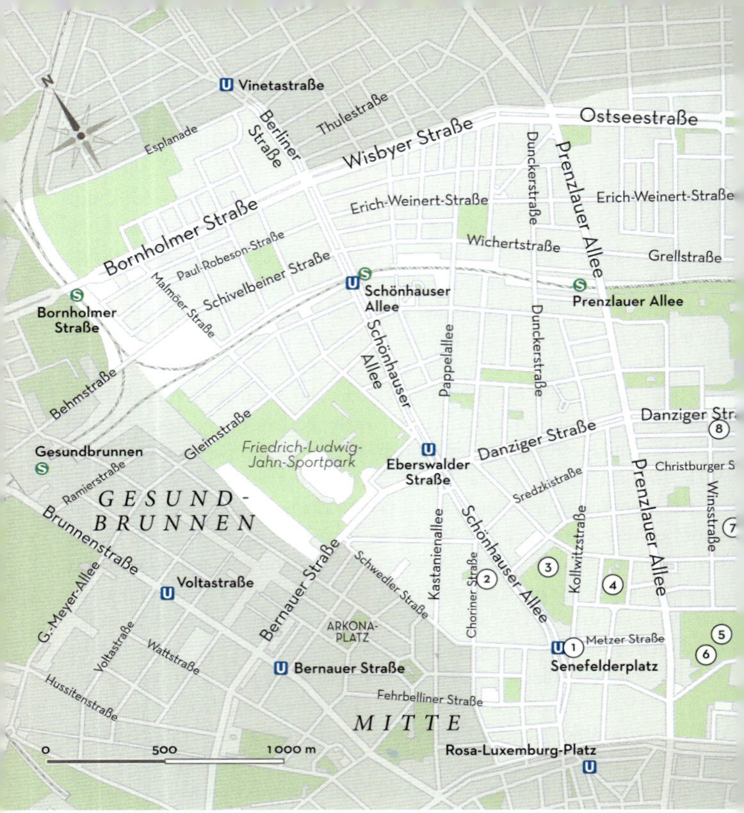

Prenzlauer Berg

①	DIE SPIEGELVERKEHRTE INSCHRIFT AM SENEFELDER-DENKMAL	*276*
②	DAS DDR-SPIELZEUGMUSEUM	*278*
③	DIE ALTE ZISTERNE AUF DEM JÜDISCHEN FRIEDHOF	*280*
④	DIE WASSERRESERVOIRS AM PRENZLAUER BERG	*284*
⑤	DIE GRABSTÄTTE DER FAMILIE RIEDEL	*290*

⑥ DIE GRABSTÄTTE DER FAMILIE PINTSCH 291

⑦ DIE ÜBERDACHUNG DES DDR-GRENZÜBERGANGS BORNHOLMER STRASSE 292

⑧ DER FISCHER AUS DER WINSSTRASSE 294

⑨ DIE WAPPEN ÜBER DEM EINGANGSTOR ZUR GRÜNEN STADT 296

⑩ DIE GRABSTÄTTE DER FAMILIEN LEWINSOHN UND NETTER 300

DIE SPIEGELVERKEHRTE INSCHRIFT AM SENEFELDER-DENKMAL

①

Eine Hommage an die Lithografie

Senefelderplatz, 10119 Berlin
U2 (Senefelderplatz)

Beim südlichen Ausgang des U-Bahnhofs Senefelderplatz am spitzen Ende des Platzes steht ein Denkmal zu Ehren von Alois Senefelder (1771–1834). Es zeigt den Musiker, Dramatiker und Erfinder sitzend auf einem hohen Sockel, während sein Name von einem Kind in Spiegelschrift in den Stein geschrieben wird. Was wie ein Irrtum anmuten mag, ist ein Verweis auf Senefelder als Erfinder der Lithografie (und des Farbdrucks): Bei der Lithografie, wie bei allen Drucktechniken, muss das Druckmotiv zunächst spiegelverkehrt auf die Druckform übertragen werden, damit es dann korrekt auf dem Papier erscheint. Dies geschieht allerdings nicht durch Gravur oder Ähnliches, sondern mithilfe von Tusche oder Kreide. Unterhalb des Sockels versucht ein zweites Kind, die Schrift in einem Spiegel (der nach Diebstählen in den 1990er-Jahren bereits zweimal erneuert werden musste) zu entziffern.

Auf die Idee zur Lithografie – auch Steindruck genannt – kam Senefelder, als er ein einfaches Verfahren für das Drucken von Partituren suchte, deren spiegelverkehrte Gravur nur schwer fehlerfrei zu bewerkstelligen war. Die Lithografie beruht auf dem einfachen Prinzip der natürlichen Abstoßung von Wasser und Fett: Die Zeichnung wird zunächst mit fettfreundlicher (also wasserabweisender) Farbe auf sehr feinkörnigen, glatt geschliffenen Kalkstein aufgetragen. Anschließend wird der Stein mit (fettabweisendem) Wasser befeuchtet. Die eingewalzte fetthaltige Druckfarbe bleibt nun lediglich an der fettfreundlichen Zeichnung haften und wird von den nicht druckenden Partien abgestoßen.

Ein Vorteil der Lithografie bestand darin, dass die Zeichnung zunächst seitenrichtig auf Spezialpapier angefertigt werden konnte, bevor sie durch Umdruck („Autografie“) auf die Steinplatte übertragen wurde. Das 1892 im Beisein von Kaiser Wilhelm II. – eine seltene, außerordentliche Ehre – eingeweihte Denkmal aus italienischem Carrara-Marmor gilt als Meisterwerk des neuen Realismus jener Zeit. Es stammt von dem Berliner Bildhauer Rudolf Pohle und zeigt Senefelder bei der Arbeit, in die Betrachtung einer seiner berühmten Lithografieplatten versunken. Zu seinen Füßen liegen Stoffrollen und verschiedene Instrumente, die als Hinweis auf seinen Beitrag zur Entwicklung des Stoffdrucks verstanden werden können.

DAS DDR-SPIELZEUGMUSEUM ②

Eine Reise in die Kindheit der Berliner

Choriner Straße 35–36, 10435 Berlin
0 30 / 4 49 04 91
onkel-philipp.de
Di, Mi, Fr 9:30–18:30 Uhr, Do 11–20 Uhr, Sa 11–16 Uhr
U2 (Eberswalder Straße oder Senefelderplatz)

Entgegen allen Vermutungen, die sich einem möglicherweise auf den ersten Blick aufdrängen, verbirgt sich hinter den Schaufenstern

von *Onkel Philipp's Spielzeugwerkstatt* ein außergewöhnlicher Schatz an Objekten und Erinnerungsstücken. Wer ein wenig Zeit mitbringt, der findet in den vor Puppen, Gesellschaftsspielen und Elektroautos überquellenden Regalen des 1997 von Philipp Schünemann eröffneten Werkstattladens bisweilen sogar Stücke von antiquarischem Wert, manche davon geschickt vom Inhaber repariert. Ein Erkundungsgang durch die verschiedenen Räume des Geschäfts von „Onkel Philipp" gleicht einer Reise in die Vergangenheit mehrerer Berliner Generationen. Viele der Spielzeuge und der unzähligen Flugzeuge, die hier von der Decke hängen, stammen aus der DDR und wurden über einen Zeitraum von mehr als 20 Jahren gesammelt.

Die Hauptattraktion jedoch wartet im Souterrain. Gegenüber der Kasse, an der der Inhaber seinen Kunden jeden Alters Tipps und Ratschläge gibt, befindet sich ein falscher Grabstein mit der Inschrift: „R.I.P. Spielzeug der DDR 1949–1989". Hinter dem „Grabstein" verbirgt sich eine kleine Schiebetür, die über eine enge Wendeltreppe ins Untergeschoss führt. Dort steht man dann staunend vor den seltensten Kuriositäten, die Onkel Philipp zu einer Art Spielzeugmuseum der ehemaligen DDR zusammengetragen hat.

Ein Großteil der Puppen und Stofftiere in diesem Ausstellungsraum liegt einfach auf einem Haufen und bildet dort ein buntes Sammelsurium aus Haaren, Armen und Augen. An Spielzeugautos und -lastern mangelt es ebenfalls nicht: Sie vermitteln mit ihren strengen Linien einen Eindruck der zu DDR-Zeiten genutzten Verkehrsmittel. Die heute kaum noch auffindbaren Exponate sind in einer Vitrine vor unvorsichtigen Händen geschützt und stehen nicht zum Verkauf. Anders als in einem herkömmlichen Museum kann der Besucher hier nicht auf Informationstafeln oder Legenden zurückgreifen – es steht jedem frei, die Spielsachen nach Lust und Laune zu bestauen und Spekulationen über ihr Herstellungsjahr und ihre Geschichte anzustellen.

DIE ALTE ZISTERNE AUF DEM JÜDISCHEN FRIEDHOF

③

Ein Versteck für Deserteure 1944

Jüdischer Friedhof Schönhauser Allee
Schönhauser Allee 23–25, 10435 Berlin
Mo–Do 8–16 Uhr, Fr 7:30–13 Uhr
U2 (Senefelderplatz)

Im nordwestlichen Teil des Jüdischen Friedhofs an der Schönhauser Allee befindet sich am Boden neben einem vergitterten, beunruhigend engen Schacht eine Gedenktafel mit folgender Inschrift: „Den Tod anderer / nicht zu wollen / das war ihr Tod / Hier verbargen sich Ende des / Jahres 1944 Kriegsgegner / Sie wurden von der SS entdeckt / an den Bäumen erhängt / und hier verscharrt".

Die Inschrift erinnert an ein tragisches Ereignis: In den letzten Monaten des Zweiten Weltkrieges versuchten einige junge Deserteure, sich auf der Flucht vor den Kämpfen auf dem Friedhof zu verstecken. Sie wurden von der SS entdeckt und gehängt. Als Versteck diente ihnen eine unterirdische Zisterne der früheren Brauerei, die sich zu Beginn des 19. Jahrhunderts, vor Einrichtung des Friedhofs, auf dem Gelände befunden hatte.

Wie viele Deserteure seinerzeit in der Zisterne Schutz gesucht hatten und um wen es sich genau handelte, ist nicht bekannt. Die Leichen der jungen Männer wurden unmittelbar nach der Hinrichtung an Ort und Stelle in einem Massengrab verscharrt.

Die Gedenktafel wurde nach dem Krieg auf Initiative des Ostberliner Stadtrats Arnold Munter angebracht, der selbst im Widerstand gegen die Nazis gekämpft und das Konzentrationslager Theresienstadt überlebt hatte.

Der Jüdische Friedhof Schönhauser Allee ist die zweitälteste jüdische Begräbnisstätte der Stadt. Er wurde 1827 nach Schließung des ersten und ältesten jüdischen Friedhofs in der Großen Hamburger Straße eingerichtet und 1880 offiziell zugunsten des Friedhofs Weißensee, dem heute größten jüdischen Friedhof Europas, geschlossen.

Vor dem Eintauchen in die ruhige, verwunschene Atmosphäre des Friedhofs mit seinen von der Vegetation überwucherten Grabsteinen lohnt ein Besuch im Lapidarium, das sich direkt am Eingang befindet. In diesem modernen Gebäude mit großen Glasfenstern sind mehr als 60 Grabsteine aus dem 19. und frühen 20. Jahrhundert ausgestellt. Schautafeln informieren die Besucher über jüdische Friedhofskultur und jüdische Trauerrituale.

Die Symbolik jüdischer Grabsteine

In der religiösen jüdischen Tradition spielt die Symbolik immer schon eine grundlegende Rolle. Sie galt dem Judentum in seinen Ursprüngen als Repräsentation der Verbindung zwischen den Menschen und Gott (im Gegenteil zur Diabolik, die den Menschen von Gott trennt). Symbole dienten zur Identifikation einer Familie oder einer religiösen Funktion. Jedem grafischen Zeichen kam dabei eine Besonderheit oder spezifische Eigenschaft zu.

Einige der gängigsten Themen sind auf den Gräbern jüdischer Friedhöfe zu finden. Dazu gehören zwei segnende Hände, die auf die priesterliche Nachkommenschaft des Verstorbenen hindeuten und auch Gräber der Familien Cohen (oder Coen) zieren: *kohèn* bedeutet auf Hebräisch „Priester" und verweist damit auf einen männlichen Nachfahren von Aaron, dem Bruder von Moses und erstem Hohepriester der Israeliten. Die Haltung der Hände mit gespreizten Fingern entspricht der Haltung, die die Hände des Priesters bei der Segnung einnehmen.

Ein anderes verbreitetes Symbol ist aus einem Krug ausfließendes Wasser. Es deutet auf die Zugehörigkeit zu den Leviten (Familie Levi) hin, einem der zwölf Stämme Israels. Diesen kam einst die Aufgabe des Tempeldiensts, das Waschen der Hände vor der Segnung, zu.

Die Krone, die man auf den ältesten Grabsteinen findet, ist in der jüdischen Bestattungssymbolik ebenfalls sehr präsent. Sie verweist auf die politische Autorität des Verstorbenen und auf seine Würde; als Überschrift trägt sie ein Zitat aus dem *Pirqe Avot* („Sprüche der Väter"), einem der Gründungstexte des Judentums: „Drei Kronen gibt es: die Krone der Tora, des Priestertums und des Königtums. Die Krone eines guten Namens überstrahlt sie alle."

Ab dem 19. Jahrhundert treten weitere, dem damaligen Zeitgeist entsprechende Symbole auf. Die *Klepsydra,* eine im antiken Griechenland gebräuchliche Wasseruhr, spielt auf verstrichene Lebenszeit an. Sie wird mit Flügeln oder, als noch deutlicherer Hinweis auf den Tod, in Verbindung mit gekreuzten Knochen und einem Schädel dargestellt. Die umgekehrte Fackel symbolisiert die Trauer: Um die Flamme zu löschen, muss sie gedreht und am Boden gerieben werden. Der *Ouroboros* bzw. *Uroboros* – eine Schlange, die sich in den eigenen Schwanz beißt – verweist auf die Wiedergeburt, ebenso wie der Blütenkranz, der aber auch als Hinweis auf die Bekanntheit gedeutet werden kann, die der Verstorbene während seines irdischen Lebens erlangt hatte. Der Schmetterling, ein sehr altes Symbol, steht für die Seele, die sich vom Körper löst und in den Himmel aufsteigt. Eines der bekanntesten Symbole der jüdischen Kultur und Religion überhaupt, ist wohl der Davidstern (*Magen David*, wörtlich „Schild Davids"). Er war im 19. Jahrhundert sehr verbreitet und findet sich auf unzähligen Gräbern weltweit.
Tierdarstellungen verweisen auf den Namen des Verstorbenen: Der Löwe, häufig dargestellt in Verbindung mit einer Krone, ist nicht nur ein Hinweis auf das Königtum und damit die Zugehörigkeit zum Geschlecht Davids, sondern auch auf den Namen Leon (Leo auf Italienisch, Loeb/Löb oder Loew/Löw auf Jiddisch bzw. Deutsch). Der Wolf ist das Zeichen Benjamins und die Darstellung eines in der jüdischen Gemeinschaft weit verbreiteten Familiennamens (Wolf auf Englisch und Deutsch, Ze'ev auf Hebräisch). Ein Hirsch, der in der jüdischen Symbolik für die Nachfahren des Stammes Naftali steht, ziert meist Gräber von Familien namens Hirsch (Jiddisch und Deutsch) oder Zvi (Hebräisch) bzw. Naftali (hebräisch für „Kampf").

DIE WASSERRESERVOIRS AM PRENZLAUER BERG

4

Überreste der alten Wasserversorgung der Stadt

Belforter Straße, 10405 Berlin
unter-berlin.de
Führungen: Termine auf der Website des Vereins
U2 (Senefelderplatz)

Die beeindruckenden alten Wasserspeicher der Stadt unter dem künstlichen Hügel im Park am Wasserturm können auf Anfrage (siehe links) besichtigt werden.

Der schmale, 20 Meter hohe Turm auf dem Hügel diente dazu, den Wasserdruck auszugleichen und zu messen; er war mit einem Sicherheitsventil ausgestattet. Errichtet wurde der Komplex – der erste seiner Art in Berlin – schrittweise zwischen 1852 und 1873 auf einem Landstück, das seinerzeit den Namen „Windmühlenberg" trug. Er umfasst zwei Zisternen von unterschiedlicher Größe: Der Kleine Wasserspeicher wurde 1856 eingeweiht und weist einen Durchmesser von 32 Metern auf. Er ist durch gemauerte Säulen unterteilt, die über eine Reihe von Bögen miteinander verbunden sind. Während seines Betriebs fasste er bis zu 3000 Kubikmeter (oder 3 Millionen Liter) Wasser zur Versorgung von über 400 000 Berlinern. Der Große Wasserspeicher besteht aus fünf konzentrischen Kreisen, die in 34 Abteile untergliedert sind. Eine Wendeltreppe in der Mitte dieses überwölbten Speichers führt direkt hinauf in den achteckigen Turm auf dem Hügel.

Nach der Modernisierung des Berliner Wassernetzes wurden die beiden Speicher 1914 aufgelassen. Seit 1994 finden hier klassische Konzerte, Ausstellungen und andere Kulturveranstaltungen statt.

Im Rahmen der Führung besichtigt man auch die unterirdischen Räume der früheren Brauerei Königstadt, einer der zahlreichen Brauereien, die im 19. Jahrhundert am Prenzlauer Berg gegründet wurden. Man erfährt dabei mehr über ihre Geschichte und jene des Wassernetzes. Die Führung bietet die Möglichkeit, die interessanten architektonischen Merkmale beider Bauwerke aus der Nähe zu betrachten.

Auf der anderen Seite des Parks am Wasserturm ragt mit dem Wasserturm ein imposantes Wasserschloss von 30 Metern Höhe auf, das im Jahr 1877 fertiggestellt und bis 1952 genutzt wurde. Im Inneren lagen, unter dem 1200 Kubikmeter fassenden Speicher, die Wohnungen der Techniker, die hier arbeiteten. Heute befinden sich hier Privatwohnungen. Ab 1933 nutzten die Nazis das zum Wasserturm gehörende Maschinenhaus als Konzentrationslager, in dem sie zahlreiche Mitglieder des Widerstands internierten und ermordeten. 1935 wurde das Gebäude zerstört.
Heute beherbergt der Gebäudekomplex am Wasserturm eine öffentliche Bibliothek, eine Grundschule und einen Spielplatz.

Wie funktioniert die Berliner Wasserversorgung?

Bis in die zweite Hälfte des 19. Jahrhunderts versorgte sich die Berliner Bevölkerung an den Tausenden in der ganzen Stadt verteilten Brunnen mit Wasser. Diese lagen jedoch oft nur ein paar Meter von Faulbecken entfernt, durch die sie verschmutzt wurden.

1856 begann man damit, Wasser aus der Spree zu pumpen und fließendes Wasser zu installieren: Die erste zentrale Wasserverteilstation wurde vor dem Stralauer Tor eröffnet, einem der Tore der Akzisemauer (siehe S. 108), etwas östlich der Oberbaumbrücke am nördlichen Ufer der Spree. Von dieser Station ist heute nichts mehr zu sehen. Das aus dem Fluss entnommene Wasser wurde mithilfe von Sand gefiltert und anschließend in die städtischen Wasserleitungen gepumpt. Ergänzt wurde das System durch einen Wasserturm und einen Speicher mit einem Fassungsvermögen von 3000 Kubikmeter auf dem sogenannten Windmühlenberg im heutigen Park am Wasserturm in Prenzlauer Berg (siehe S. 284). Der Speicher war ursprünglich nach oben hin offen und wurde 1877 durch eine Gewölbedecke verschlossen. Heute deutet von außen nichts mehr auf seine Existenz hin. Der Turm jedoch, der sogenannte Steigrohrturm, ist noch immer zu sehen (nicht zu verwechseln mit dem deutlich größeren und später errichteten Wasserturm in der Knaackstraße, der ebenfalls als Speicher genutzt wurde). Der Speicher deckte den zusätzlichen Bedarf in Spitzenverbrauchszeiten und der Turm diente dazu, den Druck in den Leitungen zu regulieren.

Als die Stralauer Station ihre Kapazitätsgrenze erreichte, wurde sie 1877 zunächst um eine neue Station in Tegel erweitert und 1893 zugunsten der Station von Friedrichshagen am Rande des Müggelsees aufgegeben, die seinerzeit die größte und modernste ihrer Art in ganz Europa war. Weitere Wassertürme entstanden zwischen 1877 und 1929, um dem besonderen Bedarf von Krankenhäusern, Fabriken und den Neubauvierteln am Stadtrand Rechnung zu tragen.

Parallel dazu wurde auf Anweisung des Arztes und Virologen Rudolf Virchow und des Ingenieurs James Hobrecht etwa zur selben Zeit das Sanitärproblem in Angriff genommen: Man begann mit dem Bau einer städtischen Kanalisation, um eine weitere Verschmutzung der Spree und des Grundwassers durch die stinkenden Abwässer zu vermeiden, die damals für Cholera- und Typhus-Epidemien in der Stadt mit verantwortlich waren. Das mehr als 1200 Kilometer lange Kanalisationsnetz entstand zwischen 1873 und 1909. Die Stadt wurde dazu in zwölf „Radialsysteme" unterteilt, die sternförmig um den niedrigsten Punkt des jeweiligen Bezirks herum angelegt waren, sodass die Abwässer durch das natürliche

Gefälle abgeleitet wurden (siehe nächste Doppelseite). Von dort aus beförderte man sie mithilfe starker Pumpen nach außerhalb der Stadtmauern, wo sie auf von der Stadt eigens dafür aufgekauftem Land – den sogenannten Rieselfeldern – als Dünger genutzt wurden. Das auf diesen Feldern angebaute Gemüse wiederum diente den Stadtbewohnern als Nahrungsmittelquelle. Die noch heute genutzten Kanalisationssysteme arbeiteten lange mit ihrer ursprünglichen Pumpe.

Nach der deutschen Wiedervereinigung wurde die Wasserverteilstation Friedrichshagen umgebaut, sie bezog ihr Wasser jetzt nur mehr aus dem Grundwasser. Ein Teil des Komplexes ist aus diesem Grund außer Betrieb. Er beherbergt heute das *Museum im Alten Wasserwerk*, in dem Besucher mehr über die Geschichte der Wasserversorgung und Stadtentwässerung Berlins erfahren. Dieses Hauptwerk wurde durch acht weitere Werke ergänzt, die inzwischen mehrmals modernisiert wurden: Kaulsdorf (1916), Wuhlheide (1914), Stolpe/Brandenburg (1911), Tegel (1877), Spandau (1897), Tiefwerder (1914), Kladow (1932/1937) und Beelitzhof (1888/1894).

Heute liefern die neun Berliner Wasserwerke rund 600 000 Kubikmeter (600 Millionen Liter) Trinkwasser täglich aus über 650 Brunnen mit einer Tiefe von 30 bis 170 Metern. Es wird aus dem Grundwasser und nicht wie früher aus der Spree gezogen.

Das Abwasser wird heute über 164 Pumpstationen (gegenüber den zwölf historischen Stationen der damals deutlich kleineren Stadt) parallel in sechs Klärwerke in Münchehofe, Schönerlinde, Wansdorf/Brandenburg, Ruhleben, Stahnsdorf und Waßmannsdorf gepumpt. Hier wird es aufbereitet und wieder in das Berliner Wassersystem eingespeist. (Das Konzept der Rieselfelder wurde ab den 1980er-Jahren aufgegeben.)

Die zwölf historischen Abwasser-Pumpstationen von Berlin

Radialsystem I: Reichenberger Straße 66 (**Kreuzberg**), eingeweiht 1879, abgerissen 1977 trotz starker Proteste (ein Mosaik in der Reichenberger Straße erinnert an die Sprengung, siehe S. 155).

Radialsystem II: Gitschiner Straße 7–11 (**Kreuzberg**), eingeweiht 1879, im Zweiten Weltkrieg zerstört. Durch moderne Anlagen ersetzt, die noch heute in Betrieb sind.

Radialsystem III: Schöneberger Straße 21 (**Kreuzberg**), eingeweiht 1877, stillgelegt 1979. Beherbergt heute die Büros des Medienunternehmers und Kunstsammlers Christian Boros (Eigentümer der Sammlung Boros in Mitte).

Radialsystem IV: Scharnhorststraße 9/10, ab 1907 in der Scharnhorststraße 12 (**Mitte**), eingeweiht 1879. Stillgelegt 2011, anschließend abgerissen.

Radialsystem V: Holzmarktstraße 31/32 (**Friedrichshain**), eingeweiht 1880, stillgelegt 1999. Das modernisierte Gebäude beherbergt seit 2005 ein Kultur- und Veranstaltungszentrum.

Radialsystem VI: Urbanstraße 177 (**Kreuzberg**), eingeweiht 1885. Nach der Stilllegung 1981 abgerissen. Das Portal des ursprünglichen Gebäudes ist bis heute erhalten.

Radialsystem VII: Lützowstraße 46–51 (**Tiergarten**), eingeweiht 1885, stillgelegt 1982. Alle Gebäude sowie eine der ursprünglichen Pumpen sind noch erhalten. Seit 1988 beherbergt der Komplex das JugendKulturZentrum *Die Pumpe,* ein Jugendgästehaus und ein Restaurant für Privatfeiern.

Radialsystem VIII: Alt-Moabit 70/Gotzkowskystraße 22 (**Moabit**), eingeweiht 1890, stillgelegt 1989. In den alten Gebäuden befindet sich heute ein Sport- und Kommunikationszentrum.

Radialsystem IX: Seestraße 2 (**Wedding**), eingeweiht 1886, stillgelegt 1997. Abriss der Gebäude im Jahr 2000. Seit 1997 ersetzt eine moderne Pumpstation die alte Anlage.

Radialsystem X: Bellermannstraße 7 (**Gesundbrunnen**), eingeweiht 1890.

Radialsystem XI: Erich-Weinert-Straße 131 (**Prenzlauer Berg**), eingeweiht 1909, stillgelegt 2002. Hinter dem historischen Gebäude arbeitet heute ein vollautomatisches, fernüberwachtes neues Pumpwerk.

Radialsystem XII: Rudolfstraße 15 (**Friedrichshain**), eingeweiht 1893. Modernisierung der Pumpe 1910 und 1930.

Noch immer in Betrieb (in Verbindung mit einer modernen Pumpstation aus dem Jahr 1999).

DIE GRABSTÄTTE DER FAMILIE RIEDEL

(5)

Ein auffälliges Auferstehungsmotiv

Friedhof I der Georgen-Parochialgemeinde
Greifswalder Str. 229–234, 10405 Berlin
Dez/Jan 8–16 Uhr, Feb/Nov 8–17 Uhr, Mär/Okt 8–18 Uhr, Apr/Sep 8–19 Uhr, Mai–Aug 8–20 Uhr
S3, 5, 7, 9 (Alexanderplatz), dann Tram M4 (Am Friedrichshain)

Auf dem Friedhof I der Georgen-Parochialgemeinde liegt direkt neben dem Eingang zur Heinrich-Roller-Straße hin das faszinierende Grab der Familie Riedel. Es zeigt eine der umfangreichsten Allegorien der Auferstehung, die auf Berliner Friedhöfen zu finden sind. Die sehr dynamische Darstellung ist ein Meisterwerk des Berliner Bildhauers Rudolf Schweinitz (1839–1896) und entstand in den 1880er-Jahren nach einem Entwurf von Johannes Länge.

Zwischen den dorischen Säulen der Ruinen eines griechischen Tempels hebt ein Engel die schwere Platte eines Sarkophags an und enthüllt dem Betrachter den Blick auf das leere Innere, während das Leintuch, das rätselhafterweise auf dem Deckel lag, zu Boden gleitet. Ein kleiner, auf einer Stufe am Fuße des Sarkophags sitzender Putto wendet sich im selben Moment um. Er betrachtet den Engel mit perplexem Blick, während an der Spitze der Fackel, die zum Zeichen der Trauer erloschen war, wieder eine Flamme aufflackert. Ein Palmblatt zu seiner Rechten verweist auf den triumphalen Einzug Jesu in Jerusalem, Vorzeichen seines endgültigen Sieges über den Tod, sowie auf sein an der Rückwand der Grabstätte in einer Inschrift verewigtes Versprechen (Joh 17,24): „Vater, ich will, dass, wo ich bin, auch die bei mir seien, die du mir gegeben hast." Im Hintergrund, geschützt unter einem angedeuteten, auf eine fiktive Außenwelt hin geöffneten Gewölbetympanon, ist in einem farbenfrohen Mosaik ein von Sternen umrahmter Sonnenaufgang dargestellt. Das in den Schlussstein eingearbeitete Schmetterlingsrelief steht für den Aufbruch in ein neues, glorreiches Leben im Jenseits. Seitlich des Gewölberunds sind zwei Palmen dargestellt, seit der Antike Symbol des Sieges; im christlichen Kontext stehen sie für den Triumph über den letzten Feind, den Tod.

DIE GRABSTÄTTE DER FAMILIE PINTSCH

⑥

Ein griechischer Tempel zu Ehren einer genialen Familie

Friedhof I der Georgen-Parochialgemeinde
Greifswalder Str. 229–234, 10405 Berlin
Dez/Jan 8–16 Uhr, Feb/Nov 8–17 Uhr, Mär/Okt 8–18 Uhr, Apr/Sep 8–19 Uhr, Mai–Aug 8–20 Uhr
S3, 5, 7, 9 (Alexanderplatz), dann Tram M4 (Am Friedrichshain)

Die Grabstätte der Familie Pintsch im Zentrum des Georgen-Parochial-Friedhofs I ist ein mächtiger und in seiner Gestaltung als ein in Ruinen liegender griechischer Tempel sehr überraschender Bau.

Julius Carl Friedrich Pintsch (1815–1884) und seine Nachfahren sind heute etwas in Vergessenheit geraten. Zu Lebzeiten zählten sie jedoch zu den produktivsten und schillerndsten Gestalten der industriellen Revolution (siehe S. 313).

Das zweifellos vom Athener Parthenon inspirierte Familiengrab umfasst zwölf dorische Säulen, die vermutlich die zwölf Apostel Jesu symbolisieren. In Anbetracht der Vorliebe der Familie für die Antike wäre allerdings ebenfalls denkbar, dass sie für die zwölf Sternzeichen oder die zwölf Monate des Jahres als Strukturgeber der Zeit stehen. Die Grabstätte ist zu drei Seiten hin durch die Säulen sowie nach oben geöffnet. Auf der Rückseite steht als abschließende Wand eine Kalksteinmauer, auf der in zwei Tafeln die Namen der hier Bestatteten eingeschrieben sind. Über jeder Tafel befindet sich ein steinerner Lorbeerkranz und zwischen ihnen ein Relief in Form einer langen Lorbeergirlande. Im Tympanon erkennt man einen Krug voller Früchte, zum Gedenken an die ruhmreiche Vergangenheit und die zahlreichen Errungenschaften der Familie.

DIE ÜBERDACHUNG DES DDR-GRENZÜBERGANGS BORNHOLMER STRAẞE

⑦

Das Dach, unter dem die deutsche Teilung endete

Marienburger Straße 16, 10405 Berlin
(Zugang gegenüber Winsstr. 57 oder gegenüber Marienburger Str. 32A)
U2 (Senefelder Platz)

Auf einem versteckten Gewerbehof steht ein gelbliches Regendach aus Hartplastik, 35 Meter lang und mit zwölf Rundbögen versehen; mehrere Autos sind darunter abgestellt. Das Ganze wirkt zunächst völlig unscheinbar – dabei handelt es sich bei dem Dach mit seinen unästhetisch angeschraubten bulgarischen Svetlina-Laternen von 1978 (modifiziert mit Energiesparlampen und Lüftern bestückt), um eine echte historische Kuriosität. Nach der Wende wurde es von einer Energiefirma aus dem Nachlass der DDR über die Treuhand billig erworben, die es für den „Carport" seines Umspannwerkes nutzte. Dann wurde es vergessen. Inzwischen haben sich in dem dazugehörigen Gebäude kreative Firmen angesiedelt, die unter das Dach nicht nur Autos, sondern auf Firmenfeiern auch mal Bierbänke stellen.

Die Überdachung befand sich bis 1989 am Grenzübergang Bornholmer Straße, dem denkwürdigen ersten offenen Kontrollpunkt an der Bösebrücke. Unter den Rippen dieses Dachs und den bedrohlichen Scheinwerfern drängelten die 14 000 ersten Westbesucher aus der DDR nach 28 Jahren des Eingesperrtseins schließlich nach Westberlin. Wie es dazu kam? Ein neues Reisegesetz sollte die beschämende Flucht von DDR-Bürgern über Drittstaaten aus der bankrotten DDR beenden. Kontrollierte endgültige Ausreise für alle, die das wollten, war die vorgesehene Lösung. Günter Schabowski verkündete die neue Regelung in der Pressekonferenz am 9. November 1989 und verstotterte sich bei der Bekräftigung des Zeitpunkts: „Das tritt, nach meiner Kenntnis ... ist das ... sofort, unverzüglich."

Dass die Regelung nur für jene gelten sollte, die ganz aus der DDR ausreisen wollten, interessierte keinen. Hauptsache, raus! Wenige Stunden später war der Kommandant der Grenzübergangsstelle Bornholmer Straße ohne klare Anweisung mit der andrängenden Menge konfrontiert. Harald Jäger, Vize-Leiter der Passkontrolle, entschied – mehr aus Pragmatismus denn aus Überzeugung –, die Schlagbäume zu öffnen. Die Teilung Deutschlands endete also unter diesem eigentlich berühmten Dach.

DER FISCHER AUS DER WINSSTRAßE

8

Ein maritimer Hingucker an der Fassade

Winsstraße 34, 10405 Berlin
S8, 41, 42 (Greifswalder Straße)

Das Gebäude an der Ecke Winsstraße/Chodowieckistraße ziert ein ungewöhnlich farbenfrohes Flachrelief. Ein Fischer mit weißem Bart ist gerade dabei, die Segel zu setzen. Der Bug seines Schiffs aus Stuck schneidet durch das Wasser und neigt sich leicht zur Straße hin. Die goldene Laterne darunter steht im Kontrast zur marineblau gestrichenen Fassade.

Das 1906 nach Plänen des seinerzeit berühmten Berliner Architekten Rudolf Krause errichtete Gebäude beherbergte bis Ende der 1980er-Jahre das Restaurant Zum Anker, dessen Eingang bei Einbruch der Nacht vom Schein der Laterne erhellt wurde.

Das Restaurant gehörte, wie das gesamte Gebäude, der Familie Bötzow, die von 1864 bis 1945 Inhaber der gleichnamigen Brauerei war, einer der größten Brauereien der Stadt. Oben an der Fassade ist das Wappen von Alfred Gilka-Bötzow mit den Initialen „GB" zu erkennen, der das Gebäude kurz vor dem Mauerfall erbte. Er schloss das Restaurant, renovierte alles und eröffnete eine Apart-Pension.

Der Doppelname Gilka-Bötzow rührt daher, dass Alfreds Urgroßvater Alfred I. Gilka 1875 eine Tochter der Familie Bötzow heiratete und so den neuen Familienzweig Gilka-Bötzow begründete. Die aus Mähren stammende Familie Gilka besaß eine Destillations-, Rum- und Spritfabrik. Ihr bekanntestes Produkt war der „Kaiser-Kümmel", ein leicht gesüßter Kümmelbranntwein. Eine gute Verbindung also für eine Brauereifamilie.

Der Fischer aus der Winsstraße harrte indes über die Jahrzehnte auf seinem Posten aus und begrüßt heute Gäste und Passanten.

DIE WAPPEN ÜBER DEM EINGANGSTOR ZUR GRÜNEN STADT

⑨

Eine Hommage an das Handwerk

Greifswalder Straße 55–56, 10405 Berlin
S 8, 41, 42, 85 (Greifswalder Straße)

Zwischen den Häusern in der Greifswalder Straße 55 und 56 im Bezirk Prenzlauer Berg führt ein von zwei Türen flankiertes Bogentor in die Innenhöfe der Grünen Stadt, eines alten Ensembles des sozialen Wohnungsbaus. Die Wohnblöcke, die sich seit 2004 in Privateigentum befinden, wurden 1938 bis 1939 von dem Architekten Werner Harding für Arbeiter errichtet; davon zeugt das Portal noch heute.

Im Gegensatz zu den Fassaden der einfach und ohne großen Zierrat verputzten Häuser sind das Einfahrtstor und die Türen mit einem Fries aus roten Terrakottaziegeln und feinem Maßwerk geschmückt. Zur Straße hin zeigen insgesamt 13 Wappen, in schwarzer Farbe auf den roten Hintergrund der Ziegel gezeichnet, die traditionellen (teilweise bis auf das Mittelalter zurückgehenden) Zeichen verschiedener handwerklicher Berufe – eine Hommage an die Arbeiter, die hier mit ihren Familien lebten.

Oberhalb der linken Tür ist das Wappen der Seiler zu erkennen, zusammengesetzt aus Herz, Anker, Rechen (über den die einzelnen Stränge beim Drehen geführt wurden) und Spinnhaken mit Griffen (die zum Flechten des Seils oder Taus betätigt werden mussten).

Über dem Torbogen sieht man von links nach rechts die Zeichen folgender Zünfte: Schlosser mit Schlüssel und Zahnrad; Bauarbeiter mit Zirkel, Hacke und Hammer; Dachdecker mit Zirkel, Hammer und

Ziegeldeckhammer, Glaser mit Glaserdiamant (waagerecht), Kröseleisen (senkrecht), Hammer und Feuerkolben; Schreiner mit Zirkel, Winkel und Hobel; Schneider mit Nadel, geöffneter Schere und Schneiderwinkel; Maler mit Reichsadler und Schild, darin drei kleinere Schilde; Schornsteinfeger mit Kehrschaufel und Handfeger („Igel"); Steinmetze mit dem Monogramm eines Steinmetzes (mit diesem individuellen Zeichen wurde jeder Stein gekennzeichnet); Töpfer mit Drehscheibe und beiderseits Flammen sowie den Buchstaben T und O (die vermutlich für Töpfer-Orden stehen); Zimmerer mit Zweimann-Schrotsäge (hier an einem Pendel befestigt), Beil und Zirkel; Drechsler mit Zange und Zirkel.

Oberhalb der rechten Tür befindet sich das Zunftzeichen der Brauer mit Bierschöpfer, Malzschaufel, Ähren und Hopfen.

Auch ein Blick ins Innere des Gewölbedurchgangs lohnt sich. Hier findet man auf der linken Seite das Wappen der Hufschmiede mit einem Hufeisen. Auf der rechten Seite ist das Wappen der Elektriker zu sehen, das einen von Drähten durchkreuzten Blitz und drei Trennschalter enthält.

Auf der Seite zum Hof hin schließlich erkennt man über der linken Tür erneut das Wappen der Schreiner, oben am Schlussstein das Wappen der Maurer mit Zirkel, Hammer und Kelle im Zeichendreieck und über der rechten Tür erneut das Wappen der Seiler.

DIE GRABSTÄTTE DER FAMILIEN LEWINSOHN UND NETTER

⑩

Eine außergewöhnliche Grabstätte

Jüdischer Friedhof Berlin-Weißensee
Herbert-Baum-Straße 45, 13088 Berlin
Mo–Do 7:30–17 Uhr, Fr 7:30–14:30 Uhr
S8, 41, 42, 85 (Greifswalder Straße), dann Tram M1, 4, 13 (Albertinenstraße)

Der Jüdische Friedhof Berlin-Weißensee ist einer der größten und schönsten jüdischen Friedhöfe Europas. Zahlreiche bekannte Berliner Persönlichkeiten haben hier in außergewöhnlichen Grabstätten ihre letzte Ruhe gefunden.

Eine dieser Grabstätten sollte man sich angesichts ihrer kunstvollen Gestaltung unbedingt ansehen. Fragen Sie am Eingang nach einem Plan, gehen Sie in Abteilung II und suchen Sie die Stelle, wo die Grabfelder A2, B2, G2 und H2 zusammentreffen. An dieser Kreuzung liegt in Feld B2 die Grabanlage der Familien Lewinsohn und Netter. Sie ist umgeben von einem pompösen schmiedeeisernen Zaungitter mit unzähligen vergoldeten Blüten, ineinander verschlungenem grünem Blätterwerk und bordeauxroten Blütenknospen. In dem 1893 von dem Kunstschmied Marcus Fabian entworfenen Grab ruhen vier zwischen 1893 und 1922 verstorbene Mitglieder der beiden Familien. Ihre Geburts- und Todestage sind auf Gedenktafeln vermerkt. Das Grab wurde zwischen 2000 und 2002 mit Mitteln der Denkmalpflege des Landes Berlin restauriert.

Ebenfalls sehenswert sind einige sehr schöne Grabstätten rund um das Rondell, auf das die Felder K2, J2, R2 und S2 zulaufen. Besonders zu erwähnen sind hier die Jugendstilgrabmale der Familien Adam (K2), Friedländer und Baszynski (R2).

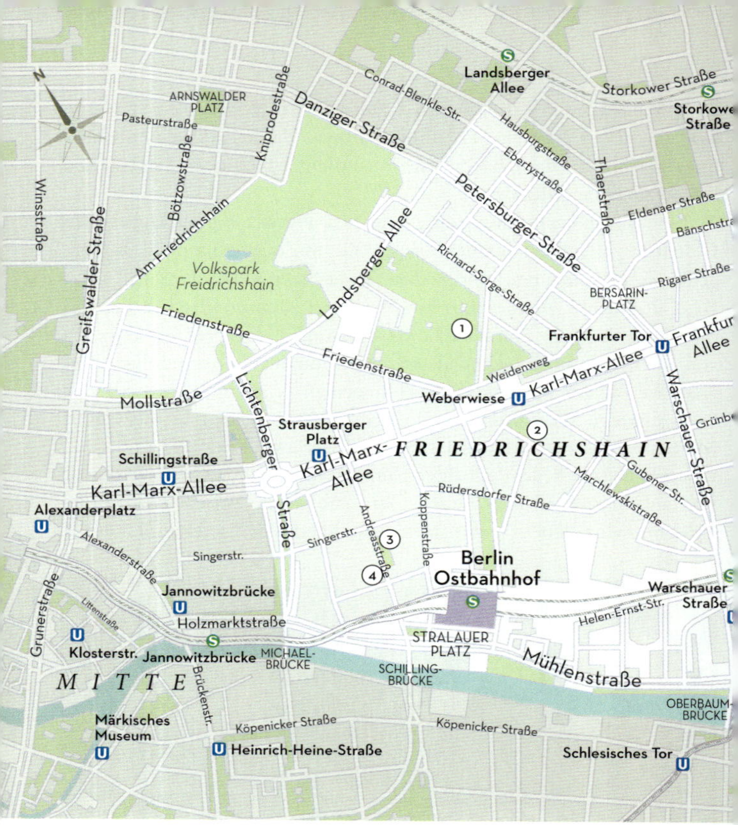

Friedrichshain – Rummelsburg

①	DER RUNDE GARTEN AUF DEM GEORGEN-PAROCHIAL-FRIEDHOF II	*304*
②	GÖRINGS SÄULEN	*306*
③	DIE SKULPTUR *HANDWERKER MIT SOHN*	*308*
④	DER FRÜHERE VERWALTUNGSSITZ DER PINTSCH AG	*310*

⑤ DER SCHIEFE TURM DER STRALAUER DORFKIRCHE — *314*

⑥ DER SCHROTKUGELTURM — *316*

⑦ DIE HARTUNGSCHEN SÄULEN — *318*

⑧ DAS WANDBILD *NICARAGUANISCHES DORF – MONIMBÓ 1978* — *320*

DER RUNDE GARTEN AUF DEM GEORGEN-PAROCHIAL-FRIEDHOF II ①

Die vier Lebensalter

Georgen-Parochial-Friedhof II
Friedenstraße 80, 10249 Berlin
Dez/Jan 8–16 Uhr, Feb/Nov 8–17 Uhr, Mär/Okt 8–18 Uhr,
Apr/Sep 8–19 Uhr, Mai–Aug 8–20 Uhr
U5 (Weberwiese)

Auf der rechten Seite der Kapelle des Georgen-Parochial-Friedhofs II befindet sich im östlichen Urnenfeld, Abteilung Uh–Z, ein kleiner kreisrunder Garten, der um einen schlichten steinernen Springbrunnen

herum angelegt ist. Ihn zieren neben Sitzbänken auch vier Bronzestatuen, welche die vier Phasen des menschlichen Lebens darstellen.

Die erste Skulptur zeigt einen alten, unter dem Gewicht einer schweren Kette gebeugten Mann. Seine schlaffe, faltige Haut deutet auf sein fortgeschrittenes Alter hin; die durchscheinenden Muskeln lassen jedoch auf ein erfülltes Leben schließen. Er sitzt auf einem dürren Baumstumpf, das Gesicht von einer Kapuze verhüllt, den Blick auf einen Schädel gerichtet, den er in seiner linken Hand hält und der für Vergänglichkeit und Tod steht. Links von ihm ist die Kindheit in Gestalt eines Jungen von etwa zwölf Jahren dargestellt. Auch er sitzt auf einem Baumstamm, aus dem jedoch ein Zweig hervorsprießt und in üppiger Blüte zum Leben erwacht. Der Blick des Jungen ist gen Himmel gerichtet. Mit der rechten Hand berührt er einen auf seiner Schulter sitzenden Adler, Symbol der hochfliegenden Ziele, von denen er träumt. Daneben befindet sich der melancholische, ganz in seine Gefühle versunkene Jüngling. Dargestellt als Dichter, das Herz augenscheinlich gebrochen, schlägt er in Gedanken versunken die Saiten einer Lyra mit weiblichem Antlitz an. Zu seinen Füßen ruht eine Blumenkrone. Den Abschluss bildet ein Mann reifen Alters mit geradem Rücken und hartem Gesicht, Zeichen eines unerschütterlichen Willens. Auf einem Steinsockel sitzend hebt er eine Faust zum Zeichen der Entschlossenheit, während eine kleine Gestalt zu seinen Füßen seine rechte Hand ergreift und über einen Kopf mit üppigem Haar hinaufsteigt, der in den Sockel eingelassen zu sein scheint. Dieser Kopf ähnelt auf seltsame Weise jenem des Jünglings: Männliche Reife als Sieg über die romantische Sentimentalität?

Einigen Quellen zufolge zeigt das Gesicht des reifen Mannes David Francke, den Vater von Ernst Carl Francke (1823–1895), einen wohlhabenden Holzhändler und Gründer der Firma *David Francke & Söhne*, dessen Familiengrabstätte links von der Friedhofskapelle zu finden ist. Im Inneren dieses auch als Privatkapelle genutzten Mausoleums sollen ursprünglich sieben lebensgroße Bronzeskulpturen des Schweizer Bildhauers Johann Michael Bossard (1874–1950) gestanden haben – neben den *vier Lebensaltern* auch die drei Statuen, die heute in der Friedhofskapelle zu sehen sind: eine *Pietà* und zwei Leuchterengel.

Mehr zum Thema: Katrin Lesser, Jörg Kuhn, Detlev Pietzsch. *Gartendenkmale in Berlin: Friedhöfe*. Herausgegeben von Jörg Haspel und Klaus-Henning von Krosigk. Michael Imhof Verlag, Petersberg 2008.

GÖRINGS SÄULEN

②

Zuckerbäckerstil mit Trümmerstein, Keramik und Nazisäulen

Marchlewskistraße 25, 10243 Berlin
U5 (Weberwiese)

Es war ein Highlight der DDR-sozialistischen Frühzeit, hochgezogen in nur einem Jahr. Die Anlehnung an den Zuckerbäckerstil der stalinistischen Sowjetunion ist überdeutlich. Hier war 1951/52 nicht die bürgerlich-bourgeoise Moderne zum Zug gekommen, sondern eine seltsame Verbiegung in Richtung klassischer Tradition.

„Verbiegung", weil man sich auch nicht scheute, gewisse Elemente der Naziarchitektur, die ebenfalls im Grunde neoklassizistisch war, zu übernehmen. Am Hochhaus an der Weberwiese ging man sogar so weit, Reste eines privaten Nazischlosses an prominenter Stelle mit einzubauen: Die schwarzen Rundsäulen aus poliertem schwarzgrünem Dolerit stammten aus Görings Landsitz Carinhall, ebenso das übrige dunkle Plattenmaterial am Haupteingang bis hin zu den Trittstufen. Die Säulen waren Bestandteil des gigantischen Neubaus, mit dem der ursprünglich kleine, im nordischen Blockhausstil errichtete Rückzugsort des sogenannten Reichsmarschalls am kleinen Wuckersee in der Schorfheide Anfang der 1940er-Jahre zum Privathort für Beutekunst ausgebaut worden war. Göring (der einen weiteren Landsitz auf Hitlers alpinem Berghofareal hatte), ließ Carinhall schleifen, als der Krieg zu Ende ging, damit das Anwesen nicht in Feindeshand fallen konnte. Einige der geraubten Gemälde (von unschätzbarem Wert), die ihm minder wertvoll erschienen, wurden verbrannt. Die Ruinen wurden zu DDR-Zeiten restlos abgeräumt, heute existiert nur noch ein notdürftig zugeschütteter Bunker, der immer mal wieder von Schatzgräbern aufgebrochen wird.

Das Hochhaus an der Weberwiese sieht heute unscheinbar aus; aber laut amtlicher Definition eines Hochhauses reicht es, wenn der Boden des Wohnraums 22 Meter über dem Niveau der Umgebung liegt. Dieses ist aus Trümmerbacksteinen gebaut und wurde außen mit Meißener Keramik (nicht Porzellan!) der Teichert'schen Traditionsfabrik für Baufliesen in Meißen verkleidet. Gemäß seiner Ausbildung hatte der junge Architekt Hermann Henselmann (1905–1995) erst ein modernes Haus entworfen, wurde aber abgemahnt. Dann kam sein sozialistisches Bravourstück mit Naziversatzstücken.

Bertolt Brecht habe ihm eingeschärft, „dass das Bauen für Millionen von Menschen ausgehen muss von den ästhetischen [...] Vorstellungen dieser Millionen." Das Ganze wirkt wie die Ost-Fortsetzung des Nazi-Neoklassizismus; die entnazifizierten Nazis fanden es klasse. Das Haus, welches das Nationale Aufbauprogramm der noch jungen DDR einleiten und als Typenhaus für die geplante Stalinallee dienen sollte, war so teuer geworden, dass es paradigmatisch für die gesamte DDR-Wirtschaft stand: protzen und staatlich subventionieren. Eine Wohnung im Haus kostete bis 1989 nur ein Neuntel dessen, was sie gemäß der Bau- und Unterhaltskosten des Hauses eigentlich hätte kosten müssen.

DIE SKULPTUR *HANDWERKER MIT SOHN* ③

Traditionelle Familienstrukturen aus wilhelminischer Zeit

Andreasstraße 21–22, 10243 Berlin
U5 (Strausberger Platz) / S3, 5, 9, 7, 75 (Ostbahnhof)

Vor den Gebäuden Andreasstraße 21 und 22 in Friedrichshain steht inmitten einer baumbewachsenen Grünfläche eine Marmorstatue, die einen Schmied mit Schürze und seinen etwa zehn Jahre alten Sohn zeigt. Der sitzende Mann hält in seiner rechten Hand einen Hammer, nach dem der Sohn greift. Aufmerksam lauscht er den Worten des Vaters, der ihm die Grundzüge seines künftigen Berufs erklärt. Die Skulptur verkörpert die traditionelle Vater-Sohn-Beziehung, in der das Handwerk über Generationen weitergegeben wurde.

Interessant ist die Position der linken Hand des Vaters. Sie erinnert an die „gehörnte Hand" zur Abwehr von Unheil; diese wird jedoch mit abgespreiztem kleinem Finger und Zeigefinger (nicht Daumen, wie hier) ausgeführt. Ein geheimes Zeichen in Handwerkerkreisen?

Die 1898 ausgeführte Plastik war ursprünglich Teil der Gesamtanlage des Andreasplatzes, der sich bis Anfang der 1960er-Jahre auf der gegenüberliegenden Straßenseite befand. Um einen Springbrunnen mit rundem Wasserbecken waren drei große Sitzbänke aus poliertem Granit angelegt. Dazwischen standen die Skulpturen *Handwerker mit Sohn* (Vatergruppe) von Wilhelm Haverkamp auf der einen Seite und *Mutter mit Kind* (Muttergruppe) von Edmund Gomansky auf der anderen. Dieses doppelte Duo verkörperte in wilhelminischer Zeit das Idealbild der Familie. Ein in der Mitte eingelassenes bronzenes Medaillon zeigte eine Darstellung der Borussia, der weiblichen Allegorie Preußens.

Der Standort des traditionellen Familienporträts hinter dem Schlesischen Bahnhof (dem heutigen Ostbahnhof), wo der Prostitution und Kriminalität herrschten, entbehrte jedoch nicht einer gewissen Ironie.

Zu Beginn der 1960er-Jahre war der im Zweiten Weltkrieg stark zerstörte Stadtteil wieder aufgebaut worden. Der Ostberliner Andreasplatz musste den Plattenbauten weichen, die heute hier anzutreffen sind. Da die feministische Revolution in der Zwischenzeit viele Dinge infrage gestellt hatte, wurden die beiden Statuen, die gemeinsam betrachtet für das traditionelle Rollenbild in der Familie standen, voneinander getrennt. Während der *Handwerker mit Sohn* zum Gedenken an die industrielle Vergangenheit des Viertels ganz in der Nähe verblieb, fand die Muttergruppe in der Virchowstraße im Duftgarten des Volksparks Friedrichshain einen neuen Standort, ganz in der Nähe verschiedener Spielplätze und der Geburtshilfe des Klinikums im Friedrichshain in der Landsberger Allee.

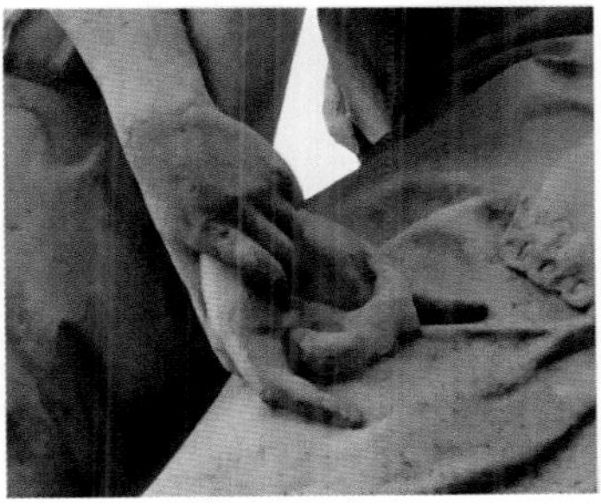

DER FRÜHERE VERWALTUNGSSITZ ④ DER PINTSCH AG

Ein leuchtendes Genie

Andreasstraße 71–73, 10243 Berlin
S3, 5, 7, 75, 9 (Ostbahnhof)

In der Andreasstraße 71–73 kann noch heute der frühere Verwaltungssitz der Julius Pintsch AG (ab 1953 Pintsch Bamag AG) bewundert werden, hinter dem sich einst ein ganzer Fabrikkomplex erstreckte.

Der Standort des Gebäudes ist eng mit der Erfolgsgeschichte des Unternehmens verknüpft. Der junge Klempnermeister Julius Pintsch gründete 1843 im Souterrain am Stralauer Platz 4 seine eigene Werkstatt. Voller Ehrgeiz und Überzeugungskunst gelang es ihm, gute Beziehungen zu seinen unmittelbaren Nachbarn aufzubauen. Zu diesen zählten zunächst die Gasindustrie (Stralauer Platz 33–34 im heutigen Energieforum), später verschiedene Schienenbauunternehmen. Erster Käufer seiner neuartigen Gasbeleuchtung für Lokomotiven war denn auch die Niederschlesisch-Märkische Eisenbahn, welche die 1842 eingeweihte Strecke vom Schlesischen Bahnhof (dem heutigen Ostbahnhof) betrieb. Angesichts der strategisch günstigen Lage hatte Pintsch folglich jeden Grund, auch mit zunehmendem Wohlstand an diesem Standort festzuhalten. 1848 erwarb er das Gebäude am Stralauer Platz 6/7 und 1863 die Andreasstraße 71–73, wo nach seinem Tod vom Architektenbüro Cremer & Wolffenstein 1907/08 das heutige Gebäude errichtet wurde.

Oberhalb des Portals mit seinen drei Eingängen zeugen vier Reliefs von der ursprünglichen Nutzung des kolossalen Gebäudes: In der Mitte sind zwei in tiefes Nachdenken versunkene Ingenieure dargestellt, während im Hintergrund jeweils die Frucht ihrer Erfindung zu sehen ist: rechts die berühmte Pintsch-Boje oder Leuchttonne zur Sicherung des nächtlichen Schiffsverkehrs, links wahrscheinlich die Rundung eines Leuchtfeuers (siehe nächste Doppelseite). Die beiden äußeren Reliefs zeigen zwei kräftige Arbeiter mit nacktem Oberkörper. Der eine legt einen Hammer auf einen Amboss, der zweite hielt einst offenbar auch ein Werkzeug in der Hand, das heute jedoch fehlt. Sie erinnern an die Anfänge der Firma Pintsch in der Werkstatt des einfachen Klempners.

Die Fassade ist im damals beliebten Stil der Berliner Secession gestaltet. Reliefs an einzelnen Fenstern zeigen Lorbeerkränze und -girlanden, Symbole für Ruhm und Erfolg. Die vier männlichen Gesichter direkt unterhalb des Giebels sollen auf die vier Söhne von Julius Pintsch verweisen, die zum Zeitpunkt der Einweihung des Gebäudes im Jahr 1908 ihren Vater längst an der Spitze des Unternehmens abgelöst hatten.

gazowy
meter
Julius Pintsch. Berlin.
1899

Julius Carl Friedrich Pintsch: Industrieller und Erfinder

Ohne es zu wissen, leben wir in einer Welt, die stark von Julius Carl Friedrich Pintsch (1815–1884) und seinen vier Söhnen Richard, Oskar, Julius und Albert geprägt wurde.

Die 1843 gegründete Firma Pintsch ist zunächst auf Heizungs- und Beleuchtungssysteme spezialisiert. Seit den 1850er-Jahren erfährt sie einen raschen Aufschwung. Damals versucht die Stadt Berlin, das englische Monopol der Gasindustrie in der Hauptstadt zu durchbrechen. In ihrem neu entwickelten privaten Verteilernetz sind viele Zähler zu installieren.

Durch Pintschs Erfindung eines gegenüber den englischen Geräten deutlich zuverlässigeren und präziseren Gasmessers, den er später in ganz Deutschland und mit gewissem Erfolg sogar im Ausland vertreibt, kommt er zu Wohlstand.

In der Folge leistet er unzählige bedeutende Beiträge zur industriellen Entwicklung: Unweit des Schlesischen Bahnhofs (des heutigen Ostbahnhofs) entwickelt Pintsch unter anderem die ersten Gasbeleuchtungen für Züge und Lokomotiven, die bis zu jener Zeit auf weniger sichere Öl- oder Paraffinlampen angewiesen waren. Schon bald werden Züge und Waggons auch mit Anlagen der Firma Pintsch beheizt.

Mit dem von ihm erfundenen und von seinem Unternehmen exklusiv hergestellten Glühstrumpf, der durch seine spezielle Behandlung im Kontakt mit einer Flamme ein helles Licht erzeugt und ohne den die Gasbeleuchtung wenig effizient geblieben wäre, erobert Pintsch den europäischen Markt. Im Bereich elektrischer Glühbirnen entwickelt sich Pintsch zu einem ernsthaften Konkurrenten von Osram. Leuchttürme auf der ganzen Welt werden mit Strahlern aus dem Hause Pintsch ausgerüstet.

Die denkwürdigste Errungenschaft dieses großen Erfinders ist jedoch vermutlich die berühmte Pintsch-Boje. Sie ermöglicht das sichere Navigieren auf dem Meer auch bei Nacht und ist an allen Küsten und Seewegen weltweit – so beispielsweise am Suez-Kanal – zu finden.

DER SCHIEFE TURM DER STRALAUER DORFKIRCHE

⑤

Ein Turm, der noch schiefer ist als der schiefe Turm von Pisa?

Tunnelstraße 5–11, 10245 Berlin
Mai–Aug So 13–16 Uhr
S8, 9, 41, 42 (Treptower Park) / S3, 5, 7, 8, 9, 41, 42 (Ostkreuz), dann Bus 347 (Stralau, Tunnelstraße)

Ein Stück vor dem Ende der reizvollen Stralauer Halbinsel steht eine kleine mittelalterliche Kirche aus dem 15. Jahrhundert. Eigenartigerweise bemerkt man nicht unbedingt auf den ersten Blick, dass ihr deutlich später erbauter neugotischer Turm, ähnlich wie der berühmte Turm in Pisa, stark geneigt ist. Genau genommen soll der Stralauer Turm um 5 Grad nach Nordwesten geneigt sein, während der schiefe Turm von Pisa sich „nur" um 3,9 Grad nach Süden neigt. Die Stralauer Dorfkirche hätte damit einen der schiefsten Türme weltweit.

Laut einigen Quellen kam es zu der Schieflage infolge von Schäden aus dem Zweiten Weltkrieg. Am 26. Februar 1945 wurde die Kirche tatsächlich von einer Bombe getroffen, die das gesamte Gewölbe über dem Kirchenschiff zerstörte. Im Rahmen des Wiederaufbaus Ende der 1950er-Jahre soll der Bombenkrater unzureichend aufgefüllt worden sein, wodurch sich das Gelände später absenkte und der Turm sich neigte. Eingehendere Recherchen haben jedoch gezeigt, dass eine – noch nicht ganz so starke – Neigung bereits im Jahr 1934 festgestellt worden war.

Auf zwei Fenstern im Schiff der Dorfkirche sind noch spätgotische Glasmalereien im Original erhalten.

Der neben der Kirche gelegene Friedhof eignet sich gut zum Innehalten: Die Neigung des Hangs hinunter zum Spreeufer ist optimal für alle, sie sich im Gras ausstrecken und dem sanften Rauschen des Wassers lauschen möchten.

DER SCHROTKUGELTURM

⑥

Durch den Rost gefallen

Nöldnerstraße 16, 10317 Berlin
Führungen am Tag des Offenen Denkmals oder nach Anfrage: info@berlin-industriekultur.de
S3, 5 (Rummelsburg) / S7, 8, 9, 42 (Ostkreuz)

Den 38 Meter hohen roten Backsteinturm im Kaskelkiez der Rummelsburger Victoriastadt kann man nicht übersehen. Er wurde 1908 gebaut und ist beinahe so hoch wie der Turm der nahen Erlöserkirche. In dem Backsteinturm, der zur Maschinenfabrik Juhl & Söhne gehört, wurden einmal Schrotkugeln hergestellt.

200 originale Holztreppenstufen führen nach oben. Neben einem Rohr von gut einem halben Meter Durchmesser geht es vorbei an unverglasten Fensteröffnungen, in der Turmstube schließlich steht ein gemauerter Feuerofen, dessen Schornstein direkt durchs Dach in den Himmel über Berlin ragt. Trotzdem werde es angesichts der Kürze des Schornsteins knapp mit dem „Zug“ für den Ofen, erklärt Herr Voigtländer, der interessierte Besucher gelegentlich auf Anfrage hier heraufführt: Denn der Ofen müsse richtig in Fahrt kommen.

Doch zum Glück schmilzt Blei bereits bei 327,5 °C. Die Arbeiter zogen erst die rohen Bleiplatten mit einem Flaschenzug außen am Turm herauf, verflüssigten sie peu à peu im Ofen – in einer großen Stielkasserole – und gossen dann das flüssige, silbrig zitternde Metall vorsichtig durch ein Lochblech auf dem oberen Ende des Fallrohrs. Die fallenden Bleitropfen wurden kugelrund und erstarrten schon, bevor sie 30 Meter weiter unter Dampfen und Gezisch am Grund des Turms im Wasser gebremst wurden. Vier Tonnen Blei fielen hier täglich durch das Rohr, das die Kugeln vor Seitenwind schützte. Das Ergebnis, nahtlos rund, war bei Jägern begehrt und legendär.

1939 regnete es hier die letzten Schrotkugeln. Die Fabrik gehörte während der DDR-Zeit zum VEB Druckguß und Formenbau Berlin-Weißensee, der seine Lehrwerkstatt in Rummelsburg hatte. Heute ist der Turm einzigartig in seiner Art in Berlin-Brandenburg und stellt ein geschütztes Industriedenkmal dar.

Ein Stadtviertel mit dem Namen einer britischen Königin

Die Kaskelstraße, von der der hiesige Kiez seinen Namen hat, ist nach einem Juristen und Politiker namens Kaskel benannt. Namensgeberin für die Victoriastadt war Queen Victoria, während deren Regentschaft besonders enge Beziehungen zwischen dem deutschen Kaiser- und dem englischen Königshaus bestanden. Es ist das einzige deutsche Stadtviertel, das nach einer britischen Throninhaberin benannt ist.

DIE HARTUNGSCHEN SÄULEN

⑦

Relikte einer alten S-Bahn-Brücke

Türrschmidtstraße (Ecke Stadthausstraße), 10317 Berlin
S3, 5, 7, 9 (Nöldnerplatz)

Die Kolonnade aus zwölf kunstvollen schlanken Gusseisensäulen, die an der Ecke der kleinen Grünanlage emporragen, ist das Relikt einer früheren S-Bahn-Brücke. Sie wurde 2005, nach 102-jähriger Existenz, stillgelegt und ganz in der Nähe aus Beton wieder aufgebaut. Durch die neue Brücke, die man von der Ecke aus sehen kann, verloren die ursprünglichen Brückenträger ihre angestammten Arbeitsplätze. Heute klärt eine Hinweistafel über die Besonderheiten und den Erfinder dieser Metallsäulen auf, die für die Berliner Eisenbahnbrückenbaukunst der Gründerzeit Ende des 19. Jahrhunderts typisch waren: Als damals die Berliner S- und U-Bahn-Brücken höher gelegt werden mussten, um auch Doppeldeckerbussen die Durchfahrt zu ermöglichen, wurden neue Zwischenträger nötig.

Man wollte aber nicht irgendwelche Träger, sondern schrieb einen künstlerischen Gestaltungswettbewerb aus. Sieger war das „Modell II“ des Architekten Hugo Hartung. Hartungs Idee einer Säule, die aus Eisen gegossen werden konnte, bedeutete eine enorme Kosteneinsparung. Um die Lasten und Erschütterungen des Bahnverkehrs für das spröde Gusseisen abzumildern, baute Hartung oben und unten Kugelgelenke an den Auflagepunkten ein. Auch wurde der Schaft in der Mitte knieartig verdickt, um die Bruchgefahr zu vermindern.

DAS WANDBILD *NICARAGUANISCHES DORF – MONIMBÓ 1978*

8

Blutbad in naiver Malerei

Skandinavische Straße 26, 10317 Berlin
S5, 7, 9, 75 / U5 (Lichtenberg)

Am Monimbó-Platz in Lichtenberg findet man an einer kompletten Hauswand ein riesiges Beispiel öffentlicher Kunst aus Südamerika: naive Malerei vom Boden bis zum Giebel.

Zu sehen sind zwei weiß gekalkte gemauerte Häuser mit Ziegeldächern und rund ein Dutzend Holzhütten mit Palmblattdächern, die weit verstreut in einer Ebene vor einem hohen Tafelberg mit einer Gipfelfestung stehen. Zwischen den Holzhütten spielen Kinder. Frauen und Männer sind bei der Feldarbeit. Von links dringen grün uniformierte Soldaten mit Gewehren im Anschlag in die Siedlung ein. Am Himmel sieht man Hubschrauber und Kleinflugzeuge, aus einem wird geschossen. Einige Dorfbewohnerinnen und -bewohner liegen leblos am Boden; eine eingewickelte Leiche wird auf einem Karren weggefahren. Im Vordergrund erkennt man mit Steinen bewaffnete Widerstandskämpfer, die der sandinistischen Befreiungsfront angehören, deren Kürzel FSLN mehrfach an den Wänden der beiden Steinbauten zu lesen ist.

Das farbenprächtige Bild bezieht seine Schlagkraft aus dem schreienden Kontrast zwischen der fröhlich wirkenden Maltechnik und dem Sujet – der Ermordung von 343 aufständischen Einwohnern des nicaraguanischen Dorfs Monimbó 1978 durch bezahlte Schlächter des dritten und letzten Diktators aus der Somoza-Familie: Anastasio Somoza Debayle, der ein Jahr darauf durch die Frente Sandinista de Liberación Nacional (FSLN) gestürzt wurde. Der Aufstand von Monimbó scheiterte, weil Hilfe von außen zu spät kam und die internationale Öffentlichkeit kaum Notiz von Nicaraguas Konflikten nahm. Die blutige Niederschlagung der Sandinisten stärkte jedoch ihren Rückhalt beim Volk; 1979 gelang die Revolution.

Das *mural* (Wandbild) ist ein 1985 geschaffenes Auftragswerk des nicaraguanischen Künstlers Manuel García Moia, der 1936 im dargestellten indianischen Stadtteil Monimbó der Stadt Masaya geboren wurde und dort aufgewachsen ist. Vergeben hatte den Auftrag der Ostberliner Magistrat vor dem Hintergrund, dass die SED den Befreiungskampf des nicaraguanischen Volkes gegen das Somoza-Regime unterstützte. Moia brachte seinen Entwurf mit der Hilfe des Ostberliner Grafikers Martin Hoffmann und des Bildhauers, Malers und Zeichners Trak Wendisch auf die 255 Quadratmeter große Hauswand. Seitdem ist das Wandbild auf das Bemühen von Bürgerinitiativen hin zweimal restauriert worden, zuletzt im Sommer 2020.

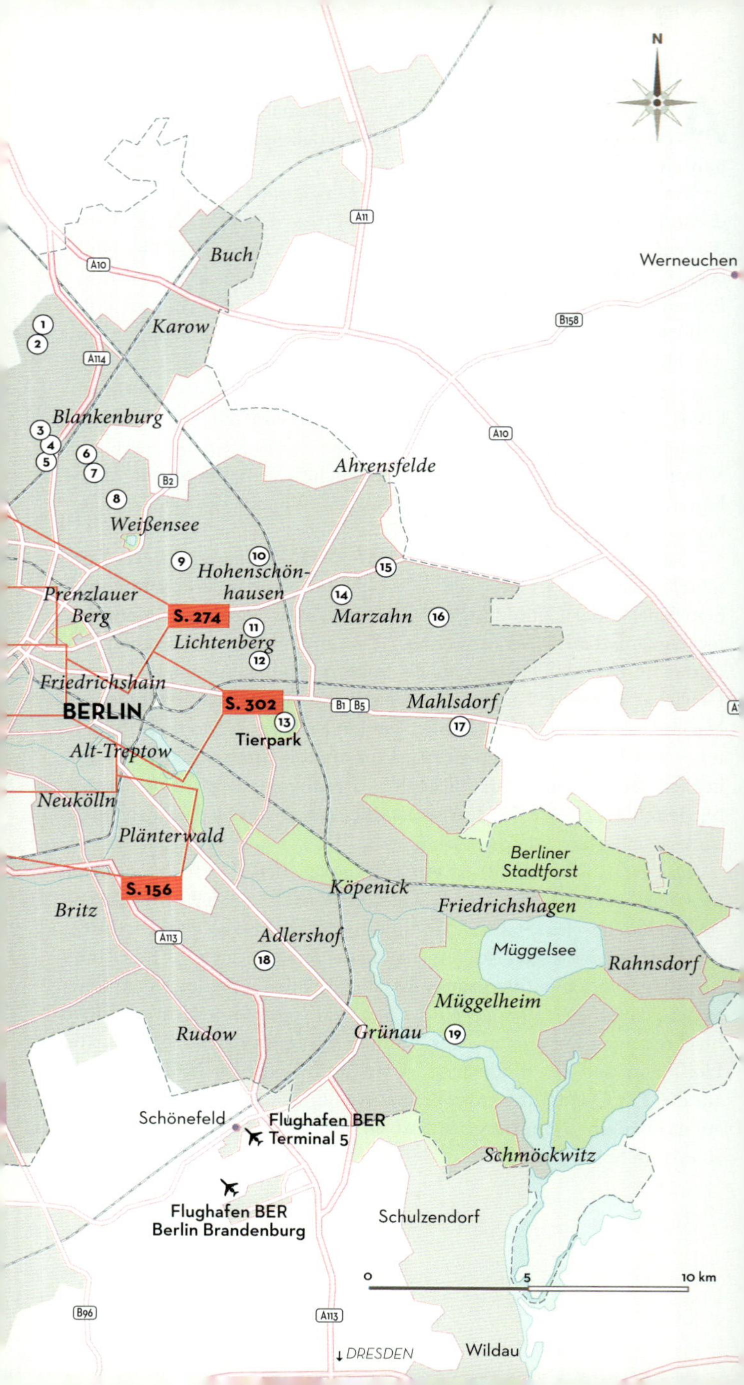
N
A11
Werneuchen
Buch
A10
B158
Karow
A114
Blankenburg
A10
Ahrensfelde
B2
Weißensee
Hohenschön-
hausen
Prenzlauer
Berg
S. 274
Marzahn
Lichtenberg
Friedrichshain
S. 302
B1
B5
Mahlsdorf
BERLIN
Tierpark
Alt-Treptow
Neukölln
Plänterwald
Berliner
Stadtforst
S. 156
Köpenick
Friedrichshagen
Britz
A113
Adlershof
Müggelsee
Rahnsdorf
Müggelheim
Rudow
Grünau
Schönefeld
Flughafen BER
Terminal 5
Schmöckwitz
Flughafen BER
Berlin Brandenburg
Schulzendorf
0
5
10 km
B96
A113
↓ DRESDEN
Wildau
1
2
3
4
5
6
7
8
9
10
11
12
13
14
15
16
17
18
19

Pankow – Lichtenberg – Marzahn Hellersdorf – Treptow/Köpenick

1. DIE ÜBERRESTE DES AUFNAHMELAGERS BLANKENFELDE *324*
2. DIE GEOLOGISCHE WAND *326*
3. DER LUNA-BUNKER *328*
4. DER ÄLTESTE ÜBERREST DER BERLINER MAUER *329*
5. DIE PANKOWER PUTTEN *330*
6. DIE KUNSTINSTALLATIONEN AM OBERSTEINER WEG *332*
7. DAS HOLLÄNDER-QUARTIER VON WEIßENSEE *334*
8. DER MALER AM MOTORWERK *336*
9. DAS HAUS LEMKE *338*
10. DAS DAIMON-MUSEUM *340*
11. DAS MUSEUM KESSELHAUS HERZBERGE *342*
12. DAS REVOLUTIONSDENKMAL *344*
13. DIE VIER BRONZELÖWEN IM TIERPARK *346*
14. DIE MARZAHNER BOCKWINDMÜHLE *348*
15. DAS FRICKSCHE HAUS *350*
16. DIE MUSEUMSWOHNUNG WBS 70 *352*
17. DAS GRÜNDERZEITMUSEUM *354*
18. DER TRUDELTURM *356*
19. DIE SCHMETTERLINGSSAMMLUNG IM *SCHMETTERLINGSHORST* *360*

DIE ÜBERRESTE DES AUFNAHMELAGERS BLANKENFELDE

①

Prüfung auf Osttauglichkeit

Blankenfelder Chaussee 7, 13159 Berlin
Bus 107 (Botanischer Volkspark (Berlin))

Am Zaun der Revierförsterei Pankow rosten ein Gittertor und viel Maschen- und Stacheldraht vor sich hin – Erkennungsmerkmale des einstigen Aufnahmelagers Blankenfelde für Migranten von West nach Ost. Eine kleine Betonzelle mit Sicht- und Schießschlitz steht direkt unter einer DDR-Straßenlaterne des Typs RSL 1 – ein Einmannbunker des Wachpostens, der hier freies Schussfeld auf alle hatte, die versuchen sollten, den Zaun zu überwinden.

„Die Holzbaracken wurden vor Jahren abgerissen“, sagt der Förster. „Den noch vorhandenen Betriebsschutz-Schießstand haben Sie ja entdeckt. Grenztruppe, MfS, Kripo, hier war alles versammelt. Die armen

Schweine, die in die schöne DDR reinwollten – ob zum ersten Mal oder wieder –, wurden auf Herz und Nieren durchleuchtet, damit sich ja kein Staatsfeind einschlich." Der Förster grinst. „Das Aufnahmelager bestand von 1957 bis 1972. Danach wurde der Andrang zu groß!" Er lacht und erkennt am Mitlachen, dass der Frager den Witz verstanden hat. Von 20 Aufnahmelagern mit insgesamt 1500 Plätzen war im Jahr der Wende nur noch das 1979 in Röntgental eingerichtete mit 117 Betten übrig.

Blankenfelde fasste 300 Einreisewillige aus dem Westen. Hier schätzte man 38 Tage lang den Wert jedes Einzelnen für die DDR-Wirtschaft und beurteilte seine politische Gesinnung. Von West-Rückkehrern wurde reuige Selbstkritik gefordert. Ihre Bekenntnisse wurden in der Tageszeitung *Neues Deutschland* abgedruckt.Von 1949 bis 1988 kamen etwa 600 000 Personen aus dem Westen in die DDR; 400 000 von ihnen waren vorher aus der DDR geflohen.

Während die Zahl der Ost-West-Migranten jährlich zwischen 150 000 und 330 000 schwankte (insgesamt waren es fast 4 Millionen) – mit Höhepunkten 1953 und 1957 sowie einem Tiefpunkt 1959 –, blieb die Zahl der West-Ost-Migranten gleichmäßiger: Zwischen 1949 und 1953 kamen jedes Jahr etwa 25 000, danach zwischen 55 000 und 70 000, 1960 etwa 42 000. (Das Statistische Bundesamt geht auch in den 1950er-Jahren von 25 000 bis 35 000 aus.) Erst mit dem Mauerbau 1961 sank die Zahl der Einreisenden in den DDR-Aufnahmelagern rapide auf wenige Tausend im Jahr. 1989 baten nur noch 1000 Personen aus dem Westen um Einreiseerlaubnis.

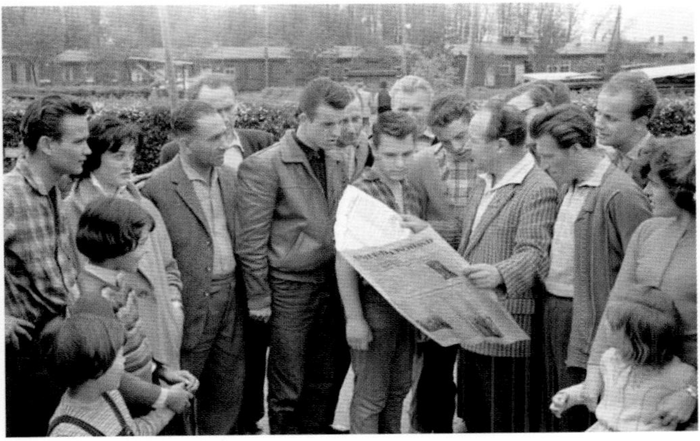

DIE GEOLOGISCHE WAND ②

Nationales Geotop Nr. 78

Botanischer Volkspark
Blankenfelder Chaussee 5, 13159 Berlin
gruen-berlin.de
Interaktive Geologische Wand unter http://geowand.gruen-berlin.de
Täglich von Sonnenaufgang bis Sonnenuntergang
Schaugewächshäuser: Di–Do 10–14:00 Uhr, Fr–So (u. feiertags) 11–17 Uhr
Bus 107 (Botanischer Volkspark (Berlin))

Die lange Natursteinmauer im hintersten Winkel des Botanischen Volksparks scheint eine Steinwand zu sein, die ein übereifriger Gartenarchitekt aus vielen mittelgroßen bis winzigen, hier und da nummerierten Gesteinsstücken aufgemauert hat.

In Wahrheit handelt es sich um eine geologische Attraktion ersten Ranges, noch dazu eine historische Rarität Berlins: Diese Steinwand wurde nämlich 2018 in den Rang eines „Nationalen Geotops" erhoben, des einzigen in Berlin.

Entworfen und gebaut wurde die „Geologische Wand" 1891 bis 1896 von Dr. Eduard Zache (1862–1929), Mitglied der Deutschen Geologischen Gesellschaft und der Brandenburgia. Ursprünglich stand sie im Humboldthain, der früher ein botanischer und geologischer Lehrgarten zu Ehren Alexander von Humboldts war.

1909 übernahm der zentrale Schulgarten an der Chaussee nach Blankenfelde, der heutige Botanische Volkspark, die botanische Bildungsaufgabe in viel größerem, wissenschaftlicherem Rahmen. Auch die einzigartige Geologische Wand des promovierten Geologen und Oberlehrers am Andreas-Realgymnasium in der Koppenstraße zog 1912 dorthin um.

Auf 30 Metern Länge und 2,50 Metern Höhe bildete Dr. Eduard Zache in seiner Wand mit 123 verschiedenen Gesteinen, Mineralien, Erden und Erzen aus Brandenburg, dem Rheinland, Schlesien, Sachsen und Thüringen in 20 Abschnitten einen idealen Querschnitt durch die Erdgeschichte Mitteleuropas nach. Von links nach rechts sind – von jungen Sedimenten ausgehend – fortlaufend immer ältere Schichten zu sehen, bis hin zu den ältesten Gesteinen des Grundgebirges. Die Schichtenfolge müsste eigentlich vertikal – von oben nach unten – angeordnet werden. Um sie jedoch in einer überschaubar niedrigen Wand zu präsentieren, nutzte Zache die zwischengeschalteten Abbildungen von Verwerfungen, magmatischen (vulkanischen) Aufstiegskanälen, Faltungen und überkippten Lagerungen und schuf so eine horizontale Gliederung zwischen den vertikal zu denkenden Gruppen. An einigen Stellen sind Mineralien und Fossilien eingebaut.

Ein von links nach rechts über die Mauer hinwegfliegender Vogel bringt so in Windeseile 500 Millionen Jahre Erdzeit hinter sich ...

DER LUNA-BUNKER

③

Abgetaucht in dunkler Vorzeit

Hermann-Hesse-Straße (Ecke Schützenstraße), 13156 Berlin
S1, 25, 26 (Schönholz)

Ein unscheinbarer Weg führt zwischen einer Ziegelsteinmauer des Schützenhauses „Schloss Schönholz“ und einem splittbestreuten Sportplatz in ein Wäldchen. Linker Hand liegt ein dunkler Buckel zwischen den Bäumen der Schönholzer Heide, der wie das flache Satteldach einer im Boden versunkenen langen Baracke aussieht. Dabei handelt es sich um die massive Betondecke eines Bunkers, die etwa 1,5 bis 2 Meter nach oben ragt. Der Beton war einst dick mit Teer überstrichen. Hie und da wurde er vom Frost gesprengt, sodass man die Stahlarmierung sehen kann. Der Blick durch zwei offene Luken zeigt mehrere Gewölbegänge mit bogenförmigen Verbindungsöffnungen. An der Kopfseite zum Weg findet man eine starke, aus dem Boden ragende Metallöse. Von einigen solcher Ösen, kreisförmig angeordnet, liefen Stahlseile zur Spitze eines Sendemastes – denn der Bunker beherbergte im Zweiten Weltkrieg eine Sendefunkanlage der Wehrmacht.

In unmittelbarer Nähe zu diesem gestrandeten U-Boot aus Beton lag das zwischen Juni 1940 und April 1945 gebaute „Ausländerlager Schönholz“. Es war eines der größten Berliner Zwangsarbeiterlager: Ende 1942 wurden hier 2500 Polen, Franzosen, Belgier, Kroaten, Serben und sogenannte Ostarbeiter aus verschiedenen Regionen der Sowjetunion gefangen gehalten, die in Spandauer Rüstungsbetrieben arbeiten mussten. Man bezeichnete das Lager auch als „Luna-Park-Lager“, nach dem einst größten Vergnügungspark Europas, der zuvor vom Berliner Halensee mitsamt seiner 18 Meter hohen Achterbahn („Himalayabahn“) auf dieses Gelände umgesiedelt und hier unter dem Namen „Traumland“ weiterbetrieben worden war.

Der Bunker wurde später ebenfalls „Luna-Bunker“ genannt. Er diente ausschließlich den Funkern und der Nachrichtentechnik als Schutzraum.

Die Sklavenarbeiter nebenan hockten bei Fliegeralarm in einfachen Gruben mit Bretterdecke und standen Todesängste aus. Zwangsarbeitern war der Besuch von Schutzräumen verboten. Etwa ein Viertel der Berliner Bombenopfer waren ungeschützte Sklavenarbeiter. Unweit vom Bunker liegen einige Bombenopfer aus den Reihen der Lagerinsassen neben Deutschen in einem Totenhain begraben.

DER ÄLTESTE ÜBERREST DER BERLINER MAUER

④

Als die Mauer noch gemauert war …

Schützenstraße (Ecke Buddestraße), 13158 Berlin
S1, 25, 26 (Schönholz)

Der verlorene Waldstreifen im Dreieck von Schützenstraße, Buddestraße und der S-Bahn ist sicher eine der wildesten Stellen Pankows. Das, worum es geht, liegt direkt vis-à-vis der S-Bahn-Station Schönholz. Ein Trampelpfad führt von der Buddestraße zum Bahndamm hinauf. Gut geschützt von Blättern (zumindest im Sommer) gelangt man an einen Bauzaun. Hier wird es immer eine Öffnung geben, denn die Berliner Sprayer lassen sich von wirklich guten „Locations" nicht aussperren.

Wenn man den innersten Raum des Verbotenen betritt, wird sofort klar, dass sie hier ein schönes, rundum geschütztes Geheimkabinett haben, in dem sie sich austoben können. Es sieht gar nicht mal schlecht aus – etwa wie eine besprühte Tempelruine aus dem *Dschungelbuch.* Ein paar Matratzen und die unterste Müllschicht muss man sich freilich wegdenken, um die Romantik dieser ältesten Berliner Mauerecke von 1961 auf ihren 80 Metern Länge stimmungsvoll zu erleben.

Was vor allem gleich ins Auge fällt, ist die Tatsache, dass hier gemauert wurde und nicht betoniert. Anstelle der späteren Mauerkrone aus einem aufgesägten Betonrohr, das ein Festhalten beim Versuch des Drüberkletterns erschwerte, sitzt auf der Mauer der ersten Tage („Mauer 1" genannt) ein „Antipersonenaufbau" aus Winkeleisen, an denen stromgeladene Stacheldrähte und Alarmdrähte aufgespannt waren, die jede Berührung zur nächsten Führungsstelle meldeten. Ein Stromverteilerkasten der Alarmdrähte steckt auch noch in der Wand. In der Hast des ersten Ringschlusses um Westberlin wurden hier Teile von im Krieg halbzerstörten Wohnhäusern der Schützenstraße mitgenutzt. Die Kellereingänge der Häuser hatte man eilig verfüllt, die Mauerlücken mit hellen Steinen geschlossen.

Auch wahllos zusammengesuchte Baumaterialien fanden Eingang in dem spitz zulaufenden Mauereck: Steine des Luna-Park-Lagers und des Vergnügungsparks „Traumland" (siehe links). Als die moderne Vorlandmauer gebaut wurde, geriet diese sogenannte Urmauer in Vergessenheit.

DIE PANKOWER PUTTEN

⑤

Jeder Putto stellt eines der vier menschlichen Temperamente dar

Breite Str. 45, 13187 Berlin
Tram 50 (Pankow Kirche)

Vier Putten stehen da, jeweils einen Meter groß, auf Postamenten unweit des Bürgersteigs. Pathetisch geben sie die Rollen der vier menschlichen Temperamente, als träten sie gerade im barocken Welttheater auf.

Der *Sanguiniker,* auf engelsnahen Quellwolken, schwelgt mit in den Nacken gelegtem Kopf in Plänen, die leider bloß heiße Luft sind. Der *Phlegmatiker* stützt sich auf seinen Spaten wie auf einen Spazierstock – mit vom Phlegma gebundenen Händen wird er nie einen Muskel rühren, um die Ruine, an der er baut, zu vollenden. Der *Melancholiker* blickt in ein Buch (vielleicht die Bibel?), doch er liest nicht, sondern zergrübelt sein Leben, bis es in Selbstmitleid und Weltflucht zerfließt. Der *Choleriker,* von Wut befeuert, spuckt Gift und Galle, während er selbst in einem flammenzüngelnden Drachenmaul steckt.

Die vier Sandsteinfiguren zieren ein einstöckiges rotes Gebäude. Das sogenannte Kavalierhaus wurde um 1764 im Landhausstil erbaut und ist eines der ältesten Baudenkmäler in Pankow. Trotz seines Namens war es ein schlichtes Landhaus, das nie einem Höfling gehörte, sondern stets Kaufleuten: Carl Philipp Möring (1753–1837) etwa, der hier 1814/15 in den Orangerie-Saal eine der ersten Dampfheizungen Deutschlands einbauen ließ, oder Charles Duvinage (1804–1871), dem Begründer der Hausbibliothek der Hohenzollern. Von 1866 bis 1939 gehörte das Haus der Familie des Schokoladenfabrikanten Richard Hildebrand. Ab 1947 nutzte die Sozialhilfe Groß-Berlin das Gebäude. Seit 1953 war es ein Schulhort. 1998 wurde das Gebäude von der Caritas-Krankenhilfe Berlin e. V. erworben und denkmalgerecht saniert.

Die Putten sind bloß Kopien der Originale des bekannten Rokoko-Bildhauers Gottfried Knöffler (1715–1779) – doch Rolf Winkler, der sie 1960 anfertigte, hat ganze Arbeit geleistet. Die echten Putti, die früher hier standen, ruhen sich seitdem in der Skulpturensammlung der Staatlichen Museen (Bode-Museum) zu Berlin vom sauren Regen aus.

DIE KUNSTINSTALLATIONEN AM OBERSTEINER WEG

⑥

Pop-Art von Sergej Alexander Dott

Gustav-Adolf-Straße 92–103/Obersteiner Weg 45–49, 13086 Berlin
S8, 9, 42 (Prenzlauer Allee), dann Bus 156 (Gustav-Adolf-Str./Amalienstr.)

In der Gustav-Adolf-Straße, gegenüber dem Segensfriedhof in Weißensee, erwartet den Besucher ein überraschender Anblick: ein Wohnkomplex aus fünf Gebäuden, die in lebendigen Farben leuchten und mit verschiedenen Figuren geschmückt sind (von denen einige leider im Lauf der Jahre verloren gegangen sind). Die vier Gebäude der Wohnanlage Obersteiner Weg sind jeweils in einem anderen Farbton gehalten und

einem bestimmten Tier gewidmet. Das fünfte Gebäude steht gegenüber und bildet eine Art Synthese oder Mischung der anderen.

An der blauen Fassade des ersten Wohnblocks schwimmen Fische im Ozean; der rosa Wohnblock zeigt einen Morgenhimmel mit Vögeln; die grüne Fassade ist eine Wiese voller Margeriten, über die fröhlich Hasen hüpfen; im strahlenden Licht eines Sommertags wirbeln vor orangefarbenem Hintergrund Schmetterlinge umher. An den Seitenfassaden befinden sich Skulpturen von Fischen, Vögeln, Hasen und Schmetterlingen aus Polyester, die nachts angestrahlt werden und so angeordnet sind, dass der Eindruck entsteht, als durchquerten die Tiere die Gebäude von einer Seite zur anderen.

Der Garten verweist ebenfalls auf die enge Korrelation zwischen Wissenschaft und einem Leben im Einklang mit der Natur. Der Besucher tritt zwischen zwei wellenförmigen Säulen mit geometrischen Formen an der Spitze ein in diese Welt. Während die Wellenform, die an den Vordächern über den Eingangstüren wieder aufgegriffen wird, für die organische Seite der Natur steht, symbolisieren die geometrischen Formen die mathematischen Gesetze, denen sie gehorcht und die es für uns zu begreifen gilt, um einmütig mit ihr leben zu können. Eine etwas weiter hinten stehende, ebenfalls aus wellenförmigen Elementen zusammengesetzte Skulptur zeigt den griechischen Buchstaben Pi, die mathematische Kreiszahl, der in der Antike eine grundlegende und heilige Bedeutung innerhalb der kosmischen Ordnung beigemessen wurde.

Die rote Riesenrose im Garten ist ein Leitmotiv im Werk des Berliner Pop-Art-Künstlers Sergej Alexander Dott (weitere Rosen finden sich am Gleisdreieck). Als Symbol der Auferstehung und der Erfüllung durch Arbeit oder Opfer verweist sie hier wohl auf die Sanierung und Modernisierung des Komplexes. Zudem lässt die Rose, in der Bildwelt der Freimaurer allgegenwärtig, auf die Zugehörigkeit des Künstlers zu einer Loge schließen.

Die 2007 von Dott realisierten Installationen gehen auf eine Initiative der Immobiliengesellschaft Sparkling zurück, die das Ensemble ein Jahr zuvor gekauft hatte. Zu dieser Zeit befanden sich die in den 1930er-Jahren errichteten Gebäude in bemitleidenswertem Zustand: Die Hälfte der Wohnungen war unbewohnbar. Der Projektträger unternahm nicht nur eine Grundsanierung der Anlage, sondern stellte diese ganz ins Zeichen der Energiewende. Die Gebäude wurden zu Niedrigenergiehäusern umgebaut und rückten als Gesamtkunstwerk die Natur und das Leben in den Vordergrund.

DAS HOLLÄNDER-QUARTIER VON WEIẞENSEE

⑦

Zu Ehren des Backsteins

Woelckpromenade 25–35, 13086 Berlin
S8, 9, 41, 42 (Greifswalder Straße), dann Tram M1, 4 (Antonplatz)

Das Gebäudeensemble in der Woelckpromenade, das aufgrund seiner Treppengiebel Holländer-Quartier genannt wird und an das Holländische Viertel in Potsdam erinnert, ist ein bemerkenswertes

Architekturdenkmal, dem meist nur wenig Beachtung geschenkt wird. Erbaut wurde es zwischen 1925 und 1929 von dem Architekten Josef Tiedemann im Geist des sozialen Wohnungsbaus der Zwischenkriegszeit.

Im Gegensatz zum 19. Jahrhundert, als die Bevölkerung in sogenannten Mietskasernen auf engstem Raum und unter mangelhaften hygienischen Bedingungen zusammenlebte, achtete man hier auf die Grundbedürfnisse jedes Einzelnen. Die bezahlbaren, einheitlich gestalteten Wohnungen sind rund um einen großen, lichtdurchfluteten und ruhigen Innenhof mit schön angelegten Gärten und zu geometrischen Motiven geschnittenen Hecken angeordnet. Jede Wohnung verfügt über einen Balkon in Richtung auf diesen Innenhof. Die Wahl von Sichtbackstein lässt sich als Hinweis darauf werten, dass der Komplex als Fortsetzung des einige Jahre zuvor rund um den nur wenige Schritte entfernten See Kreuzpfuhl fertiggestellten Großprojekts verstanden werden sollte.

Anfang des 20. Jahrhunderts war Weißensee eine wachsende ländliche Gemeinde, die immer mehr Arbeiter aus der gesättigten Hauptstadt anzog. Der damalige Bürgermeister Carl Woelck bemühte sich vergeblich darum, sie in den Status einer Stadt erheben zu lassen, wozu er unter anderem rund um den Kreuzpfuhl Einrichtungen für das Gemeinwesen erbauen ließ. Das zwischen 1908 und 1919 errichtete Munizipalviertel wurde von Carl James Bühring im Stil der Reformarchitektur errichtet, die von der seinerzeit beliebten Nachahmung vergangener Stile abrückte und stattdessen eine traditionellere und praktischere Bauweise verfolgte, die zum konkreten Bauvorhaben passte. Besonderen Wert legte man dabei auf die Verwendung regionaler Materialien, in diesem Fall Backstein. Der Aufbau der Gebäude orientiert sich an den örtlichen Witterungsbedingungen, die Dekoration ist auf das Wechselspiel der Elemente des eigentlichen Gebäudes reduziert. Dabei finden stets die natürlichen Bedürfnisse des Menschen Berücksichtigung: der Wunsch nach Luft, Licht, Raum und Natur, nach einem Leben im Einklang mit der Umgebung, nach sportlicher Betätigung und nach Zugang zu kulturellen Angeboten.

Backstein als Antwort auf Sumpfböden

Während der industriellen Revolution wurden in Brandenburg jährlich rund eine Milliarde Backsteine für den Verkauf nach Berlin hergestellt, in dessen sandigen Böden praktisch kein Stein vorkam. Dennoch hält sich der Backstein in der Architektur Berliner Wohnhäuser oft diskret im Hintergrund – meist ist er verborgen unter Stuck oder Putz.

DER MALER AM MOTORWERK

(8)

Verschmitzte Hommage an einen Industriemaler

An der Industriebahn 12, 13088 Berlin
S8, 41, 42 (Greifswalder Straße), dann Bus 225 (Roelckestraße/Nüßlerstraße)

Das längliche Fabrikgebäude, das sich an der früheren Industriebahnstrecke nach Weißensee befindet, wurde Anfang der 1920er-Jahre von Bruno Buch und Karl Herrmann als Produktionshalle für die Ziehl-Abegg Elektrizitätsgesellschaft gebaut. Rechts vom Eingangstor ziert eine ungewöhnliches Relief die Wand: Ein bebrillter, grimmig dreinblickender Zwerg steht da, die Hände auf dem Rücken, neben dem einstigen innovativen Spitzenprodukt der Firma, dem Außenläufer-Elektromotor

Wer sich etwas mit der Berliner Kunstgeschichte des 19. Jahrhunderts beschäftigt hat, wird den hier Karikierten sofort erkennen. Der weiße, um Kinn und Wangen laufende Bart, die gedrungene, den Motor nur knapp überragende Gestalt mit dem auffällig-überdimensionierten Kopf und die ewig griesgrämige Miene gehören zu Adolph von Menzel (1815–1905). Menzel, zu seiner Zeit eine berühmte Persönlichkeit, ging als preußischer Historien- und erster Industriemaler in die Kunstgeschichte ein. Sein bekanntestes Industriegemälde, *Das Eisenwalzwerk* (1872–1875), hängt in der Alten Nationalgalerie.

Der Firmengründer von Ziehl-Abegg, Emil Ziehl (1873–1939), war als Zeichner sehr begabt und soll anfangs sogar eine künstlerische Karriere im Sinn gehabt haben. Die Leidenschaft für Technik aber überwog, das Zeichnen nutzte er für seine Konstruktionen und zum privaten Vergnügen. Als es um die Frage einer originellen Applikation für das neue Fabrikgebäude ging, griff Ziehl zum Stift und entwarf die launige Hommage an Berlins ersten Industriemaler. Sie kann als Sinnbild für die Überflügelung des Fin-de-siècle durch die Moderne gesehen werden.

Heute ist das gesamte Bauensemble, das Motorwerk, denkmalgeschützt. Es beherbergt unter anderem Start-ups und Künstlerateliers; die Produktionshalle wird außerdem als Eventlocation genutzt.

DAS HAUS LEMKE

⑨

Ein „kleines, bescheidenes Wohnhaus" von einem großen Architekten

Mies-van-der-Rohe-Haus, Oberseestraße 60, 13053 Berlin
Di–So 11–17 Uhr
Eintritt frei
Tram 27, M13 (Am Faulen See)

Karl und Martha Lemke wünschten sich ein „kleines und bescheidenes Wohnhaus", das „an schönen Tagen zum Garten hin erweitert" werden könne. Ludwig Mies van der Rohe entwarf das Landhaus Lemke 1932 in der denkbar spartanischsten Form. 1933 wurde es fertiggestellt – das letzte Haus des Bauhaus-Künstlers vor seiner Emigration in die USA. Manchmal finden hier Ausstellungen statt; vom Garten aus hat man einen bezaubernden Blick auf den Obersee.

Karl Lemke betrieb in der Mühlenstraße in Berlin-Friedrichshain eine Graphische Kunstanstalt mit Druckerei. Er war zudem leidenschaftlicher Kunstsammler. Nachdem die Rote Armee das Haus beschlagnahmt

hatte, landete sein Nachlass – eine erstklassige Gemäldesammlung, eine Uhrensammlung und die Mies-van-der-Rohe-Möbel – vollständig in den Berliner Museen.

Die Möbel des Hauses Lemke

Das ursprüngliche Mobiliar für Arbeits- und Schlafzimmer entwarfen Mies van der Rohe und seine damalige Lebensgefährtin Lilly Reich. Im Wohnzimmer standen die Möbel des Ehepaars Lemke. Lilly und Mies statteten das Wohnhaus nicht mit Stahlrohrmöbeln aus, wie historische Reklamefotografien der Firma Thonet von 1933 suggerieren, sondern durchgehend mit Holzmöbeln. In jedem Raum fand eine andere Holzart Verwendung: Zitronenholz im Schlafzimmer, Makassar-Ebenholz im Arbeitszimmer. Das Doppelbett, der Schreibtischstuhl, der Herrensessel und die Sitzhocker wurden mit gelbem Schweinslederpergament bezogen. Die Originalmöbel aus dem Haus Lemke sind in der Sammlung des Kunstgewerbemuseums in Berlin zu bewundern.

DAS DAIMON-MUSEUM

⑩

Wo der Schöpfer der Marke Daimon wohnte

Schloss Hohenschönhausen
Hauptstraße 44D, 13055 Berlin
schlosshsh.de/daimon-museum.html
Mo–Fr 10–16 Uhr
Eintritt frei
Tram 27, M5 / Bus 256, 294 (Alt-Hohenschönhausen)

Das 2016 gegründete Daimon-Museum im ersten Stock des „Bürgerschlosses“ ist Paul Schmidt (1868–1948) gewidmet, dem Gründer der Elektrotechnischen Fabrik Schmidt & Co. und Urheber der einst weltbekannten Produktmarke Daimon.

Im Museum werden neben Taschenlampen, Glühbirnen, Fahrradlampen, Dynamos, Batterien und den zugehörigen Werbematerialien auch andere, weniger bekannte Produkte der Marke (etwa Scheinwerfer, Bootslampen, Ventilatoren, Mikrofone und Radios) sowie Fotos und Dokumente über Paul Schmidt und Daimon gezeigt. Der einstige Markenslogan „die HELLE Freude“ ist gleichzeitig der Titel der Dauerausstellung.

Paul Schmidt, in Berlin aufgewachsen, baute 1882 im Wedding eine Elektrofirma auf, in der er Elektrogeräte verkaufte und reparierte. Zunehmend handelte es sich dabei um Eigenfabrikate, die er ab 1904 unter dem Namen „Daimon“ vermarktete. 1896 gelang ihm die Entwicklung einer gebrauchsfähigen Trockenbatterie. 1905 meldete er ein Patent auf eine „Elektrische Taschenlaterne“ an, die er in den 1920er-Jahren unter anderem in Arnstadt, Danzig, Děčín und Köln-Rodenkirchen produzieren und weltweit vertreiben ließ.

1927 verlor Paul Schmidt die Hausmacht bei Daimon, weil er aufgrund von Schulden – seine teuren Radiogeräte verkauften sich schlecht – ein Darlehen bei der British Eveready Export Company (Berec) aufnehmen musste, das er nicht mehr zurückzahlen konnte. So erwarb Berec nach und nach die Mehrheit an der Marke. Paul Schmidt starb 1948 verarmt im Wedding.

Die Marke Daimon ging durch verschiedene Hände (unter anderem Duracell und Gilette); heute existiert sie nur noch rudimentär im Cluster von Procter & Gamble.

Von 1910 bis 1921 war Paul Schmidt Eigentümer des Schlosses, damals noch Gutshaus Hohenschönhausen, in dem er damals auch selbst wohnte.

DAS MUSEUM KESSELHAUS HERZBERGE

11

Hitlers Heizung

KEH Haus 29
Herzbergstraße 79, 10365 Berlin
museumkesselhaus.de
Di, Do 14–18 Uhr
S 7 (Springpfuhl)

In diesem Museum schlummern gewaltige, mit edlem Flugrost überzogene Metallriesen vor sich hin. Alles, was der Erklärung dienlich, aber sonst unbrauchbar ist, liegt hinter Glas in Vitrinen: messingummantelte Zeigerinstrumente für Druck, zinkgefasste Thermometer, eiserne Drehräder, Strommessgeräte von 1900 und alte Betriebsbücher.

Ein Mitglied des Fördervereins Museum Kesselhaus Herzberge e. V. hat die Privatführung übernommen und umreißt knapp, was hier auf engem Raum versammelt ist: 100 Jahre Industriegeschichte anhand von drei Heizkesselgenerationen einer Großklinik, die von Hermann Blankenstein erbaut und 1893 als Städtische Irrenanstalt eröffnet wurde. Gerade steht man unter einem Doppelflammrohrkessel der Firma Borsig von 1892, einem von einst zehn monströsen Metallzeppelinen, die den Raum zu einem Brutkasten machten. Damals musste noch von Hand Koks geschaufelt werden, wie später auf der *Titanic,* um das Wasser zu erhitzen, durch das die Wasserrohre des Heiz- und Warmwasserkreislaufs liefen …

Das alte Kesselhaus ist inzwischen ein romantischer, stiller Seitentrakt auf dem riesengroßen geschäftigen Areal des heutigen evangelischen Krankenhauses Königin Elisabeth Herzberge (KEH), das in der Nachfolge des seit 1942 am Ort betriebenen Allgemeinkrankenhauses steht. Nach dem Ende des Zweiten Weltkriegs zogen mit den Verwundeten der Russischen Armee auch vier gewaltige Borsig-Kessel in die Klinik bzw. ihren Heizungstrakt ein: „Schrägrohrsektionalkessel" lautet ihre genaue Bezeichnung und sie stammen – man höre und staune – aus Hitlers Neuer Reichskanzlei, Albert Speers einzigem fertiggestellten Regierungsbau. Die koksverschlingende Kessel-Quadriga, von der noch drei Exemplare vollständig erhalten sind, hatte schon vor der Eröffnung von Hitlers großspuriger Repräsentanz in der Voßstraße auf Hochtouren gearbeitet, um das eilig hochgezogene, noch feuchte Bauwerk durchzutrocknen. Die Russen erkannten 1945 den Wert dieser Apparate und nahmen sie kurzerhand mit, sodass sie im ersten zentralen Hospital der Sowjet-Streitkräfte in Berlin dann endlich einem humanen Zweck dienten.

DAS REVOLUTIONSDENKMAL

(12)

Hommage an das einzige Denkmal von Mies van der Rohe

Zentralfriedhof Friedrichsfelde
Friedhofstraße, 13053 Berlin
Täglich 8 Uhr bis zur Dämmerung
S5, 7, 75 (Friedrichsfelde Ost)

Am Ende des Zentralfriedhofs Friedrichsfelde (auch als „Sozialistenfriedhof“ bekannt) stand von 1926 bis 1935 Mies van der Rohes Revolutionsdenkmal – das einzige Denkmal, das der berühmte Bauhaus-Architekt je entworfen hat. Heute findet man hier anstelle des zwölf Meter breiten und sechs Meter hohen Monuments, das von den Nazis zerstört wurde, ein „Erinnerungsmal“ von 1983. Es besteht aus

ausgegrabenen Fundamenten inklusive einem Mauersockel aus Klinker, auf dem eine Bronzetafel angebracht ist. Anhand eines Reliefs erkennt man darauf die ursprüngliche Form.

Das *Denkmal für Karl Liebknecht und Rosa Luxemburg*, wie es auch hieß, ehrte neben den beiden 1919 ermordeten Revolutionsführern 19 weitere USPD- und KPD-Mitglieder, die im Kampf ums Leben kamen. Platten mit ihren Namen liegen vor der Erinnerungsstele wie einst vor dem Original.

Keiner weiß, warum man in der DDR das architektonisch ebenso schlichte wie beeindruckende Monument nicht wieder aufbaute – zumal die Aufstände gegen den letzten deutschen Kaiser Gegenstand vieler Gedenkfeiern waren. Auch auf dem Friedhof der Märzgefallenen wird der Kämpfer der Novemberrevolution 1918/19 gedacht.

Das Monument war eine Meisterleistung des Architekten Ludwig Mies van der Rohe (1886–1969), in architektonischer wie in politischer Hinsicht. Es ist eines der ersten Werke, in denen er seine Ideen zum architektonischen Kubismus umsetzte (die er sein Leben lang weiterentwickelte). Mit dem Denkmal wollte er eine Erschießungsmauer darstellen. Der traditionelle Backstein als kleinste architektonische Masseneinheit sollte die Möglichkeit veranschaulichen, diese Mauer der Unmenschlichkeit zu zerstören. Auch ihre Auflösung in vor- und zurücktretende größere Mauersegmente suggerierte dem Betrachter, dass hier kein Stein zwingend auf dem anderen bleiben musste.

Diese Botschaft begriffen die Nazis. Ein Jahr vor den Olympischen Spielen in Berlin trugen sie 1935 das Monument ihrer kommunistischen Gegner Stein für Stein ab, die Gedenk- und Grabplatten für die Geehrten ließen sie aus dem Boden reißen. Friedhofsarbeiter konnten zumindest die originalen Steine für Karl und Rosa in Sicherheit bringen; sie wurden später in das Erinnerungsmal für das Revolutionsdenkmal eingefügt.

DIE VIER BRONZELÖWEN IM TIERPARK

Reste des Nationaldenkmals für Kaiser Wilhelm I.

13

Am Tierpark 125, 10319 Berlin
U5 (Tierpark)

Vor dem Alfred-Brehm-Haus im Tierpark Friedrichsfelde halten vier überlebensgroße Bronzelöwen Wache. Die Skulpturen zählen wie der Reichsadler im Märkischen Museum und der Sockel, der noch immer an seinem ursprüngliche Standort zu finden ist (siehe S. 84), zu den wenigen Überresten des Kaiser-Wilhelm-Nationaldenkmals, das bis 1950 am Spreeufer vor dem Berliner Schloss stand.

Wilhelm I. war es während seiner Regentschaft gelungen, Deutschland unter der Ägide des Hauses Hohenzollern politisch zu einen und damit eine neue Großmacht in Europa zu schaffen. Mit dem 1897 eingeweihten Nationaldenkmal zu Ehren Kaiser Wilhelms I., feierte man knapp zehn Jahre nach dessen Tod, was für die Welt schon bald

zu einem Albtraum werden sollte. An den Ecken des Sockels bewachten vier erhabene, mächtige Löwen Siegestrophäen aus dem Kampf.

Das DDR-Regime sah in dem Denkmal ein Symbol des preußischen Militarismus und ließ es im Jahr 1950 (in dem auch das Berliner Schloss gesprengt wurde), nur wenige Monate nach Gründung der DDR, bis auf den Sockel abtragen und fast komplett einschmelzen.

Als 1955 der Ostberliner Tierpark eröffnet wurde, dachte man wieder an die Löwen, die sich im alten Waffenarsenal des Museums für Deutsche Geschichte der Deutschen Demokratischen Republik (Unter den Linden 2) befanden. Ebenso wie der Adler im Märkischen Museum waren sie der Zerstörung entgangen – möglicherweise, weil die Skulpturen nicht direkt vom Schöpfer des Nationaldenkmals, Reinhold Begas, stammten, sondern von zweien seiner Schüler, den seinerzeit international berühmten Tierbildhauern August Gaul und August Kraus. Bald nach Abschluss des Werks hatten sich diese beiden der Berliner Secession bzw. der Freien Secession um den Maler Max Liebermann zugewandt, denen bei der Entwickung der später von den Nazis diffamierten modernen Kunst eine tragende Rolle zukam.

DIE MARZAHNER BOCKWINDMÜHLE

„Glück zu!"

Alt-Marzahn 63, 12685 Berlin
marzahner-muehle.de
Besichtigung und Führung nur nach Anmeldung
S7 (Berlin Marzahn), dann Bus 192, 195 (Hinter der Mühle),
Tram M6 (Freizeitforum Marzahn)

Neben dem alten Dorfkern Marzahns liegt auf einem Hügel eine Windmühle. Rundum sieht man nur Hochhäuser und verkehrsreiche Straßen. Der Hügel wurde künstlich aufgeschüttet, und die Mühle ist ein voll funktionsfähiger Nachbau der letzten von drei früheren Marzahner Bockwindmühlen.

Das Faszinosum Windmühle zieht die Besucher schon draußen in den Bann. Meist sind Mitglieder des regen Marzahner „Mühlenaktivs“, einer ehrenamtlichen Initiative von Mühlenbegeisterten – vor Ort und erläutern ihr Prachtstück mit seinen Hauptbestandteilen, etwa dem riesigen Holzbock, auf dem der drehbare Mühlenkasten ruht. So dicke Holzbalken aus französischer Eiche habe man sicher noch nicht gesehen; der Bock wiege allein sieben Tonnen. Das hölzerne Ständerwerk des 37 Tonnen schweren Kastens aus Lärchen- und Douglasienholz – der mit seinem zentralen horizontalen „Hausbaum“ auf der Spitze des Bocks aufliegt – schützen Zedernholzschindeln rundum gegen Wind und Regen. Jeder der vier kreuzförmig angeordneten Mühlenflügel mit verstellbaren Jalousie-Lamellen ist zehn Meter lang. Auf dem künstlichen Hügel tobt der Wind mitunter stark – zweimal schon wurden Flügel bei Sturm abgerissen.

Im Inneren der Mühle geht es über eine Holztreppe fast senkrecht nach oben, entlang des *Steerts* (plattdeutsch für „Schweif“), eines langen Balkens, der bis knapp über dem Boden abfällt. Mit ihm kann der Mühlenkasten in den Wind gedreht werden. Auch das Ankertau und die Winde zur Bewegung des Steerts sind sehen. Oben in der Mahlstube grüßt Müller Jürgen Wolf mit dem Müllergruß: „Glück zu!“ Man steht unter gefährlich großen hölzernen Riesenzahnrädern und schnurrenden Transmissionsriemen, mit denen die Windkraft auf zwei 1,4 Meter im Durchmesser messende, aufeinanderreibende Mahlsteine aus Sandstein übertragen wird.

Das mit Windkraft gemahlene Mehl aus Marzahn wird sowohl für die Backwaren im Mühlenladen als auch für das Brot ausgewählter Bäckereien verwendet. Getreu der Idee der Marzahner Urmüllerdynastie Triller, die bereits 1912 eine selbst entwickelte Windkraftanlage an die Mühle anschloss und deren Erfindung in den 1940er-Jahren die Nordseeinsel Neuwerk vorübergehend mit Strom versorgte, wird auch heute mit der Mühle an etwa 150 Windtagen jährlich nebenher Strom erzeugt.

DAS FRICKSCHE HAUS

(15)

Zeitzeuge der Befreiung

Landsberger Allee 563, 12679 Berlin
S7 (Mehrower Allee), dann Bus 197 (Brodowiner Ring)

Zwischen den düsteren Plattenbauten der Großsiedlung Marzahn sticht das rote Haus an der Landsberger Allee 563 hervor. Dieses denkmalgeschützte Gebäude, das älteste in der Umgebung, ist ein baulicher Zeitzeuge des Einmarschs der Roten Armee kurz vor dem Ende des Zweiten Weltkriegs. Seit dem Jahr 1985 belegt dies auch seine auffällige Seitenwand.

Über einer rechteckigen Kalksteinfafel mit Inschrift stehen weiß auf dunkelroter Wand in kyrillischer Schrift die Worte на Берлин („nach Berlin") und победа („Sieg") sowie ein übergroßes Datum: „21. APRIL 1945". Darüber prangt der als weiße Kontur skizzierte fünfzackige Sowjetstern. Die Inschrift der Kalksteintafel besagt: „Auf dem Wege der Befreiung Berlins vom Hitlerfaschismus hissten Sowjetsoldaten in Berlin Marzahn die rote Fahne des Sieges".

Das Kunstwerk an der Seitenwand, *Gedenkstätte 21. April 1945*, wurde von dem Grafiker und Maler Otto Schack (geboren 1937) gestaltet. Er hat in Brandenburg zahlreiche politisch motivierte Wandbilder geschaffen. Stets war die Farbpalette dabei stark reduziert; es dominieren Schwarz, Weiß und Rot, und immer stand die Gestaltung in der Tradition des Bauhausmottos *Form follows function*: Es findet sich kein persönlicher Ausdruck, keine malerische Handschrift, dafür edles Handwerk.

Was nämlich an der Wand wie lediglich aufgemalt aussieht, ist ein Werk in Sgraffito-Technik. Dabei werden verschiedenfarbige Schichten Putz feucht übereinandergelegt. Am Frickschen Haus wurde der weiße Putz aufgetragen, bevor der rote darunter abgebunden hatte, sodass sich die Schichten beim Trocknen verbanden. Das große Datum tritt, dick auf die rote Schicht aufgetragen, wirklich plastisch hervor.

Das Haus des Gemüsegärtners Gustav Frick, das um 1900 als isoliertes Vorwerk des Gutes Falkenberg an der Berliner Stadtgrenze lag, war zufällig das erste, das die russische Armee am 21. April 1945 erreichte, als sie über die Landsberger Allee in die Hauptstadt des Deutschen Reichs vorrückte. Die Flagge der Besatzer wehte allerdings nicht auf diesem „Haus der Befreiung", sondern auf dem Turm der einen Kilometer südwestlich gelegenen Marzahner Dorfkirche.

DIE MUSEUMSWOHNUNG WBS 70

(16)

DDR-Wohnkultur

Hellersdorfer Straße 179, 12627 Berlin
01 51 / 16 11 44 47
stadtundland.de/Unternehmen/Museumswohnung.php
So 14–16 Uhr (nicht an Feiertagen) oder nach Absprache
Eintritt frei
U5 (Cottbusser Platz)

In der Hellersdorfer Dreiraum-Plattenbauwohnung des Typs WBS 70 herrscht drückende Enge, fast wie bei einem Familiengeburtstag: Alle Sitzgelegenheiten im Wohnzimmer, Schlafzimmer und Kinderzimmer sind belegt. Jeder möchte die originalen DDR-Einrichtungsgegenstände anfassen – Bücher, Puppen, Tassen, Vasen, Schachteln und Spielzeuge. Zwei Besucher probieren das Ehebett aus, eine Gruppe junger Leute „sitzt Probe" auf der langen moosgrünen Velourscouch. In der winzigen Küche – mehr als fünf passen nicht hinein – muss man unter dem Küchentisch die Knie einziehen. Die Badewanne ist auch nicht zum Ausstrecken geeignet. Am ehesten kann man die Beine auf dem Balkon hochlegen, auf der Brüstung mit den azurblauen Glasbausteinen.

Die 61 Quadratmeter große Museumswohnung (sie wurde von der Immobiliengesellschaft Stadt & Land, der das Gebäude gehört, originalgetreu wiederhergestellt) ist eine standardisierte Wohnungseinheit aus der DDR, die in 18 Stunden aus vorgeformten Betonplatten zusammengebaut werden konnte. Sie war für Familien mit ein bis zwei Kindern oder für kinderlose Ehepaare konzipiert, die einen Arbeitsraum benötigten. Monatlich kostete diese Wohnung bis zur Wende 109 Mark der DDR – die Mieten waren auf dem Niveau von 1936 eingefroren und wurden vom Staat subventioniert.

Die Ausstattung dieses ab Ende der 1970er-Jahre verfügbaren und begehrten Wohnungstyps war dagegen teuer: Der Farbfernseher *Colormat* von RFT Staßfurt kostete 4200 Mark, die Schrankwand des VEB Möbelwerke Schleiz 400 Mark ... Alles in allem musste ein Werktätiger oder Angestellter in der DDR – der um die 1000 Mark monatlich verdiente – 10 000 Mark anlegen, um sich den hier gezeigten Lebensstandard leisten zu können.

„Ostalgie", die romantische Verklärung der DDR-Lebensart, ist meist verbunden mit dem Wunsch, sie für sich zurückzugewinnen. Viele junge Ostalgiker jedoch kennen die DDR nur von Abbildungen. Hier spüren sie oft zum ersten Mal, wie es sich „in der Realität" angefühlt haben mag, in einer ganz normalen „Platte" der 1980er-Jahre zu leben – in einem der letzten großen Neubaugebiete der DDR. Dabei relativiert sich so manche Vorstellung von Chic.

Die echten Ostberliner sind jedoch gerührt: „Wenn ich ehrlich bin, geht es mir [hier] so, als ob ich in meinem ‚alten' Leben wühlte. Zu einer Zeit, als ich mich in solchen vier Wänden glücklich gefühlt habe wie Krösus ..." schrieb 2004 eine der ersten Besucherinnen in das noch jungfräuliche Gästebuch der gerade neu eröffneten Museumswohnung. Angesichts der damals bevorstehenden Komplettsanierung des Grabenviertels mit rund 1850 Wohnungen hatte Stadt & Land beschlossen, ein Stück DDR-Wohnkultur zu bewahren – nicht nur für die Ostalgiker ...

DAS GRÜNDERZEITMUSEUM

⑰

Die letzte Hurenstube

Hultschiner Damm 333, 12623 Berlin
gruenderzeitmuseum-mahlsdorf.de
Mi, So 10–18 Uhr (Besichtigung nur mit Führung)
S5 (Mahlsdorf)

Von außen wirkt die spätklassizistische Landvilla in dem kleinen aufgeräumten Park gänzlich landadelig. Doch im Inneren erwartet den Besucher in 17 vollständig ausgestatteten Räumen eine bedeutende Sammlung von Einrichtungs- und Gebrauchsgegenständen aus der sogenannten Gründerzeit. Diese Phase zwischen 1871 und 1890 brachte dem Bürgertum beispiellosen wirtschaftlichen Aufschwung: Firmen, Aktiengesellschaften und Banken schossen buchstäblich wie Pilze aus dem Boden. Spekulationsgewinnler, Neureiche und findige Unternehmer lösten den Adel als tonangebende, finanzkräftige gesellschaftliche Oberschicht ab.

Der zeitgemäße Stil in Architektur und Möbeldesign wurde als „Neorenaissance" bezeichnet: In den Dekors griff man auf das Quattrocento und das Cinquecento zurück, die italienische Renaissance des 15. und 16. Jahrhunderts. Auf diese Weise beanspruchte das neureiche bürgerliche Unternehmertum an der Schwelle zum 20. Jahrhun-

dert gleichsam die Nachfolge des bürgerlichen Patriziertums der Frühen Neuzeit. Im Gründerzeitmuseum der Charlotte von Mahlsdorf bekommt man einen roten und einen grünen Damensalon für Kaffeekränzchen zu sehen, ein repräsentatives Herrenzimmer mit Piano bzw. Pianola, Aschenbechern und Billard, ein – eher ausgefallenes – neogotisches Speisezimmer und einen Musikautomatensalon. Im Souterrain befinden sich eine gut sortierte Landhausküche, eine Waschküche sowie (gewissermaßen als proletarischer Kontra- und Endpunkt der Gründerzeit in der Weltwirtschaftskrise) eine Zille-Kneipe samt angegliederter „Hurenstube".

Charlotte von Mahlsdorf (1928–2002), Deutschlands bekannteste Verfechterin einer Transgender-Gesellschaft, hatte seit ihrem 18. Lebensjahr die Sammlung des Museums zusammengetragen. Sie besetzte in den 1960er-Jahren das zum Untergang verurteilte Mahlsdorfer Gutshaus und kaufte etwa zur gleichen Zeit die komplette Inneneinrichtung der *Mulackritze,* einer bekannten Berliner Kneipe aus dem Scheunenviertel, in der Marlene Dietrich und Gustav Gründgens einst Stammgäste waren und die 1963/64 abgerissen wurde. Im Mahlsdorfer Gutshaus baute sie die Einrichtung wieder originalgetreu auf. Die zugehörige „Hurenstube" mit einer Sondersammlung von Züchtigungswerkzeugen aus der Sadomaso-Ecke der 1920er-Jahre-Prostitution zählt zweifellos zu den Höhepunkten des Museums.

DER TRUDELTURM

⑱

Beton-Ei zur Flugsimulation

Aerodynamischer Park Adlershof
Brook-Taylor-Straße 2, 12489 Berlin
Besichtigung am Tag des Offenen Denkmals im September
Tram 61, 63 (Karl-Ziegler-Straße)

Auch wenn der „Aerodynamische Park Adlershof" auf dem Campus Adlershof der Humboldt-Universität und damit ziemlich weit vom Stadtzentrum entfernt liegt, sollte er zum Pflichtprogramm jedes Architekturliebhabers gehören.

Umgeben von modernen Anlagen und ohne den Charme der Universitätsgebäude stehen hier drei außergewöhnliche Gebäude aus den 1930er-Jahren – Industriedenkmale aus der Pionierzeit der Luftfahrtforschung: Zum einen der Große Windkanal, der noch betriebsfähig aussieht und schon als Drehort mehrerer Science-Fiction-Filme diente; darin wurde angeblich einst der erste Düsenjäger der Welt, die Messerschmitt Me 262, strömungstechnisch optimiert. Der Schallgedämpfte Motorenprüfstand mit seinen großen kaffeetassenförmigen Auspuffschloten – ein denkmalgeschütztes Gebäude, das heute eine Cafeteria beherbergt – wurde einst zur Prüfung von Flugmotoren genutzt. Der geheimnisvolle Trudelturm schließlich ist etwa 20 Meter hoch und sieht aus wie ein Wohnturm auf dem Mars – eine riesige Birne aus Beton mit einer einzigen Tür fast auf halber Höhe, die über eine Außentreppe angesteuert wird. Im Innenraum hat man das Gefühl, als befände man sich in einer echten Turbine.

Wo heute die Besucher von dicken Betonwülsten umgeben sind, wurden früher Modellsimulationen durchgeführt: Man erforschte das bei Piloten gefürchtete, 1936 noch unzureichend verstandene Trudeln oder „Torkeln" von Flugzeugen. Der am Boden eingebaute Windgenerator

sorgte für einen starken nach oben gerichteten Luftstrom. Einfache Regeln für Flugzeugführer waren das Resulat. Dank ihnen kann seither nicht nur das Trudeln schon beim Abschmieren verhindert, sondern auch ein bereits einsetzendes Steil- bzw. Flachtrudeln, ganz gleich ob links- oder rechtsdrehend, rasch und sicher beendet werden. Ein epochaler Lehrfilm der Deutschen Versuchsanstalt für Luftfahrt (DVL), in dem man auch eine Modellsimulation im Trudelturm sieht, findet sich im Internet auf Youtube: *Maßnahmen zum Beenden des Abkippens und Trudelns* (1941).

Ganz in der Nähe liegt das ehemalige Flugfeld Berlin-Johannisthal. In den 1920er- und 1930er-Jahren war hier die DVL angesiedelt, zu der die drei Industriedenkmäler im Aerodynamischen Park Adlershof damals gehörten. Inzwischen ist das Flugfeld in einen geschützten Landschaftspark verwandelt worden, dessen Besuch sich unbedingt empfiehlt.

DIE SCHMETTERLINGSSAMMLUNG ⑲
IM *SCHMETTERLINGSHORST*

Insektenjagd im Köpenicker Forst

Zum Schmetterlingshorst 2, 12559 Berlin
schmetterlingshorst.de
Apr–Sep Mo–Fr 10–17 Uhr, Sa/So 10–19 Uhr,
Okt–Mär Di–Fr 11–16 Uhr, Sa/So 11–17 Uhr
Eintritt frei
Tram 62 (Wendenschloss)

Die traditionsreiche Ausflugsgaststätte *Schmetterlingshorst* am Nordufer des Langen Sees, vis-à-vis dem Strandbad Grünau, wird heute vom Bezirkssportbund Treptow-Köpenick betrieben, der sie auch als Stützpunkt für seine Unternehmungen nutzt. Nicht viele Gäste, die auf der ruhigen Terrasse ein Getränk genießen, wissen jedoch, dass der Name des Restaurants noch heute Relevanz besitzt.

Wer nämlich freundlich fragt, kann im Hauptgebäude eine beeindruckende Sammlung bestaunen, die einem so manchen Schauer den Rücken hinunterjagt: In 80 Schaukästen sind insgesamt 3150 Schmetterlinge aus 1250 Arten ausgestellt, außerdem 870 andere Insekten. Manche der hier gezeigten Arten sind bereits ausgestorben.

Die Sammlung von Weltrang (es ist die größte dieser Art in Deutschland und die zweitgrößte Europas) wurde Anfang des 20. Jahrhunderts begonnen. Ab 1898 betrieb der Glasgraveurmeister und Schmetterlingsforscher Johann Bittner aus Böhmen hier eine sogenannte Schaubude für Schmetterlinge mit Imbiss und Ausschank. Von diesem Lokal startete schon bald die Berliner *Lepidopterologen*-Vereinigung Orion* (gegründet am 1. August 1890) ihre Exkursionen in den Köpenicker Forst.

Bittners eigene Sammlung wurde im Zweiten Weltkrieg zerstört, doch seit 2007 beherbergt das Ausflugsgasthaus nun die umfangreiche Sammlung, die Herbert Jacobs, eines der Mitglieder des Vereins Orion, von 1902 bis 1952 zusammengetragen hat.

**Schmetterlingssammler*

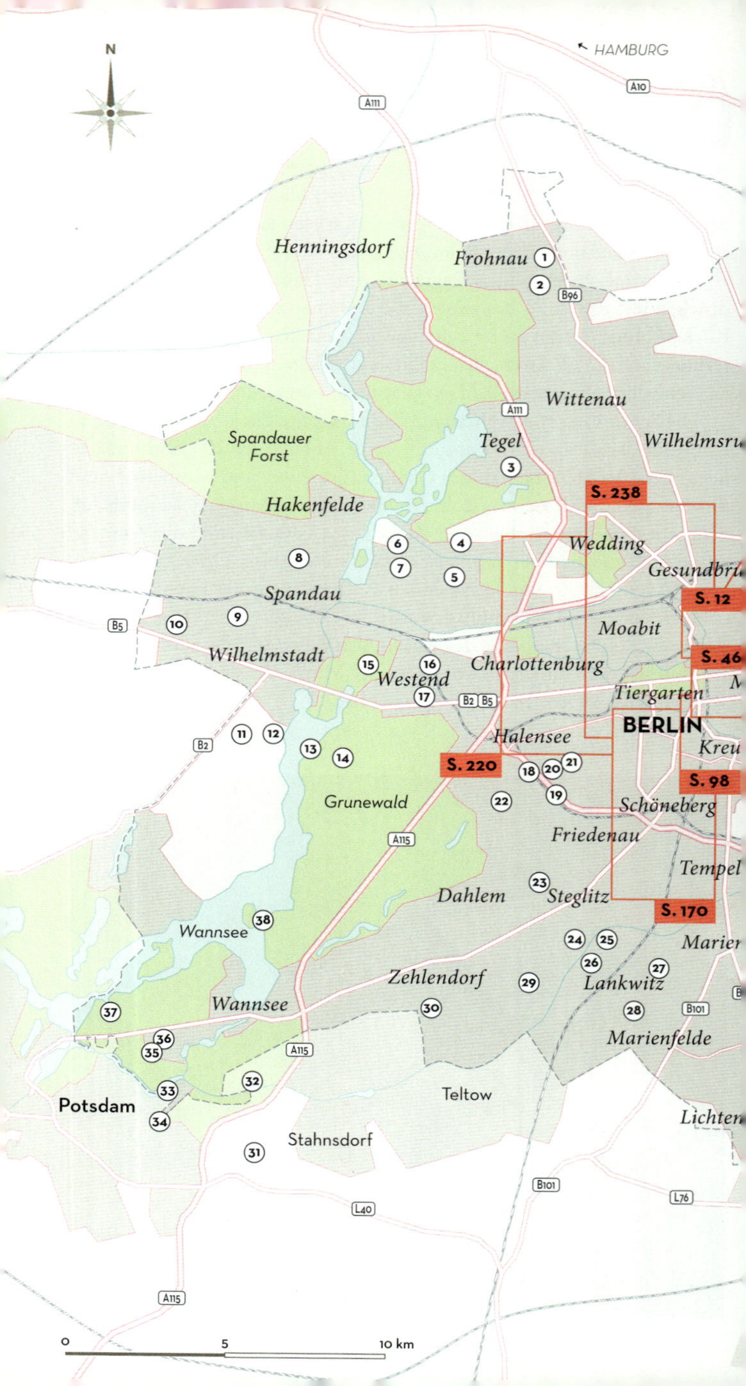

N
HAMBURG
A10
A111
Henningsdorf
Frohnau
1
2
B96
Wittenau
A111
Wilhelmsru
Spandauer Forst
Tegel
3
S. 238
Hakenfelde
6
4
8
Wedding
7
5
Gesundbru
Spandau
S. 12
B5
10
9
Moabit
Wilhelmstadt
15
16
S. 46
Charlottenburg
Westend
17
Tiergarten
B2
B5
BERLIN
B2
11
12
Halensee
13
14
Kreu
S. 220
18
20
21
S. 98
19
22
Grunewald
Schöneberg
A115
Friedenau
Tempel
23
Dahlem
Steglitz
S. 170
38
Wannsee
24
25
Marien
26
Zehlendorf
29
27
Lankwitz
Wannsee
30
37
B101
28
36
Marienfelde
35
A115
32
33
Teltow
Potsdam
34
Lichten
Stahnsdorf
31
B101
L76
L40
A115
0
5
10 km

Reinickendorf – Spandau – Grunewald – Wilmersdorf – Steglitz/Zehlendorf

① DAS KORINTHISCHE KAPITELL IM BRIX-GENZMER-PARK *364*
② DER WASSERTURM AM FRIEDHOF HERMSDORF *366*
③ DER RUSSISCHE FRIEDHOF TEGEL *368*
④ DIE BOEING 707-400 D-ABOC „BERLIN" *370*
⑤ DIE GEDENKTAFEL AN JOHN RABES LETZTEM WOHNSITZ *372*
⑥ BERLINS BIBERHOCHBURG *374*
⑦ DIE REICHSFORSCHUNGSSIEDLUNG HASELHORST *376*
⑧ DAS BRIEFTAUBENDENKMAL *378*
⑨ DER *BULLENGRABEN-BULLE* *380*
⑩ DER TOWER DES FLUGPLATZES STAAKEN *382*
⑪ DIE RIESELFELDER KAROLINENHÖHE *384*
⑫ DER BERINGERTURM *386*
⑬ DAS SCHILDHORNDENKMAL *388*
⑭ DER FRIEDHOF GRUNEWALD FORST *390*
⑮ MAHNMAL DER „ERSCHIEßUNGSSTÄTTE V" DER WEHRMACHT *392*
⑯ DAS OLYMPIA-STELLWERK *394*
⑰ DIE ABMESSUNGEN IM CORBUSIERHAUS *396*
⑱ DIE CHRISTI-AUFERSTEHUNGS-KATHEDRALE *398*
⑲ DAS „AUTOBAHNHAUS" *400*
⑳ DIE MOSCHEE DER LAHORE-AHMADIYYA-BEWEGUNG *402*
㉑ DER ROTE BRIEFKASTEN *404*
㉒ DIE KREUZKIRCHE *406*
㉓ DAS BLINDENMUSEUM *410*
㉔ DER MÄUSEBUNKER *412*
㉕ DAS ENERGIE-MUSEUM *414*
㉖ HOMMAGE AN DIE GROß-LICHTERFELDER STRAßENBAHN *416*
㉗ DIE LANKWITZER RATSWAAGE *418*
㉘ DER FLIEGEBERG *420*
㉙ DER PLATZ DES 4. JULI *422*
㉚ „THE BRAIN", BERLIN *424*
㉛ DIE FRÜHERE EXKLAVE WÜSTE MARK *426*
㉜ DER ALTE KONTROLLPUNKT DREILINDEN *432*
㉝ DIE INSCHRIFT UNTER DER BRÜCKE AN DER MACHNOWER STRAßE *434*
㉞ DER HUBSCHRAUBERLANDEPLATZ IN STEINSTÜCKEN *436*
㉟ DIE LOGGIA ALEXANDRA *438*
㊱ EINE KÜNSTLICHE SCHWEIZ *440*
㊲ DIE ATLANTEN IM GLIENICKER PARK *442*
㊳ DIE TUILERIEN-SÄULE AUF DER INSEL SCHWANENWERDER *444*

DAS KORINTHISCHE KAPITELL IM BRIX-GENZMER-PARK

①

Ein vergessenes Relikt des alten Berliner Doms

Brix-Genzmer-Park, Edelhofdamm, 13465 Berlin
S1 (Frohnau)

Im Ostteil des Brix-Genzmer-Parks, direkt vor dem Buddhistischen Haus, steht etwas verloren ein altes korinthisches Kapitell.

Wie der unscheinbaren kleinen Tafel ein paar Meter daneben zu entnehmen ist, stammt das Kapitell noch vom alten Berliner Dom, dem Vorgängerbau des heutigen Doms. Jenen hatte König Friedrich II. zwischen 1747 und 1750 nach Plänen des holländischen Architekten Johann Boumann d. Ä. seitlich des Lustgartens, gegenüber dem Berliner Schloss errichten lassen.

Im Jahr 1817, zum 300. Jubiläum der Reformation und der Vereinigung zwischen den lutherischen und reformierten Kirchen, wurde der Dom einer umfangreichen baulichen Umgestaltung unterzogen. Anlässlich der Feierlichkeiten (die gleichzeitig dem Sieg über Napoleon galten) beauftragte König Friedrich Wilhelm III. den Architekten Karl Friedrich Schinkel damit, den Dom mit einem imposanteren Turm zu versehen, da der bisherige für seinen Geschmack zu nüchtern war. Neben einem Tonnengewölbe erhielt der Bau im Zuge dessen auch neue Säulen mit Kapitellen.

Nach Abriss des Schinkel-Doms 1893 brachten vermutlich die Professoren Josef Brix (Architekt und Stadtplaner) und Felix Genzmer (Architekt) das Kapitell nach Frohnau, um es vor der vollständigen Zerstörung zu bewahren, es ihren Studenten zu zeigen oder damit den kleinen Stadtpark zu verschönern. Sowohl Brix als auch Genzmer lehrten seinerzeit an der Königlich Technischen Hochschule Charlottenburg (der heutigen TU Berlin), die Ende des 19. Jahrhunderts am Abriss des alten Doms beteiligt war.

DER WASSERTURM AM FRIEDHOF HERMSDORF

②

Max Beckmanns Hermsdorfer Wasserturm

Friedhof Hermsdorf
Frohnauer Str. 112–122, 13465 Berlin
Mo–Do 7–15 Uhr, Fr 7–13 Uhr
S1 (Frohnau), dann Bus 125 (Friedhof Hermsdorf)

Der Wasserturm steht auf einem recht steilen Hügel am Hermsdorfer Friedhof in der Nähe der Frohnauer Straße. Er ist von Bäumen verdeckt, sodass sich auch viele Bewohner des Viertels seiner

Existenz gar nicht bewusst sind. Eine größere Rolle spielt er allerdings auf zwei Gemälden des Malers Max Beckmann (1884–1950).

Vom Bremer Architekten Carl Francke 1908 und 1909 auf der natürlichen Anhöhe gebaut, versorgte der Turm Hermsdorf, Frohnau, Waidmannslust und Lübars mit Wasser, als die Dörfer noch nicht an die Berliner Wasserversorgung angeschlossen waren. 24,95 Meter ist er hoch und hat in seinem oberen, äußerlich abgesetzten breiteren Teil einen zylindrischen Stahlbehälter mit einer maximalen Füllmenge von 500 000 Liter. Das Ende für den Wasserspeicher kam 1929 mit der Wasserleitung aus Berlin. Heute ist er nach aufwendiger Sanierung ein Mobilfunksendeturm.

Nicht weit von hier lebte der Maler Max Beckmann in den Jahren von 1906 bis 1914 mit seiner ersten Ehefrau Minna Tube-Beckmann. Die beiden bewohnten ein von Minna entworfenes Atelierhaus in der Ringstraße 17. Damals verewigte Beckmann den Hermsdorfer Wasserturm zweimal in Darstellungen aus dessen Erbauungsphase.

In dem ersten Gemälde von 1909 thront der unfertige Turm majestätisch auf der damals noch freien Anhöhe, von einem hölzernen Baugerüst umgeben. Der Friedhof existierte noch nicht. In hellen, impressionistischen Sandtönen gehalten, verkörpert das Bild Beckmanns damalige Suche nach seiner eigenen Version eines modernen Ausdrucks in der Malerei. Beckmann orientierte sich zu dieser Zeit an seinen Vorbildern, allen voran Berlins Malergott Max Liebermann, und verbot sich die Freiheiten, die sich die Impressionisten nahmen, fast völlig.

Beckmanns zweites Wasserturmgemälde von 1913 ist dagegen bereits künstlerisch „freier" gestaltet. Der Turm, der in Wirklichkeit schon fertig war und etwas anders aussah, befindet sich auf dem Bild immer noch im Bau. Viel von Beckmanns späterem entschiedenen Strich ist hier bereits erkennbar. Der Matsch des Baustellenhügels wirkt so plastisch, dass man beinahe mit Gummistiefeln hindurchstapfen möchte.

Das erste Gemälde von Max Beckmann ist im Besitz der Stiftung Stadtmuseum Berlin, das zweite gehört dem Städel Museum Frankfurt/Main. Reproduktionen beider Bilder sind aber im Museum Reinickendorf, Alt-Hermsdorf 35, zu bewundern.

DER RUSSISCHE FRIEDHOF TEGEL ③

Ein Stück Russland in Berlin

Wittestraße 37, 13509 Berlin
rokmp.de/de/churches/hll-konstantin-und-helena-kirche/
Friedhof und Kapelle: Mo–Sa 10–16 Uhr, So 9–17 Uhr
U6 (Holzhauser Straße)

Wie eine vereinfachte Miniausgabe der Moskauer Basilius-Kathedrale wirkt die winzige Sankt-Konstantin-und-Helena-Kirche

auf dem Russischen Friedhof Tegel mit ihrem blauen Dach. Diese vermutlich schönste Friedhofskapelle Berlins ist gleichzeitig die Kirche der gesamten russisch-orthodoxen Gemeinde Berlin-Tegel.

Auf dem dazugehörigen Friedhof – seit seiner Eröffnung 1892 der einzige zivile russisch-orthodoxe Kirchhof in Berlin – sind viele bekannte Exilrussen beerdigt, unter anderem zwei Väter berühmter Künstler: der Jugendstilarchitekt Michail Ossipowitsch Eisenstein, Vater des Filmregisseurs Sergei Michailowitsch Eisenstein, und Wladimir Dmitrijewitsch Nabokow, der Vater des Schriftstellers Vladimir Nabokov. Dem in Berlin gestorbenen, aber in St. Petersburg beigesetzten Komponisten Michail Glinka ist ein Denkmal an der Friedhofsmauer gewidmet.

Ins Leben gerufen hatte den Kirchhof die wohltätige Berliner Bruderschaft des heiligen Fürsten Wladimir. Nach den Wirren von Weltkriegen und deutscher Teilung ist die Bruderschaft heute wieder aktiv. Nur ihr einstiges Bruderschaftshaus auf dem Friedhofsgelände mit Bibliothek, Druckerei und Versammlungsraum gibt es nicht mehr. Die bezaubernde Kapelle besteht praktisch nur aus einem einzigen Raum mit einer beeindruckenden Ikonostase.

Die Symbolik der drei Querbalken des byzantinischen Kreuzes

Die drei unterschiedlich langen und verschieden geformten Querbalken des byzantinischen oder orthodoxen Kreuzes symbolisieren Christi Kreuzigung: Der kurze obere Kreuzarm repräsentiert das Titulus-Brett (auf dem bei der Kreuzigung Jesu die Inschrift „INRI" zu lesen war – die Initialen des lateinischen Satzes *Iesus Nazarenus Rex Iudaeorum*, „Jesus von Nazaret, König der Juden"). Der mittlere, längere Kreuzarm war zur Befestigung der Arme des Gekreuzigten vorgesehen. Der untere, schräg gestellte Kreuzarm stellt das Suppedaneum dar (das Brettchen unter den Füßen des Gekreuzigten).

4

DIE BOEING 707-400 D-ABOC „BERLIN“

Ein gut gefälschtes historisches Flugzeug

Westende des Flughafens Tegel
Adlerweg (Ecke An der Mäckeritzbrücke), 13405 Berlin

Vom Adlerweg führt gegenüber der Straße An der Mäckeritzbrücke ein kleiner Weg geradeaus durch eine Grünanlage. Der Weg macht eine Linkskurve und folgt dann eine Weile den Grenzen des Flughafens Tegel. Nach etwa fünf Minuten mit dem Fahrrad biegt man rechts ab und durchquert ein Waldstück. Aus dem Nichts taucht sie nun auf: eine beeindruckende Boeing 707, abgestellt neben den Absperrzäunen und scheinbar vergessen. Sieht man sich das Flugzeug genauer an, fallen mehrere Dinge auf: Seitlich unter der Typenbezeichnung ist das Wappen Berlins angebracht. Das Kranich-Logo der Lufthansa am Heckleitwerk, das lange zu sehen war, wurde offenbar übermalt. Dafür kann man die typische frühe Farbgebung der Flotte noch ausmachen. Auch die Kennung des Fliegers ist vorhanden: D-ABOC.

Diese Kennung gehört zur ersten Boeing 707, die 1960 für den Deutschen Luftdienst, danach Condor, in Betrieb genommen und von

Berlins Regierendem Bürgermeister Willy Brandt in Tempelhof auf den Namen „Berlin“ getauft worden war. Die Maschine leitete das Jet-Zeitalter in Deutschland ein und flog bis 1977 unter westdeutscher Flagge. Dann wurde sie verkauft und landete nach einigen Zwischenstationen 1983 mit der Registrierung EL-AJC (EL ist der Code des afrikanischen Staats Liberia) auf dem Bournemouth-Airport BOH. Dort wurde sie deregistriert, bis 1985 für Feuerwehreinsatzübungen genutzt und dann verschrottet.

Anlässlich der Auslieferung des 200. Flugzeugs an den Flughafen Tegel machte der US-amerikanische Hersteller Boeing 1986 der Lufthansa ein ganz besonderes, wenn auch überraschendes Geschenk: die Boeing 707-400 D-ABOC „Berlin“ ... Sie wurde zunächst an prominenter Stelle auf dem Parkplatz am Terminal aufgestellt und wanderte 1991 vor das linke Rondell neben dem Taxiway „SM“. 1998 verschwand die Boeing an den Waldrand. Inzwischen war bekannt geworden, dass es sich um eine israelische Maschine handelte (die 707-458 von 1961), die gar nie für die Lufthansa geflogen war – und die am 6. September 1970 von der Palästinensischen Befreiungsfront (PFLP) auf dem Flug Zürich–New York entführt worden war. Man hatte in Ermangelung des schon verschrotteten Originals ein baugleiches Flugzeug symbolisch als die echte, historische Boeing 707-400 D-ABOC „Berlin“ umlackiert. Die Freude über das Geschenk hielt offenbar nicht lange an. Heute wird es – wie damals die echte 707 „Berlin“ – noch für Feuerwehrübungen eingesetzt.

DIE GEDENKTAFEL AN JOHN RABES LETZTEM WOHNSITZ

⑤

Der „gute Nazi“, der 250 000 Chinesen rettete

Harriesstraße 3, 13629 Berlin
U7 (Rohrdamm), dann Bus 123 (Harriesstraße)

Am Haus Harriesstraße 3 in Siemensstadt, einer Arbeitersiedlung des deutschen Elektro-Unternehmens, erinnert eine Metalltafel daran, dass sich hier der letzte Wohnsitz von John Rabe befand, einem deutschen Kaufmann und Nazi, der 250 000 Chinesen das Leben rettete.

John Rabe war von Siemens als Geschäftsführer nach Nanking (heutige Schreibweise: Nanjing) entsandt worden, um den guten Ruf des Unternehmens in China zu verteidigen. Als zu Beginn des Zweiten Japanisch-Chinesischen Krieges (1937–1945) japanische Tief-

flieger Nanking beschossen, spannte Rabe neben seinem Haus eine Hakenkreuzflagge auf. Weil das Deutsche Reich mit Japan verbündet war – die beiden Länder hatten 1936 den Antikominternpakt zur Bekämpfung des Kommunismus geschlossen –, wurden auf die knapp 500 Quadratmeter seines Anwesens keine Schüsse mehr abgefeuert. In der Folge bot er 650 Chinesen Unterschlupf; viele schliefen nachts im Garten unter der Naziflagge.

Während der grausamen Massaker von Nanking im Winter 1937 übernahm Rabe den Vorsitz des *Internationalen Komitees für die Nanking-Sicherheitszone,* die dort lebende Ausländer eingerichtet hatten. Hier fand etwa eine Viertelmillion Chinesen Zuflucht, während die Japaner aus der übrigen Stadt mit bestialischen Massenvergewaltigungen und Massenmorden eine Hölle machten. Schätzungen zufolge lasten 300 000 Tote auf Japans Gewissen.

Nach Rabes Heimkehr verbot ihm Nazideutschland rüde den Mund, als er von dem Erlebten berichtete und – sogar per Telegramm direkt an Hitler – um dessen mäßigendes Einwirken auf die Japaner und einen besseren Schutz der chinesischen Zivilbevölkerung bat. Rabe wurde in diesem Zusammenhang sogar von der Gestapo verhaftet und verhört. Nach dem verlorenen Krieg erhielt er aufgrund seiner humanitären Tätigkeit in Nanking 1946 seine Entnazifizierung. Seine Karriere beendete er mit niedrigen Übersetzungstätigkeiten für Siemens.

John Rabe starb 1950 vergessen und verarmt in Berlin. Erst mit der Veröffentlichung seines Tagebuchs *Der gute Deutsche von Nanking* – zunächst 1996 in New York in der englischen Übersetzung, ein Jahr später auf Deutsch – begann seine verdiente Würdigung. Sein Wohnhaus in Nanjing wurde zum *Rabe-Forschungszentrum für Friedens- und Konfliktlösung* samt Gedenkstätte für die Sicherheitszone umgewandelt.

Das *John Rabe Kommunikationszentrum e. V.* in Heidelberg bemüht sich heute, China und Japan für die Idee einer Städtepartnerschaft zwischen Nanjing und Hiroshima zu gewinnen. John Rabes Wirken und den bleibenden Eindruck, den er hinterlassen hat, belegen ein Film über ihn, sein Ehrengrab der Stadt Berlin sowie der zweite Platz unter den „Top Ten International Friends" von China, auf den ihn 56 Millionen Hörer von Radio China International gewählt haben.

BERLINS BIBERHOCHBURG

6

Nächtliche Straßensperrung zum Schutz der Biber ...

Rhenaniastraße, 13599 Berlin
U2 (Kaiserdamm) oder U7 (Paulsternstraße),
dann Bus 139 (Kolonie Haselbusch)

Das Warnschild in Signalgelb, Schwarz und Weiß an der Ecke Rhenaniastraße/Bootshausweg ist eindeutig. Unter der Zeichnung eines Bibers ruft ein LED-Schriftzug zum Abbremsen auf: „Langsam. Danke!“ Das Gebiet um die Rhenaniastraße, die zwischen den sumpfigen Rohrbruchwiesen und dem Rohrbruchteich wie eine Art Damm verläuft, ist als Schutzzone für Biber ausgewiesen. Nachts wird die Straße aus diesem Grund sogar für den privaten Autoverkehr ganz offiziell gesperrt.

Es lohnt sich, mit Fernglas oder Teleobjektiv der Kamera ausgerüstet, sich die Wildnis der Rohrbruchwiesen vom Straßenrand aus einmal genauer anzusehen.

Insbesondere im Winter sind hier angefressene oder durchgenagte Bäume leicht zu entdecken. Die Biber können mit ihren scharfen und harten, schaufelblattartig vergrößerten Schneidezähnen einen Stamm in wenigen Stunden vollständig durchnagen. Da sie relativ kurzsichtig sind, fehlt ihnen allerdings oft der Weitblick, um abzuschätzen, ob das Bäumefällen Aussicht auf Erfolg hat. So mancher nach der „Sanduhrtechnik" bis zum Kern durchgenagte Baumstamm steht noch eine Weile unverändert da, rutscht dann nur seitlich von der Nagestelle herunter – und bleibt weiter aufrecht stehen, weil ihn das Geäst umstehender Bäume am Umfallen hindert.

Es gibt im Wesentlichen zwei Gründe, warum Biber Bäume fällen: Einer besteht darin, Staudämme zu bauen, die den Wasserspiegel eines Fließgewässers anheben – die Biberburg muss nämlich immer einen unter Wasser liegenden Einschlupf haben. Zum anderen bringen die Tiere – wie es hier am Rohrbruch der Fall ist – Erlen, Weiden und Pappeln zu Fall, um an ihr saftiges Blatt- und Astwerk zu gelangen. Auch die Baumrinde fressen sie.

Anfang der 1990er-Jahre wanderten aus dem Raum Oranienburg/ Hennigsdorf havelabwärts die ersten Biber wieder in Berlin ein. In einem halben Dutzend Biberkolonien in Spandau, Reinickendorf und Treptow-Köpenick leben heute schon etwa 100 bis 150 Tiere, die sich auf 20 bis 30 Familienburgen verteilen. Leider fallen die Biber an Land, etwa beim Überqueren der Rhenaniastraße, leicht Autofahrern zum Opfer, die in der Regel nicht auf die Tiere achten. Bis zu zehn Biber werden allein in Spandau jährlich überfahren.

DIE REICHSFORSCHUNGS-SIEDLUNG HASELHORST

7

Adlerhorst in Haselhorst

Lüdenscheider Weg 4 und Burscheider Weg 6e, 13599 Berlin
Besichtigung der Museumswohnung im Burscheider Weg 6e:
gewobag.de/soziales-engagement/stadtteilinfos/spandau/haselhorst/museumswohnung
Führung für Gruppen bis 25 Personen: 60–120 Minuten, 150–250 €;
Kontakt: Michael Bienert, haselhorst@text-der-stadt.de
U7 (Paulsternstraße), dann Bus 139 (Lüdenscheider Weg)

Am Beginn des Lüdenscheidter Wegs (Ecke Haselhorster Damm) verweist ein Schild mit der Aufschrift „Lüdenscheider Weg 2, 2a, 2b

und Lüdenscheider Weg 4–4b, 6–6d" auf einen kleinen Fußweg zwischen den Häusern. Wenn man ihm folgt, gelangt man nach etwa 100 Metern zu einem Kinderspielplatz auf der linken Seite, in dessen Nähe auf einem Podest eine beeindruckende Bronzefigur steht: ein Adler, der beschützend seine Schwingen über die Jungvögel im Horst breitet, um sie vor äußeren Bedrohungen abzuschirmen.

Der 1935 aufgestellte Vogel sollte der nationalsozialistischen Übernahme der „Reichsforschungssiedlung Haselhorst" zusätzliches symbolisches Gewicht verleihen. Mit dem Bau dieser riesigen Wohnanlage war 1930 begonnen worden – in der „Systemzeit", wie die Nazis in ihrem Jargon abwertend die Weimarer Republik nannten.

Während der Weltwirtschaftskrise hatte der Bauhaus-Gründer Walter Gropius eine Ausschreibung für das Projekt gewonnen: Es ging darum, bezahlbaren Wohnraum für 10 000 Arbeiter und Angestellte der nahen Siemenswerke zu schaffen. Gelingen konnte der radikale Versuch durch konsequente Rationalisierung der Bauabläufe und eine ingeniöse Neuinterpretation der bürgerlichen Wohnung.

Im Burscheider Weg 6e befindet sich eine Musterwohnung dieser Mustersiedlung, originalgetreu im Stil der 1930er-Jahre wiederhergestellt und eingerichtet. Anhand von ihr zeigt Michael Bienert, der ein fundiertes Buch über die Siedlung geschrieben hat, welche Neuheiten für bezahlbare Mieten sorgten.

Es sind zwei große Räume und ein winziger – insgesamt knapp 42 Quadratmeter. Elektrischen Strom gibt es nur in den Deckenlampen, Steckdosen für Elektrogeräte existieren nicht. Alle Apparate in der neuartigen Wohnküche – einer Kochnische, seitlich zum Wohnzimmer geöffnet – werden von Hand betrieben, wie etwa die Kaffeemühle und der Fleischwolf mit Kurbel. Die sogenannte Kochmaschine – die es schon in Mietskasernen gab – war ein holz- und kohlebeheizter Herdofen.

Eine geniale Lösung stellte die Beheizung von Wohnzimmer und angrenzendem Schlafzimmer dar: Zu diesem Zweck war ein vom Wohnzimmer aus beschickter Kachelofens raumübergreifend in die Wand gebaut.

In dem nur drei Quadratmeter großen Bad mit kurzer Sitzbadewanne, Holzbadeofen, Toilette und Wäschetrockengestell kann man eine Vorstellung davon bekommen, wie sich Platzangst anfühlt. Fließendes (kaltes) Wasser allerdings war bereits vorhanden.

DAS BRIEFTAUBENDENKMAL

(8)

Denkmal des deutsch-englischen Taubenkriegs

Falkenseer Damm (Ecke Flankenschanze), 13585 Berlin
U7 / S3, 9 (Rathaus Spandau) / Bus 137 (Flankenschanze)

Gegenüber Falkenseer Damm 17 steht etwas versteckt im Grünen ein dicker Granitblock, der mit einem Schwarm Brieftauben aus Bronze geschmückt ist. Das Denkmal wurde 1939 aufgestellt, ursprünglich im Wröhmännerpark und mit 25 Vögeln des Bildhauers Georg Roch. Diese mussten jedoch schon 1942 wieder weichen – sie wurden eingeschmolzen, um Edelmetall für die deutsche Rüstungsproduktion zu gewinnen. Die neue Bronzeplastik aus nur 10 schlanken gefiederten Tauben schuf der Berliner Bildhauer Paul Brandenburg 1963, als das Denkmal an den neuen Platz umzog. Das Denkmal sollte an die Brieftauben erinnern, die im Ersten Weltkrieg eingesetzt wurden. Die Originalinschrift von 1939, „Unseren Brieftauben 1914–1918", wurde allerdings bei der Erneuerung des Taubenschwarms 1963 nicht ersetzt.

Darum, dass der Stein mit den eleganten Bronzevögeln vor dem Zuwuchern bewahrt wird, kümmert sich heute die Kameradschaft 248 German Security Unit – ein Verein aus ehemaligen Angehörigen einer Militärpolizeitruppe, die bis 1994 für den Schutz von Einrichtungen der Britischen Streitkräfte in Berlin zuständig war.

Diese Verantwortung hat einen symbolischen Charakter, denn Deutsche und Briten lieferten sich in den beiden Weltkriegen förmlich einen „Taubenkrieg“: Als es noch keine sicheren Funkverbindungen gab und die Fernmeldekabel im Kriegschaos ständig abrissen, waren die heimwehkranken Vögel mit ihrem unbezwingbaren Drang, in den heimischen Taubenschlag zurückzufliegen, die sicherste Nachrichtenverbindung: Die Trefferquote für eine Brieftaubennachricht lag bei 95 Prozent. Leider schossen beide Seiten auf die feindlichen Tauben und setzten sogar Falken zur Jagd auf die Vögel ein.

Die außergewöhnlichen Fähigkeiten der Brieftaube

Egal, ob eine Brieftaube 500 Meter oder 100 Kilometer (in bestimmten Fällen sogar über 1000 Kilometer) von zu Hause entfernt ist, sie findet erstaunlicherweise immer den Weg zurück. Den Grund für diese Fähigkeit hat man noch nicht zweifelsfrei herausgefunden. Manche Forscher gehen davon aus, dass sich Tauben mithilfe kleiner Kristalle in ihrem Schnabel am Magnetfeld der Erde orientieren. Ihr fantastischer Orientierungssinn ist aber schon sehr lange bekannt. Bereits Julius Cäsar sandte während des Gallischen Krieges seine Nachrichten mit Brieftauben nach Rom, um seine Anhänger über den Verlauf des Feldzugs zu informieren. Ganz so, wie es manchmal im Film dargestellt wird, ist es allerdings nicht: Eine Brieftaube kann nicht eine Nachricht überbringen und dann wieder zum Absender fliegen. Die Taube weiß nur, wie sie „zurück nach Hause“ kommt. Wer also eine Nachricht an mehrere Orte senden wollte, musste Tauben mitnehmen, die jeweils an diesen Orten gezüchtet worden waren. Um mehrere aufeinanderfolgende Nachrichten an ein und denselben Ort zu senden, brauchte man eine ausreichende Anzahl Tauben von dort ... Wenn der Empfänger den Standort wechselte, wurde es ebenfalls schwierig: Sofern er nicht zu einem anderen, geeigneten Taubenschlag umzog, konnte er keine Nachrichten empfangen.

Das Gebäude des Restaurants gegenüber war einst die Remise der deutschen Reichstaubenaufzuchtanstalt. Ein Bild dieses furchtbaren alten Militärtaubenschlags ist dort zu sehen.

DER *BULLENGRABEN-BULLE*

⑨

Eine irrige Hommage an Berlins ältesten Entwässerungsgraben

Egelpfuhlstraße, 13581 Berlin, neben der Brücke über den Bullengraben
S3, 9 / U7 (Rathaus Spandau), dann Bus M32 (Egelpfuhlstraße)

Der Wasserlauf des Bullengrabens ist sechs Kilometer lang, aber stellenweise so dürftig, dass man leicht seine Spur verliert. Er wirkt eher wie ein Bach, der das Wasser, das sich unterhalb des Hahnebergs ansammelt, zur Havel führt. Doch so unspektakulär ist der Graben gar nicht: Er stellt Berlins ältestes noch aktives Entwässerungssystem dar.

Archäologen und Siedlungsforscher datieren seine Entstehung ins 7. Jahrhundert. Einigen wagemutigen Theoretikern zufolge könnte er sogar Teil eines bronzezeitlichen Kanalnetzes im Havelland zwischen Havel und Elbe gewesen sein.

Im 7. Jahrhundert begannen sich slawische Stämme in der Niederung des Havellandes bis zur Elbe hin anzusiedeln. „Elbslawen" nannte man diese Zuzügler. Ein elbslawischer Stamm, die „Heveller", wurde ab dem 9. Jahrhundert im Havelland sesshaft. Auf solch eine slawische Siedlung am Zusammenfluss von Havel und Spree gehen die Ursprünge Spandaus zurück – mit ihr entstand bis Ende des 10. Jahrhunderts eine befestigte Burganlage, deren slawischer Name leider nicht überliefert ist.

Der Bullengraben wurde zwischen 600 und 700 n. Chr. ausgehoben, um die feuchten Wiesen trockenzulegen. Nur so ließ sich das Gras mähen und auf Holzstecken als Heu für die Kühe trocknen. Auf das slawische Wort für Heuballen *(bal-/bol-)* geht der Name des heutigen Grabenzugs zurück. Doch aus dem „Bollengraben" wurde auf Flurkarten irgendwann der „Bullengraben", an dem angeblich Bullen getränkt worden seien.

Auf der Basis dieser Fehldeutung vergab man leider den Auftrag für ein neues Kunstwerk: Der Bildhauer Sebastian Kulisch schuf 2007 den *Bullengraben-Bullen*, eine futuristische rostbraune Plastik aus Stahl, die neben der Brücke über den Bullengraben steht. Sie erinnert an die Renaturierung bzw. Rekultivierung des lange vernachlässigten Grünzugs mit seinen ökologisch wertvollen Stadtrandbiotopen. Ein Heuballen aus Stahl wäre womöglich wirkungsvoller gewesen; zumindest hätte er eher der Realität entsprochen ...

DER TOWER DES FLUGPLATZES STAAKEN

⑩

Ein vergessener Zeuge aus der Ära der Zeppeline

Am Zeppelinpark 27, 13591 Berlin
S3, 9 / U7 (Rathaus Spandau), dann Bus M32 (Am Zeppelinpark)

Am Ende des Brunsbütteler Damms in Staaken, ganz am westlichen Stadtrand Berlins, findet man in einem gesichtslosen Industriegebiet eine große Solarzellenplantage. Darunter lag früher das Flugfeld des Staakener Flugplatzes (1915–1953).

Nicht einmal den Menschen, die hier arbeiten, ist bewusst, dass bis 1918 in Staaken zwölf Zeppeline gebaut wurden. Es existieren sogar noch Teile der Fertigungshalle. Doch alles, was von damals übrig ist, liegt verfallen oder versteckt (oder beides) auf dem Gelände; es gibt keinerlei Hinweis auf die Geschichte dieses Orts.

Das Interessanteste der sichtbaren Überreste ist der alte Backstein-Tower aus den 1920er-Jahren. Staaken war damals Tummelplatz der flugbegeisterten Berliner Prominenz. Zu den Persönlichkeiten, die hier ihre Flugprüfung absolvierten, gehörten Wernher von Braun, Heinz Rühmann (Hauptdarsteller der Komödie *Quax, der Bruchpilot*), Elli Beinhorn (die spätere fliegende Frau des Rennfahrers Bernd Rosemeyer), Hanna Reitsch (die Frau, die für Hitler sogar Probeeinsätze mit der bemannten V1-Version durchführte, einer „fliegenden Bombe“, die allerdings nicht mehr im Zweiten Weltkrieg zum Einsatz kam) sowie die unglückselige Spandauerin Marga von Etzdorf, die trotz großer Flugerfolge bei internationalen Wettbewerben nach zwei Bruchlandungen 1933 Suizid beging.

Vor diesem unscheinbaren Tower offenbarte Hitler 1935 der Welt den Bruch des Vertrags von Versailles: Durch das Aufstellen sämtlicher Maschinen des Jagdgeschwaders Richthofen vom Typ Arado Ar 65 zeigte er, dass das Deutsche Reich dabei war, eine Luftwaffe aufzubauen. Von diesem Tower aus wurde am 10. August 1938 auch die erste deutsche Transatlantik-Passagiermaschine verabschiedet – eine Focke-Wulf Fw 200 V1 „Condor“ (Kennzeichen: D-ACON) der Lufthansa –, die mit Zusatztanks nonstop in knapp über 24 Stunden bis New York flog. Zurück war sie sogar noch schneller: Da legte sie die 6392 Kilometer in 19 Stunden und 55 Minuten zurück, was einer Durchschnittsgeschwindigkeit von 321 km/h entsprach.

Am Tower künden kyrillische Schriftzeichen von der letzten Phase des Flughafenbetriebs. Die Russen zogen 1953 ab, was das Ende des Flugplatzes einläutete.

DIE RIESELFELDER KAROLINENHÖHE

11

Ein Naturdenkmal der historischen Berliner Abwasserreinigung

Gatower Straße (Ecke Straße 270), 13595 Berlin
S3, 5, 9 (Pichelsberg), dann 15 Fahrradminuten

Westlich des Beringerturms (siehe S. 386) beginnt auf Höhe der Stelle, wo die Grenze zwischen Berlin und Brandenburg einen rechtwinkligen Knick macht, entlang der Bundesstraße B2 ein großes Feld, das zu herrlichen Fahrradausflügen einlädt, zum Beispiel von Fort Hahneberg bis hinunter zur Havel. Die unbefestigten Wege führen deichartig zwischen den Feldern hindurch, die mit ihrem Aussehen fast an Reisfelder erinnern.

Diese sogenannte Karolinenhöhe ist jedoch weit mehr als eine bloße Landschaft. Als eines der früheren Rieselfelder, die in Berlin zur Lösung des Abwasserproblems genutzt wurden, stellt sie ein echtes Naturdenkmal dar. Ursprünglich war die Rieselfelder Karolinenhöhe Eigentum der damals selbstständigen Gemeinde Charlottenburg. Seit 1987 befindet sich hier ein 220 Hektar großes Landschaftsschutzgebiet.

Kläranlagen sind eine relativ neue Errungenschaft, die in Berlin erst etwa ab Ende der 1960er-Jahre Verwendung fand. Zuvor wurde das Abwasser aus der Hauptstadt in verschiedene Pumpstationen geleitet, die dieses dann mittels unterirdischer Druckleitungen zu den 20 außerhalb der Stadtgrenzen gelegenen, insgesamt zeitweise 10 000 Hektar großen Rieselfeldern abführten; neben der Karolinenhöhe gehörten dazu Wansdorf, Schönerlinde, Blankenfelde, Buch, Hobrechtsfelde, Malchow, Falkenberg, Hellersdorf, Münchehofe, Deutsch Wusterhausen, Kleinziethen, Großziethen, Boddinsfelde, Tasdorf, Mühlenbeck, Waßmanndorf, Osdorf, Großbeeren und Sputendorf. Die auf diesen Feldern natürlich herausgefilterten Sedimente dienten in der Folge als Dünger für den Anbau von dringend für die Ernährung der Stadtbewohner benötigten Lebensmitteln.

Die Geschichte der Felder geht bis zu den Anfängen der allgemeinen Versorgung mit fließendem Wasser Ende des 19. Jahrhunderts zurück. Vorher verrichteten die Menschen ihre Notdurft in Trockentoiletten in den Innenhöfen ihrer Wohngebäude. Die zugehörigen Klärgruben wurden nachts von den sogenannten „Eimer-Weibern“ geleert, die den Inhalt mit Kutschen aus der Stadt brachten. Das Abwasser wurde einfach in den Rinnstein gekippt, von wo aus sich die stinkende Brühe langsam in die Spree ergoss.

Als die Haushalte fließendes Wasser zur Verfügung hatten, konnten auch die Rinnsteine gespült werden, woraufhin sich jedoch das Abwasser mit den Exkrementen aus den Toiletten mischte und sich ebenfalls in den Rinnsteinen sammelte. Die Stadt wurde so zu einer offenen Kanalisation, deren Unratströme nicht nur die Spree verschmutzten, sondern durch die Böden bis ins Grundwasser sickerten.

Die Einrichtung unterirdischer Kanalisationssysteme mit Pumpstationen (siehe S. 286) und das System der Rieselfelder setzten diesem Zustand schließlich ein Ende.

DER BERINGERTURM

⑫

Erinnerung an dynastische Adelsfantasien

Gatower Str. 201, 13595 Berlin
S3, 9 / U7 (Rathaus Spandau), dann Bus 134 (Zur Havelddüne)

An der Straße nach Gatow, kurz nach den letzten Häusern der Spandauer Wilhelmstadt, findet man etwas unterhalb im Wald einen kleinen steinernen Turm. Das Wappen über der schmalen Lattentür lohnt einen genaueren Blick: Es zeigt einen Bären, der über einen Brückenbogen (oder eine Mauer?) aufwärtsläuft. Laut dem wappenkundigen Spandauer Lokalhistoriker und Blogger Uwe Gerber verweist die Tafel mit dem Steinrelief auf das fiktive Adelsgeschlecht der Askanier bzw. Beringer. Es wurde im 16. Jahrhundert mitsamt Wappen „konstruiert", um Rechtsansprüche der damaligen Fürsten von Anhalt zu begründen.

Was macht jedoch das Wappen an diesem Miniturm, dessen Tür halb so hoch ist wie der Turm selbst?

An der Seite sind zwei größere gravierte Steintafeln mit einer Verfolgungsszene und einer lateinischen Inschrift eingelassen, die auf die populäre Berliner Jaczo-Sage verweisen: *Has per fauces, Jaczo, princeps Slavorum, / ab Alberto Urso pulsus, ad habelam evasit. / Anno Domini MCLVII.* Oder auf Deutsch: „Durch diese Schlucht wurde Jaczo, Fürst der Slawen, von Albrecht dem Bären getrieben und rettete sich in die Havel, im Jahre des Herrn 1157." Am gegenüberliegenden Charlottenburger Havelufer am Schildhorn erinnert eine Säule an Jaczo von Köpenicks Rettung vor dem Ertrinken durch göttliches Eingreifen und seine anschließende Konversion zum christlichen Glauben. Wegen dieser Tafeln nennt man das Türmchen „Jaczo-Turm".

Dies sei jedoch irreführend, meint der Lokalhistoriker Berger. Hier gehe es nämlich weniger um den Slawenfürsten Jaczo von Köpenick als vielmehr um Albrecht den Bären und das fiktive Adelsgeschlecht der Beringer – denn der Erbauer dieses Kleinods war der Chemie-Fabrikant Emil Beringer (1853–1920). Den Stempeln auf einigen verbauten Ziegeln zufolge entstand der Turm zwischen 1909 und 1914. Er war Teil des romantischen Beringerschen Familiengartens, zu dem auch ein Wasserfall gehörte. Beringer reklamierte das Wappen des fiktiven Geschlechts der Beringer/Askanier kurzerhand für sich und hing auf seiner Gartenbank offenbar gern dynastischen Adelsträumen nach, wenn es in der Fabrik mal nicht so gut lief ...

DAS SCHILDHORNDENKMAL

⑬

Königliches Denkmal für eine erfundene Flussdurchquerung

Straße am Schildhorn 7, 14193 Berlin
S3, 9 (Pichelsberg)

Das Schildhorndenkmal ist eine hohe Steinsäule, bewusst auf mittelalterlich getrimmt, aber deutlich jünger: Sie entstand 1845, in der Spätromantik. Von ihrem Standort aus genießt man einen herrlichen Blick über die Bucht Jürgenlanke. Oben auf dem Denkmal thront ein Kreuz in Form eines Kreises mit vier Einkerbungen. Alles wirkt sauber und akkurat, nicht mehrere Jahrhunderte alt. An der Säule klebt ein vermeintlich echter Schild eines Kriegers.

Außergewöhnlich an dem Denkmal ist zweierlei: erstens, dass es von einem preußischen König entworfen wurde, und zwar von Friedrich Wilhelm IV., genannt der „Romantiker auf dem Thron“, und zweitens, dass es an ein Ereignis erinnern soll, das niemals stattgefunden hat.

Der Schild gehört zu der populären Berliner Jaczo-Sage, die eng mit dem Gründungsmythos der Mark Brandenburg verknüpft ist. Mit anderen Worten, man steht hier vor der steingewordenen Fantasie eines preußischen Königs, der eine alte Volkserzählung aufgriff, um an einer vorher öden Stelle etwas bauen zu lassen, was die Berliner dazu verleiten sollte, dorthin zu pilgern.

Der König skizzierte seine Idee auf ein Blatt Papier und gab sie seinem Lieblingsarchitekten August Stüler. Der korrigierte die Proportionen ein bisschen (er machte etwa die Säule etwas höher), und ließ den Entwurf dann umsetzen. Das Monument diente der Festigung der legendären Geschichte eines Kampfes im Jahr 1157 zwischen Albrecht dem Bären und Jaczo von Köpenick, einem tatsächlich existierenden Slawenfürsten, der auch wirklich während der Zeit der Auseinandersetzung zwischen Albrecht dem Bären und den Elbslawen in der Mark Brandenburg aktiv war.

Gemäß der Sage drohte „Jaczo de Copnic“ angeblich auf der Flucht vor Albrecht dem Bären in den Havelfluten zu ertrinken, weil sein erschöpftes Pferd unterging. Jaczo konnte nicht schwimmen und klammerte sich an seinen hölzernen Schild. Doch erst die Anrufung des christlichen Gottes, dem er eigentlich feindlich gesonnen war, rettete ihm das Leben. Als er am Ufer seinen Schild an eine märkische Eiche hing, schwor er, zum Christentum zu konvertieren.

Aus Falschem folgt Beliebiges

Der früher ebenfalls mit dem Havelschwimmer Jaczo in Verbindung gebrachte Turm auf der Spandauer Havelseite (siehe S. 386) wurde inzwischen als familiäre Erinnerungsspielerei eines Herrn Beringer entlarvt, der sich für einen Nachfahren Albrechts des Bären hielt. Wie immer gilt: Aus Falschem folgt Beliebiges.

DER FRIEDHOF GRUNEWALD FORST

14

Der geheimnisvollste und poetischste Berliner Totenacker

Schildhornweg 33, Im Jagen 35, 14193 Berlin
Sommer 7–20 Uhr, Winter 8–16 Uhr
S3, 9 (Pichelsberg)

Der winzige, kaum frequentierte Grunewald-Friedhof ist der vielleicht geheimnisvollste und berührendste aller Berliner Friedhöfe. Den Grund für die abgeschiedene Lage verrät seine Geschichte: 1879 wurde der Begräbnisort explizit für jene angelegt, die nicht innerhalb der Stadtgrenzen beigesetzt werden durften – entweder weil sie Selbstmord begangen hatten oder weil sie unbekannte Fremde waren, die beispielsweise am Ufer der Jürgenlanke, einer kleinen Bucht in der Nähe, gefunden wurden und schnell begraben werden mussten. Erst als 1920 Berlin das kirchliche Bestattungsmonopol abschaffte, war eine Beerdigung der genannten Personengruppen auch auf städtisch geführten, zentral gelegenen Friedhöfen möglich und der Friedhof Grunewald Forst konnte für alle Toten geöffnet werden.

Hier findet man beispielsweise zwei Gräber mit russischen Kreuzen aus der Zeit des Ersten Weltkriegs (von Zwangsarbeitern, die sich das Leben nahmen), eine Menge Soldatengräber aus dem Zweiten Weltkrieg und etliche Kreuze für unbekannte Tote.

Unter den Grabstätten von anscheinend „normal Gestorbenen" fallen drei besonders auf. Die erste gehört zu Willi Wohlberedt, einem Berliner Heimatforscher und Autor. Der dreiteilige Grabstein bildet auf der linken Seite das Buchcover seiner wichtigsten Veröffentlichung nach, *Grabstätten bekannter und berühmter Persönlichkeiten in Gross-Berlin und Potsdam mit Umgebung*.

Die Grabstätte des Grunewalder Oberförsters Willi Schulz (Foto links) weist statt eines Steins drei Bretter auf, auf denen je ein kupferbeschlagenes Spitzdach sitzt. Im expressionistisch anmutenden Zickzack meint man ein W wie „Willi" zu erkennen. Je ein hohes Kreuz ist in die Bretter links und rechts geschnitzt; ein drittes thront wie auf einem Kirchturm auf dem mittleren Dach. Gestört wird die religiöse Anmutung allerdings durch die Jagdtrophäe, die darunter angeschlagen ist: das Gehörn eines Rehbocks. Das Brett trägt den Namen und Titel des Bestatteten, seine Lebens- und Sterbedaten – sowie zum Abschluss den kuriosen Ausruf: „Jagd vorbei!"

Auffälligstes Grab ist das von Margarethe Päffgen und ihrer Tochter Christa alias Nico. Die Sängerin der Kultband „Velvet Underground", New-Wave- und Gothic-Ikone, starb 1988 an den Folgen eines Fahrradunfalls auf Ibiza. Die ringsum niedergelegten und ständig erneuerten Geschenke – Blumen, Wein, Zigaretten, Musikcassetten – lassen darauf schließen, dass das Grab immer noch von Verehrerinnen und Verehrern der Sängerin besucht wird, die außerdem Andy Warhols Muse und Alain Delons Geliebte war.

DAS MAHNMAL DER „ERSCHIEßUNGSSTÄTTE V“ DER WEHRMACHT

15

Spiegelungen der Diktatur

Glockenturmstraße 3, 14053 Berlin
S3, 9 (Pichelsberg)

Auf dem Bürgersteig der Glockenturmstraße, zwischen Eissporthalle und Waldbühnenecke, steht ein merkwürdiger Verkehrsspiegel.

Er ist den Passanten zugewandt und hat offenbar keine Funktion für den Zufahrtsverkehr zur Eissporthalle. Ein Text, der auf das Spiegelglas gedruckt ist, lässt jedoch erahnen, dass hier einst Schlimmes geschah: *„Keiner der am Volksgerichtshof tätigen Berufsrichter […] wurde wegen Rechtsbeugung verurteilt; ebensowenig Richter […] der Kriegsgerichte.“*

Die Spiegel sind Teil eines Mahnmals, und der hier abzweigende Waldweg führt zur ehemaligen „Erschießungsstätte V“ der Wehrmacht. Dort wurden am Fuß der Murellenberge 1944/45 Deserteure, Kriegsdienst- und Befehlsverweigerer sowie andere „wehrkraftzersetzende Elemente“ standrechtlich erschossen. 252 Opfer sind namentlich bekannt, eine hohe Dunkelziffer wird vermutet.

Den Weg zum ungefähren Ort der Hinrichtungsstätte begleiten weitere Verkehrsspiegel, die im Verlauf des Weges immer zahlreicher werden. Zum Ende hin stehen sie mitten im Wald in kleinen Gruppen. 15 der insgesamt 104 Spiegelflächen sind mit lasergravierten Texten versehen und weisen auf die militärische Vergangenheit der Gegend hin. Am Ende stehen Zitate aus Augenzeugenberichten der Erschießungen, zum Beispiel: *„Ein Urteil wurde verlesen und drang in Bruchstücken zu mir hinüber: Der Obergefreite […] Jahre alt […] wegen Fahnenflucht […] zum Tode […], der Maat […] Jahre alt […] gerichtet […] wegen Feigheit vor dem Feinde […] zum Tode durch Erschießen […]“*

Der ungewöhnliche Gedenkweg – es gibt auch einen Zugang vom Murellenweg in der Nähe der U-Bahn-Station Ruhleben – stammt von der argentinischen, in Berlin lebenden Künstlerin Patricia Pisani, die 2001 den ausgeschriebenen Wettbewerb für das Mahnmal gewann. Die Spiegel zeigen nach ihrer Selbstinterpretation, „was um die Ecke passiert, eine Gefahr oder eine Bedrohung, die sich an einer unübersichtlichen Stelle möglicherweise nähert, aber noch nicht zu sehen ist. Sie zeigen etwas vom momentanen Standort aus nicht Sichtbares: um die Ecke, in die Vergangenheit, in die Zukunft.“

Die damals hingerichteten Deserteure und sogenannten „Wehrkraftzersetzer“ galten auch nach dem Ende der Nazidiktatur noch lange als rechtskräftig verurteilt – erst 1998 wurden sie rehabilitiert.

Der Wald auf den Murellenbergen wurde seit 1840 militärisch genutzt. Die Königliche Infanterie-Schieß-Schule Ruhleben nutzte zahlreiche hier angelegte Schießbahnen und Schanzen (Reduitbauten) zur militärischen Ausbildung; daher wurde das Gelände auch als „Schanzenwald“ bezeichnet.

Ein erhaltenes Schanzenexemplar steht auf dem Tennisplatz an der Ecke Havelchaussee/Elsgrabenweg. 2007 wurde das 38 Hektar große Übungsgelände, munitionsberäumt und von den Gebäuden befreit, der Öffentlichkeit zurückgegeben.

DAS OLYMPIA-STELLWERK

(16)

Am längeren Hebel stehen

Berliner U-Bahn-Museum
Rossitter Weg 1, 14053 Berlin
2. Samstag im Monat 10:30–16 Uhr (letzter Einlass 15 Uhr)
U2 (Olympia-Stadion)

Am zweiten Samstag jedes Monats kann man im U-Bahnhof Olympia-Stadion nicht nur Züge der U2 betreten – auch das Berliner U-Bahn-Museum öffnet dann seine Türen. Untergebracht ist es seit 1997 im ehemaligen Stellwerk Olympia-Stadion, kurz „Olympia-Stellwerk". Als Eintrittskarte erhält man einen historischen Fahrschein und gelangt damit zunächst zu einer Art Aussichtspunkt. Von hier hat man einen Blick auf die Gleiskörper vor dem Bahnbetriebswerk Grunewald und auf das heute aktive hypermoderne elektronische Regionalstellwerk, das 1983 das elektromechanische Hebelstellwerk abgelöst hat.

Genau dieses Hebelstellwerk der Bauart VES 1913, das komplett erhalten und sogar weitgehend funktionstüchtig ist, bildet das Herzstück des Museums. Es wurde 1931 als größtes Stellwerk der Bauart in Europa in Betrieb genommen. Man stelle sich eine 14 Meter lange Klaviatur vor, auf der die einzelnen Töne durch das Betätigen von Hebeln erzeugt werden. Als Partitur dient eine riesige Fahrschautafel an der Stirnwand, auf der das weite Gleisgelände des Bahnbetriebswerks Grunewald dargestellt ist. Jede Weiche und jedes Signal sind dort mit Lämpchen markiert, deren Farben die momentanen Einstellungen der Anlage angeben.

Die Hebel für die Weichen auf dem hölzernen Bedienpult sind so groß wie Autohandbremshebel und haben am oberen Ende blaue Druckknöpfe. 103 Weichen und 99 Signale wurden mit den Hebeln gesteuert und ermöglichten Zugbewegungen mit über 616 Fahrmöglichkeiten. Der gesamte Fahrbetrieb der Betriebswerkstatt Grunewald und des Bahnhofs Olympia-Stadion wurde von hier gelenkt. Alle Fahrzeuge hatte man bestens im Blick.

Die Anzeige aller Weichenstellungen, Signalzustände und Fahrzeugpositionen auf der sechs Meter langen und zwei Meter hohen Fahrschautafel erfolgte durch 1239 Glühlampen. Dank der Arbeitsgemeinschaft Berliner U-Bahn e. V., die sich aus ehemaligen U-Bahnern zusammensetzt, kann dieses einmalige elektromechanische Stellwerk noch immer im Simulationsbetrieb vorgeführt werden. In einem Nebenraum sieht man die riesige Relaisstation, von der aus die Befehle des Stellwerks als elektrische Impulse zu den Weichen und Signalen hinuntergingen.

DIE ABMESSUNGEN IM CORBUSIERHAUS

⑰

Wo Le Corbusiers Pläne nicht realisiert werden durften ...

Flatowallee 16, 14055 Berlin
Führungen: info@corbusierhaus-berlin.org (40 € für 1 bis 4 Personen)
S3, 9 (Olympiastadion)

Le Corbusiers Berliner „Wohnmaschine“ (oder *Unité d'Habitation*, Wohneinheit) ist mit ihren 530 Wohnungen auf 17 Etagen unübersehbar; auch das riesige Klingelschild lohnt einen Blick. Darüber vergisst man allerdings leicht, dass das Berliner Projekt des berühmten schweizerisch-französischen Architekten, der bürgerlich Charles Edouard

Jeanneret hieß, eine Besonderheit hat: Es entspricht nicht den Maßen, die der Architekt eigentlich dafür vorgesehen hatte.

Neben dem Eingang des Hochhauses veranschaulicht ein Sichtbetonrelief das Proportionsschema, das Le Corbusier (1887–1965) in den 1940er-Jahren für Wohnungen und Möbel entwickelte und das er – wie seine berühmte Figur mit den Idealmaßen – „Modulor“ nannte (siehe rechts). Ausgerechnet bei seinem Berliner Projekt machten ihm allerdings die hiesigen Bauvorschriften einen Strich durch die Rechnung. Gefordert war nämlich eine Mindestraumhöhe von 2,50 Meter – im Gegensatz zu den von Le Corbusier als ideal festgelegten 2,26 Metern.

Damit die Proportionen trotz der veränderten Höhe aufrechterhalten werden konnten, mussten die Wohnungen von 3,66 auf 4,06 Meter verbreitert werden. Ein ursprünglich geplanter zweigeschossiger Wohnungsteil musste wegfallen, um mehr Wohnfläche zu gewinnen. Auch die „Einkaufsstraße“ innerhalb des Hauses – denn ein Wohnhaus nach Le Corbusier sollte eine „kleine Stadt in sich“ sein – wurde gestrichen. Im Jahr der Fertigstellung, 1958, distanzierte sich Le Corbusier daher von dem Gebäude und nannte es abfällig ein „Gestell für Flaschen“.

Die im Haus Lebenden jedoch fühlten und fühlen sich trotz der leicht verzerrten Modulor-Maße nach wie vor pudelwohl. Heute ist sogar der Supermarkt im Haus verschwunden, weil die Bewohner betucht und mobil sind; nur jeder Dritte hat hier seinen Zweitwohnsitz. Seit 1996 steht das Corbusierhaus unter Denkmalschutz.

Die Modulor-Wohnmaße

Bereits 1923 hatte Le Corbusier in seinem Buch *Vers Une Architecture* neue architektonische Grundsätze formuliert (1926 auf Deutsch: *Kommende Baukunst*). Inspiriert durch Studienreisen zu den Bauten früherer Hochkulturen, wollte er außerdem ein harmonisches Proportionsschema entwickeln, das sich an den Körpermaßen des Menschen orientierte. Er nahm die Durchschnittsmaße eines Mannes (Höhe des Bauchnabels: 113 cm; Scheitelhöhe: 183 cm) und errechnete daraus eine Fibonacci-Folge, nach der für ein harmonisches Erscheinungsbild die Summe zweier Einzelwerte den Folgewert bestimmte. So erhielt er die Werte 226, 183, 113, 70, 43 und 27 (von denen vier im Relief *Modulor* am Eingang des Corbusierhauses eingraviert sind). Mithilfe dieser „Modulor-Maße“ legte Le Corbusier sowohl die ideale Deckenhöhe einer Wohnung (226 cm), als auch die Dimensionen seiner Möbel fest – Höhe von Hockersitzplatten: 27 cm, Stuhlsitzplatten: 43 cm, Tischplatten: 70 cm, Arbeitstischplatten: 113 cm. Die Theorie des Modulor, die er etwa ab 1942 entwickelte, veröffentlichte er 1948 und 1955.

DIE CHRISTI-AUFERSTEHUNGS-KATHEDRALE

(18)

Mystik des orthodoxen Russlands

Hohenzollerndamm 166, 10713 Berlin
Geöffnet während der Gottesdienste, in der Regel täglich 9:30–12 Uhr
Tagesgenaue Angaben im Online-Kalender:
rokmp.de/de/churches/hohenzollerndamm-166-10713-berlin oder telefonisch unter 0 30 / 8 73 16 14
S41, 42, 46 (Hohenzollerndamm)

Die russisch-orthodoxe Christi-Auferstehungs-Kathedrale wurde am 13. Mai 1938 geweiht. Wer dort an einem Gottesdienst teilnimmt (insbesondere samstags um 17 Uhr), erlebt die Mystik des reich mit Ikonen ausgestatteten Gotteshauses in besonderer Weise. Wenn sich die Gläubigen im Dämmerlicht der Kerzen versammeln, um in weihrauchgeschwängerter Atmosphäre zu beten, wird man Zeuge echter Hingabe.

Die dreischiffige Basilika hat die Form der frühen russisch-orthodoxen Kirchen des 11. und 12. Jahrhunderts. Der Neubau wurde von den Nazis finanziell unterstützt, die den Vorgängerbau in der Nähe für sich beansprucht und umgebaut hatten. Sie wiesen der Gemeinde das neue Grundstück zu, weil sie in der Kirche ein Bollwerk gegen den Bolschewismus sahen. Die Ikonostase ist sehr alt; sie stammt ursprünglich aus einer Garnisonskirche in Mińsk Mazowiecki nahe Warschau. Die Berliner Diözese bedankte sich für ihr Bleiberecht seinerzeit mit einem enthusiastischen Dankesbrief bei dem „gottesfürchtigen Führer und Reichskanzler Adolf Hitler“. Die Nähe zu den monumentalen Nazigebäuden am Fehrbelliner Platz ist bemerkenswert. Damals hatte die Gemeinde 5000 Mitglieder. Heute sind es 190 000.

Welche Bedeutung hat die orthodoxe Ikonostase?

Die Ikonostase (oder Ikonenwand) ist ein wesentliches Element in russisch-orthodoxen Kirchen. Sie trennt den Altarraum von der Gemeinde und damit gleichsam die sichtbare, menschliche von der unsichtbaren, göttlichen Welt. Die Bilder der dargestellten Ikonen sollen den Gläubigen das geistige Wesen des Geschehens im Altarraum vermitteln. „Die Ikonostase ist eine Erscheinung von Heiligen und Engeln ... eine Erscheinung der himmlischen Zeugen und vor allem der Gottesmutter und Christi selbst“, schreibt der Priester Pawel Florenski. Daraus erklärt sich die Ehrfurcht, mit der sich die Gläubigen, die hier göttlichen Beistand suchen, den geweihten Gemälden nähern – oft verschleiert, denn sie stehen ja quasi der göttlichen Sphäre selbst gegenüber. Nur so ist auch das viele Gold erklärlich, das in der Ikonenmalerei seit ihren byzantinischen Anfängen auf Kreidegrund zum Einsatz kommt: Es symbolisiert den Reichtum der Welt nach dem Tod, in die Jesus Christus bei seiner Auferstehung und Himmelfahrt allen Gläubigen voranging.

DAS „AUTOBAHNHAUS“

⑲

Wenn die Autobahn ein Haus durchquert ...

Schlangenbader Straße 18, 10585 Berlin
U3 (Rüdesheimer Platz)

In Wilmersdorf steht an der Schlangenbader Straße der größte Wohnkomplex Europas, genannt „die Schlange“. Auf 600 Metern Länge und bis zu 45 Metern Höhe beherbergt er 3500 Mieter, die in 1215 Wohnungen leben.

Wenn man die Randbebauung mitzählt, sind es sogar 1700 Wohnungen. Das Außergewöhnliche an dem Komplex erkennt man am besten aus

der Luft: Der Komplex umhüllt ein Stück einer Autobahn, der A104 („Abzweig Steglitz"), die die A100 mit dem Hohenzollerndamm im Norden und (via Schildhornstraße) mit der B1 im Süden verbindet.

Ungefähr in der Mitte, wo die Wiesbadener Straße das Gebäude durchschneidet, sieht man den rundum von einem Betonkasten eingeschlossenen Autobahnstollen wie eine Brücke die beiden Gebäudehälften verbinden. Im Inneren der „Schlange" berührt der Kasten mit der Autobahn die Hauswände nicht. Er ruht auf einer Staffel aus Gummipolstern, die wiederum auf gewaltigen Stützpfeilern im Boden aufliegen. Fast sämtliche Erschütterungen werden auf diese Weise vom Wohnkörper ferngehalten.

In den Korridoren und den Treppenhäusern kann man höchstens ein fernes „tok tok tok" erahnen – das sind die einzigen Geräusche, die auf die unablässige Bewegung der durchrauschenden Fahrzeuge hindeuten. Den „Herzschlag des Hauses" nennen es die Bewohner. Rund 54 000-mal täglich schlägt das Herz – so viele Autos fahren durchschnittlich durchs Haus. In den Wohnungen hört man davon nichts, wie die Bewohner bestätigen, selbst wenn man im vierten Stock sein Bett direkt über den Fahrbahnen haben sollte.

1980 wurde die Schlange fertig – sie war der Berliner Ausdruck eines damals im Westen grassierenden Fiebers der Überbauungsplanung, das sich jedoch fast ausnahmslos in Plänen erschöpfte. Der westdeutsche Stararchitekt Oswald Mathias Ungers (OMU) hatte eine Überbauung der 500 Kilometer langen Autobahn zwischen Hamburg und Frankfurt am Main mit einem 20-geschossigen Wohnhaus vorgeschlagen. Westberlin hatte das Glück (oder Unglück), dass während der deutschen Teilung endlose Subventionsgeldströme aus der BRD hierherflossen und sowohl eine Stadtautobahn (an der noch immer hartnäckig weitergebaut wird) als auch die „Schlange" verwirklicht werden konnten.

Ein ähnliches Gebäude existiert im japanischen Osaka: das *Gate Tower Building.*

DIE MOSCHEE DER LAHORE-AHMADIYYA-BEWEGUNG

(20)

Ein indo-islamisches Architekturjuwel

Brienner Straße 7–8, 10713 Berlin
Mo–So 11–18 Uhr
U2, 3, 7 (Fehrbelliner Platz)

Die wunderschöne Wilmersdorfer Moschee (auch als Berliner Moschee oder Ahmadiyya-Moschee bekannt) ist die älteste bestehende Moschee Deutschlands. Sie wurde zwischen 1924 und 1928 im Auftrag der Lahore-Ahmadiyya-Bewegung zur Verbreitung islamischen Wissens (AAIIL) erbaut und hat zwei abgesetzte Minarette mit je 32 Metern Höhe sowie eine 26 Meter hohe Kuppel von 10 Metern Durchmesser. Der Versammlungsraum fasst rund 400 Gläubige.

Die Moschee ist der Mogul-Architektur des Taj Mahal nachempfunden und entstand nach Plänen des Berliner Architekten K. A. Hermann. Bauherr und heutiger Eigentümer der Berliner Moschee in Wilmersdorf ist die AAIIL, die den Bau ausschließlich mit Spenden finanziert hat.

Die Wilmersdorfer Moschee stand und steht „den Muslimen aller mohammedanischen Nationen und aller religiösen Richtungen gleicherweise zum Gottesdienst offen". Tatsächlich sind dort auch Angehörige anderer Religionen willkommen, die zum Islam konvertiert sind oder sich dafür interessieren.

In der Nazizeit spielten die Berliner Sektion der AAIIL und ihre Moschee eine wichtige Rolle bei der Fluchthilfe für jüdische Emigranten. Die Nazis ihrerseits instrumentalisierten die Moschee für ihre Propagandaauftritte, so etwa beim Empfang des antisemitischen Jerusalemer Großmuftis Mohammed Amin al-Husseini, der hier als Ehrengast der SS empfangen wurde.

DER ROTE BRIEFKASTEN

21

Freundliche Spuren der britischen Besatzung

Fehrbelliner Platz 4, 10707 Berlin
U2, 3, 7 (Fehrbelliner Platz)

In die Fassade des Hauses am Fehrbelliner Platz 4, eines ehemaligen Nazibaus, in dem die Deutsche Arbeits-Front (DAF) ihre Hauptverwaltung hatte, ist ein roter Briefkasten mit englischer Beschriftung eingelassen. Allein fällt er zunächst nicht weiter auf.

Er gehört jedoch zu dem typisch englischen Telefonhäuschen unter den Bäumen ein paar Meter weiter, das heute als öffentlicher Bücherschrank dient. Zusammen erinnern beide daran, dass das Gebäude, das von Bombenschäden verschont blieb, 1945 Hauptquartier der britischen Besatzungsmacht wurde. Damals erhielt es den Namen *Lancaster House*, den es sich mit der *Avro Lancaster* teilte, einem legendären britischen Bombenflugzeug aus dem Zweiten Weltkrieg.

1954 wechselten die British Army Headquarters ins ehemalige Sportforum auf dem Olympiagelände von 1936. Doch die Briten erinnerten sich weiterhin gern an die feudalen Räume am Fehrbelliner Platz.

Sie galten als freundliche und zurückgezogene Besatzer, die gern unter sich blieben: im *British Officers' Club* an der Thüringer Allee etwa, wo vor dem Krieg der Berliner Schlittschuh-Club residiert hatte. Die Besuche der Queen 1965, 1978 und 1987 unterstützten diesen Ruf.

Im Mai 1987 war Queen Elisabeth II. anlässlich des 750-jährigen Stadtjubiläums für zwei Tage mit ihrem Gatten Prince Philip in Berlin. Die Queen sprach ihre Grüße im Schloss Charlottenburg aus („Ich grüße Berlin"), nahm in Schloss Bellevue mit Bundespräsident Richard von Weizsäcker Tee ein und feierte dann auf dem Maifeld des von den Briten genutzten Olympiageländes ihren Geburtstag. (Wegen des Wetters um ihren eigentlichen Geburtstag herum, den 21. April, finden die öffentlichen Feierlichkeiten traditionell später statt – in Großbritannien sogar erst im Juni).

Die Telefonzelle und der Briefkasten waren schon am 5. März 1987 vom Botschafter Ihrer Majestät, Sir Julian Leonard Bullard, und dem Kommandanten des Britischen Sektors von Berlin, Patrick Guy Brooking, an die Deutschen übergeben worden. Es handelte sich um ein offizielles Geschenk der britischen Besatzungsmacht. Die Amerikaner schenkten übrigens eine ganze Bibliothek – die Amerika-Gedenkbibliothek.

Das Haus am Fehrbelliner Platz 4 beherbergt seit 1954 das Rathaus Wilmersdorf und steht unter Denkmalschutz.

DIE KREUZKIRCHE

㉒

Ein Meisterwerk des Expressionismus

Hohenzollerndamm 130a, 14199 Berlin
0 30 / 83 22 46 63
kreuzkirche-berlin.de
Gottesdienst: So 11 Uhr, weitere Termine siehe Website
Messe am Sonntag um 10 Uhr
S41 (Hohenzollerndamm)

Die Kreuzkirche steht unter Denkmalschutz und ist nur wenigen Berlinern, geschweige denn Touristen, bekannt. Dabei stellt der von 1927 bis 1929 nach Plänen von Ernst Paulus und dessen Sohn Günther Paulus errichtete Sakralbau ein Meisterwerk expressionistischer Architektur dar. Der Kirchturm, den drei pyramidenartige Spitzen zieren, ist mit seinen 54 Metern von Weitem zu erkennen.

Wenn man davorsteht, sticht das pagodenhaft anmutende Eingangsportal aus blau glasierter Keramik ins Auge. Kunstvoll gedrehte Säulen aus hart gebrannten Klinkern flankieren das Portal und sind in ihrer Charakteristik typisch für expressionistische Architektur.

Nach dem Krieg wurde die Kirche 1953 teilweise wieder aufgebaut. 1984 erfolgte eine Grundsanierung, bei der die Originalpläne so weit wie möglich berücksichtigt wurden.

Im Inneren führt ein Gang in den großen achteckigen Hauptsaal. Hinter dem Altar verläuft eine zackenförmige Wandbemalung im expressionistischen Stil.

Die ursprüngliche Farbgestaltung der Kirche stammte von Erich Wolde und entsprach den Farben des Regenbogens: Die Brauthalle war in Gelb gehalten, der Kreuzgang in Rot, der Kirchraum in Grün, die Bänke in Blau (heute der einzig originale Farbton) und der Altarraum in Violett. Die ausgewogene Architektur strahlt Harmonie aus; es lohnt sich, dort für einen Moment der Ruhe und Einkehr innezuhalten.

IN DER UMGEBUNG

Geht man den Hohenzollerndamm in Richtung S-Bahn weiter, stößt man nur wenige Meter links vom Haupteingang der Kirche auf das Verwaltungsgebäude der Gemeinde. Dort ist ebenfalls eine schöne expressionistische Eingangstür zu bewundern.

130
a
1929

DAS BLINDENMUSEUM

23

Sechs Punkte, die die Welt veränderten

Rothenburgstraße 14, 12165 Berlin
Mi 15–18 Uhr
Eintritt frei (Spenden willkommen)
Offene Führungen: 1. Sonntag im Monat 11 Uhr
U9 / S2 (Rathaus Steglitz)

Nicht weit vom Steglitzer Rathauses entfernt wurde 1890 an der Königlichen Blindenanstalt das Deutsche Blinden-Museum gegründet. Es beschäftigt sich in erster Linie mit der Entwicklung der Blindenschrift sowie mit deren Bedeutung für die soziale Integration und die Selbstverwirklichung blinder Menschen.

Wenn Blinde lesen und schreiben, ein Musikinstrument spielen, komponieren, studieren und unterrichten können, ist das im Wesentlichen ein Verdienst von Louis Braille (1809–1852), der im Alter von fünf Jahren erblindete. Aus dem dringenden Bedürfnis heraus, sich mitzuteilen und zu lesen, entwickelte der intelligente Junge mit 16 eine neue Schrift, die die „Schwarzschrift" der Sehenden anhand von nur sechs Punkten abbildete. Die Punkte traten in unterschiedlicher Anordnung aus dem Material hervor und waren leicht ertastbar. Später entwickelte Louis Braille zusätzlich eine Notenschrift für Blinde.

Durch die einfache Schrift eröffnete Louis Braille seinen Leidensgenossen eine neue Welt. Um 1900 schuf ein ehemaliger Lehrer der Steglitzer Blindenanstalt zusätzlich die erste Schreibmaschine für die inzwischen verbreitete „Braille-Schrift".

Noch heute im Zeitalter von Smartphones, Tablets und Computern sind – trotz der revolutionären Techniken von GPS-Navigation, Hörbuch und Spracherkennung – Braille-Schrift wie -Schreibmaschine für Blinde unverzichtbar.

Was wurde vor Braille benutzt?

Vor der Einführung der Braille-Schrift verwendeten Blinde in deutschsprachigen Ländern die „Stachelschrift". Dabei wurden lateinische Großbuchstaben mit metallenen Dornen von hinten durch Papier gedrückt, sodass die Schrift von Sehenden gelesen und von Blinden – jedoch viel mühsamer als die neuen Kombinationen aus maximal sechs Punkten – ertastet werden konnte. Wer mit der Stachelschrift „schrieb", behielt beim Pressen der stachligen „Lettern" in das Papier und beim Gegenhalten mit Zeigefinger oder Handfläche nicht selten blutige Spuren auf der Haut zurück.

DER MÄUSEBUNKER

(24)

Ein verkanntes Meisterwerk des Brutalismus

Krahmerstraße 6, 12207 Berlin
Nur von außen zu besichtigen
S25, 26 (Lichterfelde Ost)

Die Forschungseinrichtung für experimentelle Medizin, besser bekannt unter dem Namen „Mäusebunker", erinnert in ihrer Form an ein riesiges Kriegsschiff und ist, trotz ihrer vergleichsweise geringen Bekanntheit, vermutlich eines der architektonisch spannendsten Gebäude Berlins. Der knapp 120 Meter lange Bau zwischen Hindenburgdamm und Krahmerstraße liegt am Teltowkanal hinter Bäumen verborgen und ist ein schönes Beispiel für brutalistische Architektur. Das Innere des heute nicht mehr genutzten Gebäudes kann nicht besichtigt werden. Von der Krahmerstraße aus, zwischen Kanal und Hindenburgdamm, hat man jedoch einen guten Blick auf den Bau als Ganzes. Der Mäusebunker wurde zwischen 1967 und 1970 von dem Berliner Architekten Gerd Hänska (1927–1996) in Zusammenarbeit mit seiner Frau Magdalena und seinem Sohn Thomas als Zentrale Tierlaboratorien der Freien Universität entworfen. Fertiggestellt wurde der mehrfach abgelehnte Bau erst 1981.

Der Aufbau der Betonhülle weist die interessante Form einer Pyramide mit gekappter Spitze auf. Seitlich ragen blau gestrichene Lufteinlässe wie Kanonenrohre aus dem Rumpf und vermitteln dem Betrachter den Eindruck, vor einem Kriegsschiff statt vor einer Forschungseinrichtung zu stehen. Diese Luftansaugrohre dienten der Belüftung der tief im Gebäudeinneren liegenden Tierversuchslabore. Die hervorspringenden dreieckigen Fenster an der Westfassade sorgten für angenehme Temperaturen und angenehme Lichtverhältnisse bei Sonnenschein.

Achtung, Abrissgefahr!

Das heute nicht mehr genutzte Gebäude ist in Gefahr: Sein Eigentümer, die medizinische Fakultät der Charité, möchte es abreißen lassen. Doch inzwischen hat sich starker Widerstand formiert und der Streit könnte sich noch eine Weile hinziehen. Eine Idee, die in der Tat gut zu dem Gebäude passen würde, sieht eine weitere Nutzung als Techno-Club vor.
Beeilen Sie sich und schauen Sie den Mäusebunker an – wer weiß, wie lange es ihn noch gibt.

DAS ENERGIE-MUSEUM

25

Berlin unterm Lichtbogen

Teltowkanalstraße 9, 12247 Berlin
0 30 / 70 17 77 -55 bzw. -56
energie-museum.de
Führungen nach telefonischer Vereinbarung (Di 10–12 Uhr)
Eintritt frei (Spenden willkommen)
U9 (Rathaus Steglitz), dann Bus 186, 283 (Teltowkanalstraße)

Das Gebäude auf dem Gelände des Umspannwerks Steglitz der Stromnetz Berlin GmbH ist einmalig. Von 1986 bis 1994 beherbergte es das größte Batterie-Speicherkraftwerk der Welt, gebaut und betrieben von der Berliner Städtischen Elektrizitätswerke AG (BEWAG). 7080 Bleiakkumulatoren speicherten hier bis zu 14,4 Megawattstunden (MWh) Strom. Waren die Akkus vollständig geladen, konnten 17 Megawatt bereitgestellt werden, die das Stromnetz 20 Minuten lang versorgten – während des Kalten Kriegs eine notwendige Vorsichtsmaßnahme für Westberlin, das von der DDR eingeschlossen war.

Nach seiner Stilllegung wurde das Gebäude 2001 in ein Museum umgewandelt. Es dokumentiert die Geschichte der Berliner Stromversorgung, von den ersten lokalen Kraftwerken Ende des 19. Jahrhunderts bis hin zur erwähnten Notfallspeicherung und zur Entwicklung der Kommunikationstechnik (verpassen Sie nicht die kuriose, noch funktionsfähige Rohrpostanlage, mit der bis in die 1970er-Jahre Nachrichten mittels Druckluft in der Stadt verschickt wurden).

Ausgestellt ist auch der schwarze Knopf, mit dem am 7. Dezember 1994 Berlins damaliger Regierender Bürgermeister Eberhard Diepgen den sogenannten „Verbundanschluss" vollzog: Fünf Jahre nach der Wiedervereinigung wurde Berlin damit an das gesamtdeutsche Stromnetz angeschlossen.

In dem interaktiven Museum darf angefasst werden und man kann in Vorführungen erleben, wie etwa Stromgeneratoren durch Dampf- und Gasturbinen angetrieben werden. Auch eine Lichtbogenlampe von 1905 ist zu bestaunen – dabei erkennt man, dass es schon im Berlin der 1920er- und 1930er-Jahre echte „LED-Flutlichthelligkeit" gab.

HOMMAGE AN DIE GROß-LICHTERFELDER STRAßENBAHN

(26)

Die erste elektrische Straßenbahn der Welt

Morgensternstraße (Ecke Königsberger Straße), 12207 Berlin
S25, 26 (Lichterfelde Ost)

An der Ecke Morgensternstraße/Königsberger Straße steht, leicht von der Straße zurückversetzt, eine Bank an einem wenige Quadratmeter großen gepflasterten Oktogon; daneben ein Haltestellenschild mit Fahrplan. Erst auf den zweiten Blick bemerkt man, dass auf dem Schild ein gusseisernes Wagenrad thront und dass der Fahrplan von 1881 stammt. In das Pflasterstück sind zwei Gleise eingelassen.

Es handelt sich um ein Denkmal für die erste elektrische Straßenbahn der Welt, deren Startpunkt etwa an dieser Stelle lag und die von der Firma Siemens & Halske des berühmten Industriellen Werner Siemens aus Charlottenburg (ab 1888 Werner von Siemens) gebaut wurde. Ab 16. Mai 1881 verband die Linie den Bahnhof Groß-Lichterfelde (heute: S-Bahnhof Lichterfelde Ost) mit der neuen preußischen Hauptkadettenanstalt, in deren Räumen heute die Berliner Bestände des Bundesarchivs untergebracht sind.

Eines der ersten U-Bahn-Netze weltweit dank Werner von Siemens

Auch die Berliner U-Bahn zählt mit ihren zehn Linien und dem zu 80 Prozent unterirdisch verlaufenden, 150 Kilometer langen Streckennetz zu den ältesten U-Bahnen weltweit; 1902 wurde die U1 als erste Linie der Stadt eröffnet. Diese Pionierstellung geht ebenfalls auf Werner von Siemens zurück, der als Begründer der Elektrotechnik gilt: Er hatte auf der Berliner Gewerbeausstellung 1879 die erste Elektrolokomotive der Welt vorgestellt und bereits 1880 Pläne für eine U-Bahn eingereicht. Die Stadt entschied sich jedoch zunächst für die Straßenbahn und zögerte mit dem Bau der U-Bahn so lange, dass ihr sechs andere Metropolen zuvorkamen: In London fuhren bereits ab 1863 unterirdische Dampfzüge, ab 1890 wurde das Netz elektrifiziert. Damit kann die britische Hauptstadt stolz die erste U-Bahn der Weltgeschichte ihr Eigen nennen.

In Chicago, damals einer der modernsten Städte der Welt, nahm die U-Bahn 1892 den Betrieb auf. Budapest weihte seine erste U-Bahn-Strecke 1896 ein; sie ist heute UNESCO-Weltkulturerbe. Im selben Jahr besaß Glasgow bereits 10,5 Kilometer unterirdische Strecken, die als Ringbahn rund um die Stadt verliefen. Dies ist das einzige Streckennetz weltweit, dessen ursprünglicher Verlauf seit seiner Eröffnung nie erweitert wurde. Ein Jahr später, 1897, ging in Boston die erste U-Bahn-Linie an den Start. Auch Paris kam der Berliner U1 mit seiner 1900 eingeweihten ersten U-Bahn-Linie noch zuvor.

Eine weitere Informationstafel zur ersten Straßenbahn der Geschichte findet sich im S-Bahnhof Lichterfelde Ost, nur wenige Schritte von der Kreuzung entfernt.

DIE LANKWITZER RATSWAAGE

27

Frauen von Gewicht

Charlottenstraße 64, 12247 Berlin
S25, 26 (Lichterfelde Ost)

Wo Charlottenstraße und Elisabethstraße in einem spitzen Winkel zusammenlaufen, steht ein kleines neoklassizistisches Gebäude,

an dessen Fassade das Wort *RATSWAAGE* zu lesen ist. Hier befand sich bis zu ihrer Stilllegung 1968 die offizielle Waage der Gemeinde Lankwitz. Seit 1993 dient das Haus als öffentlicher Frauentreffpunkt; es bietet Beratungen, Workshops und Veranstaltungen zur Unterstützung von Frauen an.

Erbaut wurde die Lankwitzer Ratswaage 1917/18 von dem Stadtbaurat Fritz Freymüller (1882–1950) als Ersatz für eine frühere Gemeindewaage, die zu klein geworden war. Auf der neuen Brückenwaage, auch Fuhrwerks- oder Gespann-Waage genannt, ließen die Bauern und Händler das reine Gewicht ihrer Ladung bestimmen, indem sie mit ihrem Fuhrwerk auf die fünf Meter lange Wiegebrücke fuhren. (Das Gewicht des Fuhrwerks wurde abgezogen.) Anhand der Wiegebescheinigung wurde am benachbarten Güterbahnhof Lichterfelde-Ost der Transportpreis der zu verladenden Güter berechnet.

Das abgesperrte Rechteck vor dem kleinen Haus ist die noch immer funktionsfähige Wiegebrücke. Mit ihr konnten Lasten bis zu 11 Tonnen gewogen werden. Für die Lastwagen der 1970er-Jahre reichte das allerdings nicht mehr aus. Der Wiegeraum befindet sich im Keller darunter. Die Wiegeeinrichtung, die dort noch erhalten ist, stellt ein seltenes Industriedenkmal dar.

Während heute größere Lasten (Lkw oder Eisenbahnwaggons) mit elektronisch abgetasteten Dehnungen von geeichten Messfühlern ermittelt werden, funktionierte die Lankwitzer Ratswaage nach dem Dezimalwaagenprinzip – ebenso wie die früheren Kofferwaagen im Bahnhof, nur zehnmal so groß.

Seit 1927 wurde die Lankwitzer Waage ausschließlich von Frauen betrieben, Wägerinnen bzw. Wägnerinnen genannt – aus einem einfachen Grund: Frauen arbeiteten beim Wiegen exakter ...

Ein verschwundener Bach

Neben dem Gebäude entsprang zu Zeiten der Wägerinnen noch der Bach Lanke, der dem Ort seinen Namen gab. Heute ist er nicht mehr zu sehen – er wird unterirdisch Richtung Nordosten in den Teltowkanal geleitet. Seine Mündung befindet sich auf Höhe des Weges Gasgraben.

DER FLIEGEBERG

(28)

Otto Lilienthals Übungsplatz

Schütte-Lanz-Straße, 12209 Berlin
S25, 26 (Osdorfer Straße)

Der Hügel von Lichterfelde, der sich 12,2 Meter über die Umgebung erhebt, war ursprünglich ein einfacher Kegel – eine Aufschüttung, die im Jahr 1894 von zwei umtriebigen Lichterfelder Brüdern auf dem Areal einer Ziegelei in Auftrag gegeben worden war: von Gustav und Otto Lilienthal.

Die beiden begeisterten sich seit Kindertagen für die Idee, einen Flugapparat zu bauen, mit dem sich der Mensch wie ein Vogel in die Luft erheben konnte. Gustav Lilienthal (1849–1933) studierte Architektur an der Berliner Bauakademie, Otto (1848–1896) – der genialere Kopf und Erfinder – Maschinenbau an der Gewerbeakademie (die ab 1884 im Polytechnikum Charlottenburg zusammengelegt wurde).

Dank des Erfolgs einer von ihm erfundenen Wanddampfmaschine verfügte Otto Lilienthal über die erforderlichen Mittel, um 1889 in Berlin das bahnbrechende spätere Standardwerk *Der Vogelflug als Grundlage der Fliegekunst* zu veröffentlichen. Er erkannte als Erster die Vorteile von gewölbten Flügeln und entwickelte zur damaligen Zeit einen Flugapparat, der bereits die grundlegenden Kriterien eines Flugzeugs erfüllte. Dieser „Normalsegelapparat", ein Gleitflugzeug aus Weidenruten und Baumwollbespannung, wurde zunächst 1891 in Derwitz, dann in den Rauhen Bergen getestet. 1894 entstand schließlich der Lichterfelder „Fliegeberg". Ein frühes Foto zeigt Otto dort mit seinem Segelapparat, der später als erstes serienmäßig hergestelltes Flugzeug an knapp ein Dutzend Kunden verkauft wurde.

Insgesamt baute Otto Lilienthal mindestens 21 Flugapparate und flog vermutlich deutlich mehr als 2000-mal. Am Fliegeberg brachte er es auf Strecken von bis zu 80 Metern. 1896 starb er nach einem Absturz in den Rhinower Bergen, wo er Flugweiten von 250 Meter erzielt hatte.

Nach Otto Lilienthals Tod drohte dem Fliegeberg in Lichterfelde das gleiche Schicksal wie seinem Haus in der Boothstraße 17 – fast wäre er eingeebnet worden. Als jedoch 1897 die Ziegelei ihre Produktion einstellte, wurde aus dem Areal ein Park. Der Fliegeberg erhielt eine Steintreppe, an der Spitze entstand ein Aussichtspavillon. Zu Ottos Todestagen veranstalteten Freunde, Flugpioniere und Flugvereine Gedenkfeiern. Der Aufschwung der Luftfahrt brachte Lilienthal von Jahr zu Jahr mehr Anerkennung und Ruhm: An der 1932 eröffneten Gedenkstätte (auf dem terrassierten Hügel) wird inzwischen jährlich das Fliegefest gefeiert.

Ein weiteres Lilienthal-Denkmal steht in der Bäkestraße.

DER PLATZ DES 4. JULI

(29)

Der vierte Außenring um die Welthauptstadt Germania

Platz des 4. Juli, 14167 Berlin
S25, 26 (Osdorfer Straße)

Unweit des Teltowkanals stößt man im Westen des Parkfriedhofs Lichterfelde auf eine asphaltierte Fläche gewaltigen Ausmaßes: 460 Meter ist sie lang und 40 Meter breit; das entspricht viereinhalb Fußballfeldern. Keine Wege und keine Barrieren unterteilen diesen Platz – er stellt das vermutlich größte Stück asphaltierten Bodens ohne eindeutige Zweckbindung in Berlin dar.

Hier trafen sich im Juli 1994 Bill Clinton, Helmut Kohl und Eberhard Diepgen, damals Regierender Bürgermeister von Berlin, um die US-Truppen zu verabschieden, die seit 1945 in der früheren Telefunken-Zentrale am Rand dieser Asphaltwüste stationiert waren. Auf diesem Platz hatten die amerikanischen Soldaten jedes Jahr am 4. Juli ihre Parade zum amerikanischen Nationalfeiertag abgehalten, der an ihre Unabhängigkeit von Großbritannien seit dem 4. Juli 1776 erinnert. Aus diesem Grund wurde er Ende 1976 in „Platz des 4. Juli" umbenannt.

Bis dahin hieß die Fläche, die heute zum Üben von Motorrad-Fahrschülern und Skatern sowie für Flohmärkte genutzt wird, „Vierter Ring". Der Name stammte von Hitlers Architekt Albert Speer, der hier ein Probestück des geplanten vierten Autobahnaußenrings um die rasant wachsende Reichshauptstadt, die zukünftige „Welthauptstadt Germania", bauen ließ (siehe S. 192). Da Hitler nämlich Plänen oder verkleinerten Modellen grundsätzlich skeptisch gegenüberstand, musste ein (Teil-) Modell in Originalgröße angefertigt werden.

Während eines Besuchs des noch im Bau befindlichen Telefunken-Stammwerks (1940 fertiggestellt, zu erkennen am Uhrenturm und am Figurenfries mit der Elektra), segnete Hitler also auch den Bau des äußeren Autobahnrings ab. Dazu kam es aber nicht mehr – der Zweite Weltkrieg begann bald darauf und war schnell verloren.

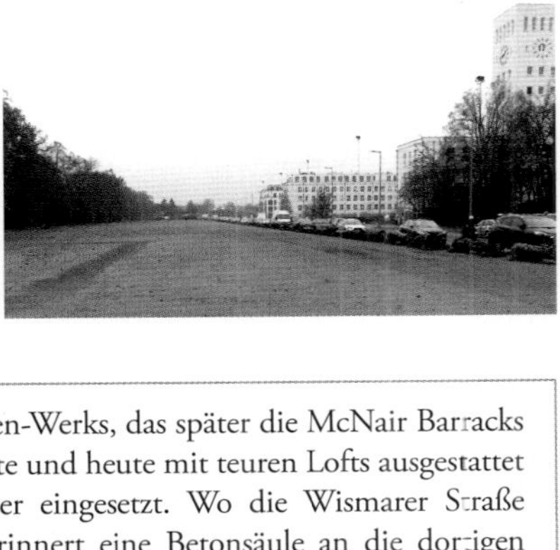

Für den Bau des Telefunken-Werks, das später die McNair Barracks der Amerikaner beherbergte und heute mit teuren Lofts ausgestattet ist, wurden Zwangsarbeiter eingesetzt. Wo die Wismarer Straße den Teltowkanal quert, erinnert eine Betonsäule an die dortigen Barracken und das Schicksal der Kriegsgefangenen.

„THE BRAIN", BERLIN

30

Eine spektakuläre Bibliothek

Philologische Bibliothek der FU Berlin
Habelschwerdter Allee 45, 14195 Berlin
Mo–Fr 9–22 Uhr, Sa/So 10–20 Uhr (feiertags geschlossen)
Sonderschließzeiten unter fu-berlin.de
U3 (Freie Universität/Thielplatz)

Von außen ähnelt die neue Philologische Bibliothek der Freien Universität Berlin einem gestrandeten Heißluftballon, der schon zwei Drittel seiner Füllung verloren hat. Der futuristische Bau wurde vom britischen Stararchiteken Sir Norman Foster entworfen und 2005 eröffnet. Das Gebäude ist von einer doppelwandigen Kuppel überspannt, deren äußere Schicht aus geschlossenen und transparenten Paneelen besteht. Den lichtdurchfluteten Innenraum teilte der Architekt in zwei symmetrische Hälften aus unregelmäßig geschwungenen offenen Etagen; dazwischen ließ er jede Menge Freiraum. Wer die Bibliothek durch den gelben, trichterförmigen Eingang betritt, fühlt sich angesichts der Architektur an zwei Gehirnhälften erinnert – daher rührt auch der Spitzname der Bibliothek, „The Brain".

Auf allen Etagen sind die Bücherregale zentral angeordnet, entlang der Brüstung reihen sich insgesamt 600 Arbeitsplätze, für die durch die Wellenform genug Platz entstand.

Im obersten Geschoss befindet sich eine Leselounge mit bequemen roten Polstersesseln des bedeutenden Designers Egon Eiermann; dort fühlt man sich beinahe, als säße man mit Captain Kirk, Mr. Spock und Captain Picard in der *USS Enterprise*. Für ausreichend Lesestoff ist auch gesorgt: Auf 6290 Quadratmetern finden 800 000 Bücher Platz. Die Besucher werden zu absoluter Ruhe verpflichtet: „No handy, no chips, no smalltalk!"

Die Kuppel der Bibliothek ist innen mit unbrennbarem Glasfasergewebe ausgekleidet, das das Tageslicht filtert. Über transparente oder (wenn es das Wetter erlaubt) geöffnete Paneelen der äußeren Gebäudehülle kann man auch den Himmel sehen. Das Material ist akustisch aktiv, dämpft also den Schall. Wenn es windig ist oder stürmt, knistert und knarrt der „Heißluftballon". Im Stahlbeton im Inneren der Bibliothek verläuft ein Netz aus Kunststoffrohren, die auf die Außentemperatur reagieren und eine energiesparende Belüftung bzw. Heizung ermöglichen: Je nach Bedarf wird durch die Rohre warmes oder kaltes Wasser geleitet.

DIE FRÜHERE EXKLAVE WÜSTE MARK

(31)

Ein Stück Westberlin im Herzen der DDR ...

Potsdamer Damm 11C, 14532 Stahnsdorf
S7 (Potsdam Hauptbahnhof), dann Bus 601 (Güterfelde, Friedenstraße)

Die Wüste Mark ist eine Lichtung, eine schöne große Grasfläche, umringt von märkischen Kiefern. Wüst ist sie auch, aber nur im Sinn von „unbestellt und menschenleer". Sie liegt mitten in der Parforceheide, einem großen Waldgebiet im Raum Potsdam-Babelsberg, und hat eine besondere Geschichte: Als einer der letzten Schauplätze für skurrile innerdeutsche Gebietsverhältnisse bildete sie nämlich bis 1988 eine Exklave Westberlins in der DDR.

Im *Potsdam Atlas* aus dem VEB Tourist Verlag von 1978 findet sich auf einer Übersichtskarte ein dunkles, im Kolorit der Staatsgrenze gehaltenes Rechteck in der Parforceheide. Daneben steht: „Zu WB (Westberlin)". Die Wüste Mark, 21,83 Hektar groß, stellte damals keinen Einzelfall dar. Es gab mehrere Flächen, die zwar von DDR-Land umgeben waren, de iure aber zu Westberliner Territorium gehörten. Im Gegensatz zu vielen anderen Exklaven war die Wüste Mark unbewohnt und nicht eingezäunt; lediglich Grenzgebietsschilder wiesen sie als BRD-Land aus.

1959 pachtete der Landwirt Hans Wendt aus Zehlendorf (BRD) die Brache vom Westberliner Senat und bewirtschaftete sie. Durch die Grenzschließung 1961 wurde dieser Tätigkeit zunächst ein Ende gesetzt, doch Wendt blieb hartnäckig und erhielt schließlich einen Sonderpassierschein. So fuhr er ab 1965 wieder mit seinem Traktor auf der Autobahn via Grenzübergang Dreilinden (siehe S. 432) Richtung

Potsdam, um „mitten im Feindesland" Ackerbau zu betreiben. Er durfte sogar auf DDR-Gebiet übernachten und bis zu fünf Erntehelfer beschäftigen. Vor allem Roggen baute er an, aber auch Kartoffeln wuchsen auf der nun gar nicht mehr wüsten Wüsten Mark.

1988 kam ein politisch hochbrisanter „Gebietstausch" zwischen der DDR und Westberlin zustande. Gegen harte Devisen und einige Wald-, Brach- und Ackerflächen auf DDR-Gelände – unter anderem die Wüste Mark – erhielt Berlin fehlende Puzzlestückchen im Stadtbild, etwa das Lenné-Dreieck am Potsdamer Platz, den Hottengrund und den Großen Kienhorst (siehe nächste Doppelseiten). All dies wurde am Verhandlungstisch entschieden, ohne dass Bauer Wendt davon wusste. Im Herbst zuvor hatte sein Sohn Christian noch den Winterroggen gesät und mit seinen Brüdern Geld investiert, um eine Fruchtfolge für zukünftigen Bio-Gemüseanbau zu etablieren. Wenige Tage, nachdem Wendt von der neuen Situation erfuhr, starb er bei einem Aufenthalt in Potsdam an einem Herzinfarkt. – Heute gehört die Wüste Mark zur Brandenburger Gemeinde Stahnsdorf.

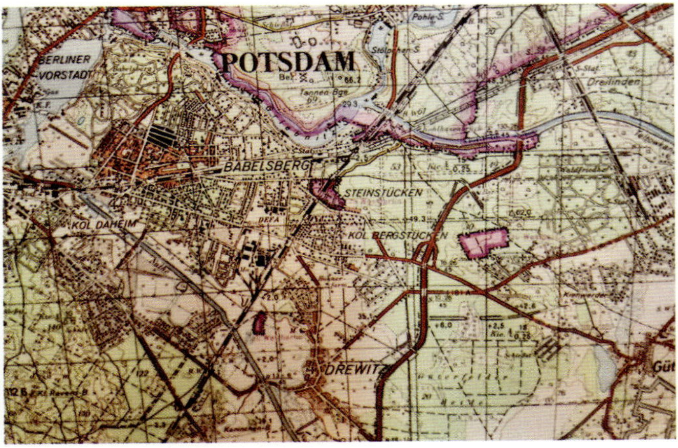

Exklaven und Enklaven

Bei einer Exklave handelt es sich um einen Teil des Hoheitsgebiets eines Landes (oder einer Region), der vom Rest des Gebietes des Landes (der Region) räumlich abgetrennt und ausschließlich über fremdes Gebiet zu erreichen ist.

Eine Enklave ist ein vom eigenen Gebiet vollständig eingeschlossener Teil eines fremden Gebietes (Region oder Land). Das Königreich Lesotho ist beispielsweise eine Enklave in Südafrika.

Die Geschichte der Berliner Exklaven

Das heutige Berlin ist das Ergebnis der Gründung von Groß-Berlin am 1. Oktober 1920. Damals wurden rund 100 Städte, Dörfer und Gemeinden, die das alte Berlin umgaben, zusammengefasst und eingemeindet. Dadurch entstanden ein Dutzend Berliner Exklaven im benachbarten Land Brandenburg. Nach dem Ende des Zweiten Weltkriegs und mit der Aufteilung Deutschlands in Besatzungszonen wurden die Westberliner Exklaven, die im amerikanischen und britischen Sektor lagen, zu Enklaven in der sowjetischen Besatzungszone und ab 1949 der Deutschen Demokratischen Republik (DDR). Angesichts der Existenz dieser Enklaven blieben politische Spannungen natürlich nicht aus, vor allem in Steinstücken (siehe S. 436), der einzigen bewohnten Enklave. Um die Bewegungsfreiheit zwischen Westberlin und seinen Exklaven zu erleichtern, wurden insgesamt drei Vereinbarungen getroffen:

– Am 21. Dezember 1971 wurde ein Abkommen unterzeichnet, mit dem sechs Enklaven durch Gebietsaustausch aufgelöst wurden: Der DDR wurden Gebiete am Böttcherberg, die Fichtenwiesen, die Große Kuhlake und die Nuthewiesen (insgesamt 15,6 Hektar) zugesprochen. Im Gegenzug dafür erhielt Westberlin einen 17,1 Hektar umfassenden Gebietsstreifen zwischen Steinstücken und Kohlhasenbrück, einen Korridor, über den Steinstücken ab diesem Zeitpunkt an Westberlin angeschlossen war. Für dieses 2,3 Hektar große zusätzliche Stück Land musste Westberlin eine Ausgleichszahlung in Höhe von 4 Millionen D-Mark an die DDR leisten.
– Am 21. Juli 1972 verkaufte die DDR für 31 Millionen D-Mark das 8,5 Hektar große Areal des ehemaligen Potsdamer Bahnhofs, das zuvor zum Bezirk Mitte gehört hatte.
– Am 31. März 1988 fand ein weiterer Austausch statt, unter anderem um die fünf letzten verbleibenden Enklaven aufzulösen: Die DDR erhielt die Falkenhagener Wiesen, Finkenkrug und die Wüste Mark sowie einen 50 Meter breiten Streifen am Eberswalder Güterbahnhof nördlich der Bernauer Straße (Wedding), Teil des heutigen Mauerparks (insgesamt 87,3 Hektar). Westberlin durfte im Gegenzug Erlengrund und die Fichtenwiesen eingemeinden und erhielt zudem 14 Flächen von insgesamt 96,7 Hektar entlang der inneren und äußeren Stadtgrenzen, darunter das Lenné-Dreieck am Potsdamer Platz. Als Werteausgleich zahlte der Senat 76 Millionen D-Mark an die DDR-Regierung. Die Stadtgebietsfläche von Westberlin vergrößerte sich durch den Austausch, insbesondere durch die Eingliederung der DDR-Enklave Tiefwerder in den Bezirk Spandau, um 9,4 Hektar.

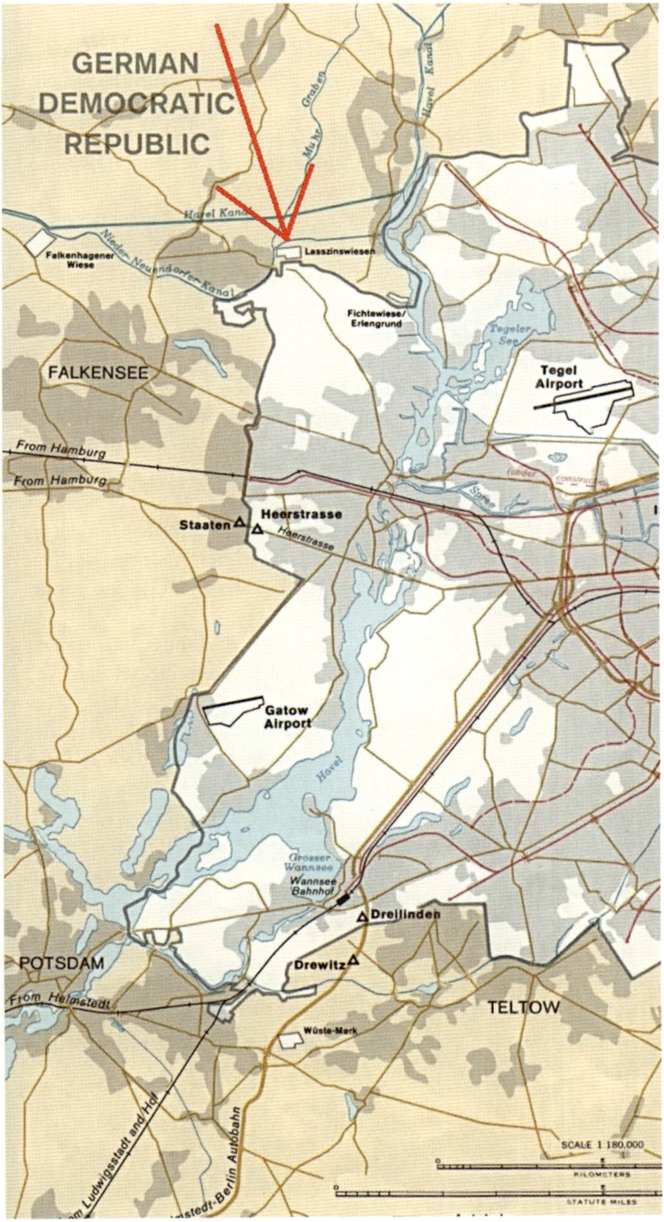
GERMAN
DEMOCRATIC
REPUBLIC
Havel Kanal
Muhr Graben
Havel Kanal
Nieder-Neuendorfer-Kanal
Falkenhagener Wiese
Lasszinswiesen
Fichtewiese/ Erlengrund
Tegeler See
FALKENSEE
Tegel Airport
From Hamburg
From Hamburg
Spree
Staaten
Heerstrasse
Heerstrasse
Gatow Airport
Havel
Grosser Wannsee
Wannsee Bahnhof
Dreilinden
POTSDAM
Drewitz
From Helmstedt
TELTOW
Wüste-Mark
From Ludwigsstadt and Hof
Helmstedt-Berlin Autobahn
SCALE 1:180,000
KILOMETERS
STATUTE MILES

Die zwölf Westberliner Exklaven in der DDR

– Böttcherberg (0,3 Hektar): drei separate, unbewohnte Gebietsstreifen von 20 bis 100 Metern Länge und einigen Metern Breite in unmittelbarer Nähe zur südwestlichen Berliner Stadtgrenze (nahe der Königstraße). Das Gebiet wurde 1971 der DDR überlassen und gehört seitdem zu Potsdam.

– Erlengrund (0,51 Hektar) und Fichtenwiesen (3,51 Hektar): zwei Parzellen nahe Berlin, nördlich des Spandauer Forsts an der Havel. Beide Ortslagen wurden von Westberliner Kleingartenvereinen unterhalten. Der Weg auf die Grundstücke führte begleitet von Ostberliner Grenzsoldaten durch eine Tür in der Berliner Mauer bis zu einem Kontrollposten. Der Zugang war ausschließlich Vereinsmitgliedern und nur zu bestimmten Uhrzeiten gestattet. Der durch DDR-Gebiet verlaufende Weg war beiderseits mit Gitterzäunen gesichert, um hier lebende Menschen an der Flucht zu hindern. Beide Enklaven wurden 1988 aufgelöst, als die DDR die umliegenden Gebiete an Westberlin abtrat.

– Falkenhagener Wiese (45,44 Hektar): die größte und abgelegenste Enklave (5 Kilometer zur Ostberliner Stadtgrenze). Das ungenutzte Landschaftsgebiet ging 1988 an die DDR und gehört seitdem zur Stadt Falkensee.

– Finkenkrug (3,45 Hektar): ungenutztes Gelände 5 Kilometer westlich von Berlin. 1971 der DDR überlassen und seitdem Teil von Falkensee.

– Große Kuhlake (8,03 Hektar): ungenutztes Gelände nahe der Berliner Grenze. 1971 der DDR überlassen und seitdem Teil von Falkensee.

– Laszinswiesen (13,49 Hektar): ungenutztes Gelände direkt an der nördlichen Berliner Stadtgrenze. 1988 der DDR überlassen und seitdem Teil von Schönwalde.

– Nuthewiesen (3,64 Hektar): unbewohntes Feuchtbiotop im Südosten von Potsdam. 1971 der DDR überlassen und seitdem Teil von Potsdam.

– Steinstücken (12,67 Hektar): einzige bewohnte Westberliner Exklave in der DDR (siehe S. 436).

– Wüste Mark (21,83 Hektar): 1988 der DDR überlassen und seitdem Teil von Stahnsdorf (siehe S. 426).

Schwanenwerder
Sakrower Landstr.
Kladow
Pfauen-
insel
Stadt
forst
Großer
Wannsee
Pfaueninselchaussee
Düppel
Glienicker
Brücke
Königstraße
Kleiner
Wannsee
Stadtforst
Stölpchen-
See
Pohle-See
Düppel
Griebnitz-
See
Steinstücken
(Zehlendorf)
Wüste Mark
(Zehlendorf)
Nuthewiese
(Zehlendorf)
Autobahnen
Helmstedt-Hannover,
Hof-München
Neub
le Miles

DER ALTE KONTROLLPUNKT DREILINDEN

(32)

Reste eines unglücklichen Trassenverlaufs

Kanalauenweg, Albrechts Teerofen, 14109 Berlin
Bus 628 (Kleinmachnow, Lindenbahn) / S7 (Berlin-Wannsee), dann Bus 620 (Kleinmachnow, Heinrich-Hertz-Straße)

Auf den ersten Blick wirkt die Brücke über den Teltowkanal ganz unauffällig. Wer sich ihr jedoch von Süden her nähert, bemerkt rasch, dass es sich hier um ein stillgelegtes Bauwerk der besonderen Art

handelt. Durch die spröde gewordene Asphaltdecke wachsen teils schon mittelgroße Bäume, gleichzeitig sind weiße Markierungen zu erkennen, die Fahrspuren für verschiedene Fahrzeugklassen kennzeichnen: „BUS", „PKW" und „LKW". Tatsächlich verlief durch diese Waldeinsamkeit – die auch der hier ansässige Sportverein 1. Berliner Bogenschützen e.V zu schätzen weiß – einst eine Autobahn.

Nach dem Zweiten Weltkrieg überspannte die Autobahnbrücke nicht mehr nur den Kanal, sondern auch die neue Grenze zwischen Ost und West. Der Südteil der Brücke befand sich nämlich jetzt auf einem Streifen Westberlin, der an dieser Stelle in DDR-Territorium hineinragte: in der Ortslage Albrechts Teerofen, die zum Ortsteil Wannsee gehörte.

Transitreisende nach Westberlin mussten zuerst in Ostberlin die DDR-GÜSt (Grenzübergangsstelle) Drewitz passieren. Um die Fahrzeuge auf Westberliner Seite zu kontrollieren, wurde auf der Brücke, auf Höhe des südlichen Kanalufers, der erste Vorposten der Westalliierten sowie der Westberliner Polizei- und Zollbehörden errichtet. Neben der Baracke für die Grenzkontrolle reckten sich Fahnenmasten in die Höhe: Auf einer Seite wehten die Flaggen der Amerikaner, Briten und Franzosen, auf der anderen die Flaggen der BRD und Westberlins. Die verwaisten Masten der Alliierten sowie ein Raststättengebäude stehen noch immer.

Nördlich des Brückenkontrollpunkts Dreilinden ging die Fahrt drei Kilometer über DDR-Gebiet weiter, bis man vor dem Zehlendorfer Kreuz zum zweiten Mal die Grenze nach Westberlin passierte. Erst 1969 veränderte die DDR den Trassenverlauf so, dass der Ausläufer des Westens umfahren wurde und die Grenzkontrollen direkt vor dem Kreuz Zehlendorf erfolgte; die frühere Bezeichnung wurde beibehalten, der Kontrollpunkt hieß „Checkpoint Bravo Dreilinden/ Drewitz". Heute unterhält der Verein Checkpoint Bravo e.V. im Wachturm der ehemaligen DDR-GÜSt in der Gemeinde Stahnsdorf eine Gedenkstätte.

Etwas weiter nördlich des früheren Kontrollpunkts Dreilinden, nur wenige Gehminuten entfernt, kann man von der Brücke aus (siehe Markierung) den früheren Verlauf der Autobahn deutlich erkennen.

DIE INSCHRIFT UNTER DER BRÜCKE AN DER MACHNOWER STRAßE

(33)

Ein Relikt der Stammbahn, der ersten Eisenbahnlinie Berlins

Machnower Straße, 14109 Berlin
S7 (Griebnitzsee)

Eisenbahnbrücken, auf denen Sträucher wachsen, kommen in Berlin häufiger vor; die Brücke an der Machnower Straße ist jedoch ist etwas Besonderes: Es handelt sich nämlich um die älteste Brücke der ersten Berliner Eisenbahnlinie, der „Stammbahn". Seit 1945 hat sie kein Zug mehr überquert. Heute ist es schwierig, sie genauer zu erkunden, denn dieses stillgelegte Teilstück der Strecke, die damals Berlin mit Potsdam verband, ist von Grün überwuchert.

Das sonst so steife Preußen war vergleichsweise schnell dabei, als die ersten Eisenbahnstrecken gebaut wurden: Die Stammbahn entstand bereits zwischen 1836 und 1838. Der Bahnhof in Potsdam wurde damals – entsprechend dem Ziel der Strecke – „Berliner Bahnhof" getauft und der in Berlin „Potsdamer Bahnhof"; er befand sich am heutigen Potsdamer Platz. Nach der Eröffnung der zunächst eingleisigen Strecke am 21. September 1838 las man in der Vossischen Zeitung über das denkwürdige Ereignis: Die Fahrt „begann in langsamem Tempo, wuchs aber mit jeder Sekunde, bis sie jene rapide Schnelligkeit erreicht hatte, wodurch die Eisenbahnen ihren so glänzenden Sieg über alle sonstigen Mittel des Fortkommens erfechten".

Das schönste erhaltene Baudenkmal der Strecke ist, kurz vor der Potsdamer Stadtgrenze, die Brücke an der Machnower Straße. Ein gerahmter Reliefstein im Brückendurchgang zeigt die Zahl 1838, und die Inschrift in Fraktur besagt: „Dieser Jahresstein entstammt dem gewölbten Bauwerk für die erste preußische Eisenbahnlinie, das i[m]. J[ahr]. 1926 umgebaut wurde."

Was ist aus der Stammbahn geworden?

Die Strecke zwischen Gleisdreieck und Steglitz ist inzwischen stillgelegt, doch die Gleise existieren noch, ebenso wie die zwischen Zehlendorf und Kleinmachnow. Nur zwei Abschnitte sind weiterhin in Betrieb: in Berlin der, der die S-Bahn-Stationen Steglitz und Zehlendorf verbindet, sowie in Potsdam der Abschnitt zwischen Griebnitzsee und dem dortigen Hauptbahnhof.

DER HUBSCHRAUBERLANDEPLATZ ㉞ IN STEINSTÜCKEN

Steinstücken, eine Westberliner Exklave mit eigener Mauer

Am Landeplatz, 14109 Berlin
U7 (Griebnitzsee, Potsdam), dann Bus 694 (Rote-Kreuz-Straße, Potsdam)

Man kann sich kaum ein seltsameres Denkmal ausdenken: Rotorblätter von amerikanischen Armeehubschraubern der 1960er-Jahre, aufgerichtet wie geschulterte Gewehre – und das am Rand eines Kinderspielplatzes. Auf dem Spielplatz selbst steht auch noch ein stilisierter Hubschrauber, aus farbigen Stangen zusammengeschweißt, der als Kletter- und Spielgerüst für die Kinder dient, so als habe es hier mit Hubschraubern eine besondere Bewandnis.

Tatsächlich landeten an diesem Ort von 1961 bis 1972 täglich amerikanische Armeehubschrauber, um die Westberliner Exklave Steinstücken innerhalb der DDR (siehe S. 428) mit lebensnotwendigen Gütern zu versorgen. Das winzige Steinstücken hatte damals 300 Einwohner, und obwohl es mitten in Potsdam-Neubabelsberg lag, gehörte es zum Berliner Ortsteil Wannsee (Bezirk Steglitz-Zehlendorf). Seine Exklavenlage hatte sich bereits 1920 bei der Bildung Groß-Berlins ergeben, war aber zunächst für die Bewohner unbedeutend; sie fühlten sich Babelsberg zugehörig.

Erst nach dem Zweiten Weltkrieg nahm die Situation mit der Besatzung durch die Sowjetunion und die Westalliierten ab 1945 eine Wendung und verschärfte sich noch durch die offizielle Gründung der beiden deutschen Staaten im Jahr 1949.

Im Oktober 1951 scheiterte ein Versuch der DDR, Steinstücken zu annektieren – nach vier Tagen Besetzung intervenierten die Amerikaner. 1952 zäunte die DDR das Gebiet ein, um den einzigen Weg nach Wannsee überwachen zu können, der den inzwischen nur noch 200 Einwohnern blieb. Besucher und Zulieferer, die hierherwollten, mussten einen Zweitwohnsitz in Steinstücken nachweisen. Nach dem Mauerbau 1961 blieben drei US-Soldaten in Steinstücken stationiert. Ab jetzt erleichterten Hubschrauber die Lebensmittelversorgung; Strom und Wasser jedoch kamen aus der DDR.

Nach einem Gebietsaustausch infolge des Viermächteabkommens von 1971 wurde die Exklave mittels eines 900 Meter langen und 100 Meter breiten Korridors mit Wannsee verbunden. Die DDR versetzte die Mauern, sodass eine breite, zweispurige Stichstraße gebaut und am 30. August 1972 feierlich durch den Berliner Regierenden Bürgermeister Klaus Schütz eröffnet werden konnte. Auch die Anbindung an das Westberliner Nahverkehrsnetz (Bus 118) war nun hergestellt. Die Versorgung mit Energie und Wasser wurde auf Belieferung aus Westberlin umgestellt. Die Hubschrauber kamen nicht mehr und den Kindern fehlte die tägliche Attraktion. Die Eltern dagegen freuten sich über die steigenden Grundstückspreise und die Möglichkeit, endlich die Autos auf die Höfe holen zu können. Nur einige trauerten angesichts der wachsenden Zahl neugieriger Touristen, die aus Berlin kamen, ihrem heroisch-skurrilen Inseldasein hinterher – denn das war nun endgültig vorbei.

DIE LOGGIA ALEXANDRA

35

Ein außergewöhnlicher Ort für die geliebte Schwester

Königstraße, 14109 Berlin
S1, 7 (Berlin-Wannsee), dann Bus 316 (Schloss Glienicke)

Geht man von der Bushaltestelle an der Königstraße ein Stück in Richtung Wannsee zurück, kommt man rechts hinter dem Friedhof von Klein-Glienicke (einem Stadtteil Potsdams) in dichten Laubwald. Hier folgt der Weg ein kurzes Stück der Stadtgrenze zwischen Berlin und Potsdam und führt dann in sanftem Bogen nach Südwesten leicht bergauf. An der ersten Gabelung wendet man sich nach links, biegt etwa 150 Meter weiter rechts ab und erreicht wenige Minuten später die erstaunliche Loggia Alexandra, die selbst bei Berlinern fast unbekannt ist.

Das einst offene Belvedere auf dem Böttcherberg ließ Prinz Carl von Preußen 1870 erbauen und von seinem Hofbildhauer Alexander Gilli im Stil der florentinischen Frührenaissance ausmalen. Der Prinz trauerte hier um seine geliebte Schwester Charlotte von Preußen (1798–1860), die 1817 den russischen Großfürsten Nikolaus geheiratet hatte und als Alexandra Fjodorowna 1826 Zarin von Russland geworden war. Nach ihrem Tod hatte Carl zunächst eine steinerne Bank errichten lassen. Doch sie genügte ihm auf die Dauer nicht, um seinen Schmerz über den Verlust der seelenverwandten Schwester zu verarbeiten.

Vom Belvedere aus konnte der Prinz damals in der einen Richtung Potsdam sehen und in der anderen die Station drei des optischen Telegrafen auf dem Schäferberg. Wenn er sich in der Loggia seinen Erinnerungen an gemeinsame Romanlektüren mit der Schwester hingab, war er von tanzenden Feengestalten umringt, die als Fresken die Wände schmückten.

Nach Schäden durch Vandalismus im Kalten Krieg wurde das Belvedere um das Jahr 2000 aufwendig restauriert. Jetzt beschützt Sicherheitsglas die Wandgemälde und Mosaike im Inneren.

Auf der Bank vor der Loggia genießt man einen fabelhaften Blick hinunter auf die künstliche Schweiz des Prinzen Carl von Preußen (siehe S. 440).

EINE KÜNSTLICHE SCHWEIZ

(36)

Ein Hauch von Hochgebirge

Königstraße, 14109 Berlin
S1, 7 (Berlin-Wannsee), dann Bus 316 (Schloss Glienicke)

Berlin ist arm an Bergen. Ein paar Hügel, ein paar Kuppen, sonst ist da nichts. Umso spannender wirkt ein Bereich am Stadtrand, der den Namen „Schweiz" trägt – erst recht, wenn es dort wirklich steil ist.

Der Böttcherberg (66 Meter hoch), auf dem sich auch die Loggia Alexandra (siehe S. 438) befindet, entstand im Gegensatz zu vielen anderen Berliner Hügeln nicht nach dem Zweiten Weltkrieg als Trümmerberg. Er ist eine natürliche Erhebung aus der Eiszeit; deshalb liegen dort auch viele Findlinge zwischen uralten Eichen.

Ab 1841 ließ Prinz Carl von Preußen diese an sich schon wilde Gegend, durch die die Grenze zu Potsdam verläuft, in einen künstlichen Alpensteingarten verwandeln – eine „Schweiz", wie man das seinerzeit nannte. Es begann mit einem schiffbaren Minikanal im Tal (dem Bäkekanal), an dessen bergseitigem Ufer sogenannte Schweizerhäuser entstanden, von denen einzelne noch erhalten sind und heute unter Denkmalschutz stehen.

Ein kleiner Bergfriedhof und eine Kapelle (beide existieren noch) säumten den Fahrweg zum Schloss Klein-Glienicke, der zunächst bis zu einer von Bäumen befreiten Almwiese anstieg. Hier konnte den Wanderern und Spaziergängern vor dem eigentlichen „Aufstieg" in der Restauration Milch oder Bier und eine Brotzeit gereicht werden.

Ein Graben, der noch aus Zeiten der Tongewinnung stammte, bot an dieser Stelle ideale Ausbaumöglichkeiten für eine alpine Schweiz. Zum Gipfel des Böttcherbergs führte ein schmaler Saumpfad, dessen Anfang mit aufgemauerten Felszacken sowie einem bepflanzten Steingarten akzentuiert wurde.

Auch ein Weinberg mit steilen Felsstufen verstärkte den Eindruck, am Fuß eines Gebirges zu stehen. Diese theatralische Landschaftsgestaltung mit reichlich Betonmörtel, Ziegeln und Rüdersdorfer Kalkstein war in Preußen damals einzigartig.

Die gemauerten Felsenstümpfe sind noch da, ebenso die hohen Weinbergsmauern.

DIE ATLANTEN IM GLIENICKER PARK

37

Ein vergessenes steinernes Geschenk

Königstraße 36, 14109 Berlin
S1, 7 (Berlin-Wannsee), dann Bus 316 (Schloss Glienicke)

Die Steinbrocken im Glienicker Park fallen von Weitem nicht besonders auf. Wer sich aber unter den Bäumen genauer umsieht, der wird in der Nähe der Remise, nur wenige Schritte von der Orangerie entfernt, am Boden Erstaunliches entdecken: auf dem Rücken liegende Skulpturen von Männern, halb überwachsen mit Gras. Eigentlich sind es nur halbe Männer – sie enden unter dem Bauchnabel. Mit ihren starken Armen scheinen sie sogar noch im Liegen etwas über ihrem Kopf abzustützen.

Diese Steinskulpturen erhielt der Hausherr und Gestalter von Schloss und Park Glienicke, Prinz Carl von Preußen (1801–1883), im Jahr 1863 als Geschenk aus Berlin. Seine Sammelleidenschaft war bekannt – man wusste, dass er sich halbe Abrissklöster per Schiff aus Italien ins Schloss Glienicke an der Havel schicken ließ. Er sammelte alles, solange es nur halbwegs antik war: Teile von Reliefs, Bodenmosaiken, Wandverzierungen, Kapitelle, Fragmente von Statuen, Splitter von Balustraden, aus dem einstigen Kontext gerissen durch Krieg, langsamen Verfall, Vulkanausbrüche oder profanen Raub. Der Fußboden des Teepavillons „Kleine Neugierde" im Park von Glienicke etwa ist mit echten antiken Mosaiken aus Karthago geschmückt.

Die vier Sandsteinatlanten ohne Beine kamen „nur" aus dem Palais am Festungsgraben bzw. Palais Donner, das Friedrich II. Mitte des 18. Jahrhunderts für den Kammerdiener seiner verschmähten Gattin, der Königin Elisabeth von Preußen, hatte erbauen lassen. Die Figuren waren nach Entwürfen des Bildhauers und Porzellanmodellierers Ernst Heinrich Reichard (gestorben 1764), der die Königlich Preußische Porzellanmanufaktur (KPM) mit seiner Kunst zur Blüte brachte, aus schlesischem Sandstein gehauen worden.

Johann Gottfried Donner ließ ab den 1760er-Jahren sein Palais in klassizistischem Stil umbauen, um es schließlich an die königliche Finanzbehörde zu verkaufen. In diesem Kontext mussten die barocken Atlasfiguren wohl weichen.

100 Jahre später erwarb Prinz Carl das Jagdschloss Glienicke. Er ließ es als Wohnhaus für seinen Sohn durch Ferdinand von Arnim im frühbarocken Stil umgestalten und dabei die geschenkten Atlanten integrieren; mindestens zwei von ihnen „trugen" den Balkon an der Hoffassade. Als das Jagdschloss Ende des 19. Jahrhunderts, nach Carls Tod, erneut verändert wurde, wurden die Atlanten offenbar überflüssig. Seitdem liegen sie hier im Laub und warten einen angemesseneren Platz.

DIE TUILERIEN-SÄULE AUF DER INSEL SCHWANENWERDER

38

Glimpflich davongekommen

Gegenüber Inselstraße 5, 14129 Berlin
S1, 3, 7 (Nikolassee)

Kaum hat man, nach 15 Minuten Fußweg vom Strandbad Wannsee aus, die schmale Brücke auf die Insel Schwanenwerder hinter sich gebracht, die zu Nazizeiten aufgrund namhafter Bewohner wie Joseph Goebbels, Albert Speer, Reichsfrauenführerin Gertrud Scholtz-Klink

und Hitlers Leibarzt Theo Morell auch „Bonzenwerder“ genannt wurde, sieht man rechterhand an der Inselstraße eine hohe schlanke Säule aufragen; ihr korinthisches Kapitell ist als Fragment erhalten.

Wie aus der Tafel unterhalb der Säule hervorgeht, handelt es sich hierbei um ein kleines Teilstück der Originalfassade des 1871 während des Aufstands der Pariser Kommune zerstörten Pariser Tuilerienpalasts.

Der Kreuzberger Petroleumlampenfabrikant und gründerzeitliche Paradespekulant Friedrich Wilhelm Wessel hatte die von Rittergutsbesitzer Hugo von Platen erworbene Insel in Parzellen aufgeteilt. Um diese besser verkaufen zu können, legte er einen Landschaftspark mit damals sehr beliebten romantischen Orten an – dazu gehörte auch der Aussichtspunkt an der Tuilerien-Säule. Seit 1901 durfte die Insel auf kaiserlichen Erlass hin zudem so heißen, wie Wessel es sich gewünscht hatte: Schwanenwerder.

Die Inschrift über der Sitzbank auf der havelseitigen Rückfront der Ruinenstaffage gemahnte an die Vergänglichkeit allen Glücks: *„Dieser Stein vom Seinestrande / hergepflanzt in deutsche Lande, / Ruft Dir, Wandrer, mahnend zu: / Glueck, wie wandelbar bist du!“* Dieser Mahnspruch sollte sowohl für Wessel als auch für all die anderen Bewohner der Insel orakelhafte Bedeutung erlangen. Nach dem Krieg und dem Verschwinden der Nazis entkam die Säule der Zerlegung und dem Rücktransport nach Paris nur knapp: Die Franzosen vermuteten in dem letzten erhaltenen Rest der Tuilerien eine perfide Kriegsbeute der Deutschen – in diesem Fall Diebesgut der Preußen von 1871.

Unter Aufbietung aller Kräfte konnte jedoch gegenüber den aufgebrachten französischen Siegern erfolgreich geltend gemacht werden, dass Wessel die Kalksteinfragmente der Säule und die anderen Originalfassadenteile der Tuilerien legal gekauft hatte, als diese 1882 in Paris als dekorative Bauelemente an jedermann veräußert worden waren.

Alsenviertel 265
Alte Zisterne auf dem jüdischen Friedhof 280
Alter Kontrollpunkt Dreilinden 432
Älteste Eisenbrücke Berlins 113
Ältester Überrest der Berliner Mauer 329
Antijüdische Gesetze, Beispiele 187
Arm der Atlasfigur am Staatsratsgebäude 82
Asphaltflecken im Kopfsteinpflaster 140
Atlanten im Glienicker Park 442
Ausstellung über die Familie Mendelssohn 123
Außergewöhnliche Fähigkeiten der Brieftaube 379
„Autobahnhaus“ 400
Backstein als Antwort auf Sumpfböden 335
Bedeutung der orthodoxen Ikonostase 399
Beringerturm 386
Berlin, Hauptstadt der Brücken 113
Berliner Kammergericht 176
Berlins Biberhochburg 374
Besuch der Malzfabrik 204
Besuch einer öffentlichen Gerichtsverhandlung 257
Besuch im UT2 272
Blanke Helle 206
Blindenmuseum 410
Blindenschrift: Was wurde vor Braille benutzt? 411
Boeing 707-400 D-ABOC „Berlin“ 370
Bordsteine Germanias 266
Brieftaubendenkmal 378
Buchstabenmuseum 250
Buchstabenportal der Berliner Stadtbibliothek 77
Bullengraben-Bulle 380
Christi-Auferstehungs-Kathedrale 398
Daimon-Museum 340
DDR-Spielzeugmuseum 278
Deckengemälde von Alvar Aalto 248
Delfinreliefs an der Ufermauer 50
Delfinskulptur 52
Denkmal Rosenstraße 56
„Drachenhaus“ in Friedenau 212
Drei Weltkugeln an der Heerstraße 224
Düne Wedding 240
Durchschussloch im Brückenpfeiler 230
Ehemalige Tankstelle 119
Einfluss der Akzisemauer auf die Lage der Bahnhöfe 109
Eingangshalle des Moabiter Gerichtsgebäudes 254
Eisacktunnel 216
Energie-Museum 414
„Entstuckung“ der Berliner Fassaden 143
Erdemuseum 165
Exklaven und Enklaven 427
Expressionismus 127
Fassade des alten Hofbeamtenhauses Wilhelm II. 48
Fassade des Engelbecken-Hofs 138
Fassade des Gebäudes in der Pariser Straße 61 234
Fassade des Künstlerhauses Bethanien 144
Fassade des Pelikan-Hauses 137
Fassaden eines Parkhauses 180
Fassade in der Thomasiusstraße 5 252
Faust am Grabdenkmal der Grenadiere 160
Fenster der Zwölf-Apostel-Kirche 172
Fenster des Invalidenhauses 20
Fischer aus der Winsstraße 294
Fischerkietz-Mahnmal 74
Flächendenkmal *Orte des Erinnerns* 186
Flachrelief am Alfandary-Haus 94
Flachrelief eines Brunnenhauses 242
Flachrelief über der Tür des Ermelerhauses 72
Fliegeberg 420
„Flugblätter“ in der Schweizerischen Botschaft 264
Freitreppe des ULAP-Geländes 262
Fricksches Haus 350
Friedhof Grunewald Forst 390
Froschkönig im U-Bahnhof Prinzenstraße 134
Frühere Exklave Wüste Mark 426
Früherer Verwaltungssitz der Pintsch AG 310
Fundamentmarkierung der Alten Synagoge 58
Galerie für sanitäre Archäologie 228
Garten der Diaspora 102
Garten der Sternenkinder 183
Gaslaternen-Freilichtmuseum 270
Gebäude in der Kaiser-Friedrich-Straße 17 229
Gedenkstätte Günter Litfin 14
Gedenktafel an John Rabes letztem Wohnsitz 372
Gedenktafel für einen Androiden mit emotionaler Intelligenz 117
Gehweg in der Auguststraße 69 32

Gemüsegarten des *Café Botanico* 166
Geologische Wand 326
Geschäftshaus der Gebrüder Tietz 68
Geschichte der anatomischen Theater 26
Geschichte der Berliner Exklaven 428
Geschichtspark Zellengefängnis Moabit 258
Glasfenster der Kirche am Hohenzollernplatz 236
Goldene Magnolie in der Pariser Straße 4 235
Görings Säulen 306
Görlitzer Park: Überreste des Pamukkale-Brunnens 151
Grab Leopold Ferdinands aus dem Hause Habsburg-Lothringen 120
Grab von Erwin Reibedanz 126
Grab von Heinrich Sachs 218
Grabmal Alexanders von der Mark: War es Brudermord? 55
Grabstätte Biedermann 128
Grabstätte der Familie Mühlenhaupt 122
Grabstätte der Familie Pintsch 291
Grabstätte der Familie Riedel 290
Grabstätte der Familien Lewinsohn und Netter 300
Granitschale im Lustgarten: Weltwunder mit Patina 54
Größtes Gerichtsgebäude Europas 257
Gruft unter der Parochialkirche 66
Gründerzeitmuseum 354
Grünfläche am Hamburger Bahnhof 260
Handschlag über Torbögen 36
Hartungsche Säulen 318
Haus Lemke 338
Hauseingänge der Ceciliengärten 214
Haustür der Eisenacher Straße 68 188
Herkunft des Namens „Columbiadamm" 131
Historische dekor der Tadshikische Teestube 33
Historische Theodor-Fontane-Apotheke 146
Historischer preußischer Meilenstein 86
Hitlers und Speers „Welthauptstadt Germania" 192
Holländer-Quartier von Weißensee 334
Hommage an die Groß-Lichterfelder Straßenbahn 416
Honis Ausguck? 40
Hubschrauberlandeplatz in Steinstücken 436
Inschrift unter der Brücke an der Machnower Straße 434
Internationaler Militärgerichtshof für die Nürnberger Prozesse 177
Kaiser-Wilhelm-Nationaldenkmal: Überreste 85
Kaninchen-Silhouetten auf der Chausseestraße 16
„Kirchliches Friedhofslager" 158
Konzentrationslager in Berlin, weitere 202
Kopie einer Skulptur von Georg Ko be in Barcelona 215
Korinthisches Kapitell im Brix-Genzmer-Park 364
Kreuzbergdenkmal: Weltneuheit 117
Kreuzkirche 406
Kunstinstallationen am Obersteiner Weg 332
Kunstinstallationen in der Reichenberger Straße 152
Künstleratelier in einem Turm 215
Künstliche Schweiz 440
Lankwitzer Ratswaage 418
Lapidarium auf dem Kreuzberg 116
Die Abmessungen im Corbusierhaus 396
Lichtinstallation von James Turrell 22
Litfaßsäule in der Münzstraße 42
Loggia Alexandra 438
Luftschutzkeller unter dem Anti-Kriegs-Museum 244
Luna-Bunker 328
Mahnmal der „Erschießungsstätte V" der Wehrmacht 392
Mahnmal für das KZ Columbia-Haus 130
Mahnmal für die deportierten Juden 246
Maler am Motorwerk 336
Marmorplatten im U-Bahnhof Mohrenstraße 97
Martin-Luther-Gedächtniskirche 208
Marzahner Bockwindmühle 348
Mausoleum der Familie von Oppenfeld 124
Meilensteine in Berlin, weitere 88
Michaelsen-Palais 90
Moabiter Gerichtsgebäude: Seiner Zeit voraus 257
Modulor-Wohnmaße 397
Monumentales Kuppelkreuz des Berliner Doms 18
Mosaik einer Kuh 178
Moschee der Lahore-Ahmadiyya-Bewegung 402
Museum der Freimaurerei 235
Museum der Stille 30
Museum der Unerhörten Dinge 189

Museum Kesselhaus Herzberge 342
Museumswohnung WBS 70 352
Mäusebunker 412
Möbel des Hauses Lemke 339
Natur-Park Südgelände 210
Olympia-Stellwerk 394
Oper *Der Freischütz* 163
Palastkartenausgabe 80
Pankower Putten 330
Personifikation der Spree 84
Pintsch, Julius Carl Friedrich: Industrieller und Erfinder 313
Platz des 4. Juli 422
Plötzenseer Totentanz von Alfred Hrdlicka 222
Polizeihistorische Sammlung 198
Reichsforschungssiedlung Haselhorst 376
Reliefs an der Fassade der Adalbertstraße 79 142
Relikt der Berliner Akzisemauer 108
Relikt der Verbindungsbahn, weiteres 107
Renaissance-Fassade 92
Reste der Berliner Mauer auf dem Domfriedhof I 19
Reste der ersten Stadtmauer 64
Revolutionsdenkmal 344
Rieselfelder Karolinenhöhe 384
Ring an der Potsdamer Brücke 268
Ritterhof 136
„Rote Kapelle": Widerstand gegen die Nazis 45
Roter Briefkasten 404
Runder Garten auf dem Georgen-Parochial-Friedhof II 304
Russischer Friedhof Tegel 368
SA-Gefängnis Papestraße 200
Sanierung der Yorckbrücken 112
Schiefer Turm der Stralauer Dorfkirche 314
Schienenreste an der Stresemannstraße 106
Schildhorndenkmal 388
Schloss Hartenfels im sächsischen Torgau als Inspiration für die Villa Parey 269
Schlossbrücke: Unglück bei der Eröffnung 53
Schmetterlingssammlung im *Schmetterlingshorst* 360
Schöneberger Amtsgericht 184
Schöner Fahrstuhl im Jugendstil 139
Schrotkugelturm 316
Schweizerische Botschaft 265
Schwerbelastungskörper 190
Silent-Rixdorf-Garten 167
Skulptur *Handwerker mit Sohn* 308
Skulptur *Stehfisch* 135
Skulpturengruppe *Motorradfahrer* 226
Skurrile Binninger-Uhr 232
Sockel für Karl Liebknecht 96
Spiegelverkehrte Inschrift am Senefelder-Denkmal 276
Sri Mayurapathy Murugan Tempel 168
Stammbahn: Was ist aus ihr geworden? 435
Stein im Monbijoupark 34
Steine am Alfred-Scholz-Platz 164
Steinernes Sühnekreuz 38
Straßenverlauf der Yorckstraße 114
Symbole der Freimaurer am Kachelhaus 174
Symbolik der drei Querbalken des byzantinischen Kreuzes 369
Symbolik jüdischer Grabsteine 282
„The Brain", Berlin 424
Tieranatomisches Theater 24
Treppenhalle des Gerichtsgebäudes Littenstraße 60
Tower des Flugplatzes Staaken 382
Trudelturm 356
Tuilerien-Säule auf der Insel Schwanenwerder 444
„U-Bahn-Haus" 110
U-Bahn-Netze: eines der ersten dank Werner von Siemens 417
Überreste des Aufnahmelagers Blankenfelde 324
Überdachung des DDR-Grenzübergangs Bornholmer Straße 292
Überreste der Brommybrücke 148
Überreste des Cöllnischen Rathauses 76
Urbane Biodiversität in Berlin 179
Urnenhalle (Columbarium) auf dem Friedhof Schöneberg III 219
Verbindungsbahn: Warum verlief sie genau an dieser Stelle? 149
Vergessene Symbole der Ideal-Passage 162
Verlassene Tankstelle auf der Lohmühleninsel 150
Verzierung am Restaurant *Mutter Hoppe* 78
Verschwundener Bach Lanke 419
Victoriastadt: Stadtviertel mit dem Namen einer britischen Königin 317
Vier Bronzelöwen im Tierpark 346

Vier Wilhelm-Wiegmann-Gemälde in der Eingangshalle eines Wohnhauses *118*

Villa Parey: „Das letzte Haus muss bleiben!“ *269*

Wandbild *Nicaraguanisches Dorf – Monimbó 1978* *320*

Wandfries *Friede sei mit Dir* *100*

Wandgemälde in der Fichtestraße 2 *132*

Wandgemälde des Langenscheidt-Mausoleums *182*

Wappen über dem Eingangstor zur Grünen Stadt *296*

Wasserreservoirs am Prenzlauer Berg *284*

Wasserturm am Friedhof Hermsdorf *366*

Welche Gebäude und Spuren von „Germania“ gibt es? *196*

Wendeltreppe im Haus des Deutschen Metallarbeiterverbands *104*

Widerstand im DDR-Regime: die Umweltbibliothek *44*

Wie funktioniert die Berliner Wasserversorgung? *286*

Woher kommt der Name „Alsenviertel“? *265*

Woher stammt der Name „Engelbecken“? *139*

Wohnung im Corbusierhaus mieten *397*

Wusterhausischer Bär *70*

„Zoo von Willem Zwo“ *85*

Zwölf historische Abwasser-Pumpstationen von Berlin *288*

Zwölf Westberliner Exklaven in der DDR *430*

NOTIZEN

NOTIZEN

NOTIZEN

DANKSAGUNGEN

Andy Altmeier, Paula Anke, Nicholas Bamberger, Mathilde Bonbon, Élodie Bouchereau, Veronika Kellndorfer, Karim Ben Khalifa, Constance Breton, Ekaterina Emchenko, Oliver Euchner, Uwe Fabich, Bodo Förster, Michael Fuchs, Daniel Heer, Jan Kleihues, Michaela Lindinger, Frédéric Lucas, Elizabeth Markevitch, Daniele Maruca, Amélie de Maupeou, Delphine Mousseau, Suraj Nathwany, Pascale Nicoulaud, Mathilde Ramadier, Bertrand Saint-Guilhem, Philipp Schüneman, Carsten Seiler, Tommy Spree, Patrick Suel, Dr Georg Thaler, Hemma Thaler, Anja Weber, Lilith Zink, Irmgard Hegmann, Reinhard Falk, Dr. Martin Jost, Martin Mende.

Manuel Roy:
Ich möchte mich von Herzen bei all jenen bedanken, die mich bei meinen Berliner Recherchen und Erkundungen unterstützt haben: meinen Freunden Gerhard Schwarz und Sunhwa Lee, Frau Sandra Rohwedder von der Deutschen Stiftung Denkmalschutz, Herrn Hans Riefel vom Landesdenkmalamt, Herrn Jörg Kuhn vom Evangelischen Friedhofsverband Berlin-Stadtmitte, Frau Annette Winkelmann von der Carl-Gotthard-Langhans-Gesellschaft, Frau Isabella Mannozzi von der Bildgießerei Noack, Herrn Yeter Hanefi sowie den vielen ungenannten Berlinerinnen und Berlinern, die mir an den besuchten Orten begegnet sind und deren unerschöpflicher, stets mit Freude geteilter Wissensschatz mich ein ums andere Mal überrascht hat. Berlin, ick liebe dir.

BILDNACHWEIS

Fotos © **Tom Wolf**:
Gedenkstätte Günter Liftinr – Kaninchen-Silhouetten auf der Chausseestraße – Fenster des Invalidenhauses – Tieranatomisches Theater (S. 24)– Stein im Monbijoupark – Handschlag über Torbögen – Steinernes Sühnekreuz – Honis Ausguckfenster – Litfaßsäule in der Münzstraße – Delfinreliefs an der Ufermauer – Delfinskulptur – Grabmal Alexanders von der Mark – Denkmal Rosenstraße – Fundamentmarkierung der Alten Synagoge – Gruft unter der Parochialkirche – Wusterhausischer Bär – Fischerkietz-Mahnmal – Flachrelief am Restaurant *Mutter Hoppe* – Schild des Palasts der Republik (Palastkartenausgabe) – Personifikation der Spree – Sockel für Karl Liebknecht – Wandfries *Friede sei mit dir* – Berliner Akzisemauer – „U-Bahn-Haus" – Lapidarium auf dem Kreuzberg – Froschkönig im U-Bahnhof Prinzenstraße – Besuch in der Malzfabrik – *Plötzenseer Totentanz* von Alfred Hrdlicka – Drei Weltkugeln an der Heerstraße – Galerie für sanitäre Archäologie – Drei Brückenpfeiler an der Leibnizstraße – Binninger-Uhr – Düne Wedding – Flachrelief eines Brunnenhauses – Mauern des Zellengefängnisses Moabit – Freitreppe des ULAP-Geländes – Bordsteine Germanias – Laternen im Gaslaternen-Freilichtmuseum – Besuch im UT2 – Überdachung des Grenzübergangs Bornholmer Straße – Schrotkugelturm – Hartungsche Säulen – Wandgemälde *Nicaraguanisches Dorf, Monimbó 1978* – Überreste des Aufnahmelagers Blankenfelde – Ältester Überrest der Berliner Mauer – Pankower Putten – Daimon-Museum – Marzahner Bockwindmühle – Fricksches Haus – Museumswohnung WBS 70 – Gründerzeitmuseum – Boeing 707 D-ABOC „Berlin" – Gedenktafel an John Rabes letztem Wohnsitz – Berlins Biberhochburg (S. 375) – Reichsforschungssiedlung Haselhorst – Brieftaubendenkmal – Beringerturm (S. 387) – Schildhorndenkmal – Friedhof Grunewald Forst – Olympia-Stellwerk – Blindenmuseum – Lankwitzer Ratswaage – Platz des 4. Juli – „The Brain", Berlin – Frühere Exklave Wüste Mark – Inschrift unter der Brücke an der Machnower Straße – Hubschrauberlandeplatz in Steinstücken – Tuilerien-Säule auf der Insel Schwanenwerderf

Foto © **Élodie Benchereau**:
Das monumentale Kuppelkreuz des Berliner Doms

Fotos © **Manuel Roy**:
Brückenpfeiler an der Yorckstraße (Yorckbrücken) – Fassade in der Thomasiusstraße 5

Fotos © **Roberto Sassi**:
Lichtinstallation von James Turrell – Wasserreservoirs am Prenzlauer Berg

Fotos © **Bertrand Saint-Guilhem**:
Faust am Grabmal der Grenadiere – Fassaden des Parkhauses Kirchbachstraße 1 und 2 – Hauseingänge der Ceciliengärten – Russischer Friedhof Tegel – Del Trudelturm (S. 359)

Fotos © **Thomas Jonglez**:
Lichtinstallation James Turrell – Museum der Stille – Gehweg vor der Auguststraße 69 – Tadshikische Teestube – Spuren des Widerstands in der Umweltbibliothek – Fassade des alten Hofbeamtenhauses Wilhelm II. – Reste der ersten Stadtmauer – Geschäftshaus Tietz – Wusterhausischer Bär – Flachrelief am Ermelerhaus – Überreste des Cöllnischen Rathauses – Palastkartenausgabe (S. 81) – Arm der Atlasfigur am Staatsratsgebäude – Historischer preußischer Meilenstein – Renaissance-Fassade Schützenstraße 8 – Flachrelief am Alfandary-Haus – Garten der Diaspora – Wendeltreppe im Haus des Deutschen Metallarbeiterverbands – Schinenreste an der Stresemannstraße – Ehemalige Tankstelle – Grabstätte der Familie Mühlenhaupt – Mausoleum der Familie von Oppenfeld – Grab von Erwin Reibedanz – Grabstätte Biedermann – Wandgemälde in der Fichtestraße – Skulptur *Stehfisch* – Ritterhof – Flachrelief am Engelbecken-Hof – Asphaltflecken im Kopfsteinpflaster am Leuschnerdamm – Reliefs an der Fassade Adalbertstraße 79 – Fassade des Künstlerhauses Bethanien – Theodor-Fontane-Apotheke – Überreste der Brommybrücke – Verlassene Tankstelle der Lohmühleninsel – Kunstinstallationen an der Reichenberger Straße – Reste des „kirchlichen Friedhofslagers" – Vergessene Symbole der Ideal-Passage – Steine am Alfred-Scholz-Platz – Gemüsegarten des *Café Botanico* – Silent-Rixdorf-Garten – Sri Mayurapathy Murugan Tempel – Fenster der Zwölf-Apostel-Kirche – Symbole der Freimaurer am Kachelhaus –

Mosaik einer Kuh – Wandgemälde des Langenscheidt-Mausoleums – Schöneberger Amtsgericht – Flächendenkmal *Orte des Erinnerns* – Haustür Eisenacher Straße 68 – Museum der Unerhörten Dinge – Schwerbelastungskörper – Polizeihistorische Sammlung – Besuch der Malzfabrik (S. 205) – Blanke Helle – Natur-Park-Südgelände – „Drachenhaus" Niedstraße 4 – Eisacktunnel – Grab von Heinrich Sachs – Skulpturengruppe *Motorradfahrer* – Fassade des Gebäudes in der Pariser Straße 61 – Kirche am Hohenzollernplatz – Luftschutzkeller unter dem Anti-Kriegs-Museum – Mahnmal für die deportierten Juden – Deckengemälde von Alvar Aalto – Das Buchstabenmuseum – Eingangshalle des Moabiter Gerichtsgebäudes – „Flugblätter" in der Schweizerischen Botschaft – Ring an der Potsdamer Brücke – Spiegelverkehrte Inschrift am Senefelder-Denkmal – DDR-Spielzeugmuseum – Zisterne auf dem jüdischen Friedhof – Grabstätte der Familie Riedel – Grabstätte der Familie Pintsch – Fischer aus der Winsstraße – Wappen über dem Eingang zur Grünen Stadt – Grabstätte der Familien Lewinsohn und Netter – Runder Garten auf dem Georgen-Parochial-Friedhof II – Görings Säulen – Die Skulptur *Handwerker mit Sohn* – Früherer Verwaltungssitz der Pintsch AG – Geologische Wand – Luna-Bunker – Kunstinstallationen am Obersteiner Weg – Holländer-Quartier Weißensee – Der Maler am Motorwerk – Museum Kesselhaus Herzberge – Revolutionsdenkmal – Trudelturm – Schmetterlingssammlung im *Schmetterlingshorst* – Korinthisches Kapitell im Brix-Genzmer-Park – Wasserturm am Friedhof Hermsdorf – *Bullengraben-Bulle* – Tower des Flugplatzes Staaken – Rieselfelder Karolinenhöhe – Mahnmal der „Erschießungsstätte V" der Wehrmacht – Le Corbusiers Wohnmaße – Christi-Auferstehungs-Kathedrale – „Autobahnhaus" – Moschee der Lohore-Ahmadiyya-Bewegung – Roter Briefkasten am Fehrbelliner Platz – Kreuzkirche – Mäusebunker – Energie-Museum – Hommage an die Groß-Lichterfelder Straßenbahn – Fliegeberg – Exklave Wüste Mark (S. 427) – Alter Kontrollpunkt Dreilinden – Loggia Alexandra – Eine künstliche Schweiz – Atlanten im Glienicker Park

Fotos © **Ansgar Koreng**:
Treppenhalle des Gerichtsgebäudes Littenstraße (S. 62-63) – Berliner Kammergericht

Foto © **Marek Sliwecki**:
Michaelsen-Palais

Foto © **Peter1936F**
Renaissance-Fassade (S. 93)

Fotos © **Jörg Zägel**
Grab Leopold Ferdinands aus dem Hause Habsburg-Lothringen (S. 120) – Fassade des Künstlerhauses Bethanien (S. 144)

Foto © **Beek 100**
Mahnmal für das KZ Columbia-Haus

Foto © **Sailko**
Fassade des Künstlerhauses Bethanien (S. 145)

Fotos © **Harry Weber**
SA-Gefängnis Papestraße

Foto © **Manfred Brückels**
Haus Lemke

Foto © **Rino Porrovecchio**
„The Brain" Berlin (S. 424)

Foto © **OTFW**
Hubschrauberlandeplatz in Steinstücken (S. 436)

ALLE TEXTE VON TOM WOLF, AUßER:

Manuel Roy: Reste der Berliner Mauer auf dem Domfriedhof I – Schienenreste an der Stresemannstraße – Sanierung der Yorckbrücken – Vier Wilhelm-Wiegmann-Gemälde in der Eingangshalle eines Wohnhauses – Ehemalige Tankstelle – Grabstätte der Familie Mühlenhaupt – Ausstellung über die Familie Mendelssohn – Mausoleum der Familie von Oppenfeld – Grab von Erwin Reibedanz – Grabstätte Biedermann – Mahnmal für das KZ Columbia-Haus – Wandgemälde in der Fichtestraße 2 – Fassade des Engelbecken-Hofs – Asphaltflecken im Kopfsteinpflaster – Reliefs an der Fassade der Adalbertstraße 79 – Überreste der Brommybrücke – Kunstinstallationen in der Reichenberger Straße – Symbole der Freimaurer am Kachelhaus – Mosaik einer Kuh – Fassaden eines Parkhauses – SA-Gefängnis Papestraße – Natur-Park Südgelände – „Drachenhaus" in Friedenau – Hauseingänge der Ceciliengärten – Eisacktunnel – Grab von Heinrich Sachs – Fassade des Gebäudes in der Pariser Straße 61 – Goldene Magnolie in der Pariser Straße 4 – Fassade in der Thomasiusstraße 5 – Eingangshalle des Moabiter Gerichtsgebäudes – Grünfläche am Hamburger Bahnhof – Grabstätte der Familie Riedel – Grabstätte der Familie Pintsch – Runder Garten auf dem Georgen-Parochial-Friedhof II – Skulptur *Handwerker mit Sohn* – Früherer Verwaltungssitz der Pintsch AG – Kunstinstallationen am Obersteiner Weg – Holländer-Quartier von Weißensee – Vier Bronzelöwen im Tierpark – Hommage an die Groß-Lichterfelder Straßenbahn

Roberto Sassi: Lichtinstallation von James Turrell – Museum der Stille – Historische dekor der Tadshikische Teestube – Fassade des alten Hofbeamtenhauses Wilhelm II. – Treppenhalle des Gerichtsgebäudes Littenstraße – Geschäftshaus der Gebrüder Tietz – Michaelsen-Palais – Renaissance-Fassade – Garten der Diaspora – Grab Leopold Ferdinands aus dem Hause Habsburg-Lothringen – Fassade des Künstlerhauses

Bethanien – Historische Theodor-Fontane-Apotheke – Faust am Grabdenkmal der Grenadiere – Fenster der Zwölf-Apostel-Kirche – Berliner Kammergericht – Schöneberger Amtsgericht – Glasfenster der Kirche am Hohenzollernplatz – Luftschutzkeller unter dem Anti-Kriegs-Museum – Mahnmal für die deportierten Juden – Deckengemälde von Alvar Aalto – Buchstabenmuseum – Spiegelverkehrte Inschrift am Senefelder-Denkmal – DDR-Spielzeugmuseum – Alte Zisterne auf dem jüdischen Friedhof – Wasserreservoirs am Prenzlauer Berg – Fischer aus der Winsstraße – Schiefer Turm der Stralauer Dorfkirche

Thomas Jonglez: Gehweg in der Auguststraße 69 – Gedenktafel für einen Androiden mit emotionaler Intelligenz – Skulptur *Stehfisch* – Silent-Rixdorf-Garten – Haustür der Eisenacher Straße 68 – Museum der Unerhörten Dinge – Gebäude in der Kaiser-Friedrich-Straße 17 – „Flugblätter“ in der Schweizerischen Botschaft – Korinthisches Kapitell im Brix-Genzmer-Park – Rieselfelder Karolinenhöhe – Kreuzkirche – Mäusebunker

Maira Goldschmidt: Vergessene Symbole der Ideal-Passage – Steine am Alfred-Scholz-Platz – Gemüsegarten des *Café Botanico*

Élodie Benchereau: Monumentales Kuppelkreuz des Berliner Doms – Flächendenkmal *Orte des Erinnerns*

Mathilde Ramadier: Wendeltreppe im Haus des Deutschen Metallarbeiterverbands

Karten: Cyrille Suss – **Layout & Satz:** Emmanuelle Willard Toulemonde – **Übersetzung:** Tanja Felder – **Lektorat & Redaktion:** Christiane Manz und Sabine Hatzfeld – **Konzeption:** Clémence Mathé

Im September 1995 hielt sich Thomas Jonglez in der Stadt Peshawar auf. Sie liegt im Norden Pakistans, zwanzig Kilometer von der Stammeszone entfernt, die er ein paar Tage später besuchen wollte. Dort kam ihm der Gedanke, alle verborgenen Winkel seiner Heimatstadt Paris, die er wie seine Westentasche kannte, schriftlich festzuhalten. Auf seiner Heimreise von Beijing, die 7 Monate dauerte, durchquerte er Tibet (wo er heimlich, unter Decken in einem Nachtbus versteckt, einreiste), Iran und Kurdistan. Er reiste dabei nie im Flugzeug, sondern per Boot, Zug oder Bus, per Anhalter, mit dem Rad, dem Pferd oder zu Fuß und erreichte Paris gerade rechtzeitig, um mit seiner Familie Weihnachten feiern zu können.

Nach seiner Rückkehr verbrachte er zwei großartige Jahre damit, durch die Straßen von Paris zu streifen, um gemeinsam mit einem Freund seinen ersten Reiseführer über die verborgenen Orte seiner Stadt zu schreiben. Während der nächsten sieben Jahre arbeitete er im Stahlsektor, bis ihn seine Entdeckerleidenschaft wieder überfiel. 2003 gründete er Jonglez Verlag und zog drei Jahre später nach Venedig.

2013 verließ er mit seiner Familie Venedig auf der Suche nach neuen Abenteuern und unternahm eine sechsmonatige Reise nach Brasilien mit Zwischenstopps in Nordkorea, Mikronesien, auf den Salomon-Inseln, der Osterinsel, in Peru und Bolivien. Nach sieben Jahren in Rio de Janeiro lebt er heute mit seiner Frau und seinen drei Kindern in Berlin.

Jonglez Verlag publiziert Titel in neun Sprachen und 40 Ländern.

IM SELBEN VERLAG ERSCHIENEN

BILDBÄNDE

Abandoned America – The Age of Consequences (auf Englisch)
Abandoned Asylums (auf Englisch)
Abandoned Australia (auf Englisch)
Abandoned France (auf Englisch)
Abandoned Japan (auf Englisch)
Abandoned Spain (auf Englisch)
After the Final Curtain – The Fall of the American Movie Theater (auf Englisch)
After the Final Curtain – America's Abandoned Theaters (auf Englisch)
Baikonur – Vestiges of the Soviet Space Programme (auf Englisch)
Chernobyl's Atomic Legacy (auf Englisch)
Forbidden Places – Exploring our Abandoned Heritage Vol. 1 (auf Englisch)
Forbidden Places – Exploring our Abandoned Heritage Vol. 2 (auf Englisch)
Forbidden Places – Exploring our Abandoned Heritage Vol. 3 (auf Englisch)
Forgotten Heritage (auf Englisch)
Stilles Venedig
Unusual Wines (auf Englisch)
Verlassenes Italien
Verlassene Kirchen – Kultstättten im Verfall

VERBORGENES-REISEFÜHRER

Verborgenes Florenz
Verborgenes Genf
Verborgenes Hamburg
Verborgenes Kopenhagen
Verborgenes Lissabon
Verborgenes London
Verborgenes Mailand
Verborgenes Paris
Verborgenes Rom
Verborgenes Venedig
Verborgenes Wien

„SOUL OF"-REIHE

Soul of Athen – 30 einzigartige Erlebnisse
Soul of Barcelona – 30 einzigartige Erlebnisse
Soul of Kyoto – 30 einzigartige Erlebnisse
Soul of Lisbon – 30 einzigartige Erlebnisse
Soul of New York – 30 einzigartige Erlebnisse
Soul of Rom – 30 einzigartige Erlebnisse
Soul of Tokio – 30 einzigartige Erlebnisse
Soul of Venedig – 30 einzigartige Erlebnisse

Folgen Sie uns auf Facebook, Instagram und Twitter

Pflichtexemplar: Juni 2021 – 1d. Auflage
ISBN: 978-2-36195-371-3
Gedruckt in Bulgarien bei Dedrax